白驹夜话
——教育与人生问题对话

金忠明等 著

华东师范大学出版社

序言

本书是《衡山夜话》《东海夜话》的姊妹篇。世纪初"夜话"甫出，引发读者强烈兴趣，转眼又过了十六年。《庄子·知北游》云："人生天地之间，若白驹之过隙，忽然而已。"白驹即少壮的骏马，比喻太阳。日影驰过缝隙，人生何其快也！

孔子向老子请教何谓"至道"，老子认为：人的寿命极为短暂，死是人从有形转化为无形，精神之道可永存人世。

庄子说："吾生也有涯，而知也无涯；以有涯随无涯，殆矣！"用有限的生命去追求无边无际的知识是危险的，知识一旦呈现，即成陈旧之物。为了解它，又要深入地了解更多的知识，为新知而胶着于旧知，在新旧知识的丛林中来回穿梭。知道得越多，烦恼越多，反而离道越来越远。美国诗人弗罗斯特说："林中有两条路，你永远只能走一条路，念着另一条。"选择的困惑，求知的迷茫，莫过于此。

《白驹夜话》由三人谈转为六人谈，乃因屡次相约，原对话者再聚首一处做长时晤谈颇为不易。安国兄退休后颐养天年，含饴弄孙，自得其乐；大汇兄在美探子，间或讲学，忙个不休；临近退休的我，诸事缠身，也成了忙人。当年丽娃河边徜徉漫步、衡山路咖啡馆把杯欢谈的景象，恍如昨日却再难浮现。而我与出版社有约在先，"夜话"三部曲少了一部似觉遗憾，遂将"中国教育热点与难点问题"的部分课程内容整理成册，庶几为之补上句号。

笔者开设的是研究生专业课程，涉及的内容却五花八门，古今中外，无所不包。

对话和问题的课堂教学难在何处？

一难是时间。大学虽无中小学课时的刚性刻板，却也更难把握。一节有质量的讨论课，课外所花的时间可达课内的数倍、数十倍。在推崇时间就是金钱的当代学校，即使老师肯花时间，学生乐意否？

二难是人数。大学扩招，研究生济济一堂，教授如何因材施教？美国哈佛教授一堂课听者动辄上千人，是由课后数十位助教分组研讨并辅导跟进的，而中国的大学尤其是名牌大学的助教安在哉！

三难是形式。"席明纳"（seminar）作为欧美大学专题讨论式的教学方式在中国的大学课堂乃至研究生班上为何几成绝迹？seminar可译为"研讨班"，而"席明纳"更能传达神韵："席"乃席地而坐，"明"是明析事理，"纳"指广纳博采。大学有两种教学方法，一是"讲座"（lecture），先生居上，弟子坐下，空间设置为"二元格局"。教师高居讲坛，信口开河；学生井然有序，洗耳恭听。此谓"一言堂"，满堂灌。一是"席明纳"（seminar），师生混杂，双方平等，互相讨论，彼此切磋，是"群言堂"。"群言堂"中的教师兼有组织者、主持者、协调者、整合者及引领者等多种身份。而中国的高校只见"一言堂"，连诸多的学术讨论会都已不见"席明纳"风格，成为"大腕秀"、"排队秀"、"捧场秀"；至于大学的研究生班，几乎成了高中课堂的翻版。

四难是内容。老师事先备课，"万事兼备，独欠东风"，因为东风在各个学生手里，老师无奈。一旦学生提问，上至天文地理，下至鸡毛蒜皮，叫老师如何应对？姑举一例：浙江海盐古有名"万宝"者，自幼天资聪明，勤奋好学，又随父做生意，"游过三关六码头，到过嘉兴烟雨楼，卖过三年盐浸豆，贩过五年拷花绸"。如此这般见世面、开眼界，使万宝天文、地理、人事无所不晓。乡人遇疑题，常请问万宝，皆应答自如。也有存心刁难者，如剃头匠给万宝修面时问："这脸为啥叫面孔？"万宝答："脸面上有鼻、耳、口、眼共七孔，故叫面孔。"拳师敞开衣襟，拍着肚皮问："这里为啥叫肚皮？"万宝答："人身上这块皮最大，所以叫肚（海盐方言"大"、"肚"谐音）皮。"一刁嘴婆问："天有多高？"万宝答："天有两个屁股高！那天你儿子在街上屙屎，你给他揩屁股时说：'小捣鬼，屁股翘得半天高！'你扳手指头算算，两个屁股加起来有多高？"乡人遂称他为"万宝全书"。某日，一顽童问："河里格鱼没有脚，只有蹲在水里游；火赤练蛇没有脚，为啥能在路上走？"万宝竟被问住了，搜肠索肚，亦无言以对，脸一下红到颈根。事后，乡人戏谑道："想不到'万宝全书'万事通，竟被小囡问懵懂，真是'万宝全书缺只角'！"

"万宝全书"尚缺角，孔子也为"两小儿辩日"而犯愁。在无远弗届的搜索时代，移动智能终端从学生的拇指连接到虚拟世界的浩瀚星空,若采用问题和对话教学,老师怎么活?反之,在全世界图书馆和实验室微缩在学生手掌的时代,老师若照本宣科,学生怎么活?于是老师苦,学生更苦!

仅此"四难",就让欲为人师者举足踟蹰,遑论教学重点把握、教学难点剖析、教书与育人统一、教学永远要体现教育性……难怪学界常有人抱怨:愈教书愈不会教书,欲探路却不知路在何方!

现在学界提倡"问题导向"和"对话意识"的课堂,但真要践行,谈何容易。我因课题研究之需,在大中小学听课不少。小学生童言无忌,问题最多;初中生心思日开,问题日少;高中生青春勃发,却哑然无问;大学生若无校规束缚或教授点名,则课堂基本无人。至于日趋本科化的研究生课堂,若非碍着教授的熟脸,恐怕也早就无人无问了。在基础教育界的"分数至上"和高等教育界的"科研至上"浪潮的席卷下,"学术泡沫、学生沉寂、教师迷茫、学堂空心"现象比比皆是,教育已然失却了真生命、真精神。

吾也有幸,在新"读书无用"论甚嚣尘上的今天,竟然还有三五学子愿意静心向学,读读古书,谈谈今人。一个师傅,五个弟子,借教室一隅,假课程之名,午后斜阳,或华灯初放,清茶一杯,随心散坐,上天入地,各抒胸臆。弟子是段越星、王丽丽、吴晓梅、王元义、付惠,师傅者鄙人也。前者文中代之以 X、L、M、Y、H,后者谓"金";前者以名之拼音字母代,后者以姓代。书中研讨题主要由我提出,兼收学员建议的话题。全书是以课堂录音为基础整理的文字稿,由各人先梳理自己的发言,最后由我统稿审定。

曾赴山东大学探讨儒学中心事宜,得便参观曲阜孔子研究院,入厅即"孔子与四子侍座实景",再现"春风沂水"的胜境。窃意夫子当年因材施教,每每也就数人吧,不然,何以无孔子与七十二贤人群议场景呢?

不才如我,效法前贤,师生对谈,留下痕迹。敝帚自珍,贻笑大方焉。

是为序。

金忠明

目录/

1. 人生到底几个字？/ 1
2. 人越自由会越快乐吗？/ 11
3. 天·地·人为何成"两会"民生关键词？/ 16
4. 文明能回归自然吗？/ 24
5. 播种什么？ 怎样播种？ 为何播种？/ 30
6. 时间能决定伟大吗？/ 39
7. 原始人和文明人谁更疯狂？/ 47

8. 大数据对人生的挑战 / 51
9. "幸福"能晒出来吗？/ 62
10. "五 Mang"是科研工作者的专利吗？/ 67
11. 街舞的公共空间难题 / 75

12. 中国高校"女神营销"招生模式 / 82
13. 从高校毕业生就业看办学质量 / 86

14. 红烧肉的博士论文和挣工分 / 91
15. 进北大：高薪与高管的纠结 / 99
16. 中国人的"核心竞争力"——家庭背景还是学识能力 / 105
17. 科学家需要高情商还是低情商 / 112

18. "PISA"上海第六耐人寻味 / 123
19. "伪命题"中的"真困境"：解剖"起跑线" / 128
20. 教育的"军备竞赛"还得由教育来解决 / 140
21. "学生最高兴、教师最痛苦、家长最担心"的教育改革 / 153
22. 物理教授为何要办家长学校？/ 161
23. 预测"一起作业网"的前景 / 166

24. 北大燕京学堂承载什么？/ 173
25. 哈佛一堂课：交通规则的十年讨论 / 181
26. 美国竞赛为何"慷慨"？/ 187

目录/

27. 斯坦福大学写给被拒学生的一封信 / 193
28. 美国基础教育的糟糕和高等教育的牛 / 200

29. 碎片化阅读、经典阅读与"死活读不下去"排行榜 / 209
30. "论斤买书"与"论吨卖书" / 217
31. 国家领导人的业余爱好 / 225
32. 总理的书单由谁决定? / 232

33. 教授被女生泼热水事件引发的思考 / 238
34. 网瘾少年 4000 万 / 246
35. 铁链占座和二维码管理 / 254
36. 林森浩案件 / 259

37. 美国航空管理的"倒奖励"值多少? / 268
38. 警惕"萨伊定律"的泛化 / 272

39. 多加一盎司定律的利和弊 / 282
40. 一张地铁简图为何成为经典？ / 288
41. 加拿大的路和巴黎的墙带来的启示 / 295

42. 法国让·蒂诺尔获诺奖说明什么？ / 303
43. "赴美生子"为何十年翻百倍？ / 315
44. "医教文游一体化"的新乐业 / 322
45. 穿戴医疗真能戴入新时代吗？ / 330
46. 网购热潮与"马云帝国" / 339
47. 创业新浪潮，你准备好了吗？ / 352

48. 慈善心与慈善秀 / 360
49. 理念的误读、正读与反读 / 369
50. 拍桌子比不拍桌子好 / 378
51. 常识的矛盾：你以为你是谁？ / 385

目录/

52. 对话意识与实践 / 396

53. "中国梦"和"美国梦" / 402

附录

超越评价异化——抓好教育发展的牛鼻子 / 413

师门杂忆 / 448

1. 人生到底几个字？

金忠明教授(以下用"金"代替)：教育问题的讨论课，我确定了几十个题目，也包括了你们提出的若干话题。每个题目标示了几个重点，表示讨论的向度，但也不必受此局限。本着"有话则长，无话则短"的原则，用"头脑风暴"的方法，从"人生到底几个字"，到"对话意识和实践"，去展开讨论。"对话"既是上课的方法论，也是这门课的指导思想，更是当今时代须弘扬的一种精神。

先从第一个问题开始，人生到底几个字？每个人都在演绎各自的人生，你们从小学一直到研究生阶段，想过这个问题吗？关于人生，包括生死、钱财、名利、自由、仁爱、和谐、民主、公正、诚信、成功、幸福等等，每个人总会遇到这些关键词语，怎么去看待它们？你们的人生有没有几个字在指导或主宰自己？

王丽丽(以下用"L"代替)：从您刚才提的词语：生死、钱财、名利等这些角度来看人生，我觉得幸福是最重要的，其他因素最终也可归入幸福，如：钱、名利、自由、民主。人为什么要追求它们？因获取后有一种幸福感、满足感。也有些人不去追求名利，这是因为名利可能对提升他的幸福感已无帮助了。我看最核心的还是幸福。

当然，每个人对幸福的理解不同。比如上了年纪的人，希望有一个健康的身体，这比什么都重要。人活到最后，追求的是本真的东西，平平安安地活在世界上就很满足了。

金：你觉得人生最重要的是"幸福"两个字了，其他都是手段。对幸福的理解在人生命的不同阶段，重点有些不一样，可能小时候的幸福是玩耍，老年的时候就是健康了。

段越星（以下用"X"代替）：我觉得这些关键词里，最重要的是"生死"。人生就是一生一死，生就是人活着，其他关键词，如金钱、名誉、幸福等都包括在"生"里面了。没有生，其他一切都不存在。哲学对人生的终极思考也是"生死"，回答"我从哪里来，我到哪里去"的问题。

L：你这个观点我不赞同。佛家不是说，人生来就是受苦的吗？信奉佛教的人，会觉得自己一生中虽然充满各种苦难，但只有经受了苦难，死后才能获得幸福。那就不是像你刚刚说的，幸福是以生为前提的，在他们的思想里，死亡反而成为走向幸福必不可少的因素了。现实中也会有人在生的过程中，还想着死后怎样升入天堂，他们觉得那才是一种幸福的归宿。而现实生活中有太多磨难，他们也就并不觉得生跟幸福是联系在一起的。

王元义（以下用"Y"代替）：我觉得你们两个讲的人生都是一些比较大众化的观点。我认为人生应该是自己的，重要的是自己怎么过。从出生到现在，我觉得自己的人生可能就是两个字，活着。人生不就是两个问题吗？从哪里来？到哪里去？从哪里来，不用过多深究，我们是从父母那里来的，在国外时说是从中国来的，去外星时说是从地球来的；到哪里去的问题，就是人以什么样的状态活着了，最重要的可能还是存在。我是一个生命的存在，而不是一个死的个体。所以，人生最重要的还是活着。活着首先是第一步，而怎么活着却更有意义，后面的名利、自由、民主、仁爱、成功等，都是人在活着的时候选择的目标。有人会选择名利，也有人会选择普通的生活，他们可能也不会去想自由、民主、仁爱、成功，如果自己感觉活得还可以的话，也不会去讨论这些问题了。所以我觉得人生还是"活着"两个字吧。

金："活着就好"是吧？人生，人生，生是前提……

付惠（以下用"H"代替）：我首先想到的是"追求"二字。我活着，从小到大，在整个人生阶段，自己的追求是不断变化的。在老师提示的这些关键词中，我小时候追求的是"小写的人"吧，也就是更注重我自己的快乐。但是现在我会更多考虑到家庭、周围的人，工作了以后，可能考虑的范围会更大一些。每个人在不同的人生阶段，思考的不一样，追求也会不一样。比如,生死,这可能是我之前的人生阶段中没有思考过的问题,但到了七八十岁,可能就会考虑生死。其他的词,比如自由,这些也是在特定的人生阶段会去追求的。但现在这个阶段,我可能想的就是成功以及幸福,这就是我理解的人生。

金:人生到底几个字?有的想到生死,有的是幸福,还有的是成功。不同的个体,选择的重点不一样。在个体生命的不同阶段,选择也有区别。小时候,可能不会想死的问题,到老年时,就会思考生命的长度。当下这个社会,年轻人想的就是成功、理想、幸福等关键词。

为什么要讨论"人生到底几个字"?这是追问生命的意义,需要我们不断去思考。笛卡尔说,"我思故我在"。人如果不思考,生命就不存在,所以人的存在需要思考来证明,他强调的是思。我看见华东师大校园里的"名师名言",有位教授把笛卡尔的话倒过来,"我在故我思",即物质存在是前提,是人类思想的基础,他强调了马克思唯物论的思想。

这个问题是一枚钱币的两面:没有思考,如何印证生命的存在?反过来,人的肉体都不存在,哪里来的思考?这是常识,但你强调的侧面是什么?它有一个当下的语境,直面生存的压力和挑战时,哪有闲情逸致来思考自身存在的价值和意义?

也许人类首要的命题是生存。但吃饭问题解决了,人区别于动物的特性就是思考。这是人免不了的生命倾向,它时不时会冒出来:我从哪里来?我到哪里去?我要怎样存在?每个生命是一个短暂的存在,终会消失,这个存在的意义到底是什么?关于生死,佛教与基督教的思想也不同。基督教认为人生来是赎罪的,赎什么罪呢?思考的罪。人一思考,上帝就笑。上帝在伊甸园已给人类安排好了幸福生活,人为什么还要违背上帝的意愿去思考呢?

思考首先源于好奇,人好奇才会去探索。上帝说,伊甸园里什么东西都可以吃,但是智慧果不能吃。上帝很狡猾,如果他真对人类负责,本不该有智慧树。就如你放了一个钱包在桌上,又告诉孩子不能去偷,实际上你是在引诱孩子犯错。所以上帝造人就隐含着折磨人,这是人生的一个悖论。蛇为什么引诱夏娃吃智慧果?可能女人更经不起诱惑,然后通过女人去引诱男人,男人也犯错了。人类的始祖一犯错误,上帝就不高兴了,于是被逐出伊甸园,终身吃苦受罪。

生的意义是什么?基督教的解读就是赎罪。以戴罪之身,通过持续的忏悔、祷告、行善、赎清罪孽,就有可能重回天堂。这跟佛教的解说不一样。佛家另有一套话语,说现实世界是虚幻的,人的生命是苦难的,你不要去想幸福。人的一生就是吃苦受难,生、老、病、死,

1. 人生到底几个字?

诞生之时哇哇哭,苦难就开始了……

X:老师,您讲的是基督教和佛教的人生观,那么中国儒家是如何看待生死的?

金:孔子说,"未知生,焉知死",他是务实的,首先考虑生,不暇论死。怎么生?儒家有"乐生"的思想,"乐生"与"苦生"相反,与佛教和基督教的思想迥异。墨子也是强调受苦的,要成巨子,须先修炼,即吃苦。做墨家学徒,要有吃苦耐劳的精神。所以墨家是古代的雷锋学派了,粉身碎骨,把一生献给百姓,这跟儒家不一样。

儒家强调乐生,《论语》中"乐"字反复出现,所以李泽厚说,中国有"乐"的文化。梁漱溟谈儒家文化,也指出儒家思想的一大特点就是乐生。再如晏阳初,作为平民教育思想的代表,他在印度考察时,发现印度人总是愁眉苦脸的,中国的苦力(现在叫劳工),干的活很苦,但他看不到苦面孔。一旦有两三分钟的休息时间,苦力擦一下脸,就笑起来了。为什么干这么苦的活,还有笑脸?晏阳初认为中国人本性是乐天的,这与儒家思想有关。李泽厚则从中国文化特色的视野系统地阐述。

中国人不喜欢愁眉苦脸。西方的哲学,尤其苦行派哲学,或存在主义哲学,除了少数知识分子,对中国人影响不大。梁漱溟是个典型,他身体不好,从小体弱多病,又因父亲梁济自杀,精神受到很大的刺激。到底要过怎样的生活?他自幼为人生问题困扰,去研究文学、哲学、佛学,觉得都不是出路,最终回到儒学。儒学为什么与中国人的情感世界发生深切的共鸣呢?这个问题还可想想。

Y:以老师60多年的人生经历,您认为人生最重要的应该是哪几个字?

金:人在不同的阶段,对人生的看法各有不同。我读小学的时候,在主流意识形态的规约下,想的就是为"革命理想"而奋斗。那时候不会追求个人幸福,所谓幸福也是人类的幸福,集体的幸福才是个人的幸福。从小接触的资讯,强大的社会氛围,使个人思想就有那个时代的特点:时刻准备着,为共产主义的理想而献身。人生的关键字眼,就是"共产主义"、"接班人"、"革命少年"等,组成了我那时的精神底色,这是价值理性的层面。在日常感性的层面,就是要做个老师、父母眼里的好学生。

记得读小学一年级时,由于调皮,被老师罚站壁角。因是星期六,晚上要看电影,所以着急得很。妈妈找到学校来了,那天下着毛毛细雨,老师说你自己回家跟妈妈解释,所以我在电影院一直担心回家怎么跟妈妈检讨。在2004年母校百年校庆时,看到小学一年级时的语文老师兼班主任,我上前给这位白发苍苍的老太鞠躬,说老师您好,我是您的学生某某某,谢谢您当年对我的栽培。她说教过这么多学生,你是谁我也记不住了。我就把当年的故事讲一遍,她说还有这回事啊,我说没这回事,我编个故事,逗您老人家高兴吗?她说那么刚才对我鞠躬,说谢谢老师的栽培,你是真心的吗?我说,讲实话,当年我是恨您的,还恨了好长时间,但刚才对您鞠躬说谢谢,真的发自内心。她问为什么?我说,老师是为学生好,让我明白小学生要遵循学校的游戏规则,违反规则的代价是差点看不成电影,还让我明白一个道理,不要去付出一些不必要的代价,这样自己的人生可以顺畅些。我的第一堂启蒙课,您就让我明白了这个道理,所以我要感谢您!

当年感性的我,无非是要被老师肯定,被同学羡慕,成为大家心目中的好学生。理性的我,立志奋斗,长大接革命的班,解放全人类。在感性和理性的中间,还有一个我,想当科学家,更想做个文学家,有作品传世,流芳百世。其实我的思想是很奇怪的,当年也有个人英雄主义,觉得当作家真好,写出的书有这么多人看。我的作家梦是很强烈的,小学毕业那年却遭遇了"文化大革命",文学梦就破碎了。

我的中学是空白,经历"十年浩劫",到恢复高考,1978年上大学,这时已经25岁,按理是研究生毕业的年龄。小学毕业生能混进大学,这要感恩母校,小学六年给我打了自学的基础。得知恢复高考仅几个月时间,我主攻数学,却只能考文科了,因为文科也要考数学。

读大学时,恰逢"拨乱反正",感觉人生充满了希望,就想为国家作贡献,努力学本领。传统的主流意识对我影响很大,就是为宏大的事业去奋斗,无论是为革命,为人类,还是为共产主义,为建设强大的国家,都是抽象的概念。不是为个体考虑,与现在的年轻人不一样。我女儿认为,上辈人很怪、很傻,自己的基本生活都搞不定,还成天想着为人类谋幸福。现在的年轻人是基于自我中心来考虑,很现实,生命的当下最重要。而我那一代的人,时空的坐标点不是定在自身,都是定到人类,定到祖国,或者未来这样的字眼。生命的兴奋点、中心点,靠几个抽象的概念来定。

随着年龄和时代的变迁,我也在发生变化,但是变化中是不是有不变的东西呢?总是想,有限的一生究竟如何安排才有意义。至今还苦恼,一辈子就这么过了?80年,还是100年,充其量120年吧,这是个体生命的极限了。你们现在二十多岁,我已经六十多了,当年入大学是25岁,至今已38年了,真是弹指一挥间!做了些什么事,到底有没有意义?还在想这个问题。

活一天就要做点事。现在就是看看书,教教书,或写写书,跟几个学生聊聊天,这是我

1. 人生到底几个字?

生命的主要部分。这些事情有意义吗？什么是有意义？人生就是这么平淡。一个擦桌子的、扫地的、烧饭的、开车的，你说他的生命有意义吗？知识人总是按照传统的价值观去思考问题，教书育人，在价值的链条上，处于高位，所谓百年树人的伟业。但没有扫地的、擦窗的、开车的、烧饭的，离开这些形而下的东西，你凭什么思考形而上的东西？年轻人觉得上辈人很傻很怪，又不是总理，总是在考虑总理的事。一个小老百姓啊，成天忧国忧民干什么？不在其位，不谋其政。现在的青年人好像很俗气，就是挣钱——有了钱，去做喜欢的事；没有钱，就考虑怎么挣钱。

年轻人最喜欢的，也许是周游世界了。看一看，逛一逛，找一些能刺激生命的事，如探险、蹦极、登山之类的，或驾驶游艇，体验不平常的生活，绝非一日三餐即可满足。民国时，年轻人为什么要去延安？去延安的人，一种是没饭吃的人，裤带上拴着脑袋。干革命随时可能掉脑袋，为什么还要去？与其饿死，不如打土豪分田地，革命成功了，就有好日子了。另一种人是吃饱了饭，闲得无聊，如富贵人家的子弟，有吃有穿的，为什么也闹革命？人能像猪一样生活吗？光顾吃饱睡好？人生总要为个理想奋斗，所以跑延安闹革命去了。

西方青年也追求不平凡的岁月。去登山，去蹦极，去跳伞，这不是有生命危险吗？危险有什么关系？年轻人就是要冒险，无限风光在险峰。没有刺激，活着有什么意义？现在的中国孩子冒险精神不够。海外旅游，见小孩子和爸爸、妈妈发疯似地从高坡冲下，我觉得很恐怖，一不小心掉万丈深渊了。虽然这个概率很小，仅万分之一，因为毕竟有刹车，而且生命有自我保护的本能，但一不小心，生命就没有了。我不可能让女儿冒险的，为什么冒生命危险玩这类事？太不珍重自己的生命了！但外国人不这样想，父母和孩子从高处，呜——冲下来，生命在冲的过程中就张扬开了。外国孩子胆大，敢做事，他们从小就浸润于冒险的文化，生命的灵活性和自卫性也在冒险的行动中逐渐提升了。这种价值追求和文化背景，与中国的儒学文化传统确实不一样。我也不能说哪个对，哪个错。

存在主义哲学强调存在先于本质，但存在本身就是荒谬的，所以人可以自由选择。面对荒谬的人生，死也许就是人的最好选择。反之，人只有对此有深刻的自我反思，才会有意义地安排余生。人只有在明白生命限度时，才会突破存在的荒谬，探寻出路。今天必须做什么？明天要考试了，今天必须要温课；过几年要死了，剩下几年怎么安排？不知死，也不解生，生死问题是紧密相依的。也有人说，根本不要去想这些玄而又玄、形而上的东西。像元义说的，活着多好，好死不如歹活，年轻时干嘛就思考死？岁数大了，你愿意思考就思考去。当然也有一种观念,首先要思考死亡,然后再安排余生。思考到最后,觉得反正都是要死的,那么生就没有多大意思了。信奉存在主义哲学的人,也有思考到最终,发现人生都是虚无荒诞的。透彻地了解人生,最后是结束人生。选择结束生命是存在主义哲学的最高表现吗?

谈到自杀现象,这是一个社会发展到高端阶段的产物,也是物质丰富年代才会出现的严峻问题。物质贫乏的社会,这种现象倒不太严重,人没有时间去想人生意义的问题,没日没夜就是劳作谋生。富士康公司自杀的年轻人的父母,他们一个月挣一千元也不自杀,因为有希望在儿子身上。但儿子大学毕业,也只挣个两千、三千,每天过着"三点一线"的流水线生活,突然觉得人生没有意思了,就结束了自己的生命。有人说富士康自杀现象是血汗工厂的问题,我觉得还不是这回事。前一阵子翻译了《动物农庄》的孙仲旭也自杀了,只有四十多岁。他生前与儿子的对话文字留下来了。

H:听了老师的话,我觉得人生可能包括两方面:活着就是在做事,还要思考做事的意义是什么、如何实现自己的目标。就是思考和做事两方面吧。无论哪个方面,行动和思考都贯穿其中。比如说自杀,思考战胜了做事的欲望,想不通了,可能就会选择死亡。

吴晓梅(以下用"M"代替):那个翻译家孙仲旭好像患有抑郁症,也是《麦田里的守望者》的译者,挺年轻的,才41岁。

金:很年轻。他与儿子对话的文字渗透着忧郁情绪,抑郁症也是现代人易患的一种疾病。

L:孙仲旭是一个业余翻译家,他一直想从事专业翻译工作,但这个愿望很难实现,这与他罹患抑郁症是否有关?

金:业余翻译家不是更好吗?业余的,想做就做,不干拉倒。我估计靠翻译谋生特艰难,他钟爱这个职业,又觉得这份职业没有安全感。作为男人,他愧对家人,自己可以不计较清贫,像颜回,"箪食瓢饮",但面对亲人,就会有压力。

H:我们的人生都被打上了很深的时代烙印。老师刚才讲的自己的经历,受环境的影响特别大。

金:你们现在的兴奋点在哪里?你有什么理想?

H:我要实现的理想,就是当老师。

金:这是一个具体的阶段性目标,与职业有关,如果达成了,你的生活就是幸福的。

H： 现在更多的就是小我的追求。

金： 一个人的目标具体的话，应该是能够实现的。你要做老师，无论小学老师还是大学老师，甚至无论在哪个区域，只要盯着这个目标想方设法去践行，应该不难，这个理想可以实现。

L： 在现实社会中，找工作也有挺多无奈，您说做老师不难，但一个应聘者假设大学本科学了销售，毕业之后要想当老师，学校可能就不会考虑他。

金： 做老师需要学科背景，要做什么样的老师，须学相关的专业。不同的学校，专业知识不一样。职业性学校，操作性比较强。比如说驾校，老师也很牛，你要学驾驶，就要拜他为师；销售知识也是学问，也可做老师甚至大师；如果你要做化学教师，就要去攻读化学博士学位了。如在国外的世界一流大学戴了博士帽，回国也能在大学谋职。要聚焦清楚。你现在的目标是比较模糊的；只想做老师，到底是什么学校、什么专业的老师？比如说做语文老师，你又不是中文系的学生，你就要想明白了：语文老师到底需要什么专业知识和能力？赶快把它补起来。

我中学六年是空白，也进了大学，那是我确实补课了。首先我明白，文理科都要考数学，数学一定要过关。考文科还须补地理、历史知识。我就将信息集约化，用最快的速度浏览默记。这是敲门砖，先叩开大学的门。应聘职业也如此，自身优势在哪里，是吹牛还是真的具备了优势？一上课就知道了。校长如果是行家，问你几个问题就决定了；谨慎一点先试用，一年后你证明给校长看。

目标要聚焦清楚，再为之奋斗，对症下药是关键。就怕你目标不明确。现在上天摘星星都不难了，美国人把探测器送上火星了，中国要做这件事，肯定也行。上天很难，但定下目标就能做到。苏联曾先于美国上月球，美国明确了国家战略，高空技术后来居上。它想明白了，聚国家之力；你想明白了，聚个人之力。老师作为一个职业，你真想要，是没有问题的。

人生的选择有几个字呢？或许有共同处，比如幸福，再如生死。打开哲学书、历史书，古往今来有很多解释，可能比我们说得好。今天探讨的，学问家看来没意思，何必谈它。但我们还是要探讨，因为当下的生命就有困惑和问题，通过对话解决当下的困惑，就有意义。难道世界上有个爱因斯坦，人类都不要讨论物理学了？有了莎士比亚，都不要写诗了？有了李白、杜甫，人还要写诗，农民也要写诗。他写的诗也许不能存世，但当下对他有意义，创作过程释放了他生命的意义。我们谈论的这些,未必在教育史、哲学史、人类史上留下痕迹,但对当下的课堂就有独特的意义,你们对这个问题会有更深的思考,更多的体悟。处在不同的年龄阶段,站在不同的角度去思考,这是行使人的权利——思考和感受的权利。人要在思考的过程中成长起来。但不要因为自己的思考和行动,去打击、阻碍他人的行动和思考,要抱开放的心态,去了解人家,对照自己。

我年轻时,思维比较机械,认定一个理,人生一条道,全世界的人都应像我这样。今天,我思想改变了,我没有那么牛,更不敢那么狂妄。年纪越大,越不敢说话。但做人的基本道理还是要坚守,譬如,"己所不欲,勿施于人"是底线,至于"己欲达而达人"的话我不敢说,自以为是的"达人",未免强奸儒学的本义。欧美人经常说,Can I help you? 是否需要帮助,先搞清这个问题。我为你让个座,先要问是否可以为你让个座,这似乎搞笑,却蕴含以人为本、尊重人、体贴人的情怀。我能不能关心你? 也许对方喜欢孤独,你不要烦他,你的好意,也许是人家的痛苦。所以,己欲达而达人,先把行动边界想明白,不要把自己的好意强加于人。这又回到"己所不欲,勿施于人",比之"己欲达而达人",前者好像消极,后者似乎积极。其实不然,"己所不欲,勿施于人"更为重要,它已涵盖了后者。人同此心,心同此理,人类共通的人性,可能就是这几个字。

设想当你为人父为人母时,你的儿女跟你的价值取向不同,你能否不抱怨,能否用宽容的心去接纳? 有个留学生在国外,他的妈妈很揪心,儿子怎么要读神学,神学能读吗? 以后做教师,还是做牧师? 都发不了财。这个儿子怎么越读越傻了? 很痛苦啊。不曾想后来有个机会,儿子认识了来自泰国的女留学生,一谈恋爱,才知这个女孩的爸爸是富豪。女孩把男孩的价值观给扭转了,男孩就跟着女孩做生意去了。丈人也很喜欢这个女婿,还买了三套房,一套自住,两套给他经营业务。妈妈看到儿子的变化,很高兴,心里一块石头总算落地了。逢人便说,妈妈改造不了儿子,老婆把他改造了,泰国女孩把他从神学拉回世俗生活了。但反过来,如果儿子真要研究神学,他妈妈能干涉吗?

西方的宗教影响为什么这么大? 就是因为传教士。贵州的深山里,至今有教会小学的遗址。当年传教士跑到中国贵州的深山老林传教,三年只传了一个学生,八年来了三个学生,他有这种耐力啊。一年不行,两年;两年不行,三年。八年来了三个学生,教学生英文,教学生足球,现在有的老太太还懂足球,就是当年传教士留下的影响。传教士一辈子就传了三五个人,种子播下了,你说他有意义吗? 我在《东海夜话》里也提及,中国有没有这种

1. 人生到底几个字?

人,读了儒家的经典文本,以孔家子弟自居,能践行价值,跑到非洲、北美洲、南美洲,传播儒家学问。就好像当年红军长征一样,红军也是传播一种理念:马克思的理想、共产主义的美好前景。红军是播种机,不畏艰难险阻,一路播种。人是要有点精神的,个人的选择能否为他人所包容,乃至欣赏,甚而支持?

其实,人最不能突破的是情,一个具体的人际关系。当你面对亲情友情,譬如你的同学,你的老师,你的乡邻,特别是你的家人,他们对你的影响很大,他们的价值取向会决定性地影响你,你也许会觉得委屈他们、对不起他们,这就形成内心巨大的压力。中国人的情感线很难突破,"亲人就是敌人",这句话在一定程度上也对。为什么?因为真正的敌人你是不怕的,你会敢于、善于和真正的敌人斗;亲人不是敌人,你怎么敢于和亲人斗争呢?所以你总是觉得内疚,对不起他们。于是你就不敢放开,不敢思考,更不敢行动,亲人就变成了阻碍你发展的最大的敌人。

可见,人生问题确实是复杂的。你们不要把我的话信以为真,不敢说话。我想到哪说到哪,也是不得要领,你们也可以这样。有话则长,无话则短,不总结,不归纳。当然谁想总结、归纳一下也可以。

2. 人越自由会越快乐吗？

金：讨论"自由"比较难，这个话题已有众多的研究成果，若对其做一个梳理，那是几天都说不完的。我们今天要以另一种思路，从另一个层面提出这个问题。为什么青年人关注这个话题？这证明我们现在还不太自由。提出这个问题本身，说明它还是稀缺资源。如果你感觉到自由的话，可能不会谈它。青年人现在为什么缺乏自由？

H：这里所说的自由是指什么呢？是什么都不用做，或想做什么就做什么，想要什么就有什么，还是从事着自己乐于从事的工作，有个温暖幸福的家庭？这些就是自由吗？

金：确实需要界定一下，自由到底是什么。

L：其实跟过去比，我们现在是很自由的了。尤其对女孩子来说，能够在社会上比较自由地展示自己了。我也在思考，人是不是越自由就越快乐呢？比如小孩子，没有人管束了，他们就真的会快乐吗？周保松博士认为，"自由"是分不同性质的，像思想言论的自由是一种自由，而随地吐痰、任意闯红灯也是一种自由，只不过两者性质不同。他认为自由是一个人能免于束缚，去做自己真正想做的事情的状态，但并不是所有的自由都值得追求。如随地吐痰和闯红灯，这类自由不应该追求。不能随地吐痰和闯红灯，看上去是一种限制或束缚,实际上对人是有好处的,而且也是合理的。因为人生活在社会中,就一定要接受一些合理且必要的约束,不能不顾社会公德和生命安危,去追求"闯红灯"性质的自由。他指出,自由之所以重要,是因为它和人的生存状态密切相关,是人生存的一种基本需求。比如思想自由、政治自由、信仰自由,这些都是人之为人所必须的。亚里士多德说过,人生来便是一种政治动物,但如果长时间不参与公共事务,就会失去参与政治的能力。人没有思想自由,就会失去独立思考的能力,因为自由更多是指人进行自由选择的权利。现代人都追求自己想走的路,都想活出自己的人生,自由选择自己的职业、婚姻。虽然在选择过程中,不可避免会犯一些错误,走一些弯路,但是我们也能在这个过程中获得成长。他还提到如何追求自由,比如:"在政治上,我们应该追求人人平等,每个公民,不论男女、种族、肤色、信仰、贫富,都是国家的主人翁,都应享有平等的权利去参与和决定国家的未来。在教育上,我们应该致力培养学生成为有独立思考、有判断力和有主见的人。在经济上,我们应该尽可能透过资源再分配及社会福利,保证每个公民享有充分的物质条件过上自主的生活。在文化上,我们应该致力创造和维持丰富开放的文化环境。"

自由的国家是要保障公民享有一些根本而重要的基本自由,就这种基本自由的范围,可依据联合国人权宣言和某些国家的宪法归纳出一张"自由清单"。它"包括人身自由和免于任意拘禁虐待的自由、思想言论和新闻自由、良心和信仰自由、集会结社和参与政治的自由,以及迁徙择业和拥有个人财产的自由"。照此衡量,中国目前的生存状态在相当程度上还是自由的。这张"清单"所提到的自由,我们大体拥有了。

金:说到自由的概念,真是三天三夜都谈不完。刚才丽丽说,现在的自由比之前多了,这也是事实。自由涉及的层面有:政治、法律、哲学、艺术、生活等等,从红绿灯设置到自由的基本原则,大家都可以讨论。

我要说的是,归根结底,自由是一个时间的问题。没有时间,你怎么自由?自由就是吃饱了饭没事干的人造出来的概念。必要的最少劳动时间保证了你生命存在之外的你可以自由支配的时间,这是一切自由的源泉。所谓的思想自由、创作自由、旅游自由等,即可以做自己喜欢的事情的自由,这一切的自由都是以闲暇时间为前提的。

为什么人没有自由的时间?每个人从出生到死亡的约100年的时间,不就是自己的时间吗?它们还真的不是你的时间,要保证生命的存在,你必须要做一些不得不做的事情,这就是不自由的开始,所以你的自由的前提就是你的不自由。什么是不自由呢?就是为维系生命，你必须付出劳动。由于人一生花了很多时间在这上面，所以人相当长的时间内都是不自由的。一旦我们花很少的时间劳动，让生命获得了大量的闲暇时间，我们就称之为自由。

如果对自由进行考辨的话，中国的自由，最早应该是庄子提出的自由意象。自由作为概念，大概是古希腊时开始流行的。古希腊有自由民和奴隶之分，奴隶最大的不自由是什么？他的生命不是由自己做主，他的时间也不是由自己做主，他的生命、他所有的时间都是由奴隶主控制的。奴隶主让他什么时间做什么事情，他就得做。自由民是什么？就是我的时间我做主，我愿意用自己的劳动换来生存需要的物质，通过签订劳动合同出卖劳动力的自主权在我自己手里。自由在某种程度上就是我的生命，生命就是我的时间我做主，不管你在什么时间做什么事情，这是一个基本的前提。现在的年轻人，怎样尽可能地去争取更多的生命的闲暇时间？这是一道艺术难题。你去找一份工作，每天干八小时，一周休息两天，那么每天8小时必要劳动之外的时间，就是你自由的时间。中国人有自己支配的时间，而且将这些时间支配得有点意义、有些价值，这个世界也就丰富多彩了，中国人也可能就过上了幸福的生活。

如果从哲学层面去梳理自由的内涵，恐怕一天都谈不完。今天讨论的重点，一是我们为什么要去思考它？是觉得自由不够，也就是自由支配的时间不够。所以对于当前中国学校的新课改，我主要的一个观点是，落实新课改的关键是"砍课"，让学生自由支配的时间变多，让他有选择的余地，这是课改的最大意义。我经常说，"用时间换空间"。现在让你去旅游，你为什么不去，因为你没有时间。如果给你放假，你就能去了。所以没有时间就没有空间。讨论自由，首先就是时间，如果有时间，放你一年的假，你就能周游世界。一个人自由的时间越多，他的自由空间就越大。马克思说以往的社会都是不自由的，唯有共产主义社会让每个人都是自由的，因为那时社会财富极大涌现，我们用于必要劳动的时间大大减少，这也就保障了每个人的更多自由。

马克思所谓的"自由发展的人"，还不是中国教育界长期流行的"全面发展的人"。什么叫做全面？这是一个虚幻的空间概念。三百六十行，你行行都能做，就是全面发展吗？这是不可能的。所谓自由的发展，可能是全面的发展，也可能是片面的发展。一个人有时间了，三百六十行，行行都去尝试一下，浅尝辄止，这可以。如果一个人拼命地研究一门艺术，比如李宁一辈子就研究体操，他在体操方面发展得非常好，就是片面的发展，这也非常好。

2. 人越自由会越快乐吗？

这不是别人勉强他去做,而是他天性喜欢。那就让他去做。他的一切时间都花在体操上,他也是自由的人。无论你作何选择,都没问题。前提是你的自由选择。教师引领学生,让他们有越来越多的自由支配时间,做自己喜欢做的事情,这就能培养出幸福、快乐的人。

人生到底几个字?如此看来,争取最多的自由支配的时间,才是最重要的。今天,我们如何让更多的人争取更多的自由支配的时间,让个体生命呈现自身的价值和意义?现在的大学生、研究生、中小学生,都不自由。课时是固定安排的,你就要思考这是不是合理,是否需要一种弹性的安排,让我们更好地获得发展?如果你在学校任教,你就可以研究这些问题,虽然你不能大范围地改变现实,但至少在你可以改变的范围内,在你的班级,在你的课堂,通过你的设计和改造,既完成了必要的工作(学习)任务,同时缩短了时间,解放了学生,也解放了自己,获得了更多的自由时间。

Y: 应给人以充分的自由时间,但如果一个人没有管理时间、运营时间的能力,可能他也不能享受时间带给他的自由。

金: 这个值得分析:一个人不会管理自己的时间,有没有这种可能性?这个问题成年人可能不存在。有空闲时间,你不知道怎么用?我来教你怎么用?谁来定一个标准,告诉你时间如何使用,方有意义?是以成人的判断为标准吗?孩子有无辨识能力?一定要老师、父母、监护人来引导吗?未成年的孩子,他有没有自由选择的权利?是不是要给他必要的限制?谁来限制,是老师还是父母?

也有人不喜欢自由选择,认为过度自由对他造成了一定的困扰,使他不知道如何去享用自由的权利。比如你到超市去,你有自由选择商品的权利,但在成千上万的商品中,却不知如何选择。那么,我不要这个自由选择的权利,请人代我选择三样能维持生命的物品。但代你选择的人能否选择好?现在商品越来越多,选择的余地越来越大,人们普遍面临选择的困惑。

我有时去旅游,导游说,这条线路很好,那条线路也不错,然后让我选。我通常都说,你是导游,这两个地方我都没去过,你让我怎么选?我的选择可能是错的。你就站在第一次来的游客的角度,根据你的经验和专业背景来帮我作个判断,于是他就建议我选哪条线路。当然,让别人给你选,他付出了劳动时间,如果满意,就要给他报酬,譬如小费。

L: 小孩子没有能力作选择,也会选错,所以需要划一个年龄限制;成年了,才赋予他选择的权利。可是如果在孩子成长过程中,不为他创造一些选择的机会,可能他长大了也不会选择。比如大学生毕业后都要选择工作单位,他们早已是成年人了,但还有部分人不会选择,完全听从父母的意见。虽然拥有了自由选择的权利和空间,却失去自主选择的能力了。

金:这里有个方法论和标准。对于小孩子,监护人应该给他机会,锻炼选择的能力,但要把握一个尺度,即是否危及他生命存在的尺度。基本的底线不能突破,比如他要尝试跳下悬崖,你必须阻止,因为这危及生命的存在。他要杀个人体验一下,这也不可能任由他做,这个底线必须划出。就是危及自身生命的存在,或他人生命的存在,这两条底线绝对不能碰。

更靠得住的准则就是法律:法有所禁不可违,法无限定皆可为。如果他要唱歌,他要跳舞,或在地上涂鸦,你说这样不可以,谁给你阻止他的权利了?这是他的天性,就应该让他去尝试。你提供的空间要足够大,提供的选择机会要足够多,但选择是他自己的事情。这里可能隐藏着一个初选的路径依赖,就是开弓没有回头箭,初次的选择对他的一生发展至关重要。人的发展会自动产生一个路径,这条路径会封闭其他的可能性。但有什么办法呢?人有太多无奈啊。一个国家选择走哪条路,也是开弓没有回头箭,一旦烧成夹生饭,还能退回去吗?这是民族性和文化性的问题,都是开弓没有回头箭,民族是这样,个人也如此。

比如我自己,今天为什么成这个模样,就是一系列的选择造成的。我为什么高考读了中文系,为什么听了教育方面的报告,考研选择了教育系呢?这都是一环扣一环的。如果当初我不考大学,或不考文科,考理科,我的人生会因此而不同。所以初始的选择特别重要,选择需要你自己去思考,也需要过来人给你一些参照、提示。人生有多种选择,比如说上学的选择、就业的选择、家庭的选择,但出生是没法选择的。这是人生重要的关口,谁都不能掉以轻心。虽然你可以离婚,家庭可以重组,学校可以退学,工作辞了可以再干,现在的选择空间是变大了,但是你前面的选择对后面的选择的影响还是非常大的。

3. 天·地·人为何成"两会"民生关键词？

金：今年"两会"（人大和政协全会）热议的一个关键词是"天"，因为连续数年，"两会"期间，从首都北京到各地方都是雾霾天。以前说"民以食为天"，吃饭是老百姓的头等大事。现在吃饭倒不成问题，吃空气变成头等大事了，老百姓连新鲜空气都吃不到。

人说外国的月亮比中国的圆，这话还真说对了。中国的雾霾天，搞到看不清月亮的模样。前两天月全食，上海天气好，月亮从大大的圆慢慢变成橘黄的线圈，这是难得的赏月良机，因为阴历八月半时未能赏月，到了九月半恰逢这个百年奇观了。但是在深圳就无法欣赏，因为阴霾天。所以深圳人很苦恼，把电视机搬到户外。上海在直播，深圳再转播上海，这是直播的直播，给深圳老百姓看。

现在赏月亮、观星星都要掏钱，比如跑到新西兰，观察满天星。东华大学的摄影教授在新西兰自驾游，回来给我看照片，哎呀，原来星星是这样的，从天上瀑布般落地，铺天盖地，真乃"银河落九天"也。还记得小时候看月亮和星星，唱着"天上星，亮晶晶，青石板上钉银钉"，你给孩子唱这儿歌，他觉得莫名其妙，现在城市的满天星都是光污染。

雾霾天是个最大的问题，它跟老百姓的日常生活密切相关，与富人、贵人也是须臾难分。食品可以特供,但空气有特供吗?所以有人说,雾霾天好得很,可以促使当政者来思考、解决这个问题。达官贵人也要吃空气的,总不可能把空气也搞成特供吧?也可能特供,江苏的民营企业家陈光标就在开发空气罐头,但老百姓哪能消受这个呢?18元人民币一个空气罐头,古人说,清风明月,不用花钱买,现在要花钱,还成了个奢侈品啊!真成了笑话,比吃饭还贵!富人还可以暂时离开,出国度假旅游;或躲在家里,家里装有空气净化器,在家里打电话、上网办公。可老百姓每天要上下班啊。所以这是个"天"大的问题,必须重视。

还有一个"地"的问题。两会关于土地问题聚焦的是房价,居住权的问题。现在房价这么高,老百姓的安居房成了问题。这个地的问题不仅是住房,农村的土壤污染,目前比居住问题更严重。

第三个就是"人"的问题,指的是医疗、养老、就业等。年轻人是就业,生病的人是医疗,年纪大的人要养老,这都是人绕不过去的大问题。人的问题还涉及读书、教育。所以总结起来就是:教育、就业、医疗、养老,人生四大问题。"两会"的天、地、人,这是人人关注的重要话题。从研究生的角度,你们也可谈谈看法,考量一下自己的智慧。给你民主,让你参政,你能讲什么,有真知灼见吗?如果你是未来的执政者,是公务员,你对这些问题有什么想法?

L:这问题蛮难谈的,很多人都在谈……

金:声音响一点。你声音模模糊糊就是思维模模糊糊。

L:感觉挺难谈的。说到天气污染很严重,很多领导纷纷表态,"几年后污染程度会减轻多少……"既然能预测到多少年可解决问题,为什么不提前把它解决呢?是等待技术成熟?还是有别的考虑?为什么不能提前落实措施呢?

金:前不久某个会上,中央领导提出北京是首善之区,大气污染的整治是否应有个时间节点。北京市领导表态,大约三年如何。中央领导就说,如果三年以后做不到,你如何承担责任?这个很厉害,等于下了军令状。今年北京又在雾霾了,且又是两会期间,代表、委员意见纷纷,有的委员发牢骚,说这时开会,无异于投放了数千"废气吸纳器",我们都上北京为减少雾霾作贡献了。所以领导的压力特别大。北京在2008年奥运会期间重点治理,空气质量很好,一些污染产业都迁走。上海在世博会期间,空气也不错。说明办法还是有的,当然代价也很大,限产、停工都有。我们也不能老用这样的方法让空气好,治本之策到底是什么?

M：为什么不提前想到应对措施呢？这可能与发展模式有关系。西方发达国家之前也经历过环境非常糟糕的时期。我们以前太穷了，急于发展，急于成功，走的可能也是一条"先污染后治理"的路。现在强调走可持续发展之路，但摊子已经铺得很大了，勒令工厂停产，或让街上的小汽车都消失，这也不大可能。这就警示我们要有远见。大城市已经遭遇了环境问题，中国还有很多贫困地区，它的发展模式应该怎样呢？不能只引进工厂，却把河水污染了，农田污染了，这样就没法住人了。挣钱了，环境却不好了。可见，决策者首先要有长远眼光。

H：但是你说的这个也不现实。一般政府官员在一个岗位上的任期也就几年，任期内，他可能就不会考虑这地方以后的发展，所以官员任期之内的考核要完善。

M：官员要接受民众监督，不能任期满了走了，把烂摊子留给后边的人。

金：这个问题就涉及滞后评价的制度设计。对于政治家，为官一方的人士，可能在其任期上的评价权重要放轻，他去职后，要加重这个评价，所谓"政声留于身后"，是吧？离开了这个岗位，再来评价，过一段时间，来个盖棺论定。"后设评价"是医治急功近利的良药。任上搞一点面子工程，然后就升官了，让继任者擦屁股，这不行。你签字的项目要终身负责。

桥梁设计专家茅以升，作为北京十大建筑工程之一的人民大会堂的设计顾问，这个设计施工图的安全，周总理说要把茅先生请来签字。作为设计安全组长，字一签，从此晚上睡不着觉，责任重大啊。虽然从设计理论上讲，人民大会堂可以抗八级以上地震，但真的能吗？后来唐山大地震，北京人民都睡不着觉，茅先生说从此以后安然入睡，人民大会堂经受了考验，他就放心了。一个科学家，签字以后，他有责任感，要负一辈子责任。当政者也应这样。用这来矫治短期行为。

X：说到天地人，这个问题背后，就是人应如何与自然和谐共处；而要更好地生活在这个世界上，人与人之间也应该和谐共处。"天地人"可能蕴含了两个层面的问题，与"文明和自然"的话题也有一定的关联度，是否可以这样理解？

金：与这个问题是关联的。

X：人与自然，是既对立又统一的矛盾，关键是如何把握好度。要以对环境最少的污染，来求得人自身最大的发展。而环境污染对人的生存会造成威胁，自然界也会报复人，但是人总战胜不了自己的欲望。

金：讲天地人，天是雾霾天，地是住房困扰及土地污染，说到人呢，离不开教育、就业、医疗、养老等,这些问题的解决,都需要制度的巧妙安排。从教育,到养老,生命的终结,包括生命的中间过程,比如年轻人要就业、居住,要去取得物质资料让生命得以续存,这些都要向自然索取。在获取的过程中,人不断地和自然互动,可能人类的获取方式有问题,导致自然的报复。人的生命健康受威胁的问题就日益突出了,现代人面临自然环境和人际环境的双重压力。

人在榨取自然的过程中,需结成特定的团体,使人更有力量,更多地获取资源,这就导致自然与人形成紧张的关系。而人在组团合力开发自然的过程中,又产生了如何分配自然资源的问题,于是人与人、部落与部落、国家与国家之间也产生了矛盾,人际关系也日趋紧张了。这是双重紧张:人与自然的紧张,人与人的紧张。

人还有第三重紧张,就是自己跟自己过不去,两个"自我"在那里争斗:理性和感性的两个人,纠缠不清,内斗不已。如果"与天奋斗,其乐无穷;与地奋斗,其乐无穷;与人奋斗,其乐无穷"过了度,就可能演变为"其苦无穷",或再加上一个"与己奋斗,其苦无穷"。

可见,人的问题,才是天地人的关键所在,即本源问题。正本清源,可能还是要回到教育的视角来思考:这个人字到底怎么写,怎样走好一生的路?

马克思的理论是人不能脱离物质存在孤立地发展。但所谓的物质存在,本身是个弹性的概念。孔子的学生颜渊,"一箪食,一瓢饮,在陋巷,人不堪其忧,回也不改其乐",人基本的生存需要,两千多年前就已经解决了。传统社会也不会让老百姓饿死,碰到灾荒,皇帝、富户都要开仓救助的,这是社会的底线,基本的良知。

吃饭问题,看来不是一个根本性的问题。当然兵荒马乱的年代,有"人相食"的极端惨况,到了这样的乱世,这个朝代也将被推翻了。一般社会,无论是资本主义社会,还是传统专制社会,它都有一个底线,即保障老百姓的基本生存权——吃饭。当社会矛盾激化,老百姓吃不上饭,或者穷人每天仅一碗饭,还没咸菜萝卜干,富人却山珍海味,所谓"朱门酒肉臭,路有冻死骨",社会就动荡不安了。

基本物质需求,这个问题从古至今都存在。怎么解决呢?马克思的理想是,获得个体的自由,人类的解放,人尽其所能,取其所需。这个理念是不错,要真正践行是不容易的。社会主义时期"各尽所能",你做得到吗?你能不能尽己所能?然后"各取所需",这各取所需更复杂。按理说生命存在,像我这样就是每天三碗稀饭,也是各取所需,没花多少钱。但人家的各取所需呢?能够乘私人飞机、驾游艇,周游全世界。我难道没有这个需要吗?哦,我也有这个需要了。当你有飞机、游艇时，人家玩宇宙飞船了。美国的富人第一个上宇宙飞船去环球一周，花八千万美金。那是一般人玩得起的吗？如果全世界七十亿人口，都到地球外转一圈，可能吗？

你说，为什么不可能？经济、科技不断发展，总是有可能的。我总觉得不靠谱。为什么他的需求满足了，我的需求不能满足呢？这是共产主义社会吗？"各取所需"这个概念似乎是对的，真正实践起来，你自己都没搞明白，你到底"需"什么？所以在我看来，马克思的基本原理，人首先要吃饭是对的，吃饭是维系生命的基本物质需求。健康的空气、清洁的水、基本的安全食品，这是人人需要的。至于一方山水养一方人，美国人喜欢吃面包，中国人乐在啃馒头，各得其宜。如果有人渴望每天享受山珍海味，如鲍鱼、猴脑，这是物欲，不是人类正常的物质需求。在我看来，个人的正常需求都满足了，就离共产主义不远了。而畸形的物欲，只会偏离人间正道，撕裂社会，最终也毁灭自我。

现在人类创造的的物质财富，保证全世界七十亿人口吃饭是没有问题的。但是我在讲这个话的时候，非洲穷人的小孩，可能正濒临死亡，就是没有粮食吃，因为当地的或人类的制度安排都出了问题。社会制度应保证人最基本的物质需求，在此基础上，各自更多的需求如何满足则当另议。也许人类应抑制无限的物质需求，去开发其他个性化的需求。所谓人各有志，像马克思讲的，上午钓鱼，下午绘画，傍晚散步，这样的需求是可以满足的，对地球也没有大的损害。

人的需求问题，本质上是文化和教育的引领问题。人类的心态健康，或通过教育使心态健康起来，方可筹划未来的人生方向。天地人的问题，要说复杂，很复杂；要说简单，又很简单。一念之间，回归本源。问题是人造出来的，还得由人来解决，解铃还需系铃人。

L：上学期政治课上，授课老师说她曾去朝鲜旅游，见朝鲜人平时吃得艰苦，就是用豆腐下饭，各种做法的豆腐，如红烧豆腐、小葱拌豆腐，最好的一道菜是土豆炖牛肉。但他们吃饭很放心，食品肯定是纯天然的，不会有安全隐患。现在的朝鲜很像新中国初期。

金："文革"期间。

L：对，类似"文革"。中国经过几十年的快速发展，看似什么东西都有了，老百姓也能吃上各种各样的蔬果了，肉类都非常丰富，但是食品安全真的成大问题了。前不久，北京还查出加了漂白剂的猪蹄。这些现象，是不是发展过程中必经的？包括空气污染，北京为缓解空气污染压力,实行机动车尾号限行的措施,但也没有解决问题。我们可以参考西方国家的做法,比如英国。伦敦曾被称为"雾都",污染也很严重,泰晤士河还曾被宣判过"死亡"。但现在英国的空气质量有很大的改善,泰晤士河也"死而复生",其中有益的经验,我们如何借鉴?

金:你说到两个向度的问题。一个是怎么借助西方工业发达国家走过的路,以英国为例。英国是值得研究的,世界工业革命后,这个国家叫大英帝国,"日不落帝国"。文艺复兴首先从意大利沿海商贸发达地区开始,商队伴随船队,沿着荷兰、西班牙、葡萄牙等国家,向全世界开拓。荷兰的学问被日本人称为"兰学",日本向西方发达国家学习,开始学"兰学"。意大利、荷兰、西班牙及葡萄牙,最初的发展跑在英国前面。但英国后来居上,提供了更多现代化的要素,包括科学发明、制度安排、文化理念、组织架构、环境治理以及它的语言传播,使其影响越来越大。

英国的殖民地在世界上最多最大,美国也是英国的新殖民地,后来独立了。像新西兰、澳大利亚,还有加拿大,现在都是总督制,是英联邦国家。这个小小的岛国,它的无敌舰队,向全世界征发,到处撒种、生根发芽、开花结果。现在英国好像落后了,跑在前面的是美国。美国继承的是英国文化,与法国、德国的文化不一样。英美文化,与大陆文化(法德文化)有差异。德国文化思辨,法国文化浪漫,英国文化实证,这是它的优势。英国的君主制,使其革命不像法国那么彻底,法国革命搞得腥风血雨,英国转型则比较和缓。这里不是说民族有高下,文化有优劣,只是指出差异,从差异里思考可借鉴之处。人说英国的乡村最美丽,德国的城市最干净。德国城市的干净以后有机会可去看看,英国乡村之美丽也是我的切身体验。工业革命时搞圈地运动,乡村的田野风光都没了,有的是"雾都孤儿",泰晤士河的污染,现在又恢复到花园一样的乡村。田园牧歌,乡野风光,随手拍出的照片,赛过一幅幅精美绝伦的油画。

新西兰原来是英国殖民地,几乎是英国的翻版,它是以林业、牧业、渔业及旅游业立国的。英国还有一些工业,新西兰实际上没什么工业,但老百姓福利非常高,真的是福利社会,甚至吃喝拉撒睡都包下来了。失业了没关系,每月有救济金,国家养着,懒人只要物质生活要求不是很高的话,青山绿水,吃饱了饭没事干,每天就这么逍逍遥遥过日子吧。即使犯罪判刑,监狱里的生活也不比领救济金的人差,当然被监禁者最大的痛苦是不自由。而人的渴望是自由,"生命诚可贵,爱情价更高,若为自由故,两者皆可抛",说的是自由最可贵。但这也许是吃饱了饭没事干的人说的,一个人连饭都没得吃,还会思考自由吗?

有个中国老头,犯罪进了监狱,别人问他,你都七十多岁了,怎么还犯罪呢?他说一个人在家太寂寞,进监狱还有些狱友可以交流。你看,中国人的吃饭问题大体也解决了,现在中国也将面临发达国家才有的更复杂也更高级的问题。这虽说是笑话,却道出了实情。你还说了一个什么问题?

L： 关于朝鲜。

金： 朝鲜的老百姓物质上没有很高的需求,但听说他们有饿死人的情况。现在最大的问题是了解不到真实的情况。听说朝鲜的住房还不错,都是国家提供的,孩子受教育也不花钱,吃饭也有基本保证。是否这样?难以把握真实的状况。其政治三代世袭执政,这是否马克思所描绘的社会主义社会,也是疑问。

你刚才说中国以前跟朝鲜很像,人的物质欲望不强,是不是回到以前比较好?我想恐怕是不行的。假设让你移民到朝鲜去,你愿意不?有人说,最好回到"文革"前时代。我说中国这么大,不妨划个地方恢复以前的建制,比如找个区域经济既不是很落后,也不是很富裕的地方,愿意过苦日子的人,请君入瓮,去过乌托邦的日子。这是可以的,只要本着自愿,但你不能强制他人也走这条路。

邓小平的智慧是尊重群众的首创精神。像农村联产承包责任制,安徽、四川先搞起来的。有的省就不搞,说"辛辛苦苦几十年,一夜回到解放前"。合作社、集体化是社会主义的阳光大道,干嘛走单产包干的羊肠小道?邓小平说：不批评、不施压、不着急。中国地方大,发展有差异,允许暂时想不通,等待转变观念。邓小平这招确实高,结果老百姓不乐意戴个空帽子啊,看着美,却是个肥皂泡。老百姓首先要吃饭。人家粮食越打越多,我们为什么不能包产到户啊?下边的压力反弹上来,上面的领导也没办法,全承包到户了。好的政策,让老百姓自己来作选择。当然,这问题也不简单。单干不利于规模效应,现在各地又在探索家庭农庄;有些企业还到农村来探索新型的集体农庄,农民以土地入股。国家大了,治理不容易。民主有什么好处呢?民意测验嘛,看绝大多数人喜欢什么,至于少数人的权利也不能剥夺。所以平衡点怎么把握,这是治国理政的关键。

说到天地人,它们是"两会"的三个焦点话题,要不复杂,也不会成为焦点。假如让你们到两会上去讨论,你们怎么解决?我也是一孔之见,谈一点想法。众人的想法集中起来,拿捏一个平衡的"度",先试试看。如胡适说的,点点滴滴的改良。设想一个乌托邦的完美计划,一定要照此办理,搞得好入天堂,搞不好下地狱。一般来说,天堂的可能性比较小,地狱的可能性比较大。为什么?人类的历史一再告诫我们,人不是上帝,人唯有自省局限性,才会跨出稳健的路。你想,人的脑袋都差不多,凭什么你脑袋里装的是上帝的旨意?代表人民的利益,集中众人的智慧,点点滴滴、坚持不懈地改良才是正道。

4. 文明能回归自然吗？

金：文明能回归自然吗？自然是什么？大自然就是地球，它经过了多少万年的演变啊，这是大自然的奇迹，宇宙的奇迹。这个奇迹到现在也没法解释清楚。天文学家、地质学家怎么解释呢？物理学家有宇宙大爆炸说、星云集聚说、地质板块挤压说等，至今争议不断。在茫茫太空、渺渺宇宙，不知经过多少时间的孕育演化才得以诞生，就好像孙悟空石破天惊，从宇宙妈妈的肚子里迸发，这个横空出世的天之骄子，它的名字叫"地球"。

宇航员杨利伟上太空一看：蔚蓝色的星球，独一无二的美。地球是个宝贝，又经过亿万年的演化，终于有地壳运动了，有水了，有云了，海洋开始有生物了；按照鱼——两栖类——爬行类——鸟类这样的进化链，最终人类出现了，这是迄今为止生物链条上最高级的动物。人类的十月怀胎，也复演着生物进化的历程。一句话，人类是从自然中产生的，还将回归自然。不仅个体生命如此，地球也如此。当地球复归宇宙本体之时，也是人类回归自然之日。

地球是宇宙的偶然，人类是自然的偶然，个人生命的起始是男女结合的偶然，也是亿万精子竞争结果的偶然。骄傲的人类，其文明史是五千年还是数万年？文明的标尺是什么？人类尝试用工具去开发自然时，在自然面前还是很弱小的生命。当人类开始掌握铁器，向自然索取资源时，人类文明的序幕才真正拉开，同时就开始上演部落之间用铁器彼此屠杀、相互争夺领地的战争剧。人类数千年的文明史其实是一部野蛮史，人在征战自然的同时，不断彼此征战，谁的力量大，谁的武器先进，谁就占据了制高点，谁获得的自然资源就更多。

人从自然的儿女，一变而成为自然的主人。原始人用石块或木棍敲击果树，野生的果实是自然的有限恩赐。进入石耕火种的时代，自然的馈赠开始增多。人类一旦发明铁器就过渡到开垦时代，从运用铁器工具到运用科学技术，人类似乎插上了万能的翅膀，开始为所欲为，无穷无尽地榨取自然。当人类对自然的索取达到前所未有的状态时，人和自然就从亲密的母子关系变成敌对关系，面对这个贪得无厌的孩子，自然母亲开始频频报复，也就造成我们今天身处"头顶雾霾天，脚踏污染地"的窘况。怎样找到一条人与自然和谐相处的可持续发展的道路？这是每个人必须回应的人生难题。

自然是人类的母亲，现在，儿女不断地榨取母亲，母亲千疮百孔，实际上已威胁到人类自己的生存了。照这样发展下去，人类将来何以为生？现代人很狂妄，像美国人现在要开发月球，还去探测火星。火星能否成为第二个地球？地球是目前所知人类唯一的伊甸园，地球一旦毁灭，还能找到另外一个适合人类居住的星球吗？尽管宇宙是无穷无尽的，但人类真能找到其他永生之地吗？看来，还得先把地球爱护好，把人类文明与自然的关系处理好。

当代人要确立新的文明观。德国思想家卡尔·雅斯贝尔斯在《历史的起源与目标》一书中，第一次把公元前500年前后同时出现在中国、西方和印度等地区的人类文化突破现象称之为"轴心时代"。那时的思想家通过对话留下了智慧的学说，我们不妨回到这一宝库汲取养料，特别是中国"天人合一"观为建构现代和谐文明论提供了有价值的思想资源。

天人合一、回归自然、和谐相处，并不意味着人类无所事事，躺在地球身上，回到茹毛饮血的原始社会，而是深刻检讨生产方式和生活方式的失当和矛盾。人不懂自我节制，人类社会的发展如魔鬼收敛不住自己的步伐，那就会碰得头破血流。人不能蒙蔽了双眼，无路可走时才痛改前非。现在是否到了必须反省的时候？因为吃空气都成了问题。连发达国家都恐慌不安，因为空气是全球流动的，要不然日本的民间志愿者为什么到内蒙古去种树啊？就怕雾霾天，风一吹就到日本、韩国去了。上海的雾霾，一半是自己生成的，一半是西北吹来的。现在上海没法治理，你治理好了，江苏、安徽没治理还是不行，所以要全国治理。发达国家说，要全球治理，国界也是挡不住雾霾的。

4. 文明能回归自然吗？

站在全球的角度,有可能确立新的文明观吗?

H:这个有确立的可能性,只是现在并非所有人都意识到该问题的严峻。中国奥运会和世博会的时候,空气质量都是可控的,达到一个较好的状态。英国也曾有污染,现在也得到了治理。如果付出代价的话,空气是可以治理好的。只是现在的经济发展,可能还没有达到能付出这么大代价去治理的程度,这就导致环境还在污染,大气还在恶化。治理的科技手段肯定不是问题,关键是人的态度问题,这取决于经济发展和环境保护哪个被放在更重要的位置来看。

金:说到文明,在有些人的语境里,历史上好像中国是一个野蛮落后不文明的国家,是一个中央集权专制的国家。而所谓的文明国家,指的是西方,工业文明时期的国家。像英国,依靠飞速发展的生产力、科技的运用,实现全球贸易和殖民地的拓展。于是中国人近代以来一直面临着国家灭绝、种族灭绝、文化灭绝的恐慌。无论是1840年的鸦片战争,还是邓小平改革开放的新时代,怎样改变军事、科技、经济的落后面貌,或怎样证明社会主义的优越性等,都和这个大背景有关。

社会有个预设的现代化的理想模式,即科技越来越发达,利用自然的本领越来越强,支配世界的话语权也越来越大。所以要通过贸易,通过全球经济要素的重新配置,让财富不断地积累。如果不能参与世界经济的竞争,中国就不行了,文明就不如人家。近代的一些仁人志士跑到欧洲考察,梁启超写了本书,叫《欧游心影录》。他在西方资本主义国家一看,西方列强就是这样一条发展的路:开拓殖民地,打弱小的国家,汲取财富,输出科技,输出宗教,实际上隐藏在文明背后的是弱肉强食,利益争夺。如果中国也模仿西方国家,走这样的路,欺负弱小的国家,行吗?所以他感到理想幻灭,对西方文明能否成为中国的楷模产生疑虑:是学习你的"文明"?还是坚守我的"文明"?文明的内涵是否要重新思考?

现在地球早已瓜分完毕,所以美国赶紧要到太空探求新的领地。未来的大国之争就是太空技术之争,按照西方社会和文化的发展路径,难以回归自然,只能以地球为基点,向宇宙进军。我们亦步亦趋,还在重复欧美的脚步。这样说的话,难道要否定历史?历史发展错了吗?中国不走这条路,走哪条路呢?就好像是一个悖论。抗衡西方文明,我们是"以其人之道,还治其人之身"呢?还是以中国文化的博大包容,让你进来,慢慢融化?马背上的民族,军事强大的民族,如清朝的满族,不是入侵中原吗,两百多年前,还是清朝统治着中国,但实际上中国的文化已消融了满族。现在满族语言在哪里,满族文化在哪里啊,几乎没有了。即使是满族的同学,填报大学志愿在民族一栏写个"满"字,他还会讲满语吗? 就是高考时增加几分而已。满族已被汉族同化了。马背上的民族要统治中原,只能用先进的文化,用汉人的礼仪去治理国家。贵族教育子弟,要读中国的经典;皇帝要有执政的道义,首先就要汉化。由此历史上清朝的贵族渐渐被中国的文化所同化。

放到全球来讲,放到历史的长时段看,即使美国人、英国人凭借军事武力进来,怕什么? 数百年以后,野蛮文化也将被高雅文化同化。因为军事可夺得领地,但征服不了人心。"马上得天下"但不能"马上治天下"的王道文化,为中国历代统治阶层奉为正统。如果中国文化处在高位,则低位的"马背文化"、"导弹文化"(军事文化)最后也将被中华文化所同化。放到历史的长河、放到大尺度的时段,输赢不在一时。遥想当年罗马大帝的皇权宝剑,还是不敌耶稣宗教的思想芦苇。历史不可以重来,但可以假设。通过历史假设,找到再出发的依据。我们无须自傲,也不必太谦卑,应在东西方两大文明的对话和汇流中,探寻新的文明之路。

我们讨论问题时可以百无禁忌,不然哪来的创新思维? 当然,治国理政不仅是纸上谈兵,还需脚踏实地。但马克思说,理论只有彻底,才能说服人。思考不彻底,连自己都说服不了,怎么去说服人家? 什么是文明? 从内涵到外延,从历史到现实,从既往的教训到未来的选择,要把"来龙"究明了,"去脉"才能理清。我的观点不一定对,试图引发你们的批驳,有不同的想法冒出来,一起来深化思考。

H: 文明,从历史发展来看,国内外的标准是不一样的。

金: 通常认为西方是文明社会,落后国家走西方发达国家的文明之路,才能超越自我,追赶先进。今天流行的概念是现代化。现代化就是一个模式,实际是以西方发达国家走过的路为标准。文明也好,现代化也好,历史和现实会存在错位。后发展的国家是否要以西方的现代化为准则,这至今也没有定论,还在探讨中。西方的标准是绝对的吗? 先实现工业化的国家是最好的模式吗? 西方的现代化之路中国能不能走是一个问题,要不要走也是一个问题。首先是能不能走,因为中国国情不一样,发展路途上会遇到很多困惑。是不是一定要选择这条路? 能不能走出独特的路,叫中国特色社会主义?

这里仿佛存在悖论,以前你落后,两条腿走路,人家骑自行车,后来骑自行车的又看到人家开车,自惭形秽。现在西方发达国家倒过来了,骑自行车变成时髦的运动,上层社会也流行,富裕的人更是崇尚走路。走路是贵族的雅举,穷人却开车,每天驱车一小时,从乡村赶到城里上班。东京的白领更可怜,要先赶到东京外围的大停车场,再挤地铁上班。穷人开车,挤地铁。富人呢?住在乡间别墅,在山边走路。

这个世界很奇怪,以前中国年轻人的理想是开车、吃面包、喝咖啡,现在的中国富人呢,喜欢散步、喝茶、讲禅。农民成了土豪,很郁闷:终于吃上肉了,贵族已返璞归真,吃菜。人老是折腾自己,无论个人还是人类社会,总是折腾,不折腾大概就觉得白活。穷人要把自己折腾成富人,富人要回去,体验穷人的生活。来回一折腾,一百年没有白活。不折腾呢,生活太平淡。所以有的人一天到晚吃饱了饭没事干,玩蹦极、跳伞,冒着生命危险寻求刺激。不折腾,一辈子活了个傻命,白活了。折腾过了,犯过错了,臭名远扬也是好的,没有白活。人真是奇怪的动物,搞教育的人嘛,对这个问题还真要想一想,人的一生要怎么安排,不要老是犯糊涂。

Y:文明是一种轮回。时间也是一种轮回。

金:文明是一种轮回,这是佛教的语言了。

Y:时尚不也是一种轮回嘛。

金:我以前看过一篇文章,说什么是时尚?一百年前的老奶奶穿的土布衣服是时尚,这个老奶奶的衣服在六十年前就是平常,在四十年前让人觉得老土,在二十年前是落后,再过二十年又变新潮了。你看国家领导人都穿唐装迎候外宾了,古代人的衣服也变时髦了。所以是有点轮回的意思在里面。看来人的创造力毕竟有限,新的发明在历史上都可找到相似的原型。太阳底下无新事,也可以说一切都是一种轮回。

地球是轮回的,文明是不是也在轮回?人类的历史是不是经常会重现?日常的服饰可证,从最初的时髦,慢慢地落后,又回到时髦。人类社会也是如此,最初的落后国家,慢慢地有了先进文明,又回到落后。这不是轮回吗?人类不要太骄傲,觉得现代社会就一定是文明的,以前的社会就一定是不好的,这种线性的历史观、进步观,正在遭遇质疑和挑战。轮回能不能成为一种新历史观,这个问题也可以探讨。台湾学者李敖,人家问他:"你最想做哪个时代的人?"他说:"唐朝人。"他是个文人,文人在唐朝很有地位啊。汉唐盛世,既然是盛世,吃饭肯定没有问题了。文人的社会地位这么高,作为文人可以玩文学艺术,他怎么不想在唐代生活呢?当今社会是高科技时代,玩什么?比尔·盖茨等发明的计算机、互联网等高科技。

L:关于文明能否回归自然,即使回归,肯定不是原始的自然吧?应该是在现有的物质基础上，尽可能与自然和谐相处。现在提倡建设和谐社会，这个和谐是不是与古典文化里的天人合一思想有共通之处？人和自然要和谐相处，但不是回到原始时代。人可以保留自己的文明，要在不过度破坏自然的前提下，让经济持续发展，并且要尊重自然。

金： 回归自然是针对现实的弊端，不是沉溺于乌托邦的幻想。穿越历史，这只是说说而已。今天说到人和自然的关系，有几个元素是很重要的，一个是电力的发明，电的发明比计算机重要，因为互联网也需要在电的基础上运转。另一个是水的系统。西方发达国家的自来水可以生饮，中国人喝生水经常肚子疼，因为中国的水质不行。一个空气安全，一个水安全，一个电力通达——有些穷奢极欲的追求恐怕需要节制，但现代文明的好东西必须保存。

现代的田园风光中，农场主不需要用工人，都是机械化生产。现代文明与传统文明的结合，使现代农村保持了传统文化的一面，又渗透进了现代科技的元素。基于制度设计，农场土地相对集中经营，降低了经营成本。大量财富集中后，通过税收来调节，让普通民众也能受惠。让文明更好地发挥现代技术的作用，又不破坏自然，人与自然的关系就可以调整好。要把传统的天人合一的理念和现代文明结合起来。

5. 播种什么？怎样播种？为何播种？

金：复旦大学林尚立教授从政治学的角度探讨了一个问题，他认为革命要播种，社会建设也要播种，这是不同历史时期的不同话题。比如红军当年一路长征一路播下革命的红色种子，中国革命的成功和这个播种是有关系的。现在从革命年代进入了社会建设时期，而建设也是需要播种的。这讲的就是一个社会怎么治理的问题。林教授认为，基层社会的治理是一种低成本、高效率的治理，没有基层治理就没有社会的自治。那么社会组织如何去进行社会的治理？组织的存在和发展也需要驱动。怎样把社区治理好，需要注入三种资源：市场的资源、政治的资源和社会的资源。而资源不能被垄断在政府手里，它需要开放。

现在提倡五种文明共同发展，第四种文明就是社会文明。国家政策是以经济建设为中心的。要使五个文明协调发展，使社会良性、稳定、和谐、持续地发展，就需要播种。教育就是播种。用什么样的文化和价值导向，播下怎样的种子，对学生一生的发展至关重要。

宗教文化中也经常出现这种比喻，《圣经》就把意象、文化、思想的传播，比喻为种子洒落大地，遇到合适的阳光雨露就会生根发芽。教师要做有心人，要去播种，其中种子当然很重要。你播下善的种子，就会收获善果；你播下邪恶的种子，到时候会损害到你自己的利益。今天讨论的话题是三个 W：1. WHAT：播种什么？今天这个建设的年代，在新的时代背景下，我们需要播种什么？2. HOW：我们应该怎样去播种？用什么样的方式去播种，效果比较好？3. WHY：谈谈为什么播种？价值依据是什么？也可以连带谈谈革命年代的播种，其经验和教训有哪些。

H：初看这个题目时，完全没有头绪，脑子中存留着疑惑。想到这些年中国人最缺乏的东西，可能就是信仰吧！抗战时期，革命先烈为了祖国的未来流血牺牲。但现在的社会，别说流血牺牲，就是抛弃一些小我利益的人也不多。所以信仰就是一颗要播的种子。

金：播种信仰。

H：中国现在有很多社会问题，归根到底是一种信仰缺失。但也不知道拿什么来作为个人信仰。问很多人一生追求什么？坚持什么？他未必真知道。如果必须舍弃，只让你选一个的话，真的很难选。这一生什么都可以抛弃，但唯一需要我坚守的是什么呢？

金：当下的中国人缺乏信仰。你看佛教创始人释迦牟尼，王位不要、家庭不要、父母不要，一切都不要，他就是追求信念，抱有拯救天下的心愿，他要把这个思想散布出去。这也是播种。这是信念支持下的一种选择。革命烈士为了未来的美好社会，宁愿牺牲我一个，换来大众的幸福，也是一种信念。当年穷人闹革命，脑袋拴在裤带上，打土豪分田地，凭的是朴素的利益追求、现实的功利目的。本来穷得叮当响，甚至还有饿死的可能，有机会闹革命成功翻了身，两头老牛三亩地，老婆孩子热炕头了。随着革命的发展，又慢慢把小我放大，从三亩自留地的耕种者成长为共产主义事业奋斗者，这也是一种信念选择。

信念确实很重要。它是一种终极的价值关怀，也是一颗原始的种子。说到信仰、梦想，一个是意识形态领域的话语系统，比如共产主义的理想；一个是宗教的话语系统，比如基督教、佛教、伊斯兰教，还有儒教。一个人找到终身的信念，那么一生的精神价值就有了依托。这涉及为何要播种，是一个价值观的探讨。自己在寻求，在自己的内心播种。然后，觉得这个种子很好，还要去播种人家的心田。

X：怎么播种，就是方式的问题。中国的墨家是上门说教，就是"强说教"，教育者处于主动的位置，被教育者有一点被强制的味道；有些宗教传教的方式也是不遗余力地去说教，如西方的基督教、天主教。但佛教不一样，讲究一个缘字，不会"强说教"。

金：你说的是传教士的传教方式。

Y：基督教的传教士信仰上帝，虔诚地想把宗教思想传播到普通人心中。他们靠信念支持,不畏艰难险阻,只要说服了一个人,就觉得完成了一项使命。之前看过一部电影——《一轮明月》,讲的是李叔同,他研究哲学、佛学,去日本留学,还娶了一个日本妻子,因信仰佛教,后来就出家了,妻子也不要了,抛弃了尘世的一切,断食修行,专心研佛。当然他在美学、哲学还有文学方面也有很深的造诣。还有像居里夫人这样的科学家,对科学研究有着坚定的信念。这些大师都是一些很特别的人,有超乎凡人的坚定信念。

金:怎样种植信念的种子、梦想的种子?一个人,总是要有信念,总是要梦想,总是要追求的。但他把追求固化为一个具体意向,将其作为一种宗教信仰,竭尽全力把它推广出去,甚至把它当成全人类都必须遵循的一种终极价值关怀,且传播的方式带有强制性的话,就会走向反面了。你认为有一粒好的种子,你要去播种,但播种的方式也要讲究。

首先不能用强制的方式,让他人接受你的理念。正当的播种是一种民间自发的教育行为。其次是我自己要播种,我也要用欣赏的态度欢迎别人来播种。人家的种子跟我的可能有点不一样,但你不能说自己的种子是全世界最好的种子,你们只能播我的种子,不能播别人的种子。你传佛教,他传基督教,你说这个不行,他说那个不行,这就变成宗教战争了,人类的大难就开始了。所以播种也有个边界不能突破。第三,信念有没有可能多元化?李叔同播下佛教的种子,希望他学生信佛教;居里夫人播的是科学种子,她研究镭,她把科学作为一种信念,每日粗茶淡饭,甚至不畏生命艰险,因为镭对生命有危险,这就是伟大的科学家,舍弃小我,探索科学为大我。不管你播什么种子,不要强制他人。自己快乐地播种,看到别人播种,也要带着快乐的心情欣赏。

判断是不是好的种子,有个边界,即守住一个底线,不危害人类。你喜欢发展工业生产,边界是什么?你不能造成污染。举个生活中的例子,你喜欢烧煤球炉子,放着天然气不用,可以吗?可以。但你烧煤炉,烟雾腾腾,你就影响了他人。如你能把烟雾锁在你的院子里,只要做到这一点,我就乐观其成,还欣赏你的煤炉烟,视为一道优美的风景线。你走你的阳关道,我过我的独木桥。但人类社会往往分隔不开,比如空气和水。当你播撒的思想种子,犹如水和空气与他人的播种难以分开,但彼此又无法交融而发生冲撞时,你怎么办?怎么守住边界,又怎么来划分群己的界限?

因为生煤炉,烟是管不住的,它随风飘。邻居与你有矛盾,觉得影响他人的健康呼吸了,两家人就打起来了。又如养狗,养狗我不反对,狗蹿到我的家里撒尿了,我对你就有意见了。前不久网上贴出篇奇文"遛狗遛出来的反腐":两户人家都住豪宅,因为遛狗纠纷就彼此成了仇敌,这边网上抖料,说给他查一查,这个贪官怎么住得起这3000万的豪宅?那边网上回击:我不是贪官,我太太是做汽车贸易的,家有数亿存款;你才是贪官呢,你的一个亲戚是当地高官,你这房子怎么来的?这边又说,和亲戚没关系,我也是生意人……搞成一地鸡毛。这不,遛狗弄出网上攻击,暴露了腐败嫌疑,有人据此揭露两个豪门背后的猫腻。

这是笑话吧?为了养狗的事,俩富人闹矛盾,最后出事了。传教、播种,会不会打起来?再说居里夫人,她的研究成果被用来造原子弹,原子弹也可能危害人类。但她研究的初衷不是造原子弹。一个有良知的科学家的研究是没有边界的,但其科学研究成果的使用是有边界的。问题是,当你研究出成果后,怎么去控制它使用的边界呢?这是令人苦恼的地方。

合理界定并严守"群己的权界",这是不容易的。严复当年将英国思想家约翰·斯图亚特·密尔的名著《论自由》译成中文,在确定中文书名时,他几经斟酌,定名为《群己权界论》。密尔原书名 *On Liberty*,那么准确、直接的译文当然是"论自由",而"群己权界论"表达的是"群体与个人的权利界限",书名的含义显然有别。那么,倡导翻译应遵循"信雅达"三原则的严复,难道不知"信"是翻译的最重要基础吗?还是他不赞同抑或反感自由或自由主义?显然不是。在英国留学期间,严复对西方资本主义的政治制度、思想文化作了相当深入的了解,特别是对西方的自由主义思想,更是有精深的把握。针对中国当时的专制制度,严复竭力提倡"自由为体,民主为用",认为实现人的自由是中国复兴的中心。他的思想在其同辈的创新者中可谓最独特而深刻。

X:我想到五四新文化运动时期,西方思想传播进我国,用的是一种很极端的方式,如"打倒孔家店",把传统儒家的思想统统践踏在脚下。但从另一个角度来分析,有时候就得用一种极端的方式才能有点传播效果,才有可能对人们的视野形成强有力的冲击,引起人的注意力,造成人内心的震撼。靠一点强制的形式将这颗种子播进土壤了,但让这颗种子茁壮成长,后续的浇灌、施肥、摘虫等也十分重要。

像美国,言论自由,很开放,各种思想,什么主义,都没有人管你。美国街头,一些狂热分子发各种小册子,来宣传他信仰的思想和主义,也没有人阻碍传播。美国对人的信仰取一种自由的方式,有一种开放的氛围。像朝鲜,强制性地让人接受某些思想,不允许民众接触其他思想言论,一代又一代,在老百姓心里播下种子,甚至已经开花、结果。对比朝鲜和美国,一个是极端封闭,一个是极端自由。但在儒家《中庸》的思想里,平衡才是最重要的,太极端的思想种子都是有害的。

金：这个问题确实比较复杂。怎么播种？在信息爆炸的时代，平淡地说说，根本没人注意你。所以就有标题党，刺激你的眼球，一下子就抓住你了。登录进去一看，也就那么回事，故意搞得耸人听闻。"打倒孔家店"实际上也是播种策略，就像鲁迅说的，中国搬张桌子都要流血。

A："你不能搬！"

B："我要把房子拆掉！"

A："为何把房子拆掉呢？"

B："太闷了。"

A："太闷了你就开个窗嘛！"

B："好，那我就开个窗吧！"

他本来只要开个窗，但一开始如果说开个窗，人家就说不许开窗。你说要把房子拆掉，那我允许给你开个窗。这实际上也是一种宣传策略、话语策略、谋事策略，但办事策略都这样走极端，社会如何稳定？

毛泽东青年时喜欢用矫枉过正的斗争策略，这和他的人生经历有关系。据《西行漫记》记载，小时候，爸爸教训他，他就说：你再追着我，我就要跳池塘！爸爸说：我不追你了，也不打你了。他说：好，你不追了，那我回家去。从此以后，他悟出一条人生经验，人要敢于斗争、要勇猛顽强，不能示弱。所以他反对儒家的中庸之道，欣赏鲁迅的斗争策略，搞革命不能讲中庸，脑袋吊在裤带上，还给你搞中庸？这或许有其历史的合理性。但今天站在新的时代高度，说到播种策略的问题，五四运动也好，革命运动也好，如果都采用"过头"策略：你狠，我比你更狠！那正当的出路在哪里？历史上的暴民，也是政府逼出来的：跟你好好讲，不解决问题，只有一哭、二闹、三上吊，政府为了维稳，才解决问题。有事不走法律的途径，要用偏锋，以极端的手段来解决问题，这不是成熟的法治社会。

今天讲法治中国，就是用法律的手段来治国理政。传播什么？怎么传播？本身也有法的意识贯穿其中。如果还是希望走特殊的传播之路，抓人眼球，只要不违法，就不择手段，那就不是中庸之道了。那么，播种可以走中庸之道吗？世界之大，无奇不有；历史之久，何奇之有？所谓太阳底下无新事。今天所谓的创新，往往是"攻其一点，不及其余"。拼命把某一点夸大，好像有一点创新了，其实也只是一种传播思想的策略，未必真有创新。

X：传播就是要用一种很尖锐的方式，传播者自身的思想立场也要很坚定。试想用一把锋利的剑或一把钝口的剑，哪个有效？用一种强有力的传播方式，才可能会影响一些人，让原来的状态稍稍变动一下。

L：提到美国，似乎对各种文化都接受，其实不然。像中国人在美国办孔子学院，美国人也会说，中国文化怎么跑到这里来了，而美国政府现在对孔子学院也持一种谨慎的态度吧。但美国人文化传播的方法很聪明。比如很多美剧，在网上都可以看到，大学生都很爱看。美国的文化借此传播了，还有深入骨髓的感觉。一些中国年轻人在其影响下，很向往美国人的生活，希望有机会留学美国。还有韩国的饮食、服饰，包括韩剧，近年来在中国也非常热。前不久的《来自星星的你》，剧中人物的服饰、吃的食品，在淘宝网上都销售得非常火爆。美国、韩国在传播本国文化时，并没有使用一种极端、尖锐的方式，而是用一种"平易近人"的艺术手法，影响了许许多多的普通中国人。

金：这是一种有效的大众化的传播方式。

X：中国与美国传媒行业的传播方式不可同日而语。韩国政府也很重视电视、电影，投入很多钱。艺术传媒是一种有效的文化熏陶方式，或是一种方便的文化入侵方式。

L：中国的青年人很乐意接受欧美的文化，优秀的人才会去欧美留学。但是中国就算是提供奖学金，人家也未必来。我们的电视剧就放在网上，人家也不愿意看！

X：正是因为我们做得还不够好啊。

L：不仅是做得不够好吧。

X：确实是做得不够好，这个必须要承认。

L：怎么判断做得不够好？

X：中国拍的某些电视剧、电影，如果不受国家政策的保护，根本没法摆上台面。由于国外的电影、电视剧审查严，进不来，我们平时接触的主要是国内传媒产品。国家对内有一定的产业保护政策，对外有严格的审查制度，会限制某些外国电影入境。比如每年只有几部美剧大片能进中国市场。传媒产品口子一旦打开，那真的是不得了的一件事情，可能会像洪水决堤一样。美国媒体表达和传递的价值观影响力真的是太大了。在这方面，中国媒体传递本国文化价值观的影响力确实不强。

L：说到美国的大片，确是优势，美国数字化的传播方式我们也没法比。可是拿电影来说，也不只是视觉冲击，情节也是非常重要的……其实，他们有些方面也挺肤浅的啊。

X：美国的电视剧、电影都是大投入、大制作，需要很多资金和资源。中国的有些电视剧，冗长又细碎，演了半天也不知在搞什么名堂，情节也不抓人。美剧片情节紧凑，一个接一个，很吸引人啊！说到韩国的电视剧，也有独到的魅力！必须承认，中国电视剧、电影还有很大的提升空间。

H：比如说八七版的《红楼梦》也很经典，怎么就没有在外国产生大的影响力呢？外国人好像不太容易接受中国文化，而中国人似乎很乐意接受欧美文化。

L：我觉得未必如此。如美国政府之所以同意中国人建孔子学院，说明儒家价值观也会被接纳，这与美国宽松的文化氛围有关，它容许多元文化存在。普通美国人的价值观也是多元倾向的，能接受各种思想。

H：中国人的思想现在也是多元的。

X：但限制还不少啊。如《生活大爆炸》播到一半就不播了。

Y：有审查制度。

X：审查得还很严。

H：但是美国的电影、电视剧也是受政府审查的，在开拍之前就有了……

金：你们的争论我觉得蛮有意思。我挑动你们去争，就怕你们不争论。你们怎么争论起来的？刚才讨论怎样传播，即how（方式）的问题。越星说传播手段要极端一点，杀伤力会大。丽丽觉得要平缓一点，如中国文化的传播有中庸的特点，也未必没有效果。其实美国的电视剧为什么要比中国的影响大？关键是美国在整体国力上是强大的，中国曾经是落后的。这不是纸上谈兵的问题，而是渗透到人内心的潜意识了。如大学提出国际化办学的特点。什么叫国际化？似乎就是向美国看齐。是不是国际会议，就看美国教授来了没有。学校科研水平高不高，就看论文在美国重要期刊上有无发表。

日常生活中也可以看出，孩子总爱去麦当劳店、肯德基店，不要去"狗不理"包子店。孩子要吃汉堡，也有道理。幼儿园做实验，把一样的食物放在两种不同的包装袋里，一个是肯德基的包装，一个是牛皮纸的包装，你问小朋友，这两个包装袋里，哪种食品好吃？他会说花花绿绿的包装盒里的东西好吃。一个漂亮的包装可以影响心理。说到中国的影视剧和外国的差距，就是形式和内容怎么统一的问题。

美国的传播方式确实值得借鉴。特别能抓住年轻人的动画片、艺术片，是快节奏的，年轻人比较喜欢,但年长的人未必。韩剧《大长今》,节奏非常慢,传递的是传统文化的价值,在中国也取得非常高的收视率。现在中国是两头缺:美国的那套东西玩不好,自己传统的东西也玩不好。两个玩不好,所以电视剧走不出去。说到教育,中国提供了优厚的奖学金,美国人、法国人还不愿意来。中国孩子没有奖学金,父母把房子卖掉,砸锅卖铁把儿女送出国。这就不是平等的竞争。

我们要研究文化这个软实力。但自己原有的儒家文化,曾被连根挖了;而西方的基督教被视为毒害青年人的文化,也曾在打倒之列。中国在近代化的过程中,引进了西方的科技文化,但西方科技文化有宗教文化与之配套。马克斯·韦伯的新教伦理就阐述了这个特点。中国曾将引进的科技嫁接马克思的阶级斗争学说,但没有嫁接好。因为科技是不断进取的,宗教是起节制作用的,这样才能达到社会的平衡稳定。引进西方科技,又叠加不断斗争的学说,两者都是进取的,社会就会出问题。中国近代以来的社会一直不稳定,是个大问题,根源就在此。

中国当下需要播种什么?要把这个问题想清楚。我不否定科技,也不否定西方的人文价值,也不否定中国的传统文化,也尊重马克思的思想。今天需要结合新的时代,融化创新。毛泽东曾说就取了"阶级斗争"四个字,但马克思的思想绝不是"阶级斗争"四个字可以涵盖的。只有把马克思的全部著作透彻研究后才能下断言。譬如做研究,要先做文献综述,具备实证功夫,光看苏联转介的马克思思想,也难做成。今天我们另取马克思的四个字"个体自由",作为教育的出发点。传播这样一粒种子可以吧?社会时代已发生了新的变化嘛。

播种什么?选择什么?播种传统文化中的优秀种子?马克思的自由发展的思想种子?基督教博爱的种子?还是科学探索的种子?这些种子都要播么?怎么播种?儿童喜欢的方式,成年人、老年人喜欢吗?随着受众市场的细化,播种方式也要多样化。还要研究为什么播种、根本性的价值意义何在。这是更难的问题,它决定了播种内容和播种方式。

你选择什么?你怎么播种?好像有个前提不证自明,即人活在世上,总要追求价值意义,我们就得去播种点什么,方不辜负生命到世上一遭。活在世上,没有播种意识,不想播种什么,你就白活了。这是做人的依据。是不是有这样一个不证自明的前提?还是这个道理本身也是需要后天传播,不断强化、不断学习的?就像孟子说的"良知良能",人生而具有的种子;人生而向善,就会去传播善的种子。还是像荀子讲的,本来没有种子,"性者伪也",需要灌输或播种?还是如孔子说的,"性相近,习相远",种子似有似无,贵在启发助引?

你们争论起来了,很好很好!

6. 时间能决定伟大吗？

金："时间能决定伟大吗？"说到时间，这是我们最熟悉的概念，也是一个非常深刻的概念。中国人说时间，以前是用"宇宙"：上下四方曰"宇"，往古来今曰"宙"。那么"宇宙"说的就是空间和时间了，那真是包罗万象。爱因斯坦的相对论认为，时间没有绝对的定义，时间与光信号的速度有一种不可分割的联系。不存在绝对静止的空间，同样不存在绝对同一的时间，所有时间和空间都是和运动的物体联系在一起的。对于任何一个参照系和坐标系，都只有属于这个参照系和坐标系的空间和时间。对于一切惯性系，运用该参照系的空间和时间所表达的物理规律，它们的形式都是相同的，这就是相对性原理。超光速可以让时光倒流，因为空间是静止的，有了时间维度后，我们周围的一切才能动起来。

其实，时间恐怕比空间更有意义。时空结合，人们就可用四维视野观察万物。设想，没有时间，恐怕也没有空间。比如今天上午，你们有时间，才会到教室来；把你的时间给剥夺了，你还有自由么，你会有空间的拓展吗？时间是第一要素，人们自出生后，时间就以不可逆的方式往前走。物理学有一个"熵"的概念，说宇宙是"负熵"的过程，整个宇宙趋于无序。当"熵"越来越多的时候，无序的状态益趋严重，最后导致解体。但是人类自组织系统好像是个例外,能够在"熵"不断增加的过程中,保持相对的平衡和稳定。这是让人饶有兴味的交叉学科的前沿问题。

时间是什么？它不仅有物理意义,也有哲学意义,还有心理意义。最近看到香港中文大学《独立时代》杂志微情书征文大赛,一等奖的作品是写给妈妈的一首诗《你还在我身旁》,它描述时间在情感世界是可逆转的——

瀑布的水逆流而上

蒲公英的种子从远处飘回,聚成伞的模样!

太阳从东方升起,落向西方!

子弹退回枪膛

运动员回到起跑线上

我交回录取通知书,忘了十年寒窗!

厨房里飘来饭菜的香!

你把我的卷子签好名字

关掉电视,帮我把书包背上。

你还在我身旁!

作者的诗把时间逆转了。

Y: 这首诗我也看了,它是倒叙。

金: 时间实际上不可倒叙,但人的心理时间是可以逆转的。我们讨论的题目是"时间能决定伟大吗?"时间给人一个向度,我们怎么走?

德国诗人歌德在《浮士德》里写:"时间啊,你真美,你等一等,你停一停!"这是感叹流光易逝催人老。中国古典文学也有很多感叹时光流逝的诗词,如"少壮不努力,老大徒伤悲!"就是鼓励少儿要惜时,时间就是生命。我们可以为时间引入价值意义,比如《左传》中的"太上立德,其次立功,再次立言"探讨的就是生命价值。人的肉体生命、自然生命是有限的,充其量是百年。照《左传》的说法,一个人如果有德的话,他的自然生命结束后,精神生命至少还可延续五百年,他创立的功业还可流传五百年,其文章传世,思想流播也会有五百年,那么这个人就是"不朽"了。希望自己的生命能更长久地延续,这是一种价值追求,中国的读书人普遍有"三不朽"情结。

人喜欢求"名",因为"名"与"生"是可以分离的,肉体生命会消失,但名声可以流传。这样一来呢,也会使人的价值陷入误区,所谓"不能流芳百世,宁可遗臭万年"。"遗臭万年"好像就表示没有白来人世间,生命轰轰烈烈过了,至于是不是符合人民利益,就不管了,总比默默无闻一辈子要好。当然这是一种偏执的、扭曲的价值观,但也反映了人总希望尽可能延长自己的生命。

时间这个概念是怎么出来的?最初是日起日落、白天黑夜的交替及四季的转换赋予时间内涵;还有生老病死,看到亲人离开世界,会给你留下非常深刻的印象,感到时间的无情,阴阳两界,生死相分。丰子恺曾写过一篇散文《渐》,他观察世相,发现女儿从三四岁可爱、淳朴的模样,慢慢用十几年的时光成了大姑娘。"渐"的作用,就是用每步相差极微、极缓的方法来隐蔽时间的过去与事物的变迁的痕迹。这是大自然的神秘原则,造物主的微妙工夫,使人生圆滑进行的微妙要素!人类中能胜任百年或千古寿命的人,能不为"渐"所迷,不为造物所欺,而收缩无限的时间及空间于方寸之心,此乃"大人格"、"大人生"。

前段时间,我曾在上海七宝中学教过的初一学生,分别三十多年后,选择教师节三十周年的纪念日,邀约我吃饭。我因在国外,赶不回来,他们就把活动现场所拍的照片,传给我看。原来的学习委员跟我联系,她列出名单,我对着照片一个一个辨认。三十多年啊,变化真是太大了,当年十二三岁的小男孩、小女孩,变得我几乎认不出了。时间这把雕饰刀,每天雕饰一点点,不知不觉三十多年,沧海桑田,谁耐得住时间的磨?

时间能决定伟大吗?年轻人,总有一种价值理想的追求啊,生命的意义等待时间来印证。说到教育的后设评价,不也是在等待时间吗?百年树人就是在讲时间啊。时间能否决定伟大?至少能说明问题吧!说明教育的成效怎样。教育的后设评价,以时间作终结评价,比较可靠和客观,人的功过是非尚待"盖棺论定"。有个说法,政声传于身后。执政时做了什么好事,在位时讲的没用,因为你在当政,大家没办法,你是权威,群众可能不敢说真话。但是你人走了,政声还留下来了,离开岗位五年、十年甚至三十年,老百姓还在怀念、留恋你,那就厉害了。政声在人去后不断地流传,时间就证明了你的伟大!

无论是做老师,还是当官,恐怕都不能太急功近利了。所谓"举头三尺有神灵",与"上帝的眼睛在注视着你"异曲同工,表明时间这位公正的老人正默默地记载着每个人的档案。

X:之前看了《康德时间哲学论稿》,提到西方传统中有两种时间观。一个是物理学的时间,即测度时间,这种时间是自在的存在,是客观的,是时间的空间化,这个观点是亚里士多德最初提出来的,认为时间不是变化的原因和动力,只是人们去测量的测度。受亚里士多德观念的影响,它成为西方传统中时间概念的主流,并经过近代物理学的发展得到了强化。另一个把时间观念上升到哲学思考的是奥古斯丁,他在《忏悔录》第十一卷中追问:"精神本身是否是时间?"他说:"我的精神啊,我是在你的里面量度时间,我测量你,所以我测量时间。"奥古斯丁出于宗教目的,捍卫上帝的绝对自由意志,把时间内在化、主观化了。还有二元论的创立者笛卡尔倾向于把空间归为物理世界,把时间归为精神世界。这是在康德之前,时间哲学发展的一个过程。感觉时间这个概念,如单纯从物理学角度来看的话,可以理解为测量的量度。但从哲学的精神向度来理解,还是比较困难的。

金:如果从物理学测量的角度来说,就是由空间来决定时间。比如移动某物体到我这里来,需要一个过程,测量移动过程中物体花了多少时间到达目的地,就是把测量空间的单位换成时间单位。或者物体从地往天升,是一个矢量,由一点放射出去,这样一个过程的距离,它的单位变成时间了,就是空间换为时间。时间换为空间,空间换为时间,这两者可相通。

从原点上移动,移动过程可用时间来标示。说到外在时间尺度和内在时间尺度,这样的时间概念是人发明的。它是否表明内在尺度?因为空间肯定没有感觉,这是人的感觉、人的思考才会有的时间概念。比如思考人由生到老的过程,太阳从升起到落下,庄稼从春播到秋收的过程,并在思考过程中发现了事物的变化。时间是不可再生、不可逆的,心理情感的时间可以反逆,但物理、生理上的时间是不可逆的。时间最初用来测量空间的移动,成为判断事物发展的过程,就像人从幼稚到成熟,庄稼从播种到秋收,树从幼苗到参天大树,月亮的盈亏、太阳的起落、星星的移位也是一个过程。

L:我想谈些感性的认识。我觉得一个事物是否伟大,真的是需要时间去证明的,要经得起时间的考验,这在文学艺术领域表现得更明显。很多文学家、艺术家,比如画家梵高、小说家卡夫卡,生前的创作都未得到认可,生活都很贫困,但他们的作品在经过时间的沉淀后,逐渐被后人发现了价值。今人视他们为伟大的艺术家,他们的作品价值连城,成无价之宝了,正是时间检验出他们创作的价值。还有不久前的诺贝尔奖的颁奖仪式,不难发现诺贝尔奖项的获得者有老人化的倾向,这是因为诺贝尔奖的获得者所贡献的成果必须经受时间的考验。之前有位获得诺贝尔文学奖的女作家多丽丝·莱辛,她的代表作《金色笔记》在四十多岁时就已完成,但直到几年前她已经八九十岁了,才颁给她诺贝尔文学奖。让她的作品历经时间的考验,确定她当得起这个奖,才授予她。这正体现出时间测量伟大与否的功能。

金：时间与伟大，也有时代因缘和机遇巧合的偶然因素。有时候作品的流传还要借助于再发现。实际上可能会有这样的一种情况：很好的作品，被历史淹没了，可能没有得到及时的传阅，也没有人大力彰显它，于是慢慢就消失了。被发现的人，还是比较幸运的，他的作品流传了，主要是有人发现并更广泛地传播了它。以钱钟书为例，其声名远播，除了精通七国文字的照相机式的博闻广记能力令人惊叹外，与学界重量级人物的评价推崇是分不开的，特别是"文化昆仑"的美誉加上将《围城》改编为电视剧的现代媒体推波助澜，使同道人也未必真能读懂其著作的学界古董，竟然顷刻间成为大众文化的热点人物。其实这还得益于20世纪90年代思想淡出、学术凸显的社会背景，钱钟书的《管锥编》初版问世于上世纪七十年代末，彼时真正在思想界特别是青年学者中具有重大影响力的当属李泽厚的作品。

Y：时间确实比较抽象，你去感受它的时候觉得它确实存在，而且在不停地流逝。但在一个相对封闭的空间里，你所面对的环境、对象以及跟你交往的人，其实变化很小。实际上时间是在静静流动吧，那么它是否能够决定一个人的伟大？如果从同时代的人来看，伟人毕竟是少数；如果从后时代的人来看，如果你站在巨人的肩膀上，也许会超越前任。

金：时间本身不能决定伟大，决定伟大的还是人。人在经历时间淘洗的过程中，作出判断：一种事物或某人是否伟大。离开了人，时间并不能决定什么。时间是一个抽象的概念，也是因为人，它才富有意义并变得具体丰满起来，是人创造了这个概念，赋予它一定的意义，利用这个尺度去衡量人的价值的发展变化，并命名黄金时代、青铜时代、黑铁时代等。卢梭的思想有代表性，他认为科学技术不是使人类生活越来越好，而是使时代越来越糟。这种观念，是反历史的无知，还是振聋发聩的黄钟大吕？他打破了常规思维方式，不是按器械发明越先进，人类社会就越来越进步的思路判断事物的价值，而将时间的物理意义、心理意义、价值意义做了区分。卢梭思想否定了线性的进步史观，恰与中国崇古的历史观遥相呼应，比照成趣。

诺贝尔物理奖的获得者霍金，写过《时间简史》，他谈到物理学的"熵"概念，这和时间也有关系。从事教育、心理、社会文化的学者判断的时间，与物理学家的时间，意义也是不一样的。

H：讨论时间能否决定伟大，最根本的是我们认为时间本身就很伟大。因为它不可逆转，至少人的力量是无法逆转时间的，我们没有办法留住它。此外，时间很客观。经过时间淘汰后所剩下的可能都是精华。正因为时间具有这些特质,是人类没有办法改变和掌控的,所以时间才能决定伟大。

M：看到这个题目,我认为可能是指向一种评价:时间作为一个维度,对其人其事的一个评价。比如当时对某人某事诋毁谩骂得比较多,但可能过了很多年之后,大家才发现他或它的价值,甚至从责备改为颂扬。我觉得时间并非只决定伟大,时间可能也决定了一个人的卑微或渺小。评价既有短时间内的评价,也有长期的、后续的评价。

金：长时段和短时段评价可能会对原来的事物产生不同的判断。最初认为好的,可能后来评价不佳;原先认为不好的,可能后来又评价不错,这是评价的复杂性,也是时间带来的复杂性。说到长时段评价,现在短期内看来好的,恐怕长时段来看站不住;长时段评价好像对短时段评价作了否定,即近期的肯定,远期的否定。但后期的否定,难道能证明先期被肯定就没有价值吗？可能从另外一种维度看,当时的肯定评价是否更有价值？因为生命在当下的感受是最迫切的一种需要,为什么他此刻不能满足,过了若干时候又回馈说彼时的满足是没有意义、没有价值的？

这个问题也是充满复杂性。比如你们小学六年觉得这个老师不错,六年来大家相处得很开心。但到了高中,又觉得这个老师对自己的帮助不大,从高中的维度来看,人家在小学做了这个、做了那个,我当时没有做,所以到了高中、到了大学由于缺这个东西,就觉得小学不行。但反过来想,人家在小学阶段是学了一些东西,却学得很痛苦;你那个时候非常欢乐,你经历的过程就没价值吗？时间既然是不可逆的,它就有自己独特的价值。

我现在对自己讲的话也是采取怀疑的态度,一方面表达,一方面存疑。譬如古人宣扬的"吃得苦中苦,方为人上人",撇开特定的价值不论,但就其前提而言,意味着现在吃苦,将来肯定能成为"人上人"。其实这里是有问题的：

首先,你现在吃苦,是不是一定能够换来将来的甜,一定能够成为人上人？这是没有办法保证的,没有一家保险公司能够给你开这个保单,说你从小拼命读书,三十年以后,你一旦戴了博士帽,一定享受荣华富贵。这个是不可能的。因为三十年的变数太大了,我们能控制的只是当下。

其次,反过来说,当下可能倒是真实的存在。在中学六年、小学六年的时间里,让你感受到学习的快乐、生命的美好,打下一定的基础,这就可以了。至于将来如何,那是你的命运,是造化拨弄你的结果。那么从这个角度来说,恰恰应该抓住当下,短时段评价倒是有它独特的价值和意义了。所以时间这个"魔"确实相当复杂。

M：我觉得随着时间的流逝，我们对事物或对人评价的标准也会发生变化。比如高中毕业那会儿，学校的衡量标准是这届学生有多少人考上了一本、二本？对于个体来说，考上了一个所谓好的大学，则觉得学校为培养自己付出了很多，会很感谢学校。但大学毕业后，走上工作岗位了，再回头去看，可能会觉得高中的教育似乎太过功利了，整天都是在准备考试。这个时候回头想，会觉得高中教育有许多需要改进的地方。于是个人的评判标准随着时间的流逝也发生了改变。

金：对，个人评判标准会随着时间发生变化。像我女儿，小时候我和她妈妈争论，她是完全偏向妈妈的，什么都是爸爸不对。到读大学后，面对父母争论，她就不表态了。现在她会暗示，妈妈可能也有问题，开始偏向我了。人的认知过程会发生一些变化。

《傅雷家书》表达了傅雷对傅聪的一往情深。傅聪回忆他的爸爸时心情很复杂，因为傅雷在儿子三四岁时就让他学弹琴，他不想弹钢琴，爸爸就打他的手背，他只能勉强去学琴。傅聪回忆，如果没有他的妈妈经常作为缓冲，好像一朵白云飘来给他遮影，他可能会发疯。这就是中国传统的慈母严父互相配合了。傅聪小时候更适应于妈妈的关爱方式，而父亲的这种严格、这种特殊的关爱，希望他成才的特殊教育方式，他既不理解也不适应。等到他功成名就，再来回忆学钢琴的少年往事，他心情还是很复杂。他对父亲的这种教育方式在情感上是对抗的，虽然在理性上他对父亲的教育方式表示宽容，但是内心深处他仍然不能接受。

另一个著名的钢琴演奏家郎朗，他的爸爸砸锅卖铁，遍访名师，要让儿子成才。郎朗不想学琴，他爸爸就把他揪到高楼的窗前，说："现在两条路，你到底还想不想弹琴？不想弹琴你就跳下去，我跟着你一起跳下去！"郎朗无奈只能学琴。很多人看到郎朗成功，都要学郎朗，这能学吗？学钢琴还有一个天赋的要素，不是说父亲能狠下心来，把钱砸进去，孩子一定成才，缺少天赋也成不了才。时间证明，勤奋、刻苦并不代表一定成功。这些都是复杂性。

Y：长时评价是不是应该把意义再扩展一点？现在理解的长时评价是过一段时间再进行评价，但前面是否也可以有预设评价，将提前预测与滞后评价结合起来，所谓瞻前顾后。

金：那就是历史的评价，历史评价就有预测。个人眼界比较局限，个体的智慧也有限，不妨放在历史长河里观察它是怎么发展过来的，积累的经验是什么。有了历史的智慧和尺度,对未来的判断、对当下的判断就有了洞察力。有了历史尺度的眼界,可能会对评价有更加清醒的认识和把握。

某实验小学校长说,丈母娘的眼光,就是素质教育的眼光,这话对应的是一个引人深思的案例:教了一辈子书的李老师,女儿已二十七八岁了,还没有对象。一个同事热心地当红娘,把李老师当年教过的学生介绍给她女儿。李老师见了当年最喜爱的学生后,十分感叹地说:"这孩子原来读书时,我是多么欣赏他呀!他成绩很棒,考试都名列前茅,又特别听话,现在也挺成功,不到三十岁已是公司中层管理人员。可让他来做我的女婿,我真的不中意。他的背好像有些驼了;走起路来怕踩着了蚂蚁,像个小老头;眼镜片那么厚,至少有七八百度;说话细声细气,哪像个男子汉;最让我看不上眼的是他那么古板,表情那么单一,一点幽默感都没有。我女儿如果跟这样的人生活一辈子,能获得快乐和幸福吗……"

过去优秀的学生,现在成了被淘汰的女婿!这似乎是个悖论。可见,学生时代的"乖乖男"、"乖乖女"和分数名列前茅的学生,未来的时间未必能证明他们的成功和幸福。

Y:长时评价与短时评价要作一点区别,它们各有侧重吧。长时评价侧重于在一个阶段的教育后获得的相应变化,两者之间不是替代关系,而是补充关系。

金:补充关系,这话说得对!不能用长时段评价去替换一切评价,它是一种补充,一种纠偏。

7. 原始人和文明人谁更疯狂？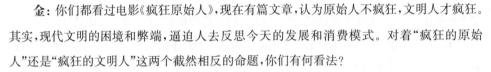

金：你们都看过电影《疯狂原始人》，现在有篇文章，认为原始人不疯狂，文明人才疯狂。其实，现代文明的困境和弊端，逼迫人去反思今天的发展和消费模式。对着"疯狂的原始人"还是"疯狂的文明人"这两个截然相反的命题，你们有何看法？

Y：《疯狂原始人》这部电影我看过，情节有点模糊了。记得在原始的自然环境里，一家人团结一致，抵御自然灾害。而疯狂的文明人，是不是指对大自然无所顾忌地掠夺的当代人？还是在讲人与自然间的关系吧。现在的自然环境几乎完全被人类占领，原始的自然丧失殆尽，完全是人化的环境。我可能还不理解这部电影到底想表达什么，而且"疯狂的原始人"和"疯狂的文明人"间的关系是什么，需要进一步思考。

L：为什么说"疯狂的文明人"，就是因为现在社会发展程度看似很高，但人们的一些行为是反自然，甚至是反人伦的。比如有个新兴的"行业"，在我国是违法的，就是代孕妈妈。某些地方有这种现象，一些有钱人，年纪大了，身体状况已不适合生育下一代，于是会选一些年轻的女大学生去代孕，整个过程下来会给"代孕妈妈"几百万吧，就是各取所需。"雇主"年纪大了，不找个年轻人代孕，担心生出的孩子不健康；而代孕女孩年纪小，对金钱特别渴望。这种事情是反自然的,不是文明人应有的行为。从这点就可看出,当代人真是什么都敢想,尤其是在高科技的帮助下,也什么都敢干,真的挺"疯狂"。

金:这是一个复杂的问题。这些有钱的人,无论学界也好,商界、政界也好,在物质资源、学术资源和行政资源上占据优势的能人阶层,他素质高,遗传基因强,家庭背景优越,总之属于上层人物。要流传他的遗传基因,靠什么?他当然希望能够结合的对方基因也是强大的,比如女大学生年轻健康是优势,智商是优势,漂亮也是优势,这些都有基因的功效。现在不像传统社会可以娶小,当然传统社会只有有钱人才会娶几个老婆,穷人自己都养不活,你让他娶几个老婆可能吗?强者要通过各种方式来传播他的基因。在动物世界就是弱肉强食,如达尔文说的,强者更强,这是自然选择。这棵树长得越大,边上的小树越得不到养分和成长的机遇;猴王越强,交配得越多,遗传基因传播得就越广。自然生态就是这样。

人类社会的很多现象是反自然的。医疗机构越搞越多,医术越来越精细,所有的人不分强弱都有存在的权利,人类的生命越来越长,而且社会普遍同情弱者,这样人类的基因怎么提升呢?人整体的智商可能会降低,这对整个人类社会的发展会造成潜在的危机。因为只有不断演变出更加复杂、精微、强盛的新人类,才会更有生命力,才能适应更复杂的挑战。如果人类趋于平庸,没有人在危机时刻用创意应对难题,社会就没有出路了。从科学的角度来研究探讨,会引出相关的话题,打开视野。但从伦理角度,某些观点可能难以讨论。

H:《疯狂原始人》宣扬的是原始人家庭在面临强大对手时的团结一致,在此过程中,体现出来的是家庭伦理的价值。这个电影主题揭示了在社会进步、人类发展的同时,身为文明人的我们,某些道德、人际关系的处理可能还不如原始人来得简单、直接和可贵。原始人身上的情感、意识,反而需要现代人去反思:人际关系是否需要回归原始的素朴状态。

Y:最近还有一部很火的美国大片叫《星际穿越》。导演的想法也非常疯狂。它是关于在地球末日背景下,人类如何在外太空寻找另一个赖以生存的星球的故事。电影中凸显的价值取向,让我觉得人类确实也需要疯狂。因为照现在的状况发展下去,地球可能真的会灭亡,人类就需要疯狂地穿越到外太空,进入黑洞去寻找另一个生存的地方。电影里有句话说得特别好,"我们不是保护和守卫一个地方,而是来开拓另一个地方的"。

金:美国人不是来保护一个地方,而是来开拓另一个地方的。对于地球,我们唯一的家园,就是要保护,中国人的意识大概是这样,首先是保护它。但美国人的开拓精神,从西部牛仔风格就可以看出,喜欢到一个陌生地方去探险。探险意味着可能性,可能下地狱,也可能上天堂。他觉得应该去尝试，因为人的生命本是偶然和概率，是无限的未知，具有无限的可能性，人就应该向无限的可能性冒险进发！这种无限可能、冒险探究的性格，造就了美国。

当然我不是说中国维护既有的传统不好，其实这也有其存在的合理性。有时候，就是两难：自然的生态，文明的演进，需要有两极的张力。中国人未必去学美国人，美国人也不必来学中国人。不妨各做各的人，这个世界就很好。既然美国人喜欢开拓，那就去开拓；中国人保守，保守也很好，与美国人互补，各自守住自己的责任。个人也是如此，各人分工不同，你不要舍自己之长，求他人之长，自己的田不耕，反去种人家的地了。所谓"断掌接爪"，弄得非鸡非鸭，既不能跑步，又不能划水，画虎不成反类犬，成了"四不像"人物。

说到美国人喜欢玩大片，中国的电影导演如张艺谋等喜欢玩清宫戏，不是刀光剑影，就是打情骂俏。中国电影缺乏新的思想。精神领域的产品不是简单地打斗一番，而需要彰显一种力量。如美国的《拯救大兵瑞恩》之类的，伸张人性的力量，将士兵看得和国家一样重要。一个士兵就代表一个国家，这种强大人性的力量，会感动观众。它倒不是形式上的大片，用金钱构造宏大场景，而是以内在的精神价值与人内心深处的情感涌动，来挑动观众的心。无论是博爱型的情感片，还是挑战型探险片，都挑动着年轻人的心。

X：《疯狂原始人》传达了两个重要的价值观念，一个是：无论外界的压力和困难有多大，一个家庭始终都团结在一起，面对自然灾害和天敌的残害，展现了家庭伦理的价值。另一个是开拓的精神，因为电影里爸爸是最保守的，可谓抱残守缺，不愿走出居住的山洞一步，即使有山崩地裂的危险，但后来加入的小伙子，非常具有开拓精神。也正是因为他敢于尝试新东西，这种开放的性格最终"打败"了保守的爸爸，历经千难险阻，带领他们一家找到了新的美好居所，战胜自然灾害而存活下来。

金：这样的价值观和精神与现代人相同嘛，其实是借原始人说当代人的思想，可谓借他人酒杯浇心中块垒。

X：说到《星际穿越》，我想起上周去文汇讲堂听的一个讲座，复旦大学汪勇豪教授说，现在年轻人都看"穿越剧"，如《星球穿越》、《星球大战》之类的。这些都只是电影创作者猎取观众心欲的劣等作品，现代人工作太忙、太累了，想从电影或文学里寻找一些幻想、虚无缥缈的寄托，得以暂时逃脱烦闷的现实生活。这类影片都是为了迎合人的这种心理而产生的，对人精神生活水平没有什么价值，年轻人应该看一些更有价值的东西。

可能中西方有两种不同的价值导向，中国更多的是要寻求自己内心的感受以及内在价值，而西方是一种由自身而向外的求索，所以看上去他们那么开放，而我们如此保守。要说文明人和原始人谁更疯狂，还真的难以下判断。我们都知道，原始人的疯狂更多建立在自然匮乏基础上，他们要找吃的、喝的，担心被天敌吃掉，还要繁衍后代。根据马斯洛的五种需要层次，其实绝大多数的人都是在为前三层次或前四层次的需要而活着，真正能达到自我实现的人是很少的。在追求满足自我需求的过程中，有可能会伤害自己的同类，尽管我们用聪明才智给疯狂披上了文明的外衣，似乎不至于血腥或残忍，但实际上其疯狂程度也绝不亚于原始人的互相厮杀。

Y：其实文明人更疯狂一些。

金：文明人的力量更强大。

X：比如说，师兄你和另一个男生同时喜欢一个女生，你会直接用粗暴的方式和那个男生决斗、打架，然后把女生抢过来吗？当然也有可能。但是聪明的人会用更有效的方式。当然竞争的方式发生了变化，但竞争的激烈程度一点都没有改变。也许我举的这个例子不太恰当。

金：我看过一个案例。也是两个男生喜欢同一个女生，男生都是高手，在学校里都非常优秀，难分仲伯。其中一人给另一人每天下药，一年后使其慢性中毒死了，他就顺理成章娶了那姑娘。就在这个男生达成目标后，他的良心萌发了，就一直在内心忏悔，生活也不幸福。其实人是很奇怪的，一方面想占有更多，一方面又为自己的所作所为后悔，两种情感此起彼伏，像弗洛伊德说的，三个"我"在彼此打架，成也是它，败也是它，幸福是它，痛苦还是它。这就是人的复杂性，天使和魔鬼同时集于一身。天使是让他向上的，魔鬼是让他堕落的，这两种力量互相争斗，不分高下，人就痛苦了。如果彻底降为魔鬼，他也不痛苦了。贤人也没有痛苦，修炼到家了。凡人最痛苦，两种力量互相撕扯，因分裂而痛苦。

美国立国也就短短二百多年时间，因为年轻，这个国家有不断征服的力量。北美洲就是新移民不断向西部开拓，不断地征服，不断地向未知挺进。中国有三千年古老的文化，经历了漫长岁月的积淀。复旦教授的学术背景主要是古典文学。以老庄思想、孔孟之道为特色的中国传统文化自然是有价值的，但美国人的精神也自有其价值。还是从不同的角度去听不同的声音吧，兼听则明，至少可以让我们不那么疯狂。

8. 大数据对人生的挑战

M： 大数据（big data）是指无法在可承受的时间范围内，用常规软件工具进行捕捉、管理和处理的数据集合。其实巨大的信息量对人类的挑战就是如何从海量信息中提取有价值的东西。网络时代人们获取的信息是碎片化的，知识没有形成系统。所以有人担忧，整天浏览微博、微信上的零碎信息会造成负面影响。当然，网络给我们的生活提供了非常多的便利，提供了不受时空限制的信息渠道。况且，电脑、手机、网络都是由人掌握的，尽管万物互联，你也可以不启动按钮，归根结底取决于人自身的选择。

金： 大数据与一些新潮名词相联系，如云计算、智能移动终端等。人处在大数据时代，怎样安排自己的生活？为什么要发明信息工具，怎样应用这个工具？这需要思考。说到为什么要发明这个信息工具，当然不是人类理性的价值追求，它是科技发展到一定时段的副产品。人类的文字开始是依附于纸张，如清朝的《四库全书》，也可以看作彼时的大数据了，哪个中国人能把《四库全书》从头到尾看一遍？估计没有。当年组织编《四库全书》的纪晓岚，作为主事者，也不一定能从头到尾把所有文本都看一遍。《四库全书》信息量之大，使有限生命一百年的普通人，只能望"书"兴叹。

人类的语言比世界上其他动物要丰富，动物也有交流，但人类听不懂鸟语。通过语言传递数据有时间的局限性，如果仅仅依靠头脑和嘴巴，那么再大的数据存量，人死了就灰飞烟灭了。几百万年前再聪慧的大脑，一旦死去，知识连带智慧就一起消失，数据清零。所以这几百万年人类都处于刀耕火种的原始时代。

从人脑载体、纸载体（包括龟甲、牛骨、羊皮、竹木简及布帛等）到现在的芯片，承载和表达知识的手段一直在变，且变得越来越快。最初的经验知识和情感波动依附于人脑，靠嘴巴运用语言说出，靠刀笔（初期是刀刻，后来是笔写）依托文字抒写。数据也好，知识也好，一定要依附于载体。思想附丽语言文字，经过物化，方可传之后世且为他人了解，这是人类最初的数据。

大约在一万年前，人类已发明了文字，使语言这个漂浮的、瞬间的信息载体变为永恒的、固化的信息载体。人类的智慧和情感世界，物化于岩石、龟甲、竹简等，从而使后人了解前人积累的知识，站在前人的肩膀上。但这个时候的载体相当有限，即使纸张已发明，但书籍未普及，并非人人可以享用知识。前人做学问，离不开图书馆，就像理工科研究者少不了实验室，但今天一个小小的智能化手机，就把国家图书馆揣入口袋了。

信息数据传递的智能化时代到来了。一台电子计算机，让数万兆的信息吸收或散发，这就是信息时代的革命。大数据不是人类主动创造的，它是不知不觉产生的。第一代的计算机，有一个房间这么庞大，计算速度也不快。现在放在口袋里的微型计算机，运行的速度越来越快。云计算是上天入地的，通过数字化的处理，打破时空的局限，信息储存在"云端"。国家的云数据库，信息可以永久保存，即使个人的档案，从出生到死亡的所有信息，也都在里面。你说这个东西好吗？

H：好呀。

金：好处在哪儿呢？一台机器，链接无限世界，这就是好处。要想了解一些信息，又方便又快捷。那么弊端在哪儿呢？

X：海量信息给人类思维极大的挑战，要从一堆错综复杂的信息中，选择为己所用的、有价值的知识反而更难了。人的时间和精力毕竟是有限的，现在互联网上，谁都可以发表文字，信息量异常大。信息的质量参差不齐，选择哪些，略过哪些，这是对人思维的巨大挑战。你首先要学会选择，快速处理大量低价值信息，提取高价值信息。如果看纸质书，经过专业编辑处理的可能是精华。大数据对人的阅读认知能力构成了前所未有的挑战。

金：纸质书经过选题筛选、编辑、加工和审核才能出版。数据库的信息是海量的，不加任何选择的，人人可以填充的原生态资源。但也有经过加工的、分门别类的专业数据库，你要研究什么问题，可进入相应的数据库。两类数据库各有优势。开放、创新时代，你是创新，还是胡说八道？编辑卡住你，你的创意思维就不能发表。但通过原始数据库的信息途径传递出去，让更多的人来检视，这就是它的好处。至于专业人员的研究，可选择分门别类的专业网站，还可把两种数据库参照比读，这也是一种选择。

X：还有一个互联网时代的隐私问题。现在在网上浏览一些网页，输入一些关键词，网购时点击一些商品，都有记录在案。如果删除网上浏览痕迹不及时，没有去保护自己的隐私，很可能会被他人利用。手机的 APP 在安装时，都会询问是否同意摄取你的位置信息、用户信息等。其实今天想保住自己的隐私，可谓天方夜谭。商家会利用网上数据，对顾客做综合分析，根据顾客平时偏向于买哪类东西，针对性地开发用户需求和拓展市场，了解并把握顾客的心理状态，有目的地进行营销，以便获取更大的利益。

金：大数据时代到来，人的一切行为都与数据相关联了。跟亲人通个电话，发个信息，就会在电脑或手机上留下痕迹，人就没有隐私可言了。信息平台是可以监控的，数据管理的终端，总有人在操控。公安局要了解你的行踪，肯定能知道，它有这个权利，这是极端情况下，执政部门的特殊权利。但普通的业务管理员，如终端服务器的工作人员有没有权利查看？如果没有行业的行为规范，他可能会利用岗位的便利，查寻你的数据痕迹做一些损人利己的事。谁有权利去了解及运用他人的数据？这是大数据管理层面的问题，它需要上升到法律的层面去思考。但法律总是滞后的，问题出来了它才会启动解决程序，何况道高一尺，魔高一丈，法律也不是万能的。

还有，人难免会犯错误，错误的记录就一辈子跟着他。以前说档案跟人一辈子，它很可怕，你不知道里面记了些什么，因为你看不到自己的档案。去世以后，再把你的档案翻出来研究，发现原来我很崇敬的一个人，档案里却有些奇奇怪怪的东西。以后还会不会有档案？纸质的档案没有了，大数据的痕迹也是档案。这个数据电子档案是永不消失的电波，五十年后对人开放，还是永远删除？决定权在谁手里？

有些人想永恒，想生而不朽，想留下永不消失的数据痕迹，证明没有白活。世界 70 亿人口，每人 100 年生命，会留下多少痕迹？但谁去关心非洲草原上某个孩子早夭的数据呢？人关心的无非是自己周围的那几个人，子女、亲友、同事之类的。一个人如果能让很多人关心,也是个大人物了。领袖为何引发众人的关注?他与国家利益、个人福祉都有关联。平民百姓,谁来关心你?有人为了网上的高点击率,会找关系买通网管,如超女竞歌,还要花钱让人投她一票呢。

你是担心在网上留下痕迹会有不利吗?

X: 我在忧虑,大数据背后,谁有权利来操控我们的隐私?普通人在一定程度上被网络大佬或权势组织操控着,没有自由和隐私。你的所想所为,被大数据记录,他人分析你的数据,来达到某种目的,这在电商中尤为明显。我们想做一个自由的消费者,不想被商家控制和利用。就这点来说,大数据时代在带给我们便利的同时,也带给了我们烦恼。

金: 人不能控制自己和不想被他人控制,这是一个悖论。从你一出生,你就不能控制自己,你是被控制着出生的。你为什么不在美国,而在中国?你在湖南,不在上海?这叫一方水土养一方人,你没有办法控制自己。你从小讲的是湖南方言,现在讲普通话,为什么不讲英语?地域和国家的语言就控制你的思想了,你运用的语言决定你的思想方式了。语言的规则、系统不一样,人的思维就不一样。所以我们为什么要走出去,把自己放到一个完全陌生的地方,跟原来的环境斩断关系,就是想摆脱环境和传统的控制。但有时很痛苦,不适应新环境。所以控制有时也是好事,让你很舒服。

大数据本来是为了帮助我们生活得便利,语言、知识等都是为了让人类的生活幸福,让人发展得更顺利。但它又是个悖论,正如"异化":人类的一切创造都是帮助自身的手段,结果手段异化成目的,统治并奴役我们。大数据也是这样。就如我们在此讨论大数据这个话题,我们是从实践的、感性的角度去讨论的。如果我们要从理性的、历史的角度去讨论,我们可能不会讨论,也不敢讨论,因为往数据库里一看,海量的信息,可以把你吞没。即使你有高度的信息素养,有专业的知识背景,你花数小时,以最快的路径提取了关键的信息。但提取整理的思路不对,相关的文献整理不全或不对,就会误导你。

一切信息都是人的创造,就算他整理得对,那也是在他的知识背景下梳理的结果。你缺少相关的知识背景,也不能深入理解和把握。所以你要花很多时间去进一步了解,而了解的对象可以无穷地放大:一个信息有链接,链接下面还有链接,再有链接……我们了解一个词语,比如自由,本来想得似乎挺明白,上网一查,突然发现你根本不了解自由。于是上下链接五千年,东西链接数万里,整理消化,殚精竭虑,终于写成一本《论自由》。结果某个高人拿出了新发现的孤本,你五千年的链接消化白做,因为人家的成果甚至比你做得好,不的独特价值和意义。越是传统文化的最好承载者,他的生命就越痛苦、越分裂,最后就跳湖自杀了。如果这个解释能站住,那就是王国维也没有解决好自己的人生问题。他的人生问题是他身存其中的社会的问题,个人问题即社会问题,他拿既有的学问不能解释这个问题。于是王国维说,"可信者不可爱,可爱者不可信"。西方实证哲学可信而不可爱,赫尔巴特不就是用实验心理学的系统来解说教育学,带动科学教育学的发展吗?

王国维试图把科学教育学系统拿来解决中国的现实问题,但用他的话来说,就是可信不可爱。解释似乎很在理,但不可爱,也不解决问题。"可爱者不可信",《红楼梦》、唐诗宋词,很可爱嘛,你用这个来解释中国的落后,引领中国的现代化?这不是笑话吗?这只是一种文人雅好。可爱的东西不可信,不能解释、也不能解决现实存在的问题。

可信的、能解释的,它又不可爱,不可爱就不能展现生命的意义;可爱的东西,让生命有意义了,但不能解决社会人生的实际问题。他就为此纠结,解脱不了,人格彻底分裂,走上不归路了。

大数据以后对人的挑战会更大,仿佛吸毒,我们已离不开它了。现在的年轻人,比如我女儿,无论做什么事,手里都拿着手机。医院里写病历都是用计算机,不是电脑就是移动手机,很少看到她拿一支笔写,或者拿一本书看。眼睛的近视程度也越来越高,因为看手机比较费眼。我也这样,老是看电脑。以往读书人就是看书,现在就是看电脑,离开电子书,生命还存在吗?大数据已经成为我们的生命方式了。看来一些古老的预言,真蕴含了深刻的哲理:上帝不让人去吃智慧果,你吃了,就走上不归路了。

H:大数据在我们国家还处于发展的最初阶段,大家还只是用手机、电脑收集数据。据说使用手机和互联网的人数,中国居世界第一,但是数据的传输量(收集和使用量),美国是中国的四倍,这说明美国人的数据使用意识比我们强,目前中国还是缺乏数据意识。这一方面与科技发展较落后有关,另一方面,受传统思想影响,我们不喜欢用精确的数据说话,量化的、实证的研究比较少。

金:中国的数据传输硬件不差,使用数据终端的人数已超过美国,但传递的信息量,只有美国的四分之一。这里有语言的因素,全世界使用英语的人数多,地域广。真正的信息,包含新的内容。你说,今天天气很好,这句话重复七遍,实际上只有一遍的信息。

H:美国在20世纪50年代的时候,政府就已开始用数据进行民意调查了,但中国要到21世纪才开始,也就是说,使用数据的意识,美国比中国强很多。

8. 大数据对人生的挑战

金：这就不仅是讨论内容，还涉及形式了。中国人的移动智能终端不少停留在消遣、游戏和学习层面。至于统计和调查层次的运用大概是远远不够的。

H：我们在大数据时代缺乏一种筛选或使用数据的习惯和意识。也许可以通过教育来培养选择信息的能力，形成信息素养的意识。

金：大数据时代的挑战，涉及两个层面的问题。一个问题是物质产品流通的层面：马云的电商时代来临，传统商业真是溃不成军了。以书店为例，现在大家网上购书了，我看校园内书店老板的脸色特别憔悴啊，他是苦不堪言。只是偶尔有学生或教师来买几本书，书店几乎要破产。他怎么这么惨？即使有人进书店，看到喜欢的书，手机一拍，就上网去购买，书店成了体验店，老板活不下去了。不仅书店，很多时装店、食品店都是这样。像我女儿买东西都是网上下单；我是传统做派，宁愿多花点钱，让别人也有点生存的空间。但很多人不是这样想的，有便宜为什么不占，不是很傻吗？用手机扫描二维码，过几天就能送货到家，太方便了。所以大数据的第一个挑战，就是电商时代传统商业如何存活的问题。

第二个问题，大数据时代对教育的挑战。现在有义务教育法，人必须接受九年义务教育，但不上学不等于没有接受教育，我在家里也可以接受教育。根据国家法律，公民必须获得最基本的义务教育，但我未必进入学校，我还节省了纳税人的钱。大数据时代会否产生义务教育阶段的学生回归家庭的现象？再说高等教育，以前为什么要上大学？理科生少不了实验室，文科生离不开图书馆。但大数据时代图书馆已进入个人的口袋，实验室也社会化了。只要你愿意学习，付点钱，大学实验室也可向社会开放，我为什么必须以学生的身份进学校来学习？那学校教师怎么活？

H：说到大数据，好像数据无处不在。但真要找些原始数据，又觉得挺难。比如说麦克斯公司做了关于毕业生的调查，但你要获得这方面调查问卷的相关数据以及统计结果，并不容易。大数据时代，很多信息还是无法获取的，有些数据是不开放的。

金：麦克斯公司是盈利的公司，它的数据涉及客户利益，也是它的智慧劳动和专利所在。而涉及国家安全的数据，更是需要保密的。除此之外，其他都要公开。大数据时代，公开是常态，不公开是特例。公民向政府申请公开相关信息，只要未涉及国家安全的机密，就必须公开，这是底线。当然国家安全标准怎么定，也是比较复杂的问题。职能部门可以把相关信息扯上国家机密、国家稳定，这条安全的底线谁来界定？还有一种极端情况，伪造数据、篡改数据，谁来检验？检验出信息造假，怎么追究，如何惩罚？这些就是大数据时代的新问题。

现在做课题研究为什么难呢？就是数据要不到啊。一些地方部门的数据、教育部门的数据，还有基层学校的数据，都不公开。有时候要了解数据得靠公关，搞私人关系，对方支持你，才公开一点点，不是全部都公开。所以做研究很难，花很多时间，而且结论可能还是站不住的，因为没有准确把握数据。那你怎么去研究啊？

包括近现代史的研究，特别是当代史的研究，真的都难以研究，是个白搭的活。你自以为研究得天衣无缝，到哪一天一解密，没准你研究的东西就成了笑话。再说，一旦公布，也不需要研究了，只要有点文化，有点思考辨析能力，一看就知道是非结果了，你还研究什么？当代历史研究难以盖棺论定，很多资料是封闭的。你盖棺了，尚且不能论定。一旦全部公开，人人可以盖棺论定。所以我们要去获取大数据。但最可怕的问题是要不到真实的大数据，往往在大数据时代，我们在失真的假数据、伪数据中迷失了方向。这又是一个悖论！

H：这在当下中国比较严重。

金：所以现在提倡透明政府嘛。

H：我们享受了大数据时代的各种便利，但没有真正参与大数据的构建。比如学校应该提供相关数据，用数据说话。但很多学校都是以文字塑造"高大上"的形象，即使用数据说话，也感觉有水分。

金：你举个例子，用文字怎么说明，用数据又如何。

H：比如高校课堂教学评价，就应该有具体的数据，如教授上课率、学生评价率、得分率等。但现在很难找到这类数据，大都是文字性的介绍，具体怎么操作的，没有给出相关数据。如，说有学校层面的督导、院系层面的督导，督导到底是多少人？如何构成？都没有具体数字，是很模糊的说明。

金：这个问题有意思。大数据时代一方面是有些数据不开放，甚至伪造数据、扭曲数据；另一方面，运用数据的路径不对，沿用笼统的描述性质性话语，缺乏坚实的数据来支撑质性的话语。比如说加强督导，那么连续性督导的时间节点是什么？督导了多少学校？督导组成员构成如何？督导哪些内容？督导打分的依据或标准何在？等等。当这些数据都呈现时，我们方能作清晰的判断。

H：按道理来讲，这些是应该公开的内容。

金：但也有个问题让我困惑，现在高校普遍采用数字化的管理：课题多少，论文多少，经费多少，获奖多少，以及相应的层次级别。以前是笼统的管理，现在是量化的管理。可又有人在批评量化管理，因为量化的标准本身有问题，而且量化之后，出现造假现象，所谓"数字出官"、"数字出才"，数据的价值和意义又被扭曲。新的问题又出来了：一是崇拜数据导致学术GDP的弊端；一是缺乏数据或封闭、掩盖数据；再一个是有很多虚假的、扭曲的数据。所以要把这些问题拆开、理清，让数据回归数据本来的面目，让数据发挥真实的作用。如何做到？

L：比如一些高级中学，升学率高时，就会公布具体数据：高考本科上线率多少，"一本"上线率是多少，"211"、"985"是多少。数据公示后，给人感觉这所学校的教学质量很好。但如果哪一年考得不理想，学校就不愿意公布具体数据了，对于升学情况仅给出模糊的描述性语言，一带而过了。

金：所以我最近倡导教育界应注重滞后评价、长时段评价。既要看学校公布的"一本"多少，"211"多少，"985"多少，这是当年的数据；还要看五年、十年之后，接收这所学校毕业生的用人单位的评价，还要看受教育者自己对母校的评价。要用滞后评价、长时段评价的数据来制约求学阶段的急功近利。前不久，中央教育部门的官员专门找我谈话，表示对这一设想很感兴趣。

H：他们感兴趣的是学校办学方面吗？

金：主要是关于高校学科评价方面。我给全国政协的一个提案，主要针对高校的学科评价，被光明日报记者写成内参，得到主管教育的国务院领导的批示。对人才的评价，在学科评价上抓住了一个敏感的切入点，但涉及的范围还是比较广的，相关的教育部门很重视。

Y：现在生活中主要有两个工具，一是电脑，一是手机。生活的方方面面都是数据。但大数据只是一个参考，不能作为事物的终极判断。现在各部门都有自己的数据库中心，都会根据数据预测趋势，会改变管理过程中的某些方式，这样看来，数据的功用还是挺大的。但同时，它也有弊端，根据数据来预测趋势，大家都往那个方向靠拢，就有可能遏制创新。比如在智能手机领域，大屏手机比较流行，一直以创新理念为核心的苹果公司，现在也一窝蜂往大屏手机的趋势靠拢，新上市的iPhone6就是例子。这样利用大数据分析大众的心理，通过媚众来满足所谓的大众需求，其核心——创新理念就会受到负面影响。

L：还有一个问题，大数据时代信息的载体发生了巨大变化。过去的历史中，最初人们靠的是口耳相传保存和传递信息，之后石碑、青铜器等成为信息的载体，再后来人类用纸张来记录信息,新的载体逐渐替代了旧的载体。会不会有一天,大家不用纸张记录,通过芯片、电子网络来记录信息呢?纸质书会不会被取代、从大数据时代消失呢?

金:这是有可能的。为适应人的使用习惯,电子书可以做成纸质模样,卷折起来可放入口袋。电子书也会越来越薄,像一张小型报纸,或做成一本书。你可以翻开,有无量的藏书供你阅读。也可以继续出纸质书,供有此雅好的少数人珍藏,把纸质书作为古玩,这都有可能。

L:数据可能告诉我们的是一个结果,但它是怎么来的,我们未必知道。其实数据是一堆冰冷的信息,你需要去认识和了解它。我们看到的数据只是冰山一角,更大的意义隐藏在数据背后,等待挖掘。教育过程中师生间的互动、交流,有助于了解数据的来龙去脉,大数据还是需要人与人之间的沟通交流来支撑。

金:当然大数据越来越多,也可能成为人类新的信息包袱。物极必反,当事物到一个极端的时候,自然会找到解决的办法,叫置之死地而后生。人到了一定的时候,就回归简单。数据是为我们服务的,真的成为负担,就把这个包袱去掉好了。衡量数据价值的标准就是当下的感受。人作为有机体,会有一个生理的极点。把握平衡点,就是佛家说的放下。需要的时候就取:数据的汪洋大海,我就取一瓢饮,这一瓢水可以解决当下的问题,让我很舒服。其他的水再多,与我没有多大关系,就可以舍弃。

你自己当下的生命感受就是判断的标准,你的需要就是你最高的衡量标准。我们不需要虚悬一个价值标准,也不必杞人忧天。顺其自然,让信息世界这样去发展,我们还是按照自身生命指示的正常途径去生活。比如我女儿,自然的疗法就是她眼睛疲劳了,就会不看视频。如果数据之大、之复杂,影响到生命健康,她肯定能下定决心,控制自己的行为,不会再沉溺于数据世界。自己的事情,旁人着急也没用,用自然的解决法就行,不用焦虑。

8. 大数据对人生的挑战

9. "幸福"能晒出来吗？

金："幸福"能晒出来吗？晒幸福就是晒工资吧，工资、奖金、福利待遇等，已经成为幸福的代名词了。

H：不止这些呢，还有很多。

金：你说说，还涉及哪些？

H：不同年龄阶段，晒的东西不一样。我们这个年龄阶段晒的就很多，比如，出去旅游了，就晒出游照片；或者晒朋友、晒美食，吃到好东西就拍照上传，很方便。这也是大数据时代带来的一种现象吧。

金：所谓"晒幸福"就是幸福需要共享，快乐需要传播。

H：这里"幸福"的内涵非常广泛，只要让我高兴的事都算。有时哪怕是伤心、沮丧、郁闷了，都会拍点东西发到网上。

金：那就不是晒幸福，是晒心情了。

H：这个"幸福"是打了引号的。

金：实际上这里的幸福是一种宽泛的人的基本需求和闲暇消费了。人是分享的动物、群居的动物,不可能孤家寡人。无论是幸福,还是痛苦,他都希望有人分享,这就涉及人性的问题了。人为什么要去晒"幸福",因为"晒"是一个流行符号,发达以后,荣归故里,不炫耀一番,就像西楚霸王项羽说的,"锦衣夜行",有什么意思,漂亮的衣服是穿给人家看的。成功人士,光宗耀祖,升官发财,结婚生子,这些都需要晒一晒,都希望人家知道。

X:越来越多的人,把日常生活小事,统统放到网上,引来大家围观。比如在微信朋友圈发一条心情,希望朋友点赞;或评论一下,以引来更多人的关注。这样心理需求就得到了满足。与此同时,人与人之间真正面对面、心与心的交流反而很少。循环下去,人间的交流变成了虚拟空间的往来,看似是十分火热的互相点赞,实际上心与心的距离越来越远了。

最近在网上看到一件趣事:有个澳洲年轻人在 Facebook 里加了一千多个好友,其中绝大部分是自己不曾认识的,每天被这些人刷屏很烦,就将这些陌生人屏蔽了。又说"与其删他,不如约他喝咖啡",就把这些陌生人约来见面,喝一杯咖啡,聊聊天,重新认识彼此。现在已进行到第 25 杯咖啡了,其中有他五年未曾再见的前女友,也有他十年未曾重聚的小伙伴。这样面对面的交流,对促进彼此之间的情感很有好处,带来特殊的满足。这个"咖啡计划"被当成一件新闻被大家挖出来,说明我们通过微博、微信联系时,虚拟的关注并不能满足真正的情感需要。

金:虚拟空间能否占据你生命的全部?人生一个根本的需求就是与人直接交流,仅仅是虚拟的交流还不够。说到"晒",这个年轻人的时髦行动,也无可厚非,"晒"也是人生的一种娱乐,一种分享。当然我自己现在是因工作需要上网,博客传递的东西,有时也挺无聊的。有时我上网,关注一下社会的时政动态,就会发现一个抓眼球的信息。这么大年纪了,有时也控制不住自己,也想点进去一看,实际上也是挺无聊的,没有特别奇怪的事情。太阳下面无新事,都是改头换面的老调重弹,却把时间浪费了。

在大家"拼晒"时,我不晒,我不要吸引眼球。你刚刚说的那个行动计划还是蛮有意思的:一天喝一杯咖啡,与一个人面对面。但不要因为这个,又把自己束缚住了。喝咖啡本是率性而为,变成行动计划,就成负担了。想做就做,不做没关系。喝杯咖啡,当面沟通,是件有趣的事;晒一晒心情,未尝不可。

H:这个人有时间,有闲暇和精力去做这件事。现在很多人晒"幸福",是他没有时间跟朋友们面对面交流。通过点赞、评论,彼此保持联系,可能也是因为太忙吧。

金:人有一种习惯,只要是认识的人,在网上也会关注他,会点开看看的。中学小学的同学、老师、大学的伙伴,熟悉的名字与你某一阶段的生命连为一体,点开一看是你认识的人,就会从头到尾看完,你肯定关心他,这是人之常情。你不必亲自跟他沟通,说你要关注我,因为你的信息他自然会关注到。

M：你要给他点了赞,评论了,他才知道你在关注他。

H：很多时候,我发出来一条心情,也是希望有人看啊!

金：那是你以前了解的人,还是你希望去了解的人?

H：这应该是现代人的一种联系方式吧?大家没有时间见面,各自在不同的地方忙,只能通过这种方式。

金：如果把你生命中有交集的人,一个个排出来,真想联系还是有办法的吧?就像刚才说的咖啡计划,但我估计他做不到一个月就厌烦了,如果一年,还能不能坚持下来?你想象一下,也可做一杯茶的行动计划。

H：虽这样计划,真正坚持下来的概率又有多大呢?

X：他已经坚持做了近一个月,约了25位好友出来,现在还在继续,他说坚信自己一定会把这个计划坚持下来。但最终如何,我们只能继续关注了。

H：你约人家,人家可能很忙啊,没有空。

Y：倒不是因为忙,可能网上交流,包括晒幸福,比面对面的交流更简单,不会有很多阻碍,包括时间、地点、交通等。社交便捷也是人们更愿意上网的原因之一。

X：我倒觉得"晒幸福"最根本的原因是我们太寂寞、太空虚了!

金：这倒是根本的问题所在啊。

X：买一张车票去看看老朋友,这不是什么大事,总能挤出时间,只要你真心想和朋友一聚的话,不难实现。问题是我们总是有想法,但缺少行动,其实我们不知道在想什么、追求什么,包括我自己。

M：可能还会衡量买张车票去看朋友,值不值?面见朋友与通过网上交流所获得的情感上的安慰是否等价?如果是等价的,那就没有必要花钱买票去看朋友。

L："晒幸福"这个行为是"晒"的人本身有种满足感。也有人总结了晒幸福的几种类型,呈现的心态各不一样。一种是心态麻木的,因为大家都在晒幸福,受别人影响,自己也不自觉地晒出来了;一种是心态虚荣的,觉得晒幸福能留给大家一个完美的自我,尤其是在久未谋面的朋友前,一定要"晒"出自己生活的精彩,不然会觉得没面子。

有的人晒出来的可能只是最光鲜的一面,其实过得并没那么好,这是在伪装幸福,可以掩饰苦恼,可能会造成精神上的压抑,身心也弄得疲惫,这种人活得累;还有一种人"晒"的心态平和,生活中有了幸福感就与别人一起分享。说到看别人晒出幸福来就去点个赞,有时点"赞"也是违心的,看到别人生活得比自己好,今天吃了什么美食,明天又到国外旅游,可能心里会想,他为什么活得这样滋润,我为什么这般窝囊! 心理就会不平衡。但出于朋友的面子,还须违心地点赞,或许就更痛苦了!

金:首先,什么是幸福?还没有琢磨清楚啊,就晒它了?到底晒的是什么,心情还是钱啊?其次,知道这个是幸福,干嘛要去晒它呢?幸福属于私人的小空间,你不可能大庭广众之下到处招摇:我多幸福! 面对心爱的人,真正理解你的人,对你有着特殊意义的人,你才愿意说一说、晒一晒。其实,面对家人,面对至爱亲朋,也不必晒了,他们始终关注着你,你也一直了解他们,心有灵犀一点通,还要晒吗?让朋友点赞,太搞笑了! 我的一位朋友老是让我加入他的微博,我都不回应。作为熟悉的好朋友,有事就直接找你了,加入微博,好像套了一个帽子在头上,不自在。

现在很多商家,喜欢弄这种东西,肯定有商业目的,但我不需要,我也不想去弄清楚其中的奥秘。这是我做事的风格:不参与,也不晒自己的幸福。年轻人为什么如此热衷于"晒幸福"?实际上是他们太孤单了,这不仅仅是一个晒的行为,他是希望有人点赞和评论,有人来关注他,满足他情感的渴望。我觉得这无妨,为了满足他情感的需要,看到了,点个赞,举手之劳,让人高兴也是好事。

H:实际上就是吃饱了饭没事干。

金:你说得对,就是吃饱了饭没事干,找点事情来干干。人的精力、思想总要有发展的空间,让他发泄、发展,让他高兴,也是好事。但是你们未必要这样做,要有你自己独特的安排和处事方式,这也是人生的一种选项。"晒幸福"未必是微言大义,就是孤单的灵魂寻求寄托。人是群居的动物,需要分享信息。丽丽,你提出这个题目的原因是什么?

L:我就觉得这是一种社会的普遍现象,每天在身边发生着,我们可能也是其中一员,就想讨论一下。

金:有时分享也意味着上当受骗。比如"吃货"都是网上搜索,然后直接团购。我女儿正式工作后,要请爸爸妈妈吃饭,还说既然请客,就要有点特色,一看网上有推荐、点赞的,就找了一个"吃素"的名店,订了一个豪华的小包间。装修倒是"高大上",吃的就是一些花里胡哨的东西,也没有吃饱,但有特点这个目的是达到了。反正是女儿的一片孝心,起到这个作用就蛮好了。

花了这么多钱,真正吃的这个东西有什么价值呢?我要这么说了,肯定会扫她的兴。其实,还不如她妈妈晚上给我熬点稀饭,炒两个素菜,我吃着胃还更舒服些。所以生活中不少事就是无聊,吃饱了撑的。人有这个弱点,也要承认,不然人生也就没有什么趣味了。我太太经常批评教育我,人人都像你这样,这个社会还像个社会吗?所以这里只是谈我的想法,人家的想法我也必须尊重。我们就此来谈谈"晒幸福"也未必不好。

L:对于晒幸福,有两个针锋相对的观点:一种说,晒幸福的人本身就是很幸福的,因为人家有幸福可晒;还有一种说,晒幸福的人平时不怎么幸福,所以有一点幸福,他就会晒出来无限放大。

金:还有第三种情况,他又幸福又不幸。比如原来工资低,现在涨工资了,很幸福,当然可以晒一晒;但他又不幸福,还没有从工资中超脱,心情受钱摆布。又幸福又不幸的人才需要晒幸福。想晒幸福,可以晒一下,但不要太当回事,执迷其中就是不幸福;晒和看的人都要超脱,晒就晒了,看过也就忘了,点赞或沉默都无所谓,方为潇洒人生。

L:也有极端的案例,如有人在网上炫富,也会引发矛盾。郭美美就因炫富在网上蹿红,最后因非法赌球把自己给搭进去了。

金:不是还有个"表叔"吗?他不想晒,网友给他晒出来了。晒未必是好事,"表叔"就晒出问题来了。炫富哪是晒幸福啊,只能说是心灵的异化。

10. "五Mang"是科研工作者的专利吗?

金：今天是一个特别忙的时代,大家都感觉时间不够用。这里的"五Mang",指向五个汉字,第一个是"忙",繁忙的忙。这是我看到的一篇文章,提出了当代人生存的一个困境。现在科研工作者的生命常态就是一个"忙"字,而学校里老师忙,学生也忙,大家都非常忙。为什么忙呢? 忙就代表一种自我存在感。假如忙,证明你有价值;不忙,你就被社会边缘化了,你就没有价值。

人的价值为什么要由"忙"来印证? 家里的那位(我太太),我开玩笑称她为"忙人",因为我算是比较忙的了,但她比我还要忙,可谓我家最忙的人。我女儿小学毕业时,听了我这个"敬称",就没大没小,喜欢叫妈妈"忙人",现在改不过来了,还是叫她"忙人"。我问太太:你为什么这么忙? 她说不忙的话,家里的事谁来做? 一天到晚,她都忙忙碌碌,真的比我还忙。我说,你要是不忙的话,也体现不出存在的价值。我喜欢跟太太开玩笑。真的,无论在工作单位还是家里,当代人就是如此之繁忙。

第二个Mang呢,是盲人的"盲",就是眼睛看不见了,"盲"字上面是"亡",就是没有,下面是"目",就是眼睛。眼睛没有了,这是身体上的"盲",缘于我们长期用眼过度,也体现了一种精神上的忙。互联网时代，信息太多，信息本来是打开我们视野的，是祛蔽的，现在信息太多，反而遮蔽了我们的眼睛，这就成为悖论。很多单位文书工作特别多，文牍主义盛行，因此我们闲不下来，从眼睛的盲，发展到了心灵被遮蔽。

这就是第三个Mang，茫然的"茫"，不知所措的意思，是现代人的普遍困惑。教师对工作目标、生活价值、人生意义感到有些茫然，学生更是对就业去向、生涯前途、生命追求，包括求学目的一片迷茫。是学术信仰、生活信念的主观缺位，还是客观上被生活环境、工作环境推着走的无力感，导致工作和学习失去趣味？研究没有生气，人生活得太累，好像除了成功之外，没有其他值得追求的。但所谓的成功究竟是什么？也弄不明白。是学位上升，官位晋级，还是金钱增多，寿命延长？人像个机器人，转得像陀螺。越是忙，就越茫然；越茫然，又加重忙，忙得无暇思考，就陷入"盲"。人为什么穷呢？跟忙是连为一体的，所谓"穷忙"，与"茫"、"盲"也难分彼此。

第四个Mang是流氓的"氓"。当今社会，甚至科研共同体，不讲信誉，没有人伦底线，为了成功无所不用其极，乃至使出流氓手段。生命共同体、社会共同体或科研共同体，集体内部的明争暗斗、互相残害，愈演愈烈。因为一个人光是忙，缺少流氓手段，恐怕再忙也不能成功。有时要会耍流氓，敢耍流氓，有点霸气。说到"学霸"、"科霸"，他可能还有点实力，但"霸"气一多，难免横行霸道，甚而胆大妄为。有限的资源须赶紧抢，敢于无所不用其极地抢，这就陷入流氓社会了。当然，流氓社会是不祥的，诚信社会不欢迎流氓。

最后一个Mang，是光芒的"芒"。我们为什么这么繁忙，又那么迷茫？就为追求生命的最高价值，体现人生的荣耀。现代人的"光芒"到底是什么？当代人为何都不愿意承认彼此的光芒？因为承认别人的光芒，就是默认自己的平庸。所以宁肯把眼光投向过去，对过去的大师不吝赞美，对当代学者的成就不屑一顾；对外国人的言论无限推崇，对中国人的事业横竖挑刺。现在的人们，有点过分赞美历史，把现实看得一团糟。大家不愿意赞美当代人的成果，尤其是身边的人的成果。

概而言之，这就是"五Mang"的问题。如何看待这五个"Mang"？可能你们的生活和学习状态也与之有关。

Y： 五Mang是科研工作者的专利，可能也是我们的专利。特别是第一个"忙"，平时生活中，总觉得很忙，但其实也不忙。忙有时往往是借口，你有不想见的人，不想和他聊天，就会推说很忙。"忙"对应的是"懒"，是一种拖延的"懒"病，拖到某个时间节点，事情都堆在一起，就会变得很忙。第二个"盲"，就是信息量太大了，自己的选择跟别人的不太一样，跟人聊天都不在一个层次，就是觉得别人"没文化真可怕"，很难聊到一块去。第三个茫然的"茫"，很多人可能一直处于这种状态吧，不论考大学还是考研，每到人生的转折点都有种茫然的状态出现，这种选择前的茫然状态也很正常，不必太纠结。第四个是氓，其实我还挺想当流氓，因为流氓可以不顾及正常交往所需的原则，与别人冲突强烈时，有个借口，就能耍流氓。我不觉得耍流氓是件坏事，当然前提是不要伤害别人。最后是芒，就是要实现的理想和目标，但最大的困难是如何让人认可。可能还是得找准自己的目标，不需要跟人去比较，真正实现了自己的目标，光芒自然就产生了。

L：我想这几个Mang肯定不是科研工作者的专利，尤其是第一个"忙"。生活在这个快节奏社会里的每一个人都特别忙，像一个个陀螺。据说87版电视剧《西游记》要申请吉尼斯世界纪录，因为它至今已播放了三千多次。我就联想到现在一些电视剧，几乎都是四五十集，水分多但水准不高，而且拍摄周期也非常短。反观《西游记》和《红楼梦》等电视剧，当年拍摄时都经过了长时间酝酿，精心制作才完成，所以至今还有生命力，被视为经典。现在人们的心态可能真的跟过去不一样了，太渴望外显的成功，希望短时间内就见效，所以才会把自己弄得这么忙。

但是这种忙，真的能带给人成功吗？也不见得。如果人一辈子能把一件事情踏踏实实做好，做到极致，其实就意味着成功了。人心态还是比较浮躁吧，所以都这样浮于表面地忙着。现在不仅成人，连小学生都很忙，因为父母都渴望自己的孩子能成功。小学生放学后参加各种兴趣班，也忙得团团转。可见忙碌已是社会的通病，究其根源还是大家太渴望成功。

M：归根结底就是为了达到最后的那个"光芒"。人忙忙碌碌，手段或方法陷入盲目和茫然。但这是真忙还是假忙呢？上海是一个快节奏的城市，从地铁下来，大家都跑着上楼梯，人人都挺忙的，都很急。吃饭也急，中午我去食堂，见卖砂锅的窗口围着不少人，点餐的一直催，服务生怕生意流失，就说很快很快，两三分钟就好了。但点餐的人还是一分钟就催一下，那种急的状态也让人看着就着急。

金：说到吃的，现在上海饭店里的扬州狮子头，都不是正宗的。香港有个餐厅提供正宗的扬州狮子头，但制作这道菜要三天时间：从买食材开始就有讲究，然后是浸泡腌制，要花一天酝酿，再是数个小时的慢火烧制，没有三天的时间，口味就不纯正。要吃这道菜，须提前三天预订。吃都需要耐心,现在吃不到好菜,首先原材料不行,等不及自然生长到成熟,都是急着催熟的。

H:这五个字可能正反映了做一件事的基本条件:"忙"对应的是时间,做任何事都需要花时间;"盲"对应的是身体状态,成功也需要付出身体的代价;"茫"意味着目标,追求过程中自然有些困惑;"氓"是一种态度,要有不畏艰险的精神;最后的"芒"是水到渠成的成功。

金:你是从正面去阐述,但不要"盲"得崩溃啊,要把握好"度"。至于"氓"是一种态度,就是"敢于作为"的心态?

H:我觉得为人处世,不要有一种耍流氓的态度,而要有坚持原则的勇气。面对有些人不以正确的原则来行事,你或许也要转变思路,敢用"耍流氓"的态度来对付。

金:面对流氓,你的态度是"更流氓"?

H:如果你不用更狠的方式,他对你的伤害可能更大,为了坚守自己的底线和原则,有时"耍流氓"的态度也是无奈。至于"茫",关键还是自己的选择吧。到了某个阶段,觉得茫然,仿佛一条大路上出现了数条分叉小路,你不知如何选择。说到忙,其实是一种浮躁心态,或者是拖延,拖延症也是现代人的一种通病。最后的芒,就是人不愿承认别人的光芒,只看到自己的光芒,这与中国传统观念以及教育模式有关,我们从小就被灌输:要谦虚,不要骄傲,要学习他人的优点!但我们内心希望自己是最好的,即使别人不承认。这也许是人性普遍的弱点。

X:这可能取决于外界的环境吧。从我自身的体验来说,当年在长春市上大学,感觉东北人的生活和心态与南方地区就不一样,他们都是慢节奏地生活,也没有特别远大的理想,说这辈子一定要干成什么大事,就是一种想把小日子过得舒坦的心态,这与上海的快节奏生活完全不一样。

我来到上海后,也比以前忙多了,压力也更大了,好像有很多外力推着你不得不去做些事情。当然,除了我所生活的环境有变化之外,处于不同的人生阶段,可能节奏也会有些变化。但最可怕的是忙得忘记了自己的初衷和内心深处的感受。上周我和丽丽去了南京一趟,明显感觉南京的节奏普遍比较慢,像是真正的生活节奏,上海就是五 Mang 的状态。

人置身于具体环境,不得不受其制约,它会影响你的心态及判断,最终影响你的重大决定。我们现在都是二十多岁,总是被父母催着找对象结婚,大家盲目地上一些相亲的网站或电视节目,去寻找自己的另一半。有的年轻人由于受父母急迫心态的影响,相识十多天就闪婚,闪婚后发现性格不合适,于是又闪离,那是对自己的人生极不负责任。为什么出现这种状态?大家究竟在急什么?曾在网上看到一个段子:父母催着子女找对象结婚,子女说,干嘛急着结婚?要是匆忙结了婚,发现不合适又离了婚,那还不如不结婚呢?父母说,起码你也结过婚啊。这种奇葩想法自然导致"盲"动。

H:就是没有办法坚持做自己。

X:于是就忘了最初想要追求的美好的、本真的东西。不受大环境的影响也不太容易,如何在纷繁嘈杂的环境中找到心灵的归属?以怎样的方式活着?这真的需要反省。

金:上升到哲学层面了吧?你刚才把南京和上海比。丽丽是北京人,你觉得北京的生活节奏跟上海比怎么样?

L:北京的生活节奏也很快,但与上海不太一样吧,毕竟北京是我的家,我并没有时刻感受到它的快节奏带来的压力。最忙的应该是从外地到北京或上海打工的人,他们可能是最忙的,压力也是最大的。

金:那你来上海后,把上海与北京比,感觉怎么样?

L:上海跟北京的氛围还是不一样,上海更开放,北京的政治色彩比较浓厚。生活节奏方面,两个城市还是差不多。但是南京的生活节奏比较惬意一些。

金:可能你们去的时候不是南京上下班的高峰期。不要说南京了,就我所到的县级市、地级市,赶上班也得提前半小时,现在路上塞车越来越严重,私家车越来越多,特别是上下班高峰时。

X:我们是去旅游的,去了两天,可能体会也不深。

金:整个中国在转型期,大概"忙"是个普遍性的问题。美国是一个车轮上的国家,现在中国也如此。你到小县城去看,也是这样一个表征,凡是有头有脸的人,一定会有辆车,整天赶来赶去,就是赶社交场子。一到上下班高峰期,路上都是车,而且不守规矩,车子穿来穿去,显得特别忙,黑压压的一片,很混乱。

想感受一下上海的忙,就在上下班时间:地铁站的自动扶梯,口子旁放有一个立地黄牌,上写"切勿停留",就是催你快走。你不走也不行,后面的人推着你走,你是身不由己地快步走。特别是早上七点钟,你到人民广场去看,好家伙,真的很恐怖,这么多的人,像潮水一样,匆匆忙忙地挤出挤进,用人潮来形容一点不为过,这是大城市快节奏的生活写照。当年邓小平访日时乘坐高铁,就说了一个"快"字,快实际上也是忙的意思。改革开放三十多

10. "五Mang"是科研工作者的专利吗?

年,中国高铁速度已胜过了日本,比日本还忙了。

有一年去云南丽江,号称中国最慵懒的城市。我去看民间艺术家宣科表演,他是"纳西古乐"的传承者。我和他交流沟通,他说到美国去表演,发现观众很少,因为真正懂一点纳西文化的观众还是在中国,美国人好像在看出土文物。在美国的表演就是赶场子,几个城市赶来赶去,回国后生了一场大病。虽然挣了一点美金,有什么意思?他也在反省,说以后不想出国表演了。有美国年轻人问他,中国人生活、做事为什么这么慢?你们"纳西古乐"也是那么慢?他说,慢怎么了?美国人说,慢就是落后啊?宣科说,人总共活个百八十年,终有一死,匆匆忙忙,不是早(找)死吗?人生路上慢一点没关系,我还"慢死"。当然这是调侃——太忙就是早点奔坟墓里去。

中国社会本来是慢节奏,农业时代的生活就是慢,春播秋收,四季轮替。我们曾经追求工业时代,工业时代是火车速度,一天等于二十年,快马加鞭追欧美。现在进入火箭时代、信息时代,互联网速度比火箭还快,以光的速度在传播。社会的飞速发展带来了新的困惑:以前奋斗,为了吃肉买车;现在是穷人吃肉,富人吃素,穷人开车,富人走路。真的太诡异,绕了个圈,忙了半天,最后又回到质朴的本源生活。

上述五个 Mang,可以作逻辑上的梳理。首先,为什么"忙",就是为获得最后的"芒"——也就是理想和目标——让人生辉煌灿烂。为了这个目标,就须不断地奔跑,在奔跑的过程中,出现了三种现象:因为跑得太快,眼睛就看不清方向,就是"盲目";心灵也就被遮蔽了,出现了"茫然";碰到障碍,就忍不住要流氓,什么手段都用出来了。中间三个 Mang 字是奔跑过程中的现象,最终一个是目标,根据这个目标去狂奔,贯穿生命的是忙;忙得失去章法,是为瞎忙,眼睛看不见,心灵被遮蔽,在"盲然"、茫然中就惶然、悚然,于是张皇失措,戾气、赌气、霸气、毒气一涌而上,就开始耍流氓,无所不用其极了,也就堕落成"氓"字。

那么解开这个疙瘩的钥匙呢,就是跳出盲目,祛除茫然。要让自己不茫然,就要心明眼亮,心灵开窍,要透视自己的内心。就像越星刚才说的,你究竟要什么,必须想明白。这个世界价值多元,不妨用多元价值来制衡五 Mang。传统的中庸之道,也有它的妙处。梁漱溟说中国的文化哲学不像西方的征服,拼命往前奔,也不像印度的反身向后看,抹煞人生的意义,而是居两者之中,不偏不倚,恰到好处。

个人怎么做才是恰到好处?这个好似很难,其实就是个体生命的张弛有致,把握平衡点。人的天性不一,有人喜欢忙一点,不忙觉得生活没意思;有人喜欢懒散些。就像一个生态群落，有的树长得特别快，你也不能让它慢下来；有的是金丝楠木，要长几千年啊，一两百年就长一寸，你也得让它有生存的空间。这是大自然的平衡。人类社会也需要这种平衡，让人各有所求、各得其位、各展所长，世界也就丰富多彩。

追求什么？自己把它想明白，好好思考一番，不要完全被流行符号推着跑，失去了本真和自我。现代社会，真要做个颜渊，也不难，"一瓢水，一箪食，在陋巷"，这样的条件谁不具备？至少在中国特色社会主义的当代语境，你不至于饿死吧？我们又回到生命价值这个根本问题上了。如果你们问，金老师，你愿意效法颜渊吗？

实话说，我也很困惑。因为临到自己身上，最难过的是亲人关。人的一生往往不是为自己活，亲人关、师友关、同事关、领导关，关关不好过。孤身一人，敢于打破心的魔障。但面对老师的期盼：这个学生怎么没出息？就觉得对不起老师，我还得忙一点。妈妈说怎么还不成家呢？就觉得对不起亲人，得赶快成个家，生孩子，让她早早抱孙子。就像越星说的，为什么闪婚、闪离？都是被爹妈害的嘛！他未必催你，但两只眼睛老是忧伤地看着你，又看看邻居家、亲戚家的小孩，再看看你。懂事的儿女就觉得心疼，对不起老爸老妈，那赶快闪婚吧。哪知一闪婚，痛苦不堪，立马又闪离了。这不都是爹妈害的？可见亲人有时候确是最大的敌人，豆瓣网上的"父母皆祸害"小组就是这样出来的。你扛得住一般的人情关，但顶不住亲人关。当官的为什么犯错误？也是栽在亲人手里，什么都能过，就是过不了儿女关，他就犯错误了。

有位高官当年在某省做书记，后来做了北京的大官。他给当地的官员说，我的儿子找你们，什么特事都不许办！如果办了，我就办你！又对儿子说，你最好离开本省，不要在我眼皮底下，免得添烦。儿子也发火，你现在只管了本省，要是做了中央领导，还要把我赶出中国吗？所以，处理好家事、国事真的不太容易呢。有的清官被视为不通人情，所以中国的人情，既是好的，但有的时候，确实也是害人的。亲人是祸害，就是这么出来的。

中国人最重的是家人情感。世上只有妈妈好，有妈的儿女幸福少不了，于是"啃老族"也被喜滋滋地接受了。世界上最好的确实是人的情感，但有时候会成为最可怕的东西，所以人生确实比较复杂。我的人生哲学呢，可能是年龄关系，现在比较信奉"度"的哲学。年轻时，听不进老师的良言，也不喜欢看古书，什么《大学》、《中庸》，都不想看，喜欢看《少年维特之烦恼》、《红与黑》之类的，《红楼梦》少年时也不太爱看。阅读趣味与年龄是有关系的，你们是青春勃发的年龄，有时也不能对你们太苛求。过了这个年龄，自然会有变化。年轻时总要去忙一忙,闯一闯,体悟一番。哪怕爱得你死我活,也不要太着急,不要太焦虑,顺其自然。好像身体,太忙太累了,会发出信号,会自动休息。

我昨天就是太忙了,赶去母校求知小学参加一百一十周年校庆。我已答应校长了,不去不好。去呢,就坐在学校操场上,吹了点寒风。晚上又出席座谈会,都是早先答应的事。赶来赶去,弄得太累。今天上午有课,昨天又睡得晚。早上被太太唤醒,匆匆忙忙啃了俩馒头,赶来教室,肚子又不舒服了。所以人真的不能太忙。我看晓梅最近也太忙了,你坐在那里老是打哈欠。看来你们都有这个问题,搞得太疲劳。真的不能太忙。

以前我在上海七宝中学教书,教导处的王主任是教数学的,人非常热情。他见我就说,哎呀,我太忙了,真的太忙了!当他说我太忙了,我觉得他很开心,因为忙成这个样子,他感觉很伟大,现代人的价值就在忙中充分体现了。我当时想:我为什么不忙?他为什么这么忙呢?我的价值不如他呀!但今天发现,太忙真的不是好事。

有些人日理万机,以忙为傲。他每天每时每分每秒都是掐了表的,大人物都是这样。周总理当年是全中国最忙的人,他坐在抽水马桶上,外面很多人在等他。在等批文啊,批文不出来,下面不能办事啊。总理每天要批多少文字,所以邓小平就劝总理,您能不能不要这么忙。但总理不忙行吗?有多少急事等着总理呢。

总理的风格是事必躬亲,叫举轻若重;邓小平呢,是举重若轻。春天的时候,到中国的南海边画了一个圈,改革开放了,大家就忙起来了。他忙中悠闲,还能种树打牌。这个特别忙的时代呢,我提倡你们要向小平学习。总理"鞠躬尽瘁为人民"的精神是要学的,但事必躬亲,恐怕你们也学不了。我对有些校长讲,你们忙成这个样子,连看书时间都没有!要学会分权。做教师,做干部,都要学会分权。什么事情都揽在手上,就会太忙了;太忙了,你就抓不住要点。

11. 街舞的公共空间难题

金：说一个大妈的广场舞问题。这与上次谈的"老人变坏还是坏人变老"的问题有些联系。公共空间怎么构建？人是集居的高级动物，需要交流沟通。大妈也很可怜，她们没多少文化，大都属于不读书不看报的一类，从小就喜欢热闹的生活方式，聚到一块，就感觉到生命有活力有乐趣了。现在退休了，就有闲暇时间找一个免费的公共空间——大街，然后围在一起，给生命增添一点喜气。中国的民间文化历来是闹的文化，敲锣打鼓、欢天喜地，吃饭也是图热闹。那么街舞就更闹了。历史文化的传承和现实心理的需求交叉在一起，构成了"大妈舞"公共空间的复杂性，也呈现为社会治理的难题。

前不久看到一则新闻，某小区外公共绿地广场有大妈放音乐跳舞，该小区的物业公司装了一个大喇叭面对广场，这边放音乐跳舞，那里就用更大的分贝播放进行曲，用极端的手段来对付街舞的"闹"，可谓"以闹制闹"。而因广场舞引发的社会矛盾正在增多。

L：有位养生专家评论广场舞现象，认为大妈跳广场舞，本来是为了舒筋活血，增益健康，但其实广场舞反而不利于人的健康。因为在广场上跳舞，周边是马路或街道，车来车往，空气质量很差。跳舞时肺活量加剧扩张，于是吸进粉尘等大量不健康的东西。如果大妈们知道跳广场舞不利于自己的身体健康,也许就不会跳了。

金:要从正面引导大妈,施加文化的影响,劝她们提升素养,采用更文明、更有利于身心健康的体锻方式。还要让她们学会换位思考,将心比心,已所欲,勿施于人。佛家讲因果报应,公共活动不能惊扰他人,否则会引来更大的喇叭声反击。

Y:目前的社交需求、社交内容及社交形式,彼此间是有矛盾的。社交的需求相当大,但社交的内容和形式非常少,极度贫乏。广场舞层出不穷,反映了大妈对社交的强烈需求。应该给她们安排专门的公共空间,使之不扰民,但现在这样的空间很少。大妈们也是紧跟潮流的,现在农村里也有广场舞,她们也不在乎场地条件简陋,只要有块地方,大家在一起跳就行了,也不会在意邻人的感受。这种强烈的社交需求,缺乏其他合适的形式使之满足,那么不管广场舞还是其他什么舞,大妈还是会跟风。

H:不仅是社交需求,关键是她有时间。现在无论是农村还是城市,都是有时间的人热衷于这类事,忙人不会来做这种事。她们退休后有时间了,就来跟风了。广场舞是一股风潮,如果有其他简便易学的娱乐方式,她们也会跟风模仿。因为缺乏配套的公众活动场地,大妈们就会占用公共区域,还会产生扰民现象。当务之急是提供合适的活动场地,让大妈有地方去消磨时间。

Y:现在广场舞不仅是大妈的专利,很多年轻人也加入了。其实广场舞里也有不少年轻人,观看的人也多。我老家有个工厂区,那里的年轻人到了晚上喜欢与大妈一起跳舞,这是很常见的现象。

金:呵呵,大妈也有接班人了。我认识的一位作家,说现在的孩子早熟。她有个儿子读小学,星期天出门看到大妈在广场上跳舞,问他妈妈,这些阿姨在干嘛?妈妈说,她们在跳广场舞。问什么叫广场舞?妈妈说,她们退休后有时间就出来搞集体活动。儿子看着大妈扭秧歌,就说,这些人怎么这么傻?妈妈你以后退休了,会不会也加入广场舞?妈妈答,加入又怎么啦?他说,妈妈你千万不能去,这个太丢脸,同学面前都抬不起头来了。妈妈顿时想到一个教育儿子的方法,说,妈妈退休后不跳广场舞,但你现在要好好读书,否则妈妈没希望了,退休后也只能跳广场舞了。她儿子果然学习更努力了。

这个孩子觉得广场舞很傻,但中国大妈不觉得傻,中国人有团聚力,凡事喜欢扎堆。也有一说,三个日本人是条龙,三个中国人是条虫,讲的是中国人没有齐心协力干事的劲头。但中国人聚众闹,属于中国独特的团队文化。西方社会崇尚个体文化,不会有几十个大妈傻傻地聚在一起舞来舞去的。文化没有高低,只有差异。但中国知识文化层次较高的群体,确实不会做这种事。女知识分子大约很少会参与广场舞吧？为什么高文化水准的人自我体认的感觉会比较强烈,不太会参加广场舞这类模式的活动？这值得考虑。另外,中国的大爷都去哪里了？

M：也有大爷参与跳的。

金：既然叫大妈舞,参与跳的男人肯定少。大爷文化的特点是什么？大爷去哪里了？大爷不要身体健康吗？

M：他们都遛鸟、下棋。

H：活动方式不一样。一些高级知识分子退休后,不会去跳广场舞,他们有别的活动,比如看书、插花等。

金：还有摄影、书法、旅游,去玩高端的审美文化了。这类活动多是独立性的。也有老人一个人舞舞剑、打打太极拳啊。退休的大爷喜欢干什么？

H：下棋。

金：大爷下棋,大妈扭秧歌。

H：男的跟女的活动方式不一样。

金：你们以后会不会成为新的大妈、大爷？退休后也要去参加这类活动？

H：思考过这个问题。新建地铁站旁的广场,马上被一批大妈占领了,每次从旁边走过,就会想：我以后会不会也这样？答案是：不会的。因为有很多方式可以供我打发闲暇时间,要锻炼身体也不会选择跳广场舞。

金：看到广场舞,听着扰人心烦的曲子,我总觉得不舒服。大妈们挤占了公共空间,仗着人多势众,把公共场地当成私家花园。甚至师大校园里也出现了这种现象,一圈人,喇叭很响,肆无忌惮地在众人眼前晃来晃去,视觉上也不舒服。有时偶尔看到在一个偏僻之处,音乐声也很轻,几个人在那儿练舞,倒成了一条风景线了,看着还蛮优雅。退休大妈要跳舞,本来不是坏事,但没必要把喇叭拧得那么响。据说宾馆是否高级,就是听背景音乐：声音越轻就越高级；低级的地摊音乐,就搞得蹦蹦响。大妈的广场舞也要高级一些,音乐也要雅一些、轻一些。也许大妈的心理是要引起众人的关注,就像老小孩一样,也希望有"回头率",没想到反而把大家吓跑。

M：其实她们不很注重歌曲的内容,但很在意歌曲的旋律、节奏。广场舞曲的创作者,其实是网络歌手,和大妈一起造成一个互相迎合的状态。

金:有一次路过广场,一群大妈围着扩音箱使劲跳,放的音乐是"小呀小苹果"。一群老人唱着小苹果,拼命舞,真是有点荒唐滑稽。她们为什么这么喜欢小苹果?嘴巴里念念有词的,脚步舞得飞快。也许年轻时没有小苹果,现在老了,越发怀念小苹果了。

H:这是一个普遍的问题:很多老人和子女之间交流很少,缺乏心理慰藉。

M:他们需要情感上的沟通和交流。我小时候,农村里有"大槐树文化"的活动。每天晚饭后,甚至吃饭时,有村民端着板凳或饭碗,聚到村里的一棵大树下,自发地交流起来。现在家家有电视机了,但老百姓不满足于看电视,可能是电视节目不招人喜欢,另外大家确实有交流和沟通的需要。

我们村的广场,也有大爷去。但他们不跳舞,在边上聊天,观看。跳舞的除了大妈们,年轻媳妇也不少,而且跳得更好。她们站在前面领队,年纪大的在后面跟不上节奏,大家在旁边看得哈哈笑。大妈们也就是去动一动,锻炼身体。平常待在家里,婆媳间总会有点矛盾,出去跟同龄人交流一番,散散心,会觉得比整天闷在家里好。

金:农村的公共空间维系了亲情、乡情,也放飞了心情。以前村里有祠堂,祠堂是村庄的集体记忆。村里有什么大事,族长会召集众人聚在这个公共空间商讨事务,婚、葬大事,也都是通过这个公共空间议决的。这就有了文化向心力。说到高雅的知识分子,就让人想起法国流行的沙龙,沙龙玩的是贵族文化,上流社会的贵妇人闲着没事干,就邀约文人雅士来朗诵诗歌,商讨小说,玩琴棋书画,形成所谓高雅的沙龙文化。中国大妈没有那么优越的物质条件,但又有相应的文化需求,就只能利用免费的广场公共空间了。这也是一种无奈,所以公众对大妈代表的广场舞文化也要宽容一些。

说到公共空间的营造,从物质环境到文化精神,都需要培育。网络化社会,休闲时间越来越多,人人会面临这个问题。作为一个社会的建设者和管理者,如果你们毕业后,到街道社区任职,怎么管理居民小区这个基层组织?也需要智慧,需要做文化引领。现在广场舞似乎变成国际公害了,中国旅游者引起外国人公愤,说大妈舞蹈占据了美国纽约时代广场,大喇叭搞得附近居民不得安宁。美国人对中国大妈又爱又恨,爱的是傻大妈拉动了美国消费,增长了GDP,恨的是大妈的喧嚣打破了日常生活的平静。中国旅游者把什么东西带到国外,进行国际交流?中国特色搞成了大妈文化,张牙舞爪地出去了,而中国的雅文化,比如儒道释医、琴棋书画,差不多失传了。

我不鄙视俗文化,它有野草似的生命力,像赵本山为代表的东北二人转,也有它的独特价值。但是你带出国门的中国形象,如果只有广场舞和购物狂,是不是也太狭隘了。美国文化在国际上的流行符号是好莱坞大片、摇滚乐、橄榄球等,它为什么有生命力?大俗如何成为大雅?

Y:以前乡间会有一些好的公共活动,比如晚上看露天电影,也有戏班子来村里唱戏,大家都会赶去看。这些都是很好的社交活动,现在这些活动都没了。

M:电视兴起后,电影就渐渐退出乡村生活了。以前农村孩子办满月酒、葬礼、喜事都会请电影队来村里放电影,看的人非常多。现在,就没几个人喜欢看。

金:传统的乡村受儒家教化影响特别深,通过社戏等民间文艺活动,凸显主流价值观。现在多媒体娱乐方式在青年人中间兴起,你免费送到乡村的电影戏剧,未必能吸引观众,他宁可"宅"在家里玩手机。年轻人抛弃老式的娱乐形态,因为消遣的主动性不是在自己手上,决定权在他人的手上,你给的东西不合他的胃口,他就不理你,你有什么办法?所以主流的价值观或雅文化,必须采用消费者喜欢的方式,找准现代人的心理特点,让他主动选择、参与。这可不太容易。

M:可是现在的电视节目,为了迎合观众的需要,又会变成一个低俗的下里巴人,越来越俗。

金:这当然是一种趋势,但有可能会反弹。正因为有那么多人玩,变成潮流,就形成了市场。而市场是变动的,政府如何引导?社会的公共空间也存在悖论和误区。纳税人的钱变为公共资源,如国营的文化机构和平台,应该怎么用?你是迎合观众,还是取媚权贵?要让公共空间的文化生态趋于正常,政府应当关注什么?管理就是动用砝码,某个事物偏离过头了,政府的行政干预就须在另一端给他加点分量。但也不能用力过头,因为文化生态本身也有自动调节的功能,政府是适当调节,但不要越俎代庖,不然又会影响文化生态群落的健康发展。说到高雅文化的生存空间,怎样去拓展,争取应有的市场份额,让高雅文化对低俗文化起到引领再造、互相交融的作用?

X:其实高雅的东西,不一定会成为流行,只有适合普通大众的,才会普及。高雅的音乐、话剧、油画,不是一般人容易欣赏并把玩的,首先得有天赋,其次是后天的熏陶及教育,它们是成本很高的一种享受,普通百姓支付不起。而广场舞正是迎合了普通人在繁忙的生活之余,更愿意寻找轻松的娱乐方式的心理。它的动作不难,词、曲也不高深难懂,最重要

11. 街舞的公共空间难题

的是成本很低：一个扩音播放器，一片空地，一群想娱乐的普通大众。而大妈们退休了，正好有闲，与这种娱乐方式一拍即合。有本书叫《娱乐至死》，可证人不分中外，都要寻求快乐，通过娱乐体验快感，这是人性的特点。

欧美社会有他们娱乐的方式，如酒吧、咖啡厅、音乐厅等，上班族都会在周末时去参加各种各样的Party，去酒吧等场所寻求快乐。也有一部分人，去参加文化沙龙、贵族俱乐部之类的更高雅的小众聚会，但这类活动并不是一般的人能担负得起的，不属于公共空间而是私人空间。这是不为生活、不为钱而发愁的上流社会的消遣方式，他们不会有工作的劳累，因而将体味高雅的文化、修炼精致的艺术，视为生活追求和人生理想。

如此说来，寻求普通娱乐并没什么错。大妈的广场舞，其实也是她们寻求娱乐的一种方式而已，不能因为占用了公共空间而对她们有所禁止。你能想象禁止美国人在周末玩个放松的Party吗？禁止广场舞，就是禁止人寻求娱乐的权利，也是对人类天性的束缚。那么怎样才能让大妈在寻求快乐的同时，又不打扰他人的快乐呢？我想，这才是广场舞这一公共空间难题真正的症结所在。

刚才提到传统的民俗文化，如皮影、社戏，记得我小时候还跟着奶奶一起看。以前都是戏班子在乡村里巡回唱的，而皮影现在在乡村已经快消失了，这些都是爷爷奶奶辈的人喜欢的。还有听书，现在五六十岁的人，可能受这方面的影响和熏陶少了，到我爸妈这一代，基本上已脱离了传统的娱乐和教化，缺乏本土文化的熏陶，他们不会选择去看社戏、看皮影了。这方面的艺人，也很难以这个职业为生，转行做别的去了。这就出现了断层。

我小时候是跟着爷爷、奶奶生活，可能还能受到一些传统娱乐文化的影响，至于受互联网影响而成长的一代年轻人，又如何将新旧两种文化接起来？比如中国有茶文化，就值得让人继续挖掘其价值，寻求更宽广的国际市场，让它走出国门，和西方的咖啡文化融合。如何赋予雅文化以一种更好的接受方式，让百姓也都能沾一点"雅气"，既满足人娱乐的快感的本能，又有精神的理想寄托，还成为影响世界的现代文明？

金：这话有意思，就是让高雅接地气，让普通民众喜欢，还花得起这钱。反之，也可以把最朴素的东西做到最奢侈，当然这需要金钱开路。曾有朋友请我到素菜馆吃饭，我想就是青菜萝卜了，结果上的素菜比山珍海味还贵，它是素菜馆的品牌，打着会馆的旗号，将普通食材冠以奇名，房间布置得像乡村，但装潢的成本不亚于宫殿。把最朴素的东西，如遛个狗、玩个鸟、下个棋，大妈、大爷都可以享受的，搬到了最精致的公园、最豪华的别墅，成为有身份的人花大把的钱方能享受的奢侈品，这又是一种值得警惕的极端。

X: 有些东西，通过包装后，一般的人难以消费，遥不可及。但把它扒开了看，其实里面文化的因素并不多，成了一个凭身份、地位、财富等外在形式决定能否入门的那个看上去似乎很高雅的神龛。

金: 刚才还提到了"娱乐至死"。现在娱乐是一个流行话语，年轻人特别欣赏。"娱乐至死"的合理性在哪里？你说娱乐至死不好，那什么是好的？奋斗至死、理想至死、痛苦至死、思考至死是好的？倘若把所有的"至死"拿来对比，也只有快乐至死、娱乐至死更靠谱一点，因为你所有的努力或思考不都是为了追求幸福快乐嘛。如果娱乐至死不好，那其他什么至死就更不好了。这样一种极端的话语策略，表明了新时代的价值追求。

如果说，娱乐至死是好的，那是不是又出现悖论了——吸毒是好的吗？吸毒也许能给你最大的快乐，据吸过毒的人说，那种快乐就是让你遏制不住吸毒的欲念。知道吸毒致死，却欲罢不能，是因为娱乐至死伴其左右。娱乐至死也就是吸毒至死了？娱乐界人士身在"娱乐"，还要吸毒，是为了追求极致娱乐、超级娱乐？这显然是个严重的问题。现在世界上哪个国家承认吸毒是合法的？也许没有一个国家承认的。娱乐至死会不会真像吸毒一样，走上不归路呢？

这可能又须回到一个"度"的标准。那么，吸毒可以有度吗？问题是一沾毒，人就控制不住自己了。那么，欲望要不要控制？满足欲望就能让你幸福快乐吗？如果欲望需要节制，那就不能"娱乐至死"。这又上升为哲学问题了，我们还是打住吧。

12. 中国高校"女神营销"招生模式

金：你们听说国内高校有"女神营销"招生模式吗？这是个时髦玩意儿。太搞笑了，对吗？女生一入清华大学就变成"白富美"了，高校把这个女生拿来做广告，说你看这个学姐多么幸福！以工科闻名的大学，也要靠美女撑门面。华东师大更不用说了，丽娃河是养美女的。一个农村来的女孩进华东师大读四年书，再读三年研究生，就变成水灵灵的大美女了，是吧？

上海是个大染缸，一个素朴的村姑，现在变成时髦女郎了。城市文化改变人，大学更是变化人的气质。但学校用这个"白富美"或"女神"形象，去招揽新生，又变成经济行为了。现在的高校不像个大学，全中国所有的高校，都熙熙攘攘的。大学本应是清静之地，你看中国传统的书院，往往置于"人迹罕至"的青山绿水之处，便于学生清心寡欲、修身养性、潜心读书。现在的大学已成为城市地标，老校迁到新址，围绕大学，立马形成一座新"城"，叫做大学城。豪华车进进出出，仿佛十里洋场。现在的社会车辆入校都要收费，一小时十元，像个高速公路的收费站。本意是减少入校车辆，学校也有收益，岂料车还是越来越多，人也越来越多了。天下熙熙，皆为利来；天下攘攘，皆为名往。大学也未能脱俗，招生成了名利双收的竞技场。这是中国高教界的一大景观。

H：出现这种现象的前提是高等教育的大众化趋势。一方面高校很多，加上扩招，水平参差不齐的各类学校都有，而每所学校都想招到好学生，就想出种种招数，也算是招生的奇葩现象之一。另一方面，它也确实反映了教育的效应，大学的经历对青年人的一生有很大影响，所谓腹有诗书气自华，读书也让一个女孩子变漂亮了。网络上的"女神"图片我也看了，正好说明高等教育让人产生了变化。但高校拿来作为营销的手段，则显得太功利了。

金：文化教育贵在变化人的气质，入校没有变化，说明教育不成功。说一个姑娘是"白富美"，这个"白"是先天由爹妈的基因给的，还是后天靠爹妈的钱整的？这个"富"是继承了父母的财产，还是借由智慧的创造？如是后者，则证明了教育的效用。至于"美"，经过大学文化的浸润熏陶，具备了神采风度，这不是很好吗？假设先天的"白"也是个文化的象征符号，说大学出来的人更有修养、更漂亮了，这也没有什么坏处嘛。为什么要对"白富美"嗤之以鼻呢？难道大学出来的姑娘"黑穷丑"才对吗？"白富美"，这很好啊！可以理直气壮地说，若要白富美，就进 AA 校！可媒体为什么又吵起来，说高校的价值导向有误？

H：反过来，这也说明了部分想入大学的人群有这样的愿望。这种营销模式在一定程度上符合人们的期待，也取得了成功，所以才会流行，很多高校纷纷模仿。虽说名牌大学还是奢侈品，但高校增多，重点大学再不能像以往那样"皇帝女儿不愁嫁"了，也得竞争生源。但学生怎么选择呢？"白富美"就成诱饵了。

金：作为招生广告，它的诉求是需要研究的。用怎样的语言和画面才最具有动感力，最能抓人眼球？显然，"白富美"的语言，靓女的形象，是最具冲击力的，有煽情的力量。这也不是非常恶俗的广告，"白富美"的广告词汇还算雅致。我最近看到还有更另类的欢迎词，有高校打出"小妖精，终于把你等来了！"这真是太搞笑了。蚌埠有所中学挂出横幅，"热烈祝贺我校女婿荣膺诺贝尔奖"，这是怎么回事啊？原来有位老外的老婆是这所中学的毕业生，据说这个学生也是化学家，也很有成就，跟她的丈夫联名发表论文，太太还署名在前呢。当然诺贝尔奖是授予她先生的。所以说"女婿得诺奖"，也是在做广告了。那么，你能说这事不对吗？也没有错嘛，因为学校的女毕业生好比是女儿啦，所以"女婿"嘛，也没说错。但乍一见就觉得怪啊。可见这个世界呢，很好玩。

学校的广告招生，说"女婿"也好，"小妖精"也好，"白富美"也好，总是给人吹泡泡的虚幻印象。就好像演员走上舞台，脸上抹的油彩太重，未免有点滑稽。这个时代好像真的有点

"娱乐至死",读书人、哲学家大概觉得"思考致死"乃至"痛苦至死"好,凡人则认为"娱乐至死"更通达人情。年轻人流传的话叫"过把瘾就死",就怕死了连把瘾都没过,真是太惨了!

这是网络时代,也是娱乐时代的文化现象。娱乐元素渗透到社会的方方面面,学校也不例外。现在学校又开始流行"慕课",与传统的"苦学"精神逆向而行。古人说,"书山有路勤为径,学海无涯苦作舟",现代教学新理念也想把课程做成游戏,学生每天沉溺在网上,因为娱乐太有吸引力。如果课程资源有同样的吸引力——娱乐的抓人眼球的元素,那学生就喜欢读书了。

H:这种招生广告在一定程度上也反映了高校愿意去接近大众。像传统的书院是属于精英阶层的,有点不食人间烟火,而现在的高校就比较迎合大众。但毕竟学校与社会上的娱乐机构不一样,还是要把握好一个"度"。

X:看到这个招生广告,首先想到的是:博主把女生的照片挂上去,经过那个女生本人同意了吗?这里有个肖像权的问题。另外,当人家纷纷议论的时候,她作为广告的"主角",又会怎么想呢?

L:其实,该女生只是把自己上清华之前和毕业之际的对比照片发在了个人的网络空间上,后来被清华大学招生办的官方微博转发了,于是一下子就成了这个"上清华变白富美"事件的"主角"。当然,除了赞美的话,也有不少人在网上调侃,说"上了清华就能'黑土变白云'"等。这个女生也许没想到,自己会成为事件的"主角",事态的发展不是她能控制的。

金:这成为社会事件了?

L:对,她当时仅想发个对比照片"自黑"一下,没想到演化成一个社会事件了。在引起众多关注的同时,也有人质疑,甚至抨击她,说一些难听的话,这对学生本人也有负面影响吧。

M:原来很多像这样发照片自我调侃,或是拍的校园情调片,就是学生自娱自乐的一种行为艺术。而学校管理层为了显示亲民,改变以前刻板、严肃的形象,也开设了微博、微信,但管理学校微博、微信的是教师。如有高校设置了"毕业生身边最可爱的人"评选活动,其中有教师被称为"微博主任君",毕业生留言赞其:"很可爱,信息量足够,更新又及时。"但是作为学校的官方微博,发布的内容肯定就不像学生那么自由了。如果是在学校主页上发布或转发的内容,就会被视为学校的对外宣传。正因为如此,官方微博不会像个人的平时调侃或玩笑那么轻松自如，稍有出格就容易招来非议吧。

Y：从男生角度去看这个"女神"啊，并不是去看"女神"长的模样，而是喜欢去比较哪所高校的"女神"更"神"。其实看完之后，也不会留下深刻的印象。现在网络上类似的搞笑特别多，我们也就是随意点开，娱乐一把。

M：就是一时新鲜，路过看过，就随风而逝了。

金：微博广告也好，高校的自我标榜也罢，都是自媒体时代的流行符号。它的传播速度快，也很搞笑，有些是无厘头，当时觉得很兴奋，但瞬间即逝。一件事物的影响力，像"白富美"这样的另类广告，它的辐射面可能很广，但它流传的时间恐怕很短。流传时间比较长的事物，开始时，受众面不会很大。因为受众面宽的东西，一定要通俗，而通俗的东西，往往比较浅，所以流传的时间可能短。这也是个悖论。

所以无论个人还是学校，究竟追求什么？你追求表面上轰动的效应，暂时得到的赞誉可能会非常多，但这样的"抓眼球"也就是过眼烟云，经不起时间的陶冶。反之，你现在的受众面很小，甚至默默无闻，但你把一件事做到极致，那么在这个领域的人会感受到你树立的行业标杆很难企及、超越，他必须不断地回味、研究，于是你创造的事业就延续了更长的生命。一个人生命的能量受时空的限制，你要延续生命的长度，可能会缩小生命的宽度。好像锥子，锥一点，就越锥越深；若用刨子可刨一片，范围广了，深度没了。关键是你选择什么。

根据菲利浦·泰特罗克的研究，专家依认知风格可分为"刺猬"和"狐狸"两类。这一说法参照了以赛亚·伯林的观点："狐狸千伎百俩而有尽，刺猬凭一技之长而无穷"。刺猬属于 A 型性格，认为自己掌控着世间的真理和万物的法则；而狐狸因"千伎百俩而有尽"，故认为解决问题有许多方法，对于琐碎、不确定、复杂或存在分歧的意见更具耐心。

科学家也分两类，一类是狐狸型的，不断地探测富矿，他的目标不是深挖富矿，而是去探测下一个新矿。还有一类是刺猬型的，喜欢专注地打一口油井，越打越深，使油不断地往外冒。这两种人呢，各有价值。我刚才说到生命的长度和宽度，其实是想证明长度比宽度对人的生命更有意义，但是我说的两类人格的案例也许还证明不了。因为寻求富矿的人更要有才华，能勘测新矿，你能说他浅薄吗？他有大智慧。当然，专注打井的人也不简单，他要有毅力，但打井相对还是容易一点，因为人家已经把矿给指明了。人生如何选择？还是依从天性吧。

13. 从高校毕业生就业看办学质量

金：为什么大学生毕业后就业这么难？一方面是高校提供的知识、课程、专业不适应社会需求；另一方面呢，就是大学生好高骛远，能干的不想干，如社会可提供的岗位他不喜欢，但他喜欢的岗位，人家又不要他，这称为"结构性失业"。还有一个就业现象是"找工作查三代"，所谓"查三代"，就是看博士、硕士和本科毕业于什么学校。甚至要看毕业生的中学、小学是否是名校，这就是查四代、五代了。如果以后要看幼儿园，那就是查六代。这么查下去，可以查到妈妈的肚子，也就是胎教，其实就是查家庭背景了。

"文革"中有副对联，"龙生龙凤生凤，老鼠生儿打地洞"。想不到过了五十年，又以新的面目出现了！企事业单位招人才，到底是"相马"还是"赛马"？"相马"就是看毕业生文凭，给他定性；"赛马"需看实际表现，你是骡子是马，牵出来溜溜，在实践中检验。你们也面临就业考验嘛，对这个问题应该有切身的体验。

H：大家都知道，就业就是要"查三代"，查到个人的政治面貌，还要看家庭经济。

金：政治方面怎么"查三代"？

H：就是看你父母在政治方面有无问题。

金：这个就类似以前说的家庭出身了。现在说的"查三代",主要是看学校经历。"文革"时候"查三代",是看你的家庭出身,比如分贫农、中农、富农。

H：现在企事业单位招人,不仅要查学历上的"三代",家庭经济条件也成了招聘单位考虑的因素。

金：除了学校的"查三代"之外,家庭上的"查三代",倒不是查以前说的政治出身的问题了,而是对家庭经济因素的考量。当然这是依据时代的发展特点,把政治要素改为了经济命脉。以前从政治上定性一个家庭,分成革命的或不革命的甚至反革命的,现在的家庭定位是根据文化教育层度、职业或经济收入,分成高端的、中层的或低端的。

比如父母是公务员、科学家或企业家,这个层次比较高,出身这类家庭的孩子发展前景比较好。如果层次比较低,比如是普通工人、农民的话,就觉得这类家庭出来的孩子发展潜力有限。这种新的出身论,就是戴个有色眼镜来看你。以前一说地主出身啊,怕得心惊肉跳;现在说家是土豪吧,还喜不自胜。六十年风水轮流转,现在未到六十年,这个社会的价值观又反过来了。

H：学历方面,研究生毕业了,招聘单位会看本科出身,是一本还是二本?

金：为什么要看本科出身?据说博士招考不靠谱。譬如连硕士生都考不上,就去请教教授,说给我个别辅导嘛。最后与导师关系处好了,导师说给你指一条路吧,既然硕士生考不上,干脆就考我的博士吧,因为博士反而比硕士好考。为什么?硕士生的政治和外语是全国统考,一刀切就把你砍下了,博士招考是学校自己命题的。所以曾出现过这样的怪现象:本科考不上,研究生考取了;硕士生未考取,却考上博士生了。学界也有人就此认为:博士不如硕士,硕士不如本科。因为名牌大学本科生中,一流人才往往出国留学了,二流人才毕业后经商挣钱去了,剩下的三流人才就读博了,人称傻博士。说到"查三代"嘛,看来是从这里衍变出来的。

H：在就业时,招聘单位就会追究学校档次,将毕业生素质与学校挂钩。于是具有二本院校本科经历的学生,求职更难了。另外,制度设计也有问题,为什么考研究生有时反会比考本科生容易呢?

金：是以同等学力应考啊,虽然没有本科学历,要考研究生是可以以本科的同等学力去考的。博士也这样,没有硕士学位也可以考博,也是以同等学力或同等资格去报考。同等资格可以看科研成果和素质。如有相关论文发表于权威的学术期刊,又有两名专家、教授愿意推荐,就有报考资格了。当然他去读博士,导师还要考验的,有的确实不错,也有的是通过特殊关系,属于鱼目混珠的。当然,这事具有复杂性,不可一概而论。一种推荐是不靠谱的,另一种推荐是高质量的。既然社会是复杂的,毕业生的质量也参差不齐,所以衡量标准也不能一刀切。可见,"查三代"也是一个复杂的状态,你不能说它全错,但也不能绝对化。还是要"赛马",要根据实际情况来看。这里实际上也有一个"度"的把握,当然"度"也需要有经验的人来把握,人如果缺乏公心,又怎能真正把握"度"?

H:在毕业生多的情况下,很多单位就不再去把握这个"度"了,就是"一刀切",看你的本科第一学历,不是"985"或"211"就不行。

金:如何给起跑线上的竞争者同等的权利?有时也确实缺少一个"度"。比如某单位要招人,如果只能取一个,候选人有三个,你一看,两个都是清华、北大的,对不起,就只能以貌取人了。先把这两个拿来试用,在实践检验后,再做取舍。但你不是出身名校,连竞争的机会都没有。所以应聘时也要有胆量,要敢于去拼搏,争取进入试用的层面,然后就是看你的真材实料了。因为一年以后,用人单位就不看毕业的学校了,它看的是你自身的实力。但前提是有个同台竞争的机会,不是出自名校,可能连这个机会也被剥夺了。

H:另外,现在大学生毕业找不到工作,跟专业也有很大关系。当时选择专业时,除非有相应社会阅历的人给予指导,否则选择专业都比较盲目,导致与以后专业对口的工作不是自己想干的,或是在专业进修的过程中,兴趣发生了偏移。所以对高中毕业生的专业选择的指导也应该加强。

金:学生专业指导这个问题,实际上是很重要的。如果学生读本科生或者研究生,他越读越不喜欢,那就不行。尽管社会上说这个专业很好,父母说这个专业很挣钱,但一辈子从事的是不喜欢的职业,肯定也是不幸福的。我对学业的指导,重在强调三个维度的统一:一是个人的兴趣,一是社会对该职业的评价,一是职业回报(薪酬)。最好是三者统一,即回报是体面的,既然职业重要嘛,所以回报也就比较高。然后社会的评价是正面的,比如说医生、教师啊,这些行当,社会评价是比较高的,尽管它的职业回报在中国不是很高。所以我们只能取个平衡度。当然你又喜欢这个专业,那就更好了。如果三者不能兼得怎么办?第一权重考虑的是什么?

真要指导的时候,确实也是颇费周折。我当年怎么指导我的女儿?我对她说,医生职业很好,但她要读精算师专业。据说这个职业收入非常高,她要挣钱嘛。但后来她又去选了医学。看到目前中国的医患关系如此紧张,收入又不高,人特别累,我倒是有些恐慌。当年的指导对不对?心中忐忑。我怕父母和老师实际上是好心办坏事。我问女儿,你喜欢做医生吧?她说无所谓,谈不上特别喜欢。我最大的担心就是这一点,高中或大学毕业的时候,还形不成一种特殊的喜欢,就会对职业的选择造成困惑。

我在《东海夜话》里曾说唐老师是个性主义者,他主张选择职业就应该出自本心喜欢。我现在也倾向于这一选择,一个人如果真的喜欢这个职业,哪怕社会不很看重,哪怕收入不是很多,也无所谓,因为一辈子玩得开心,这是最关键的。反之,钱很多,社会也很尊重,但自己感觉不到快乐,这样的职业有什么意思?

当然复杂的情况往往是,既然薪酬高,社会评价也高,又怎么会不高兴呢?兴趣不就是培养出来的吗?大众尊重你,待遇也这么好,你会不喜欢吗?慢慢你就会喜欢这个职业。就好像先结婚后恋爱,还是先恋爱后结婚,或鸡生蛋还是蛋生鸡,这个问题又复杂起来了。所以我想,就业难的问题背后,把握自己的内心也许更难。

M: 目前的"就业难",可能和社会对大学生、研究生的期许也有关系。我们经常看到这类新闻,如北大学生卖猪肉,大学生网上开店等。而之所以成为新闻,反映了社会对这种选择是不认同的。舆论认为,既然接受了高等教育,那么毕业后就应选择一份与其教育程度相当的职业。并非毕业生找不到工作,社会上有各种各样的工作岗位,我也可以去做商场服务员,但这样行吗?既达不到我个人的期许,社会舆论也会对我形成压力。所以就有很多大学生,一旦找不到工作就被人说成是"高不成低不就"。

金: 这是一直存有争议的问题:大学到底给学生什么?学生毕业时,怎样来衡量专业与社会需求的吻合度?比如,你们从事的教育史专业也是如此。教育史专业研究生的专业培养方向是到学校当老师,或做研究。做老师就是教中外教育史的课,做科研就是专门研究教育史。后来发现,按这一要求或标准,学生毕业后万万不可行。不要说其他学校,就是华东师范大学博士生毕业,能够留下来专门研究教育史恐怕也不行。因为 985 高校现在是全球招聘人才,按照国际惯例,通常不留本校毕业生。

以前的老教授,教育史的研究还要分年代呢,你是先秦,我是隋唐,他是明清。然后一辈子井水不犯河水,你的手不要伸得太长,你怎么写的文章介入人家的研究领域?好像有的学者就是一辈子在吃鲁迅或曹雪芹的饭,他钻进去,永远出不来了。现在做学问是乱套了,我这个人是最乱套的,所谓"杂家",不仅是研究教育史啊,古今中外都去涉猎了。只要是跟教育搭界的,无论是幼儿园还是大学,都介入了。美其名曰:研究的是大教育。

现在培养的学生,毕业后教书也好,在专业教育机构从事研究也好,不管具体教什么、研究什么,怎么能说是不务正业呢?你所在的还是教育领域啊。这已经把教育史专业泛化了,如果你再泛化,甚至不从事教育工作了,就能说跟专业不对口吗?也许可以反过来问:不正说明这个专业的厉害,正说明这个学生的厉害,专业和学生的适应性更广、更强?这恰恰是你的成功啊,不是你的失败!我们应该这样去理解,是吧。这样的结果有什么不好呢?

大学教育到底给学生什么?专业是不是要有?可以有。专业是不是需要那么狭隘?也未必。这个问题其实是没有定论的。学术界、教育界,包括专门研究高等教育的学者都在那里纠缠不清,一直在为此争论,说高校到底怎么定位?课程到底如何设置?摇来摆去的,也是拿捏不住。高校教师到底该开什么课程?课时量定多少合适?譬如师范大学教育史课程是被不断地砍少,因为觉得这么多课时有什么用呢?对未来的中小学教师根本没用。砍到现在,中外教育史的课程在相当多的高校教育学系就只有一个学期了,教授稍稍给学生讲点教育史的 ABC,就可以了。这样做,到底对不对?实际上也没好好地探究过。然后,新的实用型课程又不断地增添进来了。

什么叫做大学的专业?受了大学教育以后找工作时,什么叫专业对口?北大学生卖肉,为什么引起争议?是因为北大学生,如果是毕业于中文系的,就应该是作家,至少是进出版社,那才叫务正业;到中学做语文老师,非师范类高校毕业生去教书,也许已不太务正业了,但好歹还能接受。卖肉嘛,确实是接受不了,是吧?但北大校长说,这也很好,这体现了毕业生职业价值选择的多元化,打破了"劳心者治人,劳力者治于人"的传统观。北大学生能够放下北大的身价去卖肉、去创业,这正是北大的成功;而且他卖得很好,创业成功了,就更证明了北大的成功。我们就是要打破陈旧的就业观,这是许智宏校长理直气壮的回应。以前人们是以此嘲笑北大,但北大不以为耻,反以为荣。

也有学生进了北大,高兴地对爸爸妈妈说,将来毕业后,月薪至少八千块,才像个北大毕业生。哪知爸爸勃然大怒:"我们培养你进北大,就是为以后每个月拿八千块吗?你太让我失望了!进了北大,目标是省部级的干部,这才是我对你的要求!"所以又有北大副校长说了,这个社会的价值导向有偏差,父母怎么这样子引导孩子呢?于是这个问题前不久又引起热议。我们还有"进北大:高薪与高管的纠结"这个题目,下次还可以深入议论。今天就这样吧,时间已经到了。

14. 红烧肉的博士论文和挣工分

金:"红烧肉的博士论文和挣工分"是篇调侃性的文章,但我觉得很有意味。作者从文艺批评的视角,认为学院派中当然有优秀的批评家,但为数不少的研究者在从事这样的勾当,即批量生产着批评的"垃圾食品"。当这篇文章在批评"垃圾食品"时,可能在学院派眼里,你的文章才是垃圾。因为彼此的标准不同,所谓"此亦一是非,彼亦一是非"也。学院派的论文基本发表在核心期刊上,按照这位作者的说法,也是"垃圾期刊"了。而学院的学术评价体系,决定了在其中玩的人,必须完成规定的论文数量,才能逐级晋升;硕、博研究生也只有遵循同人的游戏规则,才能拿到学位证书。

此举被圈内人形象地称之为"挣工分"。所以也有人调侃说,现在的教授都是农民工,系主任都是包工头:到年底算一算,有多少工分,然后发点奖金。这些用来"挣工分"的论文,本身有一定的套路,比如有一套严格的规范,符合这个规范才能顺利通行。这类似新八股的"规范",就引诱人以"红烧肉"为研究对象,道出了学士、硕士、博士论文的写作奥秘——序言:历史中猪肉食谱的文献综述、理论意义和现实价值、不足和问题;第一篇(第一章到第三章):猪是怎样养成的;第二篇(第四章到第五章):猪的各个部分的肉质的区分和作用;第三篇(第六章到第七章):马克思理论对红烧肉不同发展阶段的影响和启示;第四篇(第八章到第十章):红烧肉制作的实证研究(变量选取、理论模型和计量分析);结论:红烧肉是不是可以吃,取决于很多复杂的因素。于是,关于红烧肉的皇皇大著(博士论文)就这样写出来了。

其实红烧肉怎样烧制、能不能吃这类问题,是生活中的常识了。在满足一定的约束条件下,红烧肉是不错的营养、美容食品,但操作过程中的细微精深,还需要真学、真懂、真会应用,此谓"烹小鲜若治大国"也。所以有必要参照马克思的剩余价值理论,还需要进行理论创新和政策支持,使红烧肉更好地实现增加营养、避免增肥和促进社会和谐的作用。像这样的文章程式,是研究生要去熟悉的,通过这样的程式训练,加上教授的精心指导,研究生就能成长为学院派批评家。

换言之,博士会写出什么样的批评文章来,大众是可以想见的。批评家最擅长把不痛不痒的话题,说得头头是道:古今中外,旁征博引,文章深藏着丰富的学术含金量。于是,刻意把简单的问题复杂化,把复杂的问题搅得更复杂化或模糊化。比如,"吃饭"不叫"吃饭",学院派的说法是"为了体内各器官运转需要而进行的营养补给……""睡觉"也不叫"睡觉",而应该说成是"人为了恢复肌体疲劳而必须进行的心脏和呼吸不能停止的阶段性休眠……"

作者说,读一些博士论文,你就会明白,学院派的批评为何缺少灵性,缺少真性情,缺少真知灼见,缺少把复杂的问题用清晰明白的文字表达出来的基本能力。那种概念的缠绕、论证的繁复、文字的佶屈聱牙,似乎不在乎向你说明什么,而是要检验你的心理承受能力和保持清醒头脑的持久耐力。这样一种思路和习惯一旦养成,指望他们写出有自己独到艺术感觉的批评文章来,无异于天方夜谭。

这样一篇调侃性的文章,实际上触到了学院派,或者在座诸位研究生的痛处了。研究生最后要走的一个重要程序,就是作一篇毕业论文,而它确实是八股式的,必须符合学院派的游戏规则。你们也许面临着同样的痛苦或困惑,我也在按照八股教条批评你们的毕业论文。今天想听听你们的意见。

Y:如果从规范角度来看,论文确实需要一定的格式和逻辑结构,也就是能让大部分人能看懂的结构。但如果走得太极端,被限制于这个框架之内的话,是不可取的。问题的关键在于,论文成果转化为生产力是很难的,理工科可能还好一些,文科更难。现在学术界的误区就在于没有让人心动的创新成果,虽然出了不少中规中矩的标准化论文,但价值太小,或者说价值就是学者手里的"敲门砖",但敲的是"阿里巴巴"的金钱之门。

L: 之所以有人能概括出这样一个"红烧肉"的论文写作模式,可见目前不少学术论文的雷同性是十分严重的。有时要写一个课程论文,首先会到知网上去检索一下,就会发现关于同一个题材,很多文章其实都是大同小异的,给人的感觉就是互相抄来抄去。现在市面上的一些著作、教材,里面的句子只不过换了个说话,内容大意都差不多。俗语云:"天下文章一大抄,看你会抄不会抄。"这可能与中国"述而不作"的学术传统有关。

但模仿乃至抄袭的思维习惯,对于学术研究的危害是致命的。比论文的"红烧肉"模式更为恶劣的是学术造假。如前不久爆出 2007 年北邮毕业的一名硕士生,把大连理工大学的一篇硕士学位论文,连标题都没有改动,直接拿过来变成自己的硕士学位论文,而且他的导师一直都被蒙在鼓里,直到新闻曝光,现在北邮正在处理这件事;还有北大历史系毕业的某个博士,其博士毕业论文被查出是直接把外国学者的文章翻译成了中文,这个博士至今还在社科院从事历史研究,对这个事件的调查处理也一直未见结果。这样的事件频频发生,是否与中国人不注重创新的思维习惯也有一定关系?一直在这样的风气里,就会不知不觉形成思维定势,想要改变或突破这种思维定势是有一定困难的。

X: 我们可能太急功近利了,都特别浮躁,就是为了发文章而写文章。写课程作业时,都是检索一些别人关于此议题的二手资料,做一些文献的梳理,没有从原始资料入手。平时看的也是一些"劣等"的文章,没有真正静下心来好好读点经典著作,更没有潜下心来进行深入研究。对于文科生来说,想要真正研究出一些有价值的东西,真的是件很难的事情,要经过长时间的沉淀、积累,甘于坐冷板凳。如文科学术型硕士三年毕业,其中一年半的课程,后面的时间又要做毕业论文又要找工作,真正想读点书,研究点有价值的东西,也没有那个时间和心思。

M: 这里涉及的问题是,我们学习究竟是为了什么?如果你真的是为了获得知识,寻求真理,那还比较愉快。但如果只是为了毕业之后找个好工作,那在大学里做文章、看书,也还是比较痛苦。这与评价制度有关,目前的评价制度可能太过功利了,比如,学生想获得奖学金就要发几篇文章,教师评职称则要求发表于核心期刊的论文要达到多少数量。当人们在讨厌这种评价制度的时候,可能也在迎合这种体制。所以给人的感觉是学术已经不成其为本来意义上的学术了,而是功利驱动下的学术。

Y：本科生、硕士生为什么要写论文呢？有学者指出，本科和硕士阶段其实不必写毕业论文，学术论文应该留到博士阶段来写，因为前两个阶段写出的文章确实价值不高，而且很难用一篇论文来概括四年或三年的学习成果。这两个阶段不需要用一个模式化或格式化的论文来考量，只要在三或四年内完成规定的学分就可以了。

M：我觉得本科或硕士论文对社会可能没有什么贡献，也可能没有什么学术价值，但是对个人却意义重大，因为这是对个人的学术训练。写学术型论文时，感觉有些细节上的规定让人很难接受，比如文章结构、字数限制等，有些规定很死板，没有必要。有人就调侃说，拿到一篇毕业论文，什么都不想看，只想看后记，因为它还比较能展现个人的特色。论文的主题内容反而很模式化，有点无话找话、凑字数的感觉。其实最高的学术规范，就是不能抄袭，不必按照八股文般的死板模式来写，而应体现出个人的风格，追求创新。

金：求学目的很重要。为什么要去做论文，先把这点想清楚。要培养大学生、硕士生、博士生的研究能力，就得有一定的载体，学术性论文的训练就是一个载体。学生的学业论文对学术发展的总量而言，未必有创新的贡献，但对其个体来说，是一种有益的训练过程，有自身的价值依据。当然对博士生的要求更高些，需要有学术创新。但对学术规范的界定，还需要推敲。是不是弄很多引注，就是学术规范？有一次某位教授说，这个学生的论文有些像模样了，后面的参考文献有不少页码；有个教授甚至说，他手上有本美国原版著作，参考文献占了五分之一的篇幅。我说曾看过的一本书里，参考文献占了三分之一以上篇幅呢。难道学术规范就是比参考文献篇幅的长短吗？

为什么要列参考文献？是为了说明研究的基础和依据。把与此研究有关联的重要文献列入，也是证明研究结论的可靠性。规范不是索引，索引只是规范的一种表现。如果把索引作为学术规范，则中国人大概是最精于此道的了。清代的朴学，就是无一字无来历，每句话都有出处，都有注解。汉代的太学，讲的是章句之学，博士官为了卖弄学问，变成如《颜氏家训》里所讽刺的，"博士买驴，书券三纸，未见驴字"。为了证明学问大，把简单的事复杂化，就变成荒唐了。

学术规范的关键是守住底线，不能抄袭，这是最低的标准。最高的标准是创新，一篇文章没有新意，还发表它干什么？怎么算是创新？就是解决了问题。没有问题意识，没有将问题聚焦到位，肯定就没有创新了，这样的所谓研究成果就没有什么价值了，或者其价值就只是对个体的一种学术训练。写论文作为一种对论文格式的训练，自然也有它的价值，如果对本科生、硕士生的论文就是这样的一种价值定位,那也是可以的。但是对于博士论文,按照国际通行的说法,应是作者本人研究生涯中的巅峰作品。有些研究者的终身愿望是能拿一个博士学位:将自己一辈子的研究成果总结为论文,取得一个重大突破,申请到一个博士学位。一旦拿到博士学位,这辈子的研究也就画上一个圆满的句号了。所以日本大学里有些白发苍苍的教授,还在孜孜不倦地埋头做博士论文,希望有生之年戴上博士帽。

现今中国的博士学位仅是学术研究的一个起步,而不是一生学问的总结。所以博士生的毕业论文被弄成八股文的模式,作为个人学术训练的敲门砖,借此叩开学术的殿堂。这是否也有自身的价值?比如,最近我太太买了一个新款电饭煲回家,觉得太复杂了,不会操作。我说不是有说明书吗?她说越看说明书越糊涂。也是,新买了照相机或手机,按照说明书,越看越复杂。其实这时候,如果有个会操作的朋友示范一下,你马上就学会了。为什么说明书要弄得那么复杂呢?因为说明书需要字句斟酌,不能引起歧义,所以必须不断地界定,不断地补充说明,搞得说明书就越来越复杂。作为说明书,采用这样的说明方式也是无奈,但是你要真正掌握如何操作,就要把这个佶屈聱牙的八股文式的说明文本,转化为由实践经验支撑的最简单的要素。

有经验的技术工人,让他把经验总结出来,到学术刊物上去发表,他就要把直感的经验抽象成八股的文本,也是不断地界定,不断地补充说明。这就是两种不同的叙述语言。一种是日常经验的语言,一种是学术性的语言,也就是学术圈子里玩的语言。你要学会转换,在转换的过程中,实际上你的思想也在发生变化,你对事物的把握越来越深刻。如果你只会八股文的叙述方法,我让你扔掉八股模式,让你用平白的话说明你的论文主旨,你能不能做到?如果不行,就说明你还没有真正掌握研究对象。

钱学森曾告诫他的学生黄培康院士,一个科学家,如果不能将自己的专业知识给非专业的人讲清楚,并且让他们听明白,就说明自身对这个专业还没有学好。同理,作为教师,如果没有办法用自己独到的语言来表达课本上的知识内容,因而没有达到预设的教学目标,那就不是学生的问题,而是教师自己的问题,说明你对相关知识还未吃透,对课程内容没有贯通,对学生的知识结构及心智状态尚未了解。教师自己还没有真正把握教学对象(知识逻辑和心理逻辑),以其昏昏,如何使人昭昭?教师尚未融会贯通,又如何做到深入浅出?看来,教师也亟需掌握两种语言转化的本领。

一个最差劲的教师,讲述方式是"浅入深出",一个很浅显的道理,玩了很多复杂的文辞。就像红烧肉怎么烧,其实非常简单,但弄了一篇博士论文出来,反而看不懂,不会烧了。好一点的教师是"浅入浅出",用平白的语言讲述朴素的道理;再高一点境界的教师,也许是"深入深出",因为道理真的很复杂,无法用平白的语言表达,只能用一套读者(听众)不太熟悉的学术语言,但是他表达的内容具有创新点;最高境界的教师能做到"深入浅出",他的思想很深刻,但他表达的方式很浅显,一说就懂,把复杂深刻的东西表达得简单浅显。当然,深入浅出这样的最高境界是否存在,我还是存疑的。按照内容和形式是高度吻合的这一哲学观念,真正深入的内容是无法浅出的,深的内容只能配之以深的形式,因为形式和内容无法分离,所以儒家君子之道的路径就是一个"喻"字。可见要玩好两种语言的转化确实不容易。

语言表达方式是浅的,表达的思想内容未必浅;反之,表达方式是深的,思想内容未必是深的。这也是事物的复杂性。要辨识学术论文的高下真伪,也着实不简单。真要是按照《礼记·学记》中说的,一个好的教师能用比方(喻),将最深刻的道理,用最浅显的方式表达出来,这和哲学上的"内容和形式高度统一",又好像不是一回事。所以我也很困惑。

你们现在的问题,我自己当年也苦恼过,至今还在为此纠结。我也强调学术论文必须规范,其中有一条是必须做到的,就是不能抄袭,这是底线。另一条是需要努力去做到的,就是要有自己的想法,论文有创新点。缺了这个灵魂,所谓的学术研究,也就沦为学术垃圾。表面似乎很规范,附了很多参考文献,语句通顺,逻辑严密,但是没有创新的论点,也不行,人家早就说过了,你还说什么?

重复也是违反了学术规范的,对这一条似乎还未引起足够的重视。现在的问题是,学术论文是否都要弄成八股文的形式。有些期刊编辑,一看投稿不是八股的框架和腔调,就不再看文章还有什么创新点了。编辑对学术文章的要求是八股格式,你难免也要去写这类文章。可见,学术人也要学会两套功夫,所谓学院派八股规范式论文,你能写;需要用通俗的语言来阐明研究成果时,你也要会。也就是对老百姓讲话要像老百姓,对知识分子讲话要像知识分子。

中共高级干部在延安时,也有两套语言的功夫:面对大学里奔赴延安的青年知识分子讲话,就像大教授、大知识分子;上了老农的炕头,讲话像种地的农民,很通俗。掌握两种语言是共产党干部当年的本事,在陕北的青年大学生和普通老百姓愿意跟着党干革命,因为大家能听懂你说的话。那"二十八个半"布尔什维克,在苏联学了一大框马列主义,生吞活剥、食洋不化,有什么用？老百姓听不懂,谁愿意跟着你干？

当然,掌握多种语言需要训练,学术语言更要训练。研究生阶段你都不练,这辈子也许就没有机会再练了。就像古代的八股文,是应考士子的敲门砖,用八股文敲开仕途大门后,你就不必去写那种东西了。规范文本的训练,好似戴着镣铐跳舞。再把镣铐甩掉,你想怎么跳就怎么跳了。关键是要练出敏锐的鉴赏力,八股体的文章和非八股体的文章,就好像食物,放在你嘴里,舌头是不会骗你的,你要养成刁的口味,敏锐的品鉴感受力。看过"舌尖上的中国"电视片吗？你们要成为舌尖上的学问家,文章一入你的眼睛,就好像舌头接触食物一般,立马辨出其优劣高下。就怕你不能评鉴,鱼目混珠,你却觉得看上去都差不多嘛,都像模像样：绪论、综述,篇章节目,附有不少参考文献,甚至有原版的外文文献,洋洋洒洒,还发表在权威杂志、核心期刊上,一定是好东西！

请问,你到王府井大酒店内吃东西,吃的肯定是好东西吗？自己的舌头千万莫要长人家嘴里去了。到乡村野店一吃,能品出好滋味；到大酒店一吃,也敢鉴出不好的。舌头已知高下,嘴敢说出来吗？怕人家笑话你：小村野店会烧出好菜吗？五星级的酒店,菜会糟糕吗？也许是自己的舌头烂了吧？这个时候,你有没有底气和勇气大声说：我的舌头不会欺骗我！但你有着一条什么样的舌头？这是关键！所以要不断提炼自身的鉴赏品味。

我太太有时买回来的食品我觉得不太好吃,但是她说,还蛮好吃的。我说,就是因为有你这样的消费者,才培养出了这样的商家：烂货都可以高价卖给你。我能告诉你,为什么6元的苹果和8元的苹果价格本应该是倒过来的,就是这样一点点的区别,你要是把握了,你就厉害了。手一拿捏,就知道苹果的新鲜度怎样,就决定苹果是6元,还是8元。不必亲口品尝,手感目测就可断定品级,消费者能刁到这个程度,方可培养商家的经营素质。五星级还是三星级的水平,逃不过你的火眼金睛。没有这种鉴赏力,什么货品看着都是一样的,商家的产品也不会提升。读者看文章莫辨好坏,期刊上的烂货就会越来越多。学术或者说阅读市场也都是消费者培育的,读者也须承担责任。

说到舌头的刁味,我有一位朋友,长年在深圳商海搏击,也是饭局上的专业品鉴师。有一次他在上海请我吃饭,要了一包中华烟,他吸了一口,就要服务员请老板过来,说,怎么给我假烟？老板说,怎么可能是假烟呢？我们是五星级……朋友说,你不要说了,把烟退回去,你心中明白。老板大气不敢出,老老实实地收回了假烟。又有一次请我吃海鲜,点了几个海蟹,我那时穷,无饭局可赴,吃到这样的菜觉得不错了,他却生气了,叫来老板说,你怎

14. 红烧肉的博士论文和挣工分

么烧的是死蟹？老板说，不可能，刚才服务员拿来给你看过，都是活的。朋友说，给我看的是活的，进厨房就换成死的了，骗不过我的舌头，必须退回，重新弄。后来老板也乖乖地照办了。我很惭愧，觉得还蛮好吃的。可见人的舌头还真的不一样，我自己当年的口味也不刁。

现在让我看文章，还能辨出高下。两篇文章，都发表在所谓的"一级杂志"上，一篇是好文章，一篇是烂货。它怎么上去的？后来我明白了，也有两种情况：一种虽然是烂货，却是特别人士或关系户的大作，主编大人又关照过，不发不行；另一种情形是，文章连编辑、主编都看不懂，看不懂估计就是好文章，所以也发表了。为什么看不懂就是好文章？天书和烂货同样让你看不懂，你怕埋没了天书，结果放出了烂货。作为学术研究成果的把关者，要有鉴赏力，高层次的学术杂志编辑部，通常都会请同行匿名评审，来保证期刊的学术水准。为什么要读经典著作和高端期刊？如果一个人经常在花香丛中，一旦进入臭鱼舖，就感觉臭不可闻；反之，你经常吃烂食物，好东西你也不想吃了，因为养成了烂的口味。

《说苑·杂言》："与善人居，如入兰芷之室，久而不闻其香，则与之化矣。与恶人居，如入鲍鱼之肆，久而不闻其臭，亦与之化矣。"

朝哪个地方"化"？读书人须时时警惕啊！

15. 进北大：高薪与高管的纠结

金：年初两会召开的时候，北京大学的副校长说，有一个家长把孩子送到北大，这个孩子说，考上北大不容易，请爸爸放心，我会好好读书，四年毕业后，至少每月挣薪水8000元。不料爸爸大怒：培养你进北大，竟然如此让我失望，月挣8000元，是农民工的志向，不是北大学子的境界，希望你做个省部级的官员！校长听了这样的话，说让人痛心，认为这种想法违背了北大的办学理念。

M：刚看到这个话题时，在想：高薪和高管，也不是鱼和熊掌，有什么好纠结的呢？因为高薪者即便不全是高管，但现实中的高管往往都是高薪者。北大的那个例子，儿子的心态是读大学也要考虑投资和回报的价值，毕业后工资应该达到一定的期望值；但老爸的期望是要儿子做官，逃不脱"学而优则仕"的传统套路。当今社会，官本位的观念根深蒂固，之前也听我同学讲，他妈妈觉得儿子就业方向是去做官，当官是最好的，你有权力在手，别人不敢欺负你。这就让人思考一个问题：大学给我们的教育是什么？大学的职能是什么？

金：所谓高管，准确一点讲，应该是高官。这里讲的就是父亲希望儿子做官的问题，当然高管也是个官了，可以如此理解。儒家有"学而优则仕"的古训，一个人首先要学会做人，行有余力则可以学文,也就是上学校去求知识。大学处在知识链条的最高层面,如学文又学得很好,这时候你就可以去做官了。还有一种解读是"学有余力",有更多的精力,能学更多的知识,这样的人有超常的能力,就可以去做官。能考入北大清华的学生自然不简单,属于学习优秀或学有余力的人,毕业后要去做官也是自然的推演。

浙江大学一位副校长也有这样调侃的说法:浙大是工科类大学,毕业生中工程师居多,可见浙大培养的学生可以做事,当然不如北大、清华牛:清华出来能做官;北大更牛,学生出来能坐牢。因为北大学生敢为天下先,弄得不好可能去坐牢了。北大学生敢于超越现实社会,有价值理想的追求。这个学生的父亲期望错了吗?他认为,儿子不想当高官,何必去读北大?上海的学生为什么更喜欢清华?你们都知道上海人的胆子特别小。也有上海学生不要进北大,也不愿进清华,因为他既不想做官,也不敢去坐牢,他就留在上海,进入上海交大了。交大也是培养做事的人,毕业后做工程师的,能成为优秀的工程师,高工资就不用发愁了。如果更有点出息,就出国深造,或自己办企业当老板了。这也是一个价值选择的问题。

现在有些中国大学生的价值取向就是两个,一个是当官,另一个是挣钱。不当官不挣钱,谁愿意干这个事?做任何事情,对升官没帮助,你做它干什么?没有经济收入,没有好处,你做它干什么?那当官又为了什么?当官也是为了发财,当官发不了财,你当这个官做什么呢?所以呢,现在当官的阶层存在价值迷茫:一旦当官后发现收入不高,又不敢走腐败的偏门邪道,他就觉得当年选择当官,其实是走错了道。

美国的政治家很清楚,一个人有钱了,他不想玩钱了,就想玩政治。所以政治家在经济上处于高层阶位,政治属于有钱人玩的游戏。当政治家不可能是挣钱的,反而是贴钱的。竞争议员、竞争总统,都须自己掏钱,去争取选民的支持。中国的价值观是反过来的,当官是为了挣钱。那么,我们做学问是为了什么?这个问题同样可以问一问。做学问不是为了发财,那你读清华、北大是为了什么?如果读书不是为了发财,也不是为了升官,那你为什么还要读大学?

其实,读书人也像政治家一样,是有了物质上的安全感,你的学问才可能做得好。如果做学问时想着挣钱,估计你会做得比较痛苦,也做不好学问。真要做学问,首先不要想着去弄钱,就根据自己的兴趣来。因为有钱、无聊,吃饱了饭没事干,所以找点有趣的事情来干干。以休闲的心态,用学问来消遣时光。这样做学问,也许这学问也做好了。

讲到底,学校教育本质上是一种休闲。中国的"庠序之教"也好,西方的"school"也好,都是吃饱了饭没事干,找点事情来干干。为了让生命不无聊、不枯燥,于是学校生活就有了趣味。现在的大学价值观是颠倒的。我有个朋友,也在大学做学问,他说学校就像一个工厂、一个农贸市场,大学教授的价值都是以他的课题标价来衡量的,如国家级的重大课题教授、重点课题教授、一般课题教授,贴个标签,值多少钱就一目了然。由于理工科教授的国家重大攻关课题经费动辄上亿,弄得文科教授都灰溜溜的,也没什么钱。能搞到几千万、上亿的教授,是学校的大腕、大牛。

既然做学问到最后都是用钱来贴标签的话,那还做什么学问呢?就去做生意挣钱好了。何必在学校里弄钱,你弄得过企业家吗?知识经济时代,不妨去玩高科技企业,直接去挣钱,何必赖在学校里,打着学问的招牌,羞羞答答地挣一些不明不白的钱呢?他说现在大学里很多事情真的是很荒唐、很搞笑。

Y:说到高薪高管,其实都是屌丝的愿望。我认识的一个人力资源经理,薪资很高,他说四十岁就打算退休。他有一定的社会地位和经济基础,退休之后除了旅游,就打算接受进一步的教育,再做些投资等,不会再像以前那样从事艰辛的工作,而是从四十岁开始享受生活,开启新的人生。

金:你说他想再接受教育,不就是吃饱了饭没事干,找点事情来干干?四十岁有了财富……

M:他四十岁就退休,还是要有点资本的,恐怕富二代或官二代才有那个资本了。

金:但现在官二代是没有资格自然承继的,富二代倒是有可能的。

M:现在不是经常有报道说,有些官员的儿女在海外有巨额资产吗?

金:那就是由原来的官一代,转化成富二代。就有财富了。

M:不是他自己创造的财富。

Y:成功人士在四十岁之前,就能为自己下半辈子的消费准备好。但他们有没有终极的理想呢?还是实际上更功利,用前四十年的奋斗换后四十年的清闲?

金:我的想法是,我们能不能倒过来思考:前三十年享受休闲,后三十年努力工作?如果前30年是指幼儿园到博士后,你在这个求学阶段就是享受休闲了,也就是吃饱了饭没事干,在校园里寻求有趣味的事来消遣时光。30岁以后,你就去挣钱,但也不要把自己变成挣钱的机器。如果你有经济基础,30岁之后还想在大学继续读书,这当然也是可以的。

其实当代人要保存自我生命的存在，也花不了多少钱，一箪食、一瓢饮就行了。中国特色社会主义制度的优越性，保证你不会被饿死。人都是有自己折腾的毛病，本来吃蔬菜吃得蛮安心的，突然看到邻居在吃鸭子了，心中不平，非得吃鸭子不可，结果把自己给吃出病来了。人最大的毛病，就是你看他，他看你，穷人看富人吃肉，富人看穷人吃菜。等到穷人变成富人，吃肉了，富人却在学穷人返璞归真，吃起菜来了。

中国人学美国，要发展小汽车。现在美国的贵族阶层提倡徒步走，时髦的说法是"新健身方式"。中国的城市特别是大城市的交通，目前几近瘫痪的边缘，中国人这才发现小汽车并非良好的生活方式。居民小区里车都停不下了；很多大学校园也是车满为患，校门都改造成自动收费，弄得校园像停车场。我有一个朋友，他说退休后要远离上海，因为上海连个散步、跑步、呼吸新鲜空气的地方都没有了，他要躲到深山老林里去。但现在深山里还有没有一块净土尚是个问题。人生真是个悖论：穷人吃肉，富人吃菜；穷人开车，富人走路。人为什么要如此自我折腾？不折腾就等于白活一辈子？翻来倒去的，一辈子也差不多了，这就没有白活。折腾过了，从穷人折腾为富人，从富人再折腾回穷人，我就值了。不折腾，等于白活一辈子。这就是人生吗？

你们到大学来求学，要思考这样的问题啊。你为什么想不明白呢？很多时候缘于你身边的人想不明白。一个人的思想往往受身边人的控制，如被你的老师控制，被你的爸爸妈妈控制，被你的亲戚朋友控制。当有亲友说，你越读书越傻了，你就完了。你说，我为什么要变成亲友眼中的傻子呢？我不要傻！于是，你就会按照他们的愿望和期盼，即社会流行的标准塑造自己。这里有个例证：有一个妈妈很开心地送儿子出国留学去了，但没料到，儿子竟然迷上了宗教，后来和一个泰国的女孩谈恋爱。他未来的丈人是企业家，这个女孩扭转了他的价值观，现在他放弃了宗教专业，与太太一起学商业管理。这回爸爸妈妈终于放心了。

为什么儿子在大学里修炼宗教，他妈妈就觉得儿子一辈子完蛋了？就是因为社会流行符号左右着妈妈的思想：孩子这么聪明，怎么最后去当牧师、做和尚了？《红楼梦》里的贾政也很失望，因为唯一的儿子贾宝玉出家了，最后是落得白茫茫大地一片，什么都没有。但这有什么绝望的？出家也是他的选择嘛，他不是为父母活，他要活出自己的价值。

武汉有一个学生，是从武汉一所名牌高中考入北大的，数学学得特好，导师希望他在北大硕博连读。结果他放弃硕博连读，大学毕业后就跑到北京龙泉寺里修行去了，弄得父母非常伤心，母校的老师也非常失望。北大宗教所的所长楼宇烈教授给他打电话，说你太幼稚了，你研究什么宗教？楼教授说自己是宗教研究所的所长，然后给学生说了几点理由，问他是否改变了决定？他说没有，还是要入庙。楼教授说，你对宗教有多少了解？想不到这个学生反问，你怎么知道我对宗教没有什么了解？把个宗教所所长气得话都说不出来。宗教所所长再牛，也无法一个电话使学生心回意转。大学二年级的时候，这个学生的思维兴趣就发生变化了，有自己独特的想法和选择了。

　　北京的龙泉寺中，不少人也是来自名校的"高材僧"：居士工程部负责法师是北航教授、现任监院是清华博士、方丈秘书贤清是清华大学硕博连读的研究生、贤庆法师来自北大哲学系……这也正是坊间将龙泉寺称为"清华北大分校"的原因。当然我不是说北大清华的学生就应该走这条路，我仅是举个例证。其实普通人基本上都是按照社会功利的标准在行事，所以西方有此说法：你最大的敌人不是别人，而是你的亲人。因为敌人越反对你，你越坚持要走这条路；但是亲人反对，你就投降了——妈妈的眼泪一掉，爸爸一生气病了，你就挡不住了：爸爸妈妈，我错了，我一定悔过！老师一生气，你也认错了。这就是问题的复杂性，人最大的力量来自亲人，最大的伤害也可能来自亲人，情感确实是一把双刃剑。

　　按照王阳明的说法，实质上人最大的敌人还不是亲人，而是你自己，自己内心有个敌人，叫"心中贼"。要破除心中贼，就是要找到你内心的欲念。把这个欲"贼"破掉了，你才真的战胜了自己。但如果人没有一点欲望的话，就变成圣人了。欲望是一个驱动力，任何人，大到一个国家的整体组织，都存有驱动力。没有驱动力，人哪来的行动？就好像汽车，没有油，缺乏能量，它就不能运转。还必须有个方向——车要往哪里去？人也是这样，有欲望、有方向，才有前进的动力。然而驱动你前行的目标是什么？杀人放火，损人利己，那是走火入魔；如果目标是做善事，那就很好。人真的一点动能都没有，那就找不到存在的意义了。所以存在主义哲学探讨人生的意义时认为，如果对荒谬的人生彻底绝望，最后必然的结果是选择自杀。

　　Y：不想当将军的士兵不是好士兵。

　　金：这又说到动力了。但是人人都想做将军的军队也不成其为军队了，没有士兵怎么打仗？任何话都有一定的语境，脱离了具体环境将之推到极端，一定走向谬误。不想当将军的士兵不是好士兵,旨在鼓励士兵从将军的视野去观察战役,让自己具备更高的打仗能力。管理智慧的引领,贵在适度,就像学生都有考名牌大学的志向,但不可能人人进入名校一样。人人都要当将军,事实上不可能。一将功成万骨枯,要成就将军,首先得牺牲多少战士啊。这就是我一再说的问题的复杂性。

16. 中国人的"核心竞争力"
——家庭背景还是学识能力

金："核心竞争力"现在是一个流行的概念。1990年,加里·哈默尔与普拉哈拉德合写的论文《公司的核心竞争力》(*The Core Competence of the Corporation*)在《哈佛商业评论》上发表,其中首次提出了"核心竞争力"的概念。1994年,加里·哈默尔与普拉哈拉德合著的《为未来竞争》出版,书中进一步阐述了"核心竞争力"的概念。该理论运用此概念解释了成功企业竞争优势长期存在的原因,从而使核心竞争力的概念被企业界和学术界所接受。

"核心竞争力"的概念被引入中国后,引发了各种各样的解释,成为近年来企业理论研究的热点。按照两位作者最初对"核心竞争力"的界定,其是"组织内部经过整合的知识技术,特别是关于协调多种生产技能和整合不同技术的知识体系",是"组织中的积累性趋势,特别是协调不同的生产技能和有机结合多种技术流派的学识"。其中特别强调学识、协调和结合,强调以学识的拥有程度和能力为前提,以获得竞争优势。核心竞争力现在被运用到很多方面,首先是运用于商业管理。商业管理涉及企业生产的组织,生产组织关联技术及生产的技能,不同的技术和技能需要在组织内部加以整合。它不是内耗的,而是一种互补、平衡、协作的关系,产生一加一大于二的效果。

独特的生产技能再加上高度的协调性,可形成相关企业的比较优势,获得对外竞争的制胜先机。"核心竞争力"本质上是一个商业概念,现在被运用于国家组织。国家与国家的竞争,包括文化的竞争、教育的竞争,都频频使用"核心竞争力"这个概念。

今天这个话题,说的是家庭背景或学识能力与个体核心竞争力的关系。进入当代中国社会这一语境,谈到核心竞争力,联系到学校教育,显然是要探究学识和能力,但为什么又提出家庭背景呢?这个问题是你们先提出的,我觉得蛮好,对当代大学生也是一个比较现实的问题,即未来的竞争到底需要我们做什么准备?你们先来谈谈想法。

L:最初提出这个问题,是看到身边一些朋友,他们没读过名牌大学,甚至没有接受过高等教育,却做着让很多名校毕业生都非常羡慕的既体面又轻松的工作,与上过大学的人比,收入一点也不差,甚至更好。我有时也会困惑,因为从小到大,无论是父母还是老师,给我们灌输的一种理念都是要好好读书,考上一个好大学,毕业后才能够找到一份好工作。但现在看来,事实并非如此。即便你上了个不错的大学,具有硕士、博士学历,找到的工作也许还是不理想,甚至还不如没读过大学的那些人,这样的例子不胜枚举。就我的所见所闻,其实这些获得"制胜先机"的人具有的共同点,就是找工作时家长都帮他们托了关系、走了后门。所以我想,在中国这样一个熟人社会,学识能力是否真的比不上家庭的关系和背景?

之前讨论时也提到,现在一些企事业单位,非常看重学生的学历背景,比方说是985或211大学毕业的,但某些求职者虽非出自名校,只因家庭背景或社会关系很"硬"、很有来历,是不是入门条件对他们来讲就是形同虚设呢?有关人员就会直接为其大开绿灯了?甚至我还怀疑,若干硬性规定是否在专为弱势阶层的孩子找工作时限定条件呢?当然,也不能武断地说,家庭背景好的毕业生拥有的好工作都是走后门得来的,因为这类学生在学识能力上有可能、甚至更有可能比一般家庭的孩子优秀。但这里有一个"起跑线"的问题,即出身于普通家庭的学生,在起跑线上已经输给了出身优裕的孩子,因为后者无论在基因或家庭环境的熏陶上,可能都占有优势。无论中国,还是国外,很多名门望族的世家子弟更容易取得成功。如果他本身学识能力不错,再加上强大的家庭背景,则其在社会上的竞争力优势更加明显。

X:丽丽说的家庭背景是一个方面,找工作的时候它可以打通一些关系,但我认为,好的家庭背景为孩子成长的过程提供了一个更好的发展环境。如果家庭条件好,物质生活比较富足,人脉关系比较广泛,再加上家庭给予的良好教育氛围,这些因素综合起来,对孩子的成长肯定是特别有利的。一个是拥有良好家庭条件的孩子,一个是来自农村贫困家庭的孩子,假设后天努力程度是均等的,其起跑线真的完全不一样。先天的差之毫厘,是否一定导致后天的谬以千里,我不敢妄下断语,但家庭背景好的孩子长大后,他的核心竞争力肯定会更强,这是毋庸置疑的。在这样的竞争态势下,普通阶层特别是贫困家庭的孩子,如果自己再不努力上进的话,那就真的是没有出头之日了。这是一个特别现实的问题,也可能与中国传统文化有关。以前家里只要有人当了高官,就是"一人得道,鸡犬升天",这种裙带关系,在中国是客观存在。

Y:家庭背景好,不能否认能够给个人发展提供比较好的条件吧。当然家庭背景差,并非指那种为非作歹、家风败坏的人家,只是经济条件或人脉关系相对弱一些的家庭,我觉得在这种家庭背景下成长的孩子,以后应该也会有一个很好的发展。不是有"穷人的孩子早当家"的说法嘛,可能他的独立能力、进取之心会更强烈一点。至于托关系,现在社会上确实有很多这样的现象,我在实习过程中也碰到过,这也是现实。托关系嘛,就有可能让人优先进入一个单位,但进去之后,晋升、调动等实际上还需要靠其他因素来决定。

其实大家都有或多或少的关系,关系比关系的话,其效果可能也就中和了,最后未必起什么作用。像现在考驾照,特别地难,因为人特别多,报名时大家都是带着关系的,很多人会去找校长,但在关系层面,你还是要排队的,还是要等。所以我想,中国人的核心竞争力,中国人最重要的比较优势应该在哪里?能真正让一个人走得远的,可能还是学识能力吧,但要走得更远的话,应该是把两者结合起来,既有好的家庭背景又有较强的学识能力。

M:不同的家庭背景给人提供的是一个不同的文化氛围,富有之家也可能出纨绔子弟,贫寒家庭出身的子弟也能成长为英才。如果说中国人的核心竞争力变成家庭背景了,那么这是一种不公正的社会现象,大家都应该去批判它。其实,潜意识里我们还是认同学识能力才是评价一个人的标准,否则的话,大家都认命好了。家庭条件是先天已确定了的,但是我们都不认命,觉得可以凭借自己的能力去获得成功,只是比那些家庭条件优越的人走的路要艰辛一点。

人们常说,是金子总会发光,就是看重个人的能力。正像师兄刚才讲的,关系其实也是相互制约的,大家都有关系,最后就比谁的关系硬。记得前一阵子网上特别流行一句话——"我不是富二代,但是我希望我的儿子是富二代",强调人应该奋发有为,自己要努力成功,给下一代创造一个富足的环境。从现实生活中来看,家庭背景肯定很重要,但真要走得长远,可能还是要靠个人的学识能力。

金:家庭影响力肯定是有的,像美国上层社会,布什家族总统出得多,肯尼迪家族出来的政治家也比较多,家族的经济力量和政治力量都是有关系的。但像奥巴马,他是普通阶层出身,他的家庭背景并不好,父母好像还是离婚的。

M:据说奥巴马还不算是真正的普通家庭出身,只是说在政界里可能不像布什家族那么显耀。其实,要竞选总统的话,对他们自身的资产都是有要求的。

金:但奥巴马竞选总统主要是靠政党,通过民主党等机构帮助他募捐,他自己的家庭和他直系亲属的社会地位肯定是不高的。当然,美国政治是竞选政治,总统竞选必然要动用大量财富,奥巴马自然不属于贫困阶层,但他是依靠党派的力量筹资。奥巴马个人的能力还是要充分肯定的,他口才好,身体更棒,一天要跑几个场子,到处去煽情、去演讲,如身体不好,肯定就坚持不了。所以要当美国总统,第一条,身体要特别健康。竞选的这一年,一路狂奔啊,已证明了这一条。第二条,智商不会太低。四处演讲,解答各类选民的疑惑,让大家信服你,愿意把票投给你,智商低的话,恐怕是不行的。第三条,能力应该相当强,因为要得到党派的拥戴、推选,又要能够筹集到大量的竞选资金。从美国的政治生态可见,家庭背景是有影响的,但个人能力也非常重要。

至于中国呢,家庭影响确实更大。中国社会是人情社会、关系社会、裙带社会,一直以来就是这样。在中国历史上是通过科举,让社会各阶层有垂直方向的流动,让贫寒学子有上升通道的。现在一些名牌大学,像北大清华,统计发现能够进这类名校的农村孩子的比例越来越少了,所以也有相关政策规定,要划出一定的比率,专门投放给中西部农村地区。但新的问题又来了,你特别切下的蛋糕,给了那些地方,真正的寒门子弟未必能够享受。因为名额一到当地,县政府、乡政府之类的官员近水楼台先得月,他们家的孩子凭借特殊的关系,把这些名额给侵占了。

这又产生了新的不公平。所以怎么弄?还需要研究。我想,北大清华这种名牌大学,招学生自有其标准,比如说学术能力标准、特殊才华标准、领袖潜能标准等,这类标准,普通家庭的孩子可能很难具备,而当官的家庭、有钱的家庭、文化层次高的家庭,对其孩子进行学术能力、交际能力的早期培养,也不必到学校或专业机构去,他们在家里早已耳濡目染了。如果还加上遗传因子的话，寒门子弟可能还真的是很难跟这些孩子竞争了。你也不能说这是不公平，因为名牌大学也有它自身的标准。

既然我们讨论的是个人的核心竞争力，那就离不开人的特点问题了。所谓的核心竞争力，其实就是要探讨个人的最大特点是什么。发挥自身的特点，就是应用你的核心竞争力。因为人家不具备你的特点，你在某个方面就比人家强，那你就着力扩展能体现你自身强项的这一领域，把你的特色发挥到极致。我觉得现在的问题是，整个社会舆论有偏差，公众把这个政治家啊、企业家啊、文化人啊，捧得特别高，政府将所有的资源向这些人集中，这实质上是一个价值导向的问题。尽管人们嘴上一直在唱"三百六十行，行行出状元"，事实上，现实的制度安排，往往把社会职业分为三六九等，这是制度的缺陷。政府应致力于打造公平的制度平台，保证各行各业的人才能够冒出来，通过制度层面上的不断完善，让年轻人特别是受过高等教育的学生，可以凭借自身的学识、能力来更好地体现价值。

人的能力是多种多样的，不完全是一个读书的能力，还有其他方面的能力。马云当年的学识能力以及家庭背景，恐怕也不是很理想吧，不然他怎么连续考了三年，才考上个二流大学？杭州师范学院绝对不是一流大学啊。现在马云将他的母校吹成全中国最好的大学，这就是牛人吹牛话了，因为马云现在牛了。他靠什么牛呢？他抓住了这个时代的特点。今天这个时代实际上为各种人才的涌现，提供了相当的可能性，马云就是个例证。你说官二代、富二代，谁没有马云的机会啊？他们要去拉什么风险基金的话，跟当官的或大款的爸爸说说，这类机会多得很。为什么这些官二代、富二代中没有冒出马云来啊？尽管一些官二代、富二代都很牛，哪个能牛过马云啊？

马云是知识时代的英雄。青年大学生要通过马云这样的例证，来反思自己的人生选择。实际上真正的人才确实要有眼光、有胆识、有能力。自身真的具备了实力，你还是可以冒出来的。我觉得不要太悲观，而要孜孜不倦地发展自己的兴趣和特长，把握"竞争力"与"核心"的关系，核心就是你竞争的实力，也是你的所长，更是你的所乐。关键是有没有你自己的核心，有没有你独特的才华，有没有你独到的强项？如没有，那你就没法竞争啊。

说到竞争力，我就想起一位朋友，他家境困难，但他从小喜欢艺术，特别喜欢书法。实际上，穷人家的孩子在艺术的殿堂里，也只能选择书法了。他要喜欢美术就更麻烦，美术花钱更多，颜料啊、宣纸啊、油布啊等等都费钱。画油画、弹钢琴是特别费钱的。学习书法，条件再差，找点旧报纸，拿支毛笔就成了。练书法不怎么花钱，但是光靠自己摸索就会走弯

16. 中国人的"核心竞争力"

路,他要去拜师,拜师嘛也是要付出代价的。他交了进门礼,拜了个师傅,但老师愿不愿意倾心教呢?

身为穷人家的孩子,既没有钱,又别无所长。怎么办?每次开讲之前,他提早一小时,跑到师傅家里扫地、擦桌子,为师傅买米买菜。师娘有什么事了,他也积极代劳。就这么一年做下来,把这个师傅给感动了。师傅说这个孩子太勤快了,太体贴入微了,太懂事了,就是家里穷,实在是没钱,但我还是要帮助他。后来老师尽心竭力辅导他,他的书法艺术进展神速,成为中国书坛著名人物。你说他当年有什么条件?他没有任何条件,或者说是他自己创造了条件。有些富贵人家的子弟同时学书法,条件那么好,也没有成才嘛。他这个穷人家的孩子在书法界别树一帜,倒是出了大名。

所以说到竞争力这个事情呢,也是天无绝人之路了。穷人家的孩子成才还是有可能的,当然难度是大一点。社会背景、经济条件差一点的家庭,孩子大学毕业找工作会困难一点,但关键还是看你在什么地方去竞争。像政治领域,人脉、关系等因素确实有些作用,但中国的政治生态毕竟也在不断向好的方面转化,现任总理李克强也不是出身于高官家庭吧。当然他父亲也是公务员,但官阶未必很高,主要是他在大中小学受到了良好的教育。像胡锦涛、温家宝都出自普通家庭,温家宝的妈妈是小学教师,胡锦涛的家庭也并不显赫,但他们从基层磨练,最终走向高层政坛。像副总理张高丽出身的家庭非常穷困,是广东的渔民,现在官至政治局常委了。可见,也不能说中国人当官一定要有高官父母的背景吧?

H: 核心竞争力肯定还是靠个人,并不是每个成功者的家庭都是显赫的。中国绝大部分家庭都是普通劳动者构成的,没有条件给儿女提供特殊的帮助。个人能力或个人魅力还是更重要的,主要靠个人的努力吧。但人的性格也是从小在家庭的氛围里培养出来的,不管家庭贫穷还是富裕,人的品性主要在家庭中养成,而自身的能力肯定还是靠个人的后天修为。

金: 马克思说环境就是一切社会关系的总和,人每时每刻都身处关系中,个人的能力与社会关系也分不开。学识能力更多是从个体角度而言的,从家庭背景说呢,是提供一个人际氛围。人脉关系对人的发展自然是重要的,无论从政,还是经商,哪怕是做学问,强大的人脉资源当然有助于你的成功。但人脉也是靠个体去经营的。我刚才不是说了一个书法家的例子吗?他求师之初有什么关系?什么关系也没有。他是通过扫地、抹桌子,最后打动了师傅的心,也可以说是贵人相助。这个师傅是他的贵人,愿意去帮助他。相当多的杰出人才主要是靠自己的修为，靠自身拓展了人脉，获得了背景，得来了贵人相助，可谓"天助自助者"。

前人大常委会副委员长王兆国，当年是东北一个普通工厂里的副厂长，仅是一个基层的领导干部。邓小平去视察，发现了他的优越表现和特殊才能，他就逮住机会了，也是贵人相助。再如朱镕基，更没有什么显赫的背景，他是穷人家的孩子，甚至在五七年被打成右派，后来也是自己不断地努力嘛，当然也是有贵人相助，几位老领导都看出他的才华了，当然最大的伯乐是邓小平。朱镕基到上海当市长是有机遇的成分，但他在上海确实做出了很大的实绩，他从市长的岗位上能够连跳数级，最终进入政治局常委，这个当然和邓小平的鼎力举荐是分不开的。那邓小平为什么要极力推举？就是他确实有能力，有大贡献。成功者的社会背景和机遇当然不完全是老天给的，主要是后天的修为、努力，甚至是自身拓展出来的一种背景，自身创造的一种机遇。

核心竞争力也有多种表现，经营管理中经常说到智商和情商，情商是自己经营出来的，智商是自己修炼出来的。从青年学子、大学生或研究生的角度来说，首先要调整好自己的心态，要立定志向，不去依靠家庭背景和社会关系，要靠自己的努力，这才是最重要的。以我女儿为例，我一生做过一件违心的事，就是她小学升初中时，我去当年任职的重点中学求过人，这事最后也没求成。后来呢，也是一位朋友，介绍了离家较近的一所中学。因为我女儿是上海首届的就近入学政策的对象，也不知是祸是福，附近的学校给她选了一下。我一辈子就做了这么一件违心的事，为女儿入学请托他人。

自从初中毕业，我再也未管她，后来她的发展也不错。她十二岁读初中，高中是寄宿学校，十多年在读期，我几乎没有出席过家长会，从来不跟校长或班主任打招呼。到大学、研究生毕业，一直到找工作，我都没有过问。临到求职时，我说你不是官二代，也不是富二代，爸爸也没能耐帮你，现在找工作怎么样？说一点也帮不上忙也未必，我还有些朋友，能不能去说句话？她说算了算了，你自己也忙得很，又能说什么话呢？她也知道我这个老爸是没用的，她在医院，我在高校，分属两个系统。自以为好像还有点能耐，其实能给谁说什么话啊？说了管用不管用？她就说，你不要管我的事情，管你自己的事情。所以我真的没法帮她。结果她也不错嘛，在三甲医院工作，是大学里最好的附属医院之一，她就是靠自己不断地去努力的。按理说，硕士研究生毕业要留三甲医院真的很难，博士也未必能进。当然也有点机缘，又不全是机缘，人的自我努力和机缘是需要合在一起的。我看主要是自己的修炼，机遇也是钟情有所准备的人，从古至今、从中到外，概莫能外。

17. 科学家需要高情商还是低情商

金：最近看了两篇文章，有些意思。一篇是关于"赛先生"（科学）在中国扎根与否的讨论，参与者有江晓原，上海交大的科学史专业的教授，还有饶毅，北京大学生命科学学院的教授。另一篇文章是清华大学施一公的演讲。施一公与饶毅，一个是清华生命科学学院院长，一个曾是北大生命科学学院院长。两个人在第一次申请院士时都没通过，为此饶毅很愤怒，公开声明再也不参加院士评审了。这话一出，他就不可能再成为院士了，自己都不报名了，那怎能参评呢？施一公内敛一点，这个狠话没有说，所以第二次申报院士，他就顺利通过了。作为新晋院士，他给清华大学的中学生夏令营，就是准备考清华的应届高中生们作一个演讲，施一公认为，"八面玲珑的人难做科学家"。

这个话题为什么引起我的兴趣了呢？现在中国流行一个"情商"概念，社会普遍认为要成才、要成功，离不开情商。从小学生到教授都在反复申说：你这个人智商不低，你的情商也要高啊！某学校的原党委书记，在任期届满的告别仪式上，也说类似的话：我自认为智商不低，但我的情商也不太高。估计该书记当年管理学校时，是否也得罪了人啊？看到这样的文章，听到相似的话，也引起我的一些想法。自从美国哈佛大学心理学教授加德纳的多元智力理论来到中国后,情商这个概念更获得了心理学的有力支撑。社会流行的说法是,一个人要获得发展和成功,无论是干部还是普通的学生,除了智商要高,情商更要高。

  对于这类说法,我一直心存困惑。我早就想谈一谈,一直没有找到合适的机会。施一公的演讲没有直接评论情商,他讲的是一个"八面玲珑"的人,其实就是情商特别高的人。说到"八面玲珑",未必是个坏事,企业销售员特别需要具备这种素养,管理者或许也需要八面玲珑。但作为一个科学家、艺术家,太八面玲珑了,那么他是否还可能成为一个好的科学家、好的艺术家?施一公提出了一个值得思考的问题,所以我介绍他的想法,来引起大家的讨论。

  他说:"我们需要培养多种能力,但是否都要多种能力?"他有个学生,没什么其他能力,只有一种能力——固执的能力。固执是缺点,但在某些条件下成为强项。他把这个固执发挥到极致,就可能成为他的特点、亮点、优点。他的固执是什么?他说,我就是要做洋人的老师。由于他的这个固执,最后他在美国大学做教授,真的成了洋人的老师。他说人活着,不要太在乎别人怎么看你,心怀梦想是好事,没有梦想,人类做事恐怕就没有大的出息了。马克思说,走自己的路,让人家去说吧!当然也有人调侃,说是"走人家的路,让自己去说吧"。鲁迅说,世上本无路,走的人多了也就成了路。既然是"自己"的,恐怕就不是"选路"或"走路"的问题,因为面对的不是路,是荆棘丛生、雾霾重重,是鼓起勇气探险,甚至是冒生命危险。走路之前先要探路,这当然更不简单,而创新就是探新路。

  创新是科学家的内在生命,没有创新就没有好想法,就像喝白开水,淡而无味。就如现在的某些学术讨论会,都是你好、我好、大家都好。这种所谓的学术会议何须参加?都是捧场会。如果认真参与,你应该给学术论文挑毛病嘛,结果都变成说好话,这就不是论证会、学术讨论会,成了表扬会、吹捧会。他认为大科学家,包括杨振宁、李政道都是思想非常极端的人,"我感觉到杨、李在大会上讲话好像没有极端"。但施一公认为,他们"只是有时候把自己的想法掩饰起来了"。为什么不让人看出自己的清晰想法?是不是人需要有掩饰的能力,太锋芒毕露也不利于你的独特思想的传播,不太容易让你成功?这又回到情商,又是八面玲珑的纠结了。所以施一公说,"特殊场合下,玲珑还是免不了的,但是你太玲珑,八面玲珑了,恐怕就不是一个优秀的科学家了"。

  施一公其实是在表达科学家如何把握"度"的智慧,在适度内敛与八面玲珑之间划出界限。他表达的重点是,不欣赏一个八面玲珑的人。他强调:"在对未知世界的探索中,真理

17. 科学家需要高情商还是低情商

不会在大多数人手里,永远在少数人手里。所以,人云亦云的人一定是没有脾气的人。"

可见优秀的科学家还是得"有点脾气",艺术家大概也如此。但发脾气就可能得罪人,他的情商还会高吗? 社会的文化氛围,特别欣赏八面玲珑的人,特别推崇左右逢源的人,包括学校评"三好生"。"三好生"某种程度上已异化为"关系生",要顺利地当选为"三好生",先要学会搞关系,处好上下左右、老师学生、校长行政等方方面面的关系,企业的"公关学"早早在学校上演了。科学家从来不是搞关系,科学创新也不是讨论通过,不是遵循民主表决的方式。科学不是计划出来的,搞工程可以计划,可以组织集体攻关,但是自然科学基础研究,不是事先计划出来的,组织集体也无法攻关,因为不知道"关"在何处。

科学如果能够预测,就不是创新。创新永远不可能预测,所以才会引起巨大的变革。施一公的演讲,要表达的是什么主题呢? 他说,"我相信你们可能会同意我这句话",就是"真理在少数人手里"那句,那是他从事二十多年的科学研究以来,内心感触最深的话。其实,最后他说了好几句话,"科学不是计划预测出来的"、"科学不是用民主的方式讨论表决出来的"、"人不能人云亦云,真理不是掌握在多数人的手里"、"要警惕我们的文化特别欣赏八面玲珑,特别欣赏左右逢源"。那么,要成为一个杰出的、有创意的学者,是不是也要警惕,情商不能太高。情商太高,人太玲珑,学问恐怕也不行了。

南朝梁简文帝说:"立身之道与文章异,立身先须谨慎,文章且须放荡。"脂砚斋说:"为人要老实,为文要狡猾。"而为文与为人是否可分开,对这个问题,我也没有想清楚。借着施一公对中学生的讲演,我引出这个话题,听听你们的想法。

H:最初看到这个话题就想,假如去掉"科学家",换成"人",就变成"人需要高情商还是低情商?"那么通常都会选高情商的。

金:你这么一说倒有意思。

H:我们跟别人相处,你是愿意和情商高的人相处,还是和情商低的人相处? 然而老师又在前面加了一个"科学家",这个问题就需要探讨了。那为什么不加"教师"、"医生"或其他? 是因为科学家自身的特殊性,需要特别专注于他的研究领域吗?

金:科学家与一般的职业不一样,与你刚才说到的医生、教师职业有不同标准。艺术家跟科学家可能比较接近,艺术家的个性和行为也有点怪癖,如行为艺术就搞得奇奇怪怪。

H:可能是他们的思维模式不同。科学家、艺术家的思维模式比较怪。比如科学家能想到常人想不到的领域或高度。但就情商来说,它与思维模式并不冲突。

金：恐怕对高情商需要有个界定了。什么是高情商？高情商可能也不是八面玲珑，施一公并非要把这两个概念混为一谈。但它们肯定有些联系，可能有相似点，情商高的人往往近似于八面玲珑。是不是这样？

H：应该说这是不可以逆推的，说高情商的人一般会很好地处理各种关系，并不等于说八面玲珑的人就一定情商高。

金：如此说来，高情商应该是一个上位概念了？这就需要对情商再做界定。说优秀科学家就属于高情商，优秀科学家就应该善于处理协调各种人际关系。所谓的高情商，就是不管他是什么职业，在特定的环境中都能表现得恰到好处、游刃有余。达到这个境界，他就是高情商。科学发展的本质是创新，比如在一个研讨会上，科学家需要阐明自己独特的研究成果时，可能会冒犯权威，可能与流行的科学范式不一致，因而得罪人。但你无须害怕，必须把你自己的想法说出来，因为科学本身并不存在得罪人的问题。科学家不表达自己真实的科研思想和成果，就是对社会、对参与讨论会的科研同仁的不尊重。所以，科学家说真话，就表达了他的高情商；如果揣摩人意，怕得罪人，连真话都不敢说了，反而证明他是低情商。当然，这是对科学家而言的。

如果对一个管理者而言，可能要考虑各种关系，他不能完全地、直白地说。政治家或高级官员如果实话直说，也许政治生涯就完蛋了。在政治生态恶劣的情形下，政治家说实话甚至可能会被人当暗杀对象锁定了。为什么说，政治比较肮脏呢？就是政治家有时不能太诚实了，他有时还要说违心的话。他内心也痛苦，但为了长远的政治利益，这是他当下无奈的选择。

H：这说明情商在不同的领域里，标准是不一样的。

金：表现方式不一样。

Y：平常说到的情商，更多的是指处理人际关系的能力。

金：对，情商主要说的是善于处理人与人的关系。但智商仅仅是处理人与物的关系吗？其实智商与情商又不能完全分开，"智"是儒家"五达德"之一，可见中国式的"智"，主要探究的是人际关系处理的智慧。所以说传统的学校教育，中国人注重德育，而西方人注重智育。说到智育，它偏向于认知科学，注重处理人和物的关系。说到德育，涉及人的意志、情感，与人际关系分不开。但讲到人际关系的处理，不运用智慧也不可能。反之，处理人—物关系，是否就与情无关？可能基本上不动情，或者说少动情，这个大致的区别是存在的。所以中

17. 科学家需要高情商还是低情商

国教育的特点被总结为"做人的教育",做人的教育就是德育嘛,那么中国人的教育就更注重情商了,与传统的西方教育有所不同。反过来,这就是为什么中国的科学技术不像西方那么发达的原因,因为教育取向不同,运思方向也不同,所以说有所长就有所短。

Y:情商与智商的关系,通常是:智商高的人情商也不会很低,但是情商高的人智商不一定很高。

金:"情商高的智商不一定高,智商高的情商应该比较高",这么一个判断,需要用实例来证明。你有多少实例?你又没有做过大样本的调查统计,可能难以令人信服。当然,没有大样本的统计数据,也可以运用典型案例的剖析来说明问题,你有无这方面的案例,接下来说说?

我可以先提供一个,是你刚才推论的反例,就是数学家陈景润。陈景润的智商你不应怀疑,他是中国科学院院士,研究的是"数学上的皇冠"(作家徐迟语)。但陈景润的情商高不高呢? 当然你也可以说陈景润的情商也不低,不然他也当选不了院士。但我看徐迟写的《哥德巴赫猜想》的报告文学,这位鼎鼎大名的数学家连苹果的滋味都不知道,连自己的日常生活都不能搞定。他的生活自理能力相当弱,当年重病缠身,后来他娶的太太是护士嘛,方便照应他的身体,但陈景润还是六十多岁就去世了。他情商算高吗?

Y:我觉得还算高。陈景润把一件事做到极致了,那就是研究数学难题,这也需要情商来控制。

金:那你能不能再举一个例子,来证明你刚才说的"情商高的智商不一定高"?

Y:比如说公司里的管理层,他就不一定是文化水平很高的。

H:但是你用文化水平来衡量他的智商吗? 文化水平和智商不一定是成正比的。

金:而且你举的例证也是不成体例的,我刚才举了一个著名的数学家陈景润,你至少要举一个差不多的著名人物,同类好比。你举个普通老百姓、普通管理层,这似乎缺乏可比性吧。你也可以举几个重要人物,这个情商高、智商不高,那个智商高、情商不高,第三个情商高、智商也高,你至少要举出一组例证。

M:我觉得情商与八面玲珑未必一致的。刚才师姐说,如果把这个问题换成"人是需要高情商还是低情商?"可能大家会选高情商。但实际上你再想一想,对现实生活中那种左右逢源、八面玲珑的人,我们其实都是鄙视的呀!

金:左右逢源好像还不是完全的贬义,八面玲珑明显是贬义了。

M：我们会觉得这种人很圆滑嘛，见人说人话，见鬼说鬼话，对这种人我们是打心眼里瞧不起的吧？我们讨论的"高情商"和"低情商"具体指什么？

金：晓梅这话说得有意思，"见人说人话，见鬼说鬼话"，这是不是说明他智商高啊？他见人能够说鬼话吗？见鬼他说人话也不行啊。他就是要根据具体情形变换话语形态啦，这就是智商高了。那也说明他情商高吗？所以这又是纠缠不清的概念了。当然，说到八面玲珑，似乎是约定俗成了，就是个贬义词。至于你刚才说的"见人说人话，见鬼说鬼话"呢，还要仔细辨析，又不能说他一定是错的。

M：其实可能还是与一些行业的性质有关。比如一个科学家要经常待在实验室里，全神贯注于他的研究对象，他不屑于揣摩交际术，也不可能花很多心思与社会上的人打太多的交道。

金：这点说得对，某些职业如果不是经常涉及人际关系的处理，而且所属的团队规模较大、实力较强的话，他的性格即使有些古怪也没关系。科研团队要求他具有的是创新点。创新点可能就意味着不圆滑、不通达，乃至执拗，这样才会成就他，他的"弱点"反而成为他的强项。但如果你处于管理岗位，比如说做老师、班主任，处理人际关系的智慧（抑或情商），恐怕真的需要把握。情商高就意味着具备协调处理复杂人际关系的智慧和能力，所谓"人情练达是文章"，这文章表现于日常生活中就是长袖善舞、四处通达，甚至八面玲珑、左右逢源，深得人情世故之奥秘。一个科学家不分场合实话实说，一不小心就把人际关系搞紧张了，谁愿意与你合作共事呢？

X：我觉得现在的科学研究与以往个人能单枪匹马闯天下的时代不同，像爱因斯坦、陈景润主要靠个人一己之力，持续不断地努力研究就获得了杰出成果。但现代科学研究和新技术的发展基本上是靠团队来推进的。这种状况在国外是十分常见的，前不久里昂高师专门研究教育游戏的教授就说，他们有一个很强大的团队，里面有二十多个人，有做基础理论研究的教授，有做实证研究的中小学教师，还有专门从事软件开发的技术人员。总之，科研团队合作的趋势是很明显的。

金：施一公的观点跟你讲的有点不一样，他说技术、工程方面的项目需要大规模的集体协作，但自然科学的基础研究可能还是要有爱因斯坦那样的研究范式，未必需要团队。他认为科学创新来自个体的想象，像爱因斯坦那样，保持想法的独特性，奇思妙想，疯子、狂人般不靠谱的灵光乍现，恰恰是科学研究的突破口。

X：但是科学家也属于某个单位，比如中国科学院某某研究所的院士，承担了国家级的"九七三"项目等。当科学家置于具体环境中，他就必须与人打交道。你可以埋头做自己的研究，但身处于一个团队当中的时候，还是要善于合作。即使不必刻意掩饰自己的脾气、个性，但是总不能做得太过分吧？我觉得变通性对科学家而言并不是特别高的要求，科学家不需要修炼得八面玲珑，这样的要求太高了，但置身于科研团队中，言谈举止能够与自己的内心协调，这就可以了。

L：大家讨论情商，把情商和善处人际关系划了等号。其实目前心理学界对情商概念的界定，不仅指处理人际关系的能力，还包括"人在情绪、情感、意志及耐受挫折等方面的品质"。比如一个人的低情商表现为：自我意识差、没有确定的目标、不打算付诸实践、严重依赖他人、处理人际关系能力差、应对焦虑能力差、生活无序、无责任感、爱抱怨等等。上述这些，稍稍检视就不难发现，如果一个人真的情商很低的话，是不可能成为科学家的。比方说情商低的人，自我意识差，而一个杰出的科学家或艺术家，肯定是非常有个性、勇于坚持自己想法的人，他不太可能是一个自我意识差的人，反而是自我意识的强者。再有，科学家为了达成自己的研究目标，在研究过程中一定要有超出常人的毅力，去克服遇到的种种挫折，这些都是情商高的表现。所以情商高不高，并不仅仅局限在处理人际关系这个方面，也不能把它作为唯一标准去衡量科学家的情商。

金：你说到个别性和自我意识，我就在琢磨智商、情商的组词意味和这个概念的最初来历。是否需要考证一下，为什么用"商"去描摹和界定心理学的特定范畴"情"和"智"？我们为什么不说"情数"，要说"情商"？英文 Quotient 实际上就是数字嘛，而"商"的中文字含义包括讨论、买卖、函数等多种指向，情商确切的含义就是情数。之所以要用一个多义的字表达，我看潜意识中蕴含着交易，智也好，情也好，最后都是要用来交换的，所谓"学得文武艺，货与帝王家"。

说到智商，为什么不是用"数"，也要用"商"啊？"商"就是交换、买卖，商品社会什么都要数字化，便于估值，把自身的潜质（智、情、技能、劳动力）都置换出去，来证明你的价值。说你情商高，意味着你广结善缘，乐于把自己推销给众人，获得大家的喜爱和认可，所以情商就是"情品"。说得好听些，是情的品味；说得俗气些，是情的商品。把自己高价且无限地销售出去，于是人人都愿意助你成功了。

文字组成的概念，细细咀嚼也是很有意思的。说到"商"，往往与交换和金钱相关。钱有一元、两元、十元、百元，数字化的钱就易以物化，方便交易。那么"情"能否用数字表达，它的合理性在哪里？

X：智商和情商都是有计算公式的，是心理学家创造出来的概念，就是主张量化。

金：情商（EQ）是简称，汉语表示"情绪智慧"，又称"情绪智力"、"情绪智商"。之所以简称"情商"，除了与"智商"对应外，更为符合知识市场的概念售卖逻辑，可博眼球，易挠人心。情商的英语全称是 Emotional Quotient，为何不译为"情绪函数"或"情数"？现在还有什么"财商"、"文商"，我看要不了多久，意商（意志函数）、美商（审美函数）都会冒出来。而"商"就是数字化，数字与金钱是孪生兄弟，金钱数字就是币值嘛，而币值都是人的创造。所以智商、情商用一个超越一般物品（商品）的价值符号，成为人的标签。于是人类的任何东西，包括人的情感世界，都可以用数（钱）来衡量了，是吧？

但我的问题恰恰是对此提出挑战。刚才谈到情感的独特性，科学家"怪"嘛，艺术家"狂"嘛，艺术和科学的创新就是与众不同，那不一样的"独特"（个性、思想、情意等）是最难物化和量化的，你怎么去物化、量化？独特性是唯一性，唯一性你怎么量化？越是有价值的东西越难量化，越不能用什么商啊、数啊去测量它，"情商"自身是否内含着难以克服的悖论？

H：智商的公式就是心理年龄/实际年龄＝智商。

金：相比"情商"，"智商"稍成熟些，所以智力测量在中小学及心理学界也应用得多些。但为什么不叫智力，不叫智识，也不叫智数，要叫智商？这个概念为什么如此流行，我觉得也可以考证一番。

M："商"是怎么来的？一个数字除以另外一个数字得出来的一个结果。这实际上是一个翻译，数学里叫它为"商"。

金：刚才就是在辨析为什么要用中文的多义字"商"去对人的情感做数学表达，晓梅还可以深入考证，追根溯源。

H：有的概念是直接从西方借过来的，根本就没有什么道理。

金：翻译、借用都要有依据。比如说"科学"这个概念，与中文原本的科学根本是两码事，中文历史上的科学原本是"科举之学"，现代意义上的科学概念是从日本转译而来的，中国的传统说法是"格致"之学。为什么不用格致，用科学？做学问有时就得咬文嚼字，玩概念，比如从最先的翻译及借用来考察当初人们是怎么思考的，又是如何将错就错、约定俗成的,它的内在矛盾和合理边界何在。这样思考也蛮有意思的。

Y:人的智商和情商是否都可以改变呢?如何使它发生变化呢?

M:我觉得是可以改变的,通过大脑的开发可以使你的智商提高。另外你接受教育,从小学到大学,有可能提高你的智商。

H:如果按照智商的计算公式来看,智商是可以提高的,你的心理年龄肯定不会一直停留在某个年龄,如果心理年龄会变化的话,那么除以实际年龄,被除数大了,商肯定也会变大。

金:你肯定的这一点实际上也有争议。在某些领域,年龄的增长就是智慧的提升,但在另外一些领域却未必。像明代的李贽,他为什么提倡"童心说"?他认为人越是成长,心灵越可能偏离他的本真。偏离本真就是人的异化,他如果知道现代心理学术语的话,就会说这反而降低智商(或情商)了。人小时候智商(情商)是好的,即"童心"是好的,长大后变得市侩了,刻意迎合社会,虚与委蛇,反而扭曲了心灵,降低了智商(情商)。还有法国思想家卢梭,认为文明戕害了人性,把人的天真、淳朴的天性破坏了,所以他提倡"自然教育",他的《爱弥儿》所展现的教育理想正是要抗衡人心的堕落。再如杜威的"儿童中心论",掀起了教育界"哥白尼式的革命",颠覆了知识中心、教师中心。对于你刚才的观点,这些恐怕都是经典的反例。所以问题没那么简单。

H:讨论到现在发现,无论说智商还是情商,都需要首先对概念进行界定。心理年龄也如此。你认为什么样的心理年龄偏向成熟?什么样的则反之?

金:研究问题、探讨学问,就是对某种无可置疑的前提条件敢于怀疑,科学创新就是这么来的。人家制定的游戏规则,也不妨问问:他为什么要制定这样的游戏规则?规则本身有无问题?这也属于元研究吧。

Y:现在比较打击人的一句话,就是"你这个人情商比较低"!

金:这样打击人,他实际上没有客观依据,凭什么说你情商比较低啊?你说对不对?但这个说法也有趣。有一次在杭州师范大学出席学术研讨会,我即兴发言时有些动情,参会的同门师兄老廖就说了:"我不知道老金也是性情中人啊!一直以为你是不动声色、超级冷静的人,今天的发言你很动情啊!看来还得重新认识你,因为以前一直觉得你智商很高,但情商不高。"同去参会的老吴说:"什么情商不高啊?他对你冷淡就是情商不高吗?他对我很好,我认为他情商很高啊!"于是哄堂大笑。

什么叫情商？我还真没搞明白。智商很高就是不动声色？我这个人最喜欢动声色了，怎么会不动声色?！这个老廖的讲话倒是不靠谱的。我就与他探讨："你情商高吗？情商高怎么测量？"他说话蛮好玩的，可以莫名其妙地断定我智商高？我觉得自己智商不高，情商很高呢。这样随便说说的玩笑话，都是没有依据的。科学结论需要大样本（统计）的支撑，不是想怎么说就怎么说的。包括刚才提到的党委书记为什么说自己情商不高呢？无非是反思管理实践中开罪了几个人，这就变成情商不高了？所以这类说法无须当真。当然，管理者阶层因其工作的性质，也许要圆滑通达一些，有些话也不宜直来直去，毕竟是领导干部，但科学家、艺术家未必也要这样吧？所以这问题看来还真有点复杂。元义啊，是不是也有人说过你情商不高，所以你倍受打击啊？

Y：好像也有过。

金：也有过？其实你根本就不要受他的影响，我认为你情商很高的！什么情商不高？都是口说无凭的。你不要听一句话就当真了。你看获诺奖的屠呦呦，也有人说她智商不低，情商不高，因为这位老太太喜欢直言，易得罪人，难怪评不上院士。但"三无"（无院士桂冠、无洋博士头衔、无世界著名学术刊物发文的名号）科学家登上了诺奖舞台，你还说她戏演得不好？而最近中国最高的国家科技奖竟然与屠呦呦无缘，是否也为"情商"在当今中国科学界的异化增添了一个有力的佐证？

M：现在社会有一些潜规则，如果你不懂这些社会上通行的、大家不明说的规则，好像你这个人就是书呆子，情商比较低。书本上怎么说的，你就怎么信了，说明你人傻。

H：现在社会的价值导向与原来已不太一样了，比如说诚信。我待人真诚，但别人有可能会说，你看这个人很傻。那么究竟谁是高情商呢？有时真诚对人反被嘲笑情商太低，但这样说，其实是不对的。

X：我认为对情商的了解需从概念入手，它最先是美国心理学家创造的，到中国后，好像就变了味道，陷入了"人际关系学"的泥潭。刚才追溯情商的本义，包括人格特质、自我意识等，可见大众对情商的理解真的已经异化了。

L：我们是把情商等同于人情世故了。

X：对，公众日常谈论的情商，可能并不是美国人说的这个概念的真正内涵，普通人的大量误用，足以证明这个概念已陷入曲解。

H：在中国的社会环境中，大家平时用"情商"时，就已经把它窄化了。

金：中国人引进外国的概念，会产生本土化效应，本土化难免是"南橘北枳"吧？越星刚才说，中国人一说情商，就是搞人际关系，说得雅致些，就是善于协调人际关系。实际上，情商还包括韧性、高尚、正直、勇气，比如敢讲真话等，这才是情商高。而常人将之变成圆滑，八面玲珑。这样一个心理学概念，移入中国本土，产生异化了。

美国心理学家提出这个概念与品德有关系。美国社会不流行品德概念，人们喜欢玩个情商概念。这符合美国国情。美国是商业帝国，心理学游戏也要符合大众的口味，就是把做人的道理串到心理概念里。美国人讲的品性就是独立性、尊重他人、肯担责任、有同情心、博爱、宽容等，情商包括这些内容，涵育着珍贵的个性品质。美国人修炼这种情商，就容易成功。可见，智商、情商本质上还是美国社会成功学思潮的副产品。但美国人的这种情商到了中国，可能导致失败啊。

于是情商在中国文化的语境中，变成一个比美国更功利的成功学的利器，异化为赤裸裸的"关系学"。如果一个人名声不那么大，金钱没那么多，用功利的标准来衡量，就说他情商不高，他失败了！这个概念已成一个流行的符号，一个随处可贴的标签，乃至异化为怪胎。然后大家习以为常，不以为耻，反以为荣，把它作为最高的修身原则，说情商比智商更重要。今天看来，亟需正本清源，把这个问题彻底想一想，因为我们是教育工作者。

L：刚才提到，情商还包括抗逆力，对吗？

M：孟宪承书院在华东师大校报发布了一个新生调查——《师范新生抗逆力普查白皮书》。其实现在不少人内心很脆弱，遇到挫折就一蹶不振，有人受不了打击，甚至会选择以极端的方式放弃生命，如自杀等。如何挖掘"情商"的正能量，也是可以思考的。

18. "PISA"上海第六耐人寻味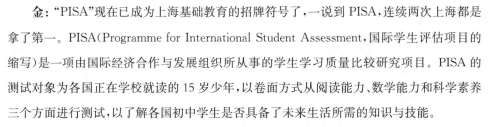

金:"PISA"现在已成为上海基础教育的招牌符号了,一说到PISA,连续两次上海都是拿了第一。PISA(Programme for International Student Assessment,国际学生评估项目的缩写)是一项由国际经济合作与发展组织所从事的学生学习质量比较研究项目。PISA的测试对象为各国正在学校就读的15岁少年,以卷面方式从阅读能力、数学能力和科学素养三个方面进行测试,以了解各国初中学生是否具备了未来生活所需的知识与技能。

这里说的"PISA第六"是怎么回事呢?因为PISA除了计算、阅读和科学这三门核心学科检测之外,还有一个附加项测试,即测验用计算机解决问题的能力。在这个附加的检测里,上海的学生位居第六,第一新加坡,第二韩国,第三日本,中国香港和中国澳门是并列第四,上海是第六。关于这一点,参与PISA测试的上海地区负责人、原上海市教委副主任张民选认为,这显示了上海学生的信息化素养和解决问题能力的提高。好像是说上海学生的表现还不错。第六还不错吗?但相比同时参与测试的44个国家和地区,应该讲上海中学生以现代技术解决实际问题的能力还不算弱,这就颠覆了原来大众心目中中国学生的书呆子形象。

上海学生参加 PISA 检测获第一,证明学业水平高;附加项目检测获第六,说明能力也不弱。信息化时代,利用计算机解决问题的能力是非常重要的,在附加项目的 PISA 检测中,上海得到了第六(不是第一),相关官员的解读是上海学生还比较强,我的解读却是还比较弱。因为之前测试的三科都是第一,这方面是第六,相比之下,用计算机解决问题的能力,可能恰恰是上海学生的短板。虽然在全世界 44 个国家和地区里,位置还比较靠前,但考虑到上海是中国大陆经济最发达的地区,中国是应试教育最严重的国家,上海的 PISA 成绩第一固然可喜,但附加项目的上海第六更值得反思。

PISA 附加测试排在上海前面的还有五个国家或地区的学生,说明这方面是上海(可能更是中国)的短板。有关部门的官员认为,中国学生的强项是做题目,所以 PISA 三科获第一可能还在意料之中,但附加项目测试第六的成绩告诉我们,上海学生解决问题的能力也不差。他们还解释了上海学生信息化素养和解决问题能力提高的背景与近年来上海市推进中小学信息化工程密不可分,与"电子书包"、平板电脑进课堂等新课改的尝试也呈正相关。

当年电子产品进学校引起了一些争议,但现在看来也是好事。我觉得两面解读都是可以的。一方面,可以肯定上海学生运用新技术解决新问题的能力较强;另一方面,上海学生在非传统学业检测上的能力较之前面 5 个国家或地区的学生还显得弱。你们的解读是什么?可以谈谈。

L:由于上海之前两次都拿了 PISA 第一,这次 PISA 附加测试的第六,还是令人不爽。为什么上海的名次滑落了?为什么相关的部门官员对于这个第六名的评价还挺高?可能是人们有一个先入为主的预想,即中国学生在运用计算机的能力、解决问题的实践能力方面相当弱,一旦拿了第六,还觉得比较满足。其实这说明上海学生还有提升的空间,不能因为拿了第六,在参与测试的国家和地区中位置比较靠前就满足了,应该努力提升短板,使学业素养和实践能力彼此更加匹配。现在两者之间还存在一定差距。

金:前面五位是新加坡、韩国、日本、中国香港、中国澳门,其中新加坡、韩国、中国香港在传统所谓"亚洲四小龙"中居三席。这些国家和地区,现在还有上海,都是经济发达区域,其计算机普及率都比较高。美国在计算机方面处于引领的地位,为什么学生的计算机能力也不行?美国的基础教育有两个弱项,学业水平不是很高,计算机能力不是很强。但是不是由此就可推出结论:美国基础教育真的很弱?其实美国中小学生的实践能力是比较强的,美国学校对学生的想象力、创新能力的培养也是比较重视的。同样是国际经合组织,有一个项目是测试学生的想象力,在这个检测中,美国学生的位置就是第一。我们说学业成绩固然是重要的,动手实践能力也是重要的,但最重要的可能是创新思维。

必须看到,动手能力和计算机能力都是完成创意思维的技术和条件,你能提出一个新概念,玩出一个新创意,他人就会开发出配套的软件和硬件,让整个人机系统运转。如果最高的创意地位我们攀登不了,那么在产业链上只能居于下位,分享的产值也不会高。中国学生从基础教育阶段开始,在学业水平方面就占据了较高的位置,不是说这一条不重要,这是我们的优势,但 PISA 附加测试的上海第六告诉我们,恐怕还不能沾沾自喜,认为上海的基础教育就是老大,至少我们还有自身的弱点。美国虽然在近两次的 PISA 测试中没有占据第一,大体处于 10 位以后,基础教育比之美国大学根本不牛,但美国的基础教育也未必真弱,可能是我们的衡量标准有问题。美国基础教育的老师做计算真的不如中国教师神速,他觉得无所谓啊,为什么要算得这么累,上计算机操作就可以了。美国教师特别重视学生想象力的激发、创意思维的培育,中国教师不是不会做,而是不愿做。想象、创意?这玩意儿高考加分吗?

M:我觉得通过 PISA 测试,不仅要看到上海和其他国家、地区的差异,也要看到我们的优势,更应该看到我国其他地区和上海的差距以及上海教育在某些方面的弱点。如北京、上海都是很特殊的城市,一个是政治中心,一个是经济中心,而其他地区所拥有的资源很难和这两个地方比,特别在农村地区的学校,推广计算机的难度很大。这几年的状况可能有所改善,但是资源配置还明显失衡。

金:如果高考改革注重创意和能力,如考核学生运用计算机解决问题的能力,并加大这方面的分数权重,那么农村地区的学生将处于更加弱势的地位,因为大城市的学生,学校和家庭的物质条件都比较好,教师和父母平时就教孩子玩各类电子产品。农村先天的资源就不充足,不仅缺乏设备,更缺少辅导条件,如果高考的天平一倾斜,得益的首先是大城市的学生,苦的是农村孩子。所以一项改革措施推行前要周密论证,兼顾各方利益,不然会引起争议,也难以推行。

当然美国这方面的条件优越,大学更是这样,如斯坦福大学的教学资源极其丰富,仅校园内供学生使用的计算机就有七千多台,几乎人人都可以利用学校的公共计算机资源。地处上海的华东师大恐怕都望尘莫及,上海的名牌大学就是对研究生也无法提供这样的教学条件。地处上海的 985 高校与美国的著名高校不要说科研实力,办学硬件也还存在相当的差距。所以面对 PISA 附加测试的上海第六,我们不仅要看到国际比较中的上海差距,还要看到国内各地区间的差异,特别是非上海、北京地区的学生,他们的计算机能力和综合素养怎样提升,这个问题也需要我们去思考。

M:与计算机在学校普及相关联的是学生的自律能力问题。现在不要说中小学生,即使大学生的自律能力也相当弱。由于大学生来自经济发展水平不同的地区,各自的计算机能力也参差不齐,面对学校给大家提供的丰富资源,未必懂得合理运用。农村来的学生更是有点眼花缭乱、心驰神迷的感觉。而且学生在之前的基础教育阶段中,教师和父母为其安排好了一切。进入了大学后,很多学生发现没人管自己了,于是旷课、逃课现象频发,作业随意应付,考试则靠提前突击。在如此宽松的大学环境下,有些学生不善于自我掌控,沉溺于网络游戏,通宵达旦,不睡觉。即使有好的教学资源摆在面前,不少学生也不知如何利用了。

金:说到大学生的玩乐,这也是人的天性。在计算机和学校教育整合的过程中,如何开发和运用好相关功能特别重要。当前娱乐产业的发展如火如荼,各级学校庞大的计算机系统的娱乐功能如何开发出来为教育教学服务?这是需要思考的一个方向。当"慕课"时代来临,普及化的个人掌上移动智能终端就与"互联的计算机网络"结合起来,从而形成一种大规模的、世界性的信息分享效应。学校如何用相互联系的微课程,采用通关性的游戏方式,来调动学生学习的趣味性?这是计算机娱乐功能空前膨胀的当下,学校必须回应的挑战。

最近华东师大的袁振国教授应美国大城市教育局长联席会议、安生基金会和联合国教科文组织国际教育发展部华盛顿分部邀请,在乔治·华盛顿大学作了《中小学理科教材难度的国际比较研究》的专题演讲。为了落实《国家中长期教育改革和发展规划纲要》"调整教材内容,科学设计课程难度"的要求,科学严肃地回答"中国教材难易程度"这个重大问题,组织者开展了大型课题调研。课题组吸纳了六所部属师范大学的 150 多名学科专家参加,历时三年,分三个层次、六个学科、十个国家,即小学、初中、高中三个层次,数学、物理、化学、生物、地理、科学六个学科和中国、美国、俄罗斯、英国、德国、法国、澳大利亚、新加坡、韩国、日本十个国家,对教材难易程度进行了大规模国际比较研究。

研究发现,10 个国家中,总体上俄罗斯的教材最难,其次是美国、澳大利亚、德国、新加坡,然后是法国、韩国、日本,英国的教材最容易,中国则处在 10 个国家的中间水平。研究还发现,我国目前学生课业负担过重,主要不是由于教材难,而是课外加码和教不得法所致。教材难易程度不宜轻言降低，但教材的结构需要优化，教材的呈现方式需做较大改革。

现在PISA的检测对象是九年义务教育阶段的学生，其中的数学和科学是核心内容。为什么来自课程难度高的国家的学生，PISA检测的结果与难度不一致？中国的课程难度是中等水平，PISA为什么拿了第一？为什么其他课程难度高的国家如俄罗斯、美国，反倒没有突出的学业成绩？是否说明课程的难度与学生的学业水平有相关性，但并非一定成正比的关系？教师如何将课程知识的重点、难点用学生能够接受的方式呈现出来，这大概是课堂教学更关键的问题，也就是说教师的专业素养和能力才是课程改革成功与否的要害所在。

这实际上也与教师两种语言的转化相关。书本上呈现的是学术语言、规范语言，教师应将其转化为学生理解的教学语言，通过转化来提升学生的学习能力、把握知识的能力。课程与能力未必是同步的，并非课程越先进越难，教学质量就越好。起决定作用的因素是，教师如何把握和处理课程，因为教师对国家的统一教材是需要进行二度开发的。就好像演员拿着剧本，经过他的表演所呈现的意境，与纸上的文字不是一码事。为什么国家与国家、地区与地区、学校与学校的教育质量不一样，学生学习的效果不一样，哪怕所使用的教材是一样的？这说明还是人的问题，首先是教师的问题。关键是教师如何转化课程资源，不一样的教师，最后成就了不一样的学生。

美国的高校吸引了全世界众多的学子，现在中国的小留学生也早早跑美国去了。中国妈妈"赴美生子"为何十年翻百倍？我有一个堂侄女到美国去生子，前不久回来请我吃饭，说现在赴美生子很流行，所以逮住机会就去了，再不去的话，可能以后就更难了。作为美国人的妈妈，她似乎感觉很幸福。

其实赴美生子，主要也是为孩子将来的教育着想，为赴美读书抄了近路。况且去美国读博士拿绿卡，恐怕也不容易。一生孩子，就自动入籍美国了。听说国内二胎政策就要出台，但很多年轻人也未必要多生，因为养孩子贵，主要贵在教育上。这么贵的教育，质量还不令人满意，所以这个问题还是值得讨论的。

18. "PISA"上海第六耐人寻味

19. "伪命题"中的"真困境":解剖"起跑线"

金:中国教育总是牵动着父母的心,每个家庭都绕不过去,比如自己的孩子可能已从学校毕业,走上了工作岗位,但是还有孙儿辈。有时候,上一辈比小一辈还揪心:为了心仪的好学校,家长们倾其所有购买学区房,于是"学区房"炒起来了,大城市的房地产热就与此有关。"不要让孩子输在起跑线上"的说法,使多少父母、孩子为之疯狂、为之痛苦,也引起了学校、家庭、社会的种种争议。

家长们开始反思,如果大家都从0岁开始筹谋一生,那么孩子一出生就要想这些问题:户口报在哪里,房子买在哪里,早期教育要关注哪些。再往前追,就要进入"负0期"的教育,也就是胎教了。当然胎教也很复杂,现在很多培训机构来凑这个热闹,大肆宣传亲子教育从胎教开始,妈妈要与肚子里的宝宝学会互动,营造良好的胎教环境。

目前社会上的各种早教机构很多。当然也有人提出"不能输在起跑线上"是伪命题,不符合客观实际,也不符合一般的事例和科学的道理。"人人都不想输在起跑线上,那么谁能够赢在终点?""人有病,天知否?家长有病,天知否?天管不了,我们要自己管自己。千万不要家长有病,孩子吃药。"——这些是目前网络上在争论的话题。早期教育的问题,确实比较复杂，大家都不是傻子，谁愿意让自己的孩子早早去吃苦受累？孩子累，自己也累。要工作，还要花钱、花时间、花心思。那为什么人人都陷入了这种集体无意识而难以自拔？

最近，人民网发布了一篇报道。记者采访了南京教育厅厅长沈健，文章标题是《"不输在起跑线上"是伪命题》。我初看标题，以为沈健要抨击"不要输在起跑线上"这个说法。但看了内容后，发现他传达的意思还是比较周密的。他并不完全认同在学前教育阶段就提出"不要输在人生起跑线"的说法。他的表达比较委婉，也比较谨慎，"不完全认同"，表明还是有些认同。

现在"标题党"盛行，为抓眼球不免断章取义，有时甚至曲解作者的本意。如果你只看文章标题，很可能被引入歧途。由于教育关乎每个孩子的发展、每个家庭的幸福，关系到千家万户，关系到子孙后代，也关系到国家的未来发展和长治久安，所以大家都很关心教育，同时也就有了这样一个比喻，把教育和孩子一辈子的发展比作一次田径比赛，并提出不要输在起跑线上。

沈建认为，"这个比喻是对的，人的一生就像田径比赛，充满着竞争，而且运动员在比赛的各个阶段都有各种不同的表现。但是如果说把一个孩子接受教育，特别是学前教育，就比作不能输在起跑线上，我个人觉得这不一定确切"。他解释说：只有短跑比赛才讲究分秒必争，注重起跑快慢，长跑比赛则不会一开始就奋力冲刺；人生旅程正像一场马拉松，有的人爆发力强，有的人耐力好，要根据受教育者个人特点因材施教。孩子生而不同，每个孩子有自身的特点，同一个孩子在不同方面的发展也有差异，不存在所谓的同一个起跑线的概念。

教育部《3—6岁儿童学习与发展指南》明确指出：每个幼儿在沿着相似进程发展的过程中，各自的发展速度和达到某一水平的时间不完全相同。父母要充分理解和尊重幼儿发展进程中的个别差异，支持和引导他们从原有水平向更高水平发展，按照自身的速度和方式到达发展目标，切忌用一把"尺子"衡量所有幼儿。我觉得这位地方教育官员讲得还是比较全面的，他不是情绪化地抨击，武断地宣称这就是个"伪命题"，而是作了客观分析，拿"马拉松长跑"和"百米短跑"作的比较也相当贴切。你们对这个问题怎么看？

X："不要输在起跑线上"这个说法，从 2010 年后开始广为流行。当年国家颁布了一个要重视学前教育的文件，从事早教行业的机构及相关人员就提出这个特别的营销策略，打出鲜明的广告——"不要让孩子输在起跑线上"，引起社会以及有宝宝的家长都来关注孩子的早期教育。那个时候我读大学二年级,记得当时学前教育就特别热,引得我也对学前教育作了一番探究。从事教育的很多人都开始对早期教育研究产生兴趣,包括我就读的大学里的一些老师,他们纷纷投身早教事业,有的人雄心勃勃地去创业,去开办幼儿园、早教中心等。"起跑线"这个概念可能之前就有,但就在那几年出现得特别频繁。

金: 实际上这也是私营教育机构的一种招生策略,以期获得更大的市场。它打出的广告词相当巧妙,符合中国的重教传统,击中了独生子女一代的父母的心。早教机构投资的起点比较低,到上海来的投资者对其他教育阶段的学校不太敢投资,比如上海义务教育阶段学校的发展比较均衡优质,在这个阶段投资办学压力会比较大。早期教育资源还比较匮乏,又属于非义务教育阶段,所以民办幼儿园的收费标准弹性较大。作为一种商业行为,资本进入幼教市场本来也无可厚非,从商家的角度而言,要争取市场份额,自然就要做广告宣传。

就我们手上拿的手机来说,商家会不断宣传更新的产品,而信息时代你手上拿的手机不及时更新,会给你带来很大的不方便,而且显得你落伍。于是年轻人几乎半年甚至三个月换一部手机。社会风潮莫不如此,只不过一个是在儿女教育的消费上,一个是在电子产品的消费上。教育也是一种消费,面对消费,资本就有扩张的冲动,就希望有更多的消费需求,有更大的投入,取得更大的收益。市场经济席卷下的早期教育自然也不是一块净土。

Y: 对子女进行早期教育在中国有特殊的传统,比如家训、家教、家书等影响深远。不过传统社会的早期教育都是由家庭来完成的,而今这部分教育工作主要由社会机构来承担了。这是因为随着社会的发展,家庭中父母的责任更多地已不是体现在教育子女上,这部分责任更多地交给了社会。"不要输在起跑线上"的说法之所以引起争议,是由于在一个更多地关注以人为本的时代,我们不得不思考学校和家庭所做的一切是不是真正符合学生的需要,这才是争议的关键所在。

我们不能"一刀切"地来看这个问题。有无起跑线,首先取决于孩子的兴趣。最近网上曝出的清华"学神",他是我老家安庆一中的毕业生,大学读书期间的 20 门学科中,1 门 98 分、4 门 99 分,其余都是满分。他作为清华大学年度特等奖获得者,引得网友们纷纷膜拜。其实"学神"就是自身特爱学习,他小时候父母就引导激发他的兴趣,求学路上他感受体悟的不是负担而是欢乐。

金: 你认为早期教育贵在发现儿童的天性和兴趣,为儿童的个性发展创造条件,让孩子喜欢学习,这当然是重要的。"不要输在起跑线上"有着不同的内涵,其一是说从时间的维度上来说越早越好,其二是说早期教育的内涵和质量不能疏忽,如果在这个阶段没有打好基础,就可能输掉整个人生。

其实对前一种看法的争议还相对少一点,孩子的教育在时间上抓得早一点,可以早到胎教,胎教自然也有道理,这就不存在太大的争议。争议最大的是第二种看法,即在早期教育中,怎样的课程设置和教学方法是好的,从而真正不让孩子输在起跑线上。如果经营不当,让孩子受了不当的早期教育,反而会让孩子在起跑线上就输了。就像你刚才说的,孩子的天性本是要朝一个方向发展的,以种子打个比方,你把玉米当作土豆苗,拼命朝另一个方向去按住它,那不是一开始就毁了它吗?

教育如果有规律的话,你首先得研究和了解这个规律。课程的设置、教学的方法怎样和孩子的天性连接起来,这是非常不简单的。所谓的"不要输在起跑线上"体现的是功利色彩,其具体行为是:早早给孩子灌输一些在小学才需要学习的内容;提前学习中考、高考重要的几门学科;一路上高歌猛进,从应考标准化的路径上去设计课程框架,早早给孩子进行"争分"的引导。当然,有些学生可能是没有输在起跑线上,还赢在了"中点",考上了理想的"重点"学校,但"中点"、"重点"不等于"终点"。更多的学生却是在起跑线上,就已经注定输的终点了。因为孩子被糟蹋、被扭曲了,他的个性、兴趣、天赋已经被遮盖了。教育是不能违背天性的,当然教育也贵在转化,但转化首先要顺着人的天性来。

一棵树苗,幼小时,给它拧个向,也容易;等长大了,再去矫正就难。古人说,少年若天性,习惯成自然。所以有人认为,幼小的孩子,不要说天性不天性的,像小树一样硬给它树个桩,把它扶直了,倒也不太痛苦,长起来也快。"不要输在起跑线上"也意味着越是早的时候越容易引导,大起来反倒费劲。比如父母、老师按照社会标准,早早就把孩子矫直了,助他在升学路径上快奔,可能机会就比别人多一点,是不是就有这种预设在里边?

刚才讲到教育厅官员以"长跑"和"短跑"作比较,但实际上也不是一个"长跑"与"短跑"的问题,而是"短跑"加"长跑"的问题。如果能够分开"两个跑",谁那么傻?你以为父母老师都是傻子?如果人生真是一场马拉松,我干嘛那么傻,一开始就狂奔不已?我一定会慢慢地积蓄体力,"咬"住前面五个人,最后两圈发力超越,冲过终点线。短跑的话,0.01秒起步时就要快。这样的道理家长会不懂?你不要觉得父母老师都是傻子。

人生的复杂点就在于:教育是"长跑"和"短跑"的结合点。如果"短跑"落后了,目前的

19. "伪命题"中的"真困境":解剖"起跑线"

教育体制、社会体制可能就决定了一步落后，步步落后。父母也是从自己的人生经历里得到切身的体验，所以自己不敢落后，更怕儿女拉后。由此看来，断定"起跑线"是个伪命题，恐怕也犯了简单化的毛病。早教机构肯定希望扩大市场，希望有更多的人更早地投入早期教育。但我们选择怎样的早期教育，才能让孩子既不输在"起点"，又能胜在"中点"，还能赢在"终点"？

Y：不过人也不能像植物一样，让他向哪个方向发展，就向哪个方向发展。发展跟环境及人与人之间的互动彼此相连，幼小的人还是有自己的想法的。

金：这就说到杜威的进步主义和巴克莱的要素主义了，不同的争议历史上都有过。如卢梭的《爱弥儿》，也谈到如何发展儿童的天性；杜威倡导以学生为中心，他代表的进步主义教育是针对传统教育的。传统教育就是两个中心：课程中心、教师中心。要素主义就是强调教材、教师的重要，二者在历史上像钟摆一样，摇来摆去，此起彼伏，争议不休。华东师大刘佛年校长说，真理往往在二者之间，这也是孔夫子最重要的方法论，执两用中，是谓"扣两端"。看来我们还得在巴格莱的要素主义和杜威的进步主义之间把握合理的"度"。这样一说，什么话都别说了，因为它肯定是正确的，是普遍的道理。但落到具体的情景，比如说你的孩子现在0岁，你怎么办？这就是个现实问题了。

我自己也经历过类似的事。女儿当年读幼儿园，还真没什么"输在起跑线上"的说法。幼儿园就在家附近，我也根本没有从0岁抓。我自己也觉得愧对女儿。因为太忙，管不了，就让她妈妈管。你现在问，如果早期教育阶段，我多关心一些，女儿是不是会发展得更好一些？但这是没法验证的了，"开弓没有回头箭"，只有这一个孩子，不可能说再来一遍试试。所以这样设问也是伪问题，因为历史是无法假设的。

有人说中国近代化进程中，如果当年不废除科举制会更好一点，还说清朝末年宪政改革成功，像英国一样实行温和的君主立宪会更好些。但这种假设都是无意义的，你不可能把历史倒回去重来一遍验证比较。社会历史不是物理、化学，放在实验室做试验，你搞一个，他搞一个，把两个试验结果互相比较。现在也有的人说"文革"好，喜欢回忆留恋那个特殊的年代，这也不能当真，这属于心理在某种刺激下的虚幻效应，就和普希金说的"再痛苦的日子一进入回忆就变成甜蜜"是一个道理。

中国地方这么大，不妨划个地方，喜欢"文革"的人就到那个地方去实验，然后比一比，试一试，行不？实际上这也是不可能的。你说哪个地方愿意接受实验？哪些人会自愿过去？这是乌托邦的想法，是开玩笑。人类社会有千丝万缕的联系，是不可分割的，不是自然科学实验室的标准实验，可以设定实验条件，隔绝一切干扰因素，这不可能。教育实验充其量是准实验研究，"不输在起跑线上"也是无法实验的预期假设，或者说是父母对儿女有所交代的心理安慰。

  这里的问题是很复杂的，还牵涉到自己的女儿。所以我也讲不清楚。她的幼儿园、小学都是就近入学，当年择校问题似乎还没有像今天这么严重。到升初中时，我还是稀里糊涂。我女儿那一届，刚好是上海取消小学入初中考试，改为就近入学的第一年。我想取消考试就取消吧，也不是女儿一人这样，咱就按照政策吧。结果就近一划，她就分到靠家门口的初级中学去了。有一天在路上碰到小学的校长，问我："你女儿准备上哪所中学啊？"我说："您不是明知故问吗？这不是政策规定的，该到哪里是哪里嘛！"他问："这个女儿是不是你生的？"我说："您这是什么话嘛！"他说："看来不是你亲生的啊？"我说："我就一个女儿，怎么不是亲生的！"他说："你这个爸爸怎么做的啊？你怎么这么不关心你女儿？"我说："我怎么不关心我女儿了？这个政策就是这样。"他说："哎哟，金老师，你这个大学教授……你不要把女儿毁了。入这个中学，那就一辈子完了，你这么好的女儿……"

  被他这么一说，我额头还真冒了点汗。回家与太太说了这事。她说我讲你啊，就不像个研究教育的大学老师，自己的女儿都不关心，邻居的孩子已到上海世界外国语中学去了。我马上打电话给校领导，我说你为什么不通知相关信息？他说这不能通知，这是中学在校门口贴了广告，民办学校可以自主招生，谁愿意去谁去报名，你自己为什么不关心啊？于是我赶快联系世外中学，回应说招生已经结束了。我一下子失去了方向，太太也怨，要我想办法。

  我能有什么办法呢，我想假如真像校长讲的，由于我的疏忽，女儿毁掉了，那我在家里就变成罪人了，一辈子抬不起头。其实身在教育界，办法总还是有的。我就打电话联系当年自己就职过的七宝中学领导，我说，我这人一辈子不求人的，今天委屈自己求你一次了。他说，金老师什么事，尽管讲。我就说了这件事。他说，金老师，你怎么到现在才来，意思也是太晚了。我说，"校长，事情已是如此了，你就看在我的面子上帮个忙吧"。他说，"最好你自己来一下"。

  与校长面谈后，就知道这个事情还真复杂了。谈来谈去，最后说道："既然真想进来，那你去找个企业家，让他划几万块钱过来。"我说："我又不是开厂的，哪里去找企业家？"他说：

"你这是择校啊,不收钱怎么弄?"我想,这还要出钱啊,我这张脸还是不值钱的啊?但不好意思讲这个话。自料在教育界虽不算有头有脸,也算个过得去的人吧,自己女儿,又不是什么三亲六友托事,你还真让我出钱?我对校长说,虽在大学谋职,也是穷书生啊,一下子还出不了这些钱。他说:"金老师,那就是你不懂规矩了。像你,这么有本事的人,随便找个企业家划个五万块钱,这个事不就解决了?"我说:"老兄,你说得这么轻巧,好像厂就是我开的,什么划五万块钱,哪有这么容易呢?"

这样一弄,我也生气了,心想我这个人也是要脸的,本来一辈子不求人,今天是为女儿求你一次,你还要我出钱,那就算了,说明跟你没缘分。我一想,就不找他了,找了另外一所学校的校长。他说,金老师,你女儿嘛,这不是什么难事。我一听,心中石头就落了地。等真要进去的时候呢,打电话时发现校长都失联了。这个时候,通知书也没有,校长也找不到,我硬着头皮到学校去。

主持事务的副校长说,哦,你是金老师,校长关照过了。然后又说,你把材料拿来,我给你办手续。我问,什么材料?他说,你女儿的档案学籍等材料啊?我说,这个材料不在学校里吗?他说,金老师,你这个人怎么搞的,人家材料都送过来了。我以为你是有办法的人,所以也就没找你说这事。我问,人家是怎么办成的?他说,人家嘛,如果自己没办法取材料,就付五千块钱,学校帮他把材料搞出来。我说,好,那我付五千块钱,事情既然都这样了。他说,对不起,现在你给我五万块也办不成。我说,怎么又变成这种情况?他说,事情已经过去了,没法办了。我说,你们就开我玩笑是不是?怎么弄成这样?我就火了,校长找不到,副校长又不跟我及时沟通。现在让我交学籍材料,钱也不收,材料也弄不出,这不是成心跟我过不去吗?他说,金老师,你不要发火,这确实是我们疏忽了。但是我们本来对你是放心的,觉得你没有问题,哪知道,你也拿不出材料呢。

我这个书呆子啊!想来想去,没办法,又到教育局去了。天下真无绝人之路,刚到机构门口,迎面碰到个人说,金老师好!我不认识他,他认识我。他说,金老师,你到这里来,有什么事啊?我说你的脸有些熟,他说是我的学生。我教过的学生太多了,如果上过一次课就是我的学生,那恐怕全国加起来有十多万了。他也是在某个培训班听过我的课。我说,你在这里干什么?心想也是为孩子来拿材料了。他说,我就在这个地方上班啊。我说,你什么工作?他自我介绍说是什么部门的科长还是主任。我把这件事一说,他说,金老师,巧了,刚好我在管这事呢。我说,就是你管啊?那我女儿的学籍材料能拿吗?他说,你等我两分钟。片刻时间,他就把材料送到了我的手上。真是踏破铁鞋无觅处,得来全不费功夫。把这个材料交到中学,我女儿就去读书了。

你说这个事,如果拿不到材料进不了学校,家里还不知要闹成啥样了。所以有时候,道理上讲讲没事,但真要自己碰上了,也是焦头烂额。我的同事也是研究教育的,说不行,坚决不这样弄。回到家里也没办法,还得这样弄,不然"太太关"过不了。所以这事真的很难弄,因为现在就一个孩子。

我自己的经历也说明,这个问题比较复杂。"不要输在起跑线上"也许是个"伪命题",却如实地道出了我们生存的"真困境"。它的复杂性在于:它既是短跑,又是长跑;长跑就不是输在起跑线上,短跑肯定是输在起跑线上;当教育实际上是一个长跑加短跑的混合跑时,问题就比较复杂了。父母和老师那种无奈的应对方式,既有合理性又有偏颇性。面对这个复杂性,更好的解题方法是什么?像医生,看出你的毛病了,如果毛病是综合性的,那么治病的切入点是什么?治病需要综合调理,更要重点突破。那么学校教育综合调理的原则是什么?教学重点突破的方法是什么?管理体制上的症结又是什么?

如果大家的心态放平,家庭成员首先达成共识,不能择校又有什么好怕的?天还会塌下来,人还会饿死吗?能择校又如何,真能保证孩子成功,一辈子荣华富贵吗?本身就是无法验证的。你说到底哪个好,择校还是不择校,这事真的没有定论。我现在提倡后设评价、长时段评价。如果教育改革要"抓牛鼻子",长时段评价就是"牛鼻子",出水才看两腿泥,六十年后见分晓。等一辈子差不多了,回头一看,一生当中那一步走对了,那所学校、那位老师、那门课程,真的对自己一生的发展功德无量!这才叫盖棺论定。

爱因斯坦说,最好的教育就是,你离开学校,把学校教的知识都忘得差不多了,但还有东西留在身上一辈子起作用。我想,教育事业百年树人的意义,可能还是需要时间的检验吧。

L: 关于"起跑线",刚才我们都是从教育方面来讨论的。但还有一个非常重要的起点,就是人的家庭出身、先天条件本来就不同,这就意味着"起跑线"是不可能相同的。

金: 这话讲得好!基于这个观点,"不输在起跑线上"倒真是个伪命题了。哪有什么起跑线?或者说个人的起跑线,出生时就已经划定了。家庭背景的不同,或者遗传基因有点不一样,这个你如何去改变?你如何谈论输不输?如此看来,倒真是一个伪命题了。说到命运,赢输已注定,我们只能去改变一点起跑线上的因子。你这话倒是说出了尚未挖掘的新东西。

所以也不必过于担心。人类发展本身就是一个日积月累、物竞天择、造化弄人的过程。先天的底子已经注定,我们不能说这个一定好,那个一定坏。上帝没有预设谁好谁坏,佛学讲究众生平等,儒家信奉人皆可以为舜尧。老天造人,本来就千奇百怪,寸有所长,尺有所短。你就认命!这个"认命",不是说我是低贱的,我只能如此,而是"认识自己的特点"。老天从来没有分黄金和垃圾,这都是人分出来的。就像有人说的,垃圾放对地方,也是宝贝。关键是要有慧眼,识人识己。教育制度、社会制度的安排怎样逐渐完善,才能让每个人展露特色、生活得有价值?

L:每个人的"起跑线"天生确实是有差异的,比如郎朗的成才:他爸爸为了把儿子培养成钢琴家,花了很多心血,甚至把工作也辞了,用非常严苛的方式逼郎朗走上学琴路。但是郎朗若本就没有音乐天赋,不管你怎么逼,都没用,可能精神会崩溃,甚至造成难以想象的悲剧。

金:这个例证举得好!出了一个成功的郎朗,但可能有千百个"郎朗"已倒下了,因为失败的案例是不会流传的,人们也不愿意讲述。郎朗确实奋斗出来了,但有很多像郎朗一样拼命努力的人,最终还是失败了。失败了就没人讲了,失败者的伤心事自己也不愿提了,谁又会乐于宣传失败者的故事呢?人们津津乐道的是成功者的故事:小时的调皮成了天才的表征,当年的苛待成了必经的磨砺,所有成长的细节都成雅话,一切痛苦的遭遇都化为回忆的甜蜜。

于是郎朗小的时候,爸爸抱着他,就看出了儿子的天赋,爸爸就很惊奇,说真是个天才!当年郎朗也不想弹琴,父亲是砸锅卖铁,倾家荡产,工作辞掉了,房子卖掉了,说是只许成功不能失败。所以儿子一旦不认真练琴,父亲就怒气冲天。有一次把他抓到高楼的窗前,说你既然不想弹,算了,我们父子俩一起跳下去吧。这把郎朗吓得要死,说爸爸你不要跳,我一定好好弹琴。郎朗可能真的有些特殊性,也能抗得住压力,所以他成功了。

但读了朗朗父子的故事,你就想学,这说不定正是误人子弟呢。

M:提到郎朗,我觉得,学艺真的那么苦,那么如何去衡量他的"成功"呢?不顾孩子的天性,家长逼他去学,大家共谋"成功",即使功成名就,与音乐表达的精神也是不符的。就如运动员争夺金牌,忽略了运动本身的乐趣,只是为国争光,或异化为拿金牌、承受巨大的压力,名利双收之后一定会快乐吗?

金：你这话让我想到傅聪了。他小时候也确实表现出艺术天分，傅雷就着力培养他，当然培养的过程是很痛苦的，儿子被父亲的鸡毛掸子经常打得手背红肿。所以儿子对父亲有些怨恨，对妈妈充满感恩。到傅聪自己年老的时候，他对父亲的感情还是五味杂陈。他知道父亲严格的要求渗透着特殊的爱，但以他当时的年龄他还体会不深，他感受到的是痛苦。如果没有妈妈的爱抚，他真的要崩溃了。

傅聪的弟弟傅敏呢，傅雷倒是不去刻意栽培了，原因可能是前面这个孩子的教育已经够他受了，第二个孩子就随他去吧。所以一个家庭真正有能力支持的，也就是一个孩子。傅聪晚年写文章回忆，说他弟弟的手是纤长的，更灵敏，更适合弹钢琴，为什么爸爸不去培养弟弟，而要去培养他呢？因为傅聪是第一个孩子，父母把全部钟爱都给了这个大儿子，就没有多少余力分给小儿子了，显然这也是不公平的。

小儿子傅敏后来做了普通的中学外语教师。傅雷是文化人、翻译家，但在家庭教育特别是儿子早期的艺术教育上未必懂行，只是凭满腔热忱和对儿子的早慧和艺术天赋的无限期待，竭尽全力去逼儿子奋发有为。傅聪的成才，也可以说是傅雷打出来的。爱之深，责之切，打儿子也是为他好。就如晓梅刚才质疑的，这样的教育价值对不对？郎朗现在成功了又怎样？即使拿了金牌又怎样？举国体制，或举家体制，价值目标的导向就是不惜一切代价，一定要成才，一定要成功，要拿世界性的荣誉，为国争光，为父母争光，这样的价值导向与现代教育价值观是相悖的。

我们不妨做些案例研究，看看大音乐家、大科学家是怎么培养出来的？是被父母严格要求打出来的，还是电光石火般自己冒出来的？还是兴味盎然，痴迷其中，不觉得苦累，终成大才？多做些案例的比较分析，可能更有说服力。就像美国大学，体育尖子也不少，不是老师或父母打出来、骂出来的，也不是举国体制培养出来的，都是玩出来的。怎么玩出来的？当然第一个条件是有闲，一个人没有闲功夫怎么有时间玩呢？一天到晚做功课，一天到晚打工，他肯定没有闲工夫，所以有闲就是有时间去玩。第二个条件是有钱，要玩艺术，要请钢琴老师，要买钢琴，你总得有些钱吧？有闲人也是有钱人，因为一天到晚为生存打工的人是没闲没钱的。

国民有闲有钱，这就是个富裕国家。富贵人家，有钱的有闲人找各种事情消遣，让自己的生命不无聊，艺术、体育，包括科学，自然就会蓬勃发展。你现在既没钱又没闲，又拼命要孩子弄这弄那，有什么意思呢？国家也累，家庭也累，个人也苦。我们就悠着点，等国富民强了,各得其所了,钱也多了,闲工夫也多了,大家都去玩玩。十三亿人都去玩玩,那中国人玩出来的东西就多了去了。所以不用太担心、太用力、太着急。随着经济的发展,心态的调整,这个问题会慢慢化解。

M:孩子最初觉得做某个事情是有趣的,比如弹钢琴,他觉得有趣,但做着做着呢,肯定会觉得累,想放弃。毕竟做成任何一件事都是要付出代价的。这时候家长可能会督促他,就会比较严厉,这当然也是为孩子好。从这方面看,我倒又觉得这也不是一个特别严重的问题了。

现在很多家长送小孩去上各类辅导班,也未必有"绝对不能输在起跑线"之类的想法。父母的想法也许与自身的经验有关,像我们小时候,毕竟家庭条件有限,能上学就不错了。现在家长们觉得自己有能力了,就给孩子提供更多的机会,让他们接触更广泛的世界,然后再由他自己来选择。这种情况下,家长的所作所为也无可厚非。当然也有部分家长会把自己未完成的梦强加在孩子身上,这样就适得其反了。

L:对,为什么家长让孩子学的都是艺术等高雅的东西,怎么就没有哪个家长让孩子学学种地呢?家长自己当年未了的心愿在哪里,就希望孩子朝这方面发展。

M:这和个人的价值观有关吧。有的人就觉得学艺术才是比较高雅的,下乡种地就是……怎么说呢?以前农村家长教育孩子的话经常是——"你不好好学习,就回家种地去!"

金:种地比较累。

Y:如果从生理遗传的角度来看,这事有一定的根据,让孩子去完成父亲、母亲的理想,也是人之常情。华东师大校园里有一条标语,是说爸爸妈妈、爷爷奶奶,包括自己都是师大的学生,即"三代人钟情的学校"——当然这也是广告语。

M:家庭对孩子的影响很大。之前有毕业生与校长合影时,说当初选择华东师大的理由就是因为自己的爸爸、妈妈,乃至爷爷、奶奶都是华东师大毕业的,对学校有感情。但我觉得今天的选择是否符合孩子天性真的很难说。现在教育界推崇天性、注重个性,那天性又是什么呢?比如说我,从小没有弹过钢琴,那是家庭条件不允许,但你怎能判定我没有音乐细胞呢?假如我小时候玩了钢琴,说不定也成个钢琴家了。所以我觉得现在很多父母无非是希望为子女成长尽量提供最好的条件,当然前提是他供得起。

Y:家庭的文化氛围很重要。如果家里所有人都会弹钢琴,孩子出生后,在耳濡目染的环境下,他音乐方面的特性肯定更鲜明。

M:对的。父母首先要给孩子做表率,不能让孩子去练琴,自己却在一边看电视、打麻将。你要让孩子做好一件事,首先要为孩子做好表率。

金:刚才说的"三代钟情一校"仅是一种维度。另外一种是不想让儿女走自己走过的路,比如已经考上华东师大,也知道师大怎么样,所以希望孩子考北京师大或其他高校,让自己生命的延续有更丰富的精神向度。这也是正常的想法。像我,对教师职业价值是高度认可的,如果影响我的女儿,让她考师大,毕业后做教师,应该没有问题。但我引导她选择了医学专业。我觉得人生可以丰富一点。爸爸已在教育界了,女儿可以到医务界领略不同的风光,这也是一种多元取向的价值观。

美国心理学家马斯洛提出的"需要层次理论"认为,人的需要可以归纳为五大类,即生理、安全、社交、尊重和自我实现等需要。最低的价值需求是谋生,最高的价值追求是自我实现。人自我实现不了,就希望儿女实现。比如我想做老师,自己做不成,就希望我的儿女将来做老师,这也是一种间接实现。

美国的政治家亚当斯曾说,祖父一代为什么要去搞政治、军事?是为了儿子一代去玩哲学、数学,更是为了孙子一代去玩艺术。可见艺术在人类精神发展的链条上处于较高的层次。就像蔡元培说的,美育实际上是教育最难、最高的层次,所以德智体美,把美放在最后,就因为它是最难最高的。人的精神世界的最高的发展就是达到审美的境界。你们刚才说到郎朗,这种艺术的梦想为什么对年轻人,对普通家庭都有这么大的吸引力?这恐怕自有道理。

那么父母希望儿女不要输在起跑线上,圆他们不能实现的梦,也有合理性。个体的生命有限,儿女就是让我们的有限生命无限延长,无限延长不仅是指肉体生命的延长,更是精神生命的灿烂辉煌。精神的辉煌实际上就是一种梦想,希望通过后代生命的延续,来实现之前未能实现的梦,我觉得也无可非议。问题是你假如用棍棒的方式、威逼的方式让儿女必须这样做,这就不可取了。反之,你用循循善诱、多方诱导的方式,在符合天性、尊重选择的基础上,陪伴孩子共同成长,分享成长的快乐,就能突破"起跑线"的迷障,这也是我们探讨这个问题的意义。

20. 教育的"军备竞赛"还得由教育来解决

金：三年一次的 PISA 测试，全球大约有 51 万名 15 岁中学生参加测验，评估内容分为数学、科学和阅读三项，这也成了衡量某个国家或地区教育文化发展的一种指标。近期美国《华尔街邮报》发表的文章是《亚洲学生继续胜过美国学生》，这个题目抓人眼球。媒体大肆渲染的言论会煽动国民情绪，影响国家的发展战略，进而产生强大的驱动力，就好像当年苏美的太空竞争直接影响了美国的教育政策和学校课改。

20 世纪五六十年代，苏联在核技术和卫星技术方面发展迅速，相继试爆原子弹成功，还拥有氢弹。1957 年 10 月，苏联成功发射了世界上第一颗人造地球卫星———"斯普特尼克"一号，11 月，又成功发射了"斯普特尼克"二号；12 月，美国发射的一颗小卫星却没有成功。这表明美国核武器的垄断已被打破，且在空间技术领域的竞争中又败给了苏联。当时担任美国参议员的林登·约翰逊称此为"第二次珍珠港事件"，美国朝野也为之震惊，认为太空技术落后的原因是美国学校教育水平落后，指责学校教育是美国整个防御战略中最薄弱的环节。

美国人就此检讨：之所以苏联的高空军事技术超过美国，背后是苏联的综合科技实力超过美国,再背后就是苏联的学校教育、创新人才超过美国。于是美国举国上下集体反思美国落后的原因。美国为此在科研体制和教育方面进行了大范围的改革,1958年,美国政府颁布《国防教育法》,要求加强普通教育公立学校数学、科学和外语三门学科的教学。政府以非常时期的决策速度,通过法令,把教育放到国防的高度去认识,这是从未有过的。当年两大阵营下的竞争态势对美国构成了强大的压力,美国在反思检讨后认为需从学校教育入手,采取培养人才的重大措施,夯实新技术的基础,重构基础教育的核心课程,尤其是阅读、计算和科学。美国学校课程的"新三艺",指的是数学、科学和外语三门学科,它们区别于欧洲古代学校课程的"三艺",即文法、修辞和逻辑学。

要重新建构课程,强化三门学科的教学,就须加大投入。一旦把教育与国防相联系,增加投入是必然的重大举措。可见,美国公立学校教育改革的基本方略就是国会立法、政府拨款,立法加拨款成为美国式改革的基本路径。在此背景下,美国的教育、科技开始了超越常规的迅速发展。

从历史事件来观察,能发现美国当今的教育决策取向,有一定的相似性,也呈现出更多的复杂性。比如,美国媒体报道了中国在教育领域的成就:《大西洋月刊》最近刊文说,太可怕了,香港银行家的孩子,在幼儿园时就学习金融!这就让身为金融帝国的美国更为之惊恐不安。哈佛大学政治学教授塞缪尔·亨廷顿曾在美国《外交》杂志上发表《文明的冲突与世界秩序的重建》,强调"在冷战后的世界,文化既是分裂的力量,又是统一的力量。人民被意识形态所分离,却又被文化统一在一起"。作者认为,冷战后,世界格局的决定因素表现为七大或八大文明,即中华文明、日本文明、印度文明、伊斯兰文明、西方文明、东正教文明、拉美文明,还有可能存在的非洲文明。冷战后的世界,冲突的基本根源不再是意识形态,而是文化方面的差异,主宰全球的将是"文明的冲突"。

中国经济发展的总量即将与美国并驾齐驱,中国教育的种种数据也确实让美国人为之心惊,具有数千年传统的中华文化独特的凝聚力,也给美国造成了较大的压力。但相关报道认为,现在是叫停"教育军备竞赛"的时候了,与争夺"高排名"相比,合作来解决共同问题的思路更有益,对中美两国而言尤其如此——两国在增强学生素质方面及在最需要教师的方面,恰恰需要提升合作教学意识。针对国际学生评估项目测试的结果,即美国人明显落后、中国人遥遥领先,也有美国媒体强调,美国人需要思考的不是妒忌,而是如何仿效。"如何仿效"其实也蛮可怕的,我们刚探讨过"不要输在起跑线上"的问题,群起仿效的结果,不正是加剧了"教育的军备竞赛"吗？

这就要提到北京大学教授郑也夫的《吾国教育病理》。

作者指出现在所有教育问题的根源就是竞争过于惨烈，因此将之比作教育的军备竞赛。把教育提到国防的高度，正是美国《国防教育法》的战略思维方法，可见"教育的军备竞赛"的发明权在美国国会，根源在苏美两大阵营的竞赛，表面是太空技术、军事武器的竞赛，根子上是两国经济、政治、教育、科技、文化的竞赛。这个竞赛到现在是否还未结束，是否要从苏联移到中国来，变成中美之间的竞赛？我认为，今天有必要认真严肃地思考这个问题。

郑也夫认为，军备竞赛式教育，导致了学生学习的异化。由于教育军备竞赛，大学扩招，大学生越来越多，造成学历贬值。就像钞票滥印、通货膨胀一样，大学录取通知书和毕业文凭、学历证书不断增发，学历就会不值钱。学校不断地通胀，浪费了很多学生的时间，而浪费时间比浪费物质更可怕，使大学生毕业就是失业的窘况愈加严重。其治理药方首先是"分流"。"分流"就是具有学术性向且有志深造的学生去读大学，不走这条道路的就入职业学校。

但中国的职业教育为什么不能充分发展？其中有两个关键因素，一是社会地位低。"万般皆下品，惟有读书高"的中国传统，自古以来就看不起手艺人。二是独生子女政策。以往普通家庭都有五六个孩子，爸爸妈妈也管不了，自然就分流了，老大可能读大学了，老二去种地了，老三当兵了，孩子就认命。现在都是独生子女，父母心中的宝贝疙瘩，捧在手里怕飞，含在嘴里怕化，谁舍得让孩子去种地呢？于是拼了命也要上大学。

其次是"放权"，也就是教育去"行政化"。现在公立学校垄断了教育，阻碍了教育的多样化，只有放手让全社会来办教育，发展多元化的教育模式，满足不同人群的个性化教育需求，才可能从根本上解决教育的公平问题。当然，该书还提及其他的教育问题，不一一展开了。你们对此也有所了解，不妨谈谈各自的认识吧。

Y：我觉得教育军备竞赛在某些领域是需要的，关键是竞赛的内容是什么。当时美国《国防教育法》关注的是天才教育和尖端科技的教育，所以注重推动尖端科技教育的竞赛，就怕这方面没有掌握前沿技术，受制于他人，即所谓"落后就要挨打"，甚至被"开除球籍"。教育去行政化的问题，旨在倡导让社会来办学校，但这是否容易把教育引向产业化呢？

金：去行政化了，教育是否就放给市场了，就产业化了？下放社会办教育的权力是不是必然导向产业化、市场化？企业是否也会带着赢利目的进入教育领域？

L：关于教育军备竞赛，可以从不同的层面分析。首先，像现在的 PISA 测试，它在世界范围内有一个排名，是国家与国家间的竞赛。原本以为美国人对自己的基础教育是比较自信的，现在看来，排名靠后，也引发了美国大众甚至政府的担忧。其次，具体到一个国家而言，中国境内不同学校之间也在进行着"军备竞赛"，像清华、北大分别推出的"苏世民学者项目"和"燕京学堂"，就是典型的两校间的竞争。再次，从微观的个体角度而言，学生与学生之间也会有学业的竞争、名次的区分。教育本质上应该是一门艺术，但是这个"军备竞赛"一出现，就感觉挺紧张的，也失去教育本来的美感了。

金：丽丽这一点说得特别好。本来教育是一项艺术，现在失去了美感。我认为，对"教育既是科学又是艺术"的传统说法应该深加检视，它并非那么简单的两者并立或相加。教育本身是一门艺术，教育的对象是人，人是造化的杰作，是天地万物最美的花朵，最不可能同一。以前讲教育是一门科学，科学旨在求真，而艺术涉及特殊性，是求美。通常认为"德智体美"排序中的"小四"，自然地位不高，说到因材施教时，才来点缀一下。错了！科学求"真"的背后也是人，最大的"真"是个性的"真"，所以科学的教育学最终也要复位于艺术的教育学。

教育学本质上属于人类精神塑造和发展的审美哲学，还原于实践后则表现为千姿万变的各类教育形态。艺术就是百花齐放，就是承认人先天个性的差异性。科学本应百家争鸣，但科学性进入了中国的学校教育，就成了一刀切，也就是标准化，把千差万别、各不相同的个性纳入同样的轨道、统一的模式，符合这个标准的谓之"科学性"。

在科学性的标尺下，大家就把教育当成产业来办，想在最短的时间内，以最少的投入，达到最多、最快的产出。大批量的实用型人才和大数量的科研成果，就是所谓的教育效益。实用效益是工业时代的标准和要求，这使学校教育产生了异化。正如马克思所言，人类社会过度竞争，导致阶级斗争，军事是竞争的最高表现形态。为了争夺利益，从个体到团队到部落最后到国家，竭尽全力，举国力、举家力、举个人全力，达到竞争的制高点。立于不败之地，从竞争中胜出，就能获得最多的自然资源。一切的问题就是由此导出的。

L：现在中国的学校教育还是没有摆脱应试教育的惯性，这真的无法使教育和艺术联系起来。郑也夫认为，应试教育只是教会了学生应试思维，把教学手段变成了教育目的。为了赢得竞争，学校拼命追求排名，排名演化为办学目标。这样一来，知识很难成为学生的兴趣。当求学异化为单纯的考试，学生也就不会去重视知识的真正价值，反而把肤浅的名次排列作为人生的价值目标,这就是目前应试教育造成的恶果。

X：老师刚才讲的教育本质上是一门艺术,描述的是一种理想的状态,与现实相比差距甚大。我觉得学校教育与社会各方面是有联系的,它处在政治、经济等各要素的包围中,如果把学校教育纯粹当作一种高雅艺术来看待,可能是不太合适的。艺术是高端的,可能只适合一部分人去欣赏、把玩,而教育却与每个人相关,把教育定位于艺术这种理想的状态,会加深教育的神秘感,反而与现实中的教育事业格格不入。如果从艺术层面解读教育的价值和意义,可能在现实生活中是行不通的。学校教育必须与整个社会,即与从底层的普通民众到精英的领袖阶层的任何一个具有生命形态的人相关联,所以它应该被当作一种公共事业来建设,而不是一门艺术。起码就中国当前的教育状况而言,应该如此。

金：你说的这点,确实有它的复杂性,这就要讨论学校的本质了。学校到底是什么性质？我们应通过追究事物起源来求解性质,即马克思说的"历史与逻辑"统一的方法论。我们来看中国学校的起源：历史上称学校为"庠序之教"。汉字是象形文字,"庠"意味着有房(可住)有羊(可吃)。而西方的学校(school)来自希腊语,本义是休闲。换言之,学校出现的前提是有钱有闲,有吃有住。人吃饱了饭没事干,生命就很无聊,为了消遣无聊的生命,就要找点有意义的事情来干,玩艺术就是学校的使命。西方人在学校里玩"七艺"(七种自由艺术),中国人玩"六艺"(礼乐射御书数),都是把课程内容提升到艺术层面把玩。所以最初的学校教育就是贵族的教育,是达官贵人及其子弟消遣时光的乐园。那个时候,底层劳苦大众所接受的是生产和生活的实践教育。

到了工业文明蓬勃发展的大机器生产时代,社会和企业迫切需要大量通晓实用技术的工人,于是实科教育兴起了,它和贵族教育、古典教育不一样。古典教育是艺术教育,就是吃饱了饭没事干,以有趣之事遣无聊时光;而实科教育是要培养熟练的机械手,能够操纵机器,大批量地生产物质财富。所以教育发展到工业时代就产生了分流,一是实用教育、实科教育,一是艺术教育、学术教育。这是由历史分化而出的,对应着不同需求,本无高下贵贱之别。

农业时代,孩子跟着父母在田间地头,就可以学习春播秋收,无需专门的学校。等到工业时代,有专设厂房,有专业技术,也有专门应用,只有到学校里学习才能使工作更有效率,专业的技术学校、专门的职业学校也慢慢发展起来了。由于古典教育的传统优势地位,加之中国儒家教育价值观"学而优则仕"的影响,社会推崇"万般皆下品,惟有读书高",民众普遍看不起技术性劳动,而政策也有缺位。这些因素叠加在一起,遂造成了普通教育和职业教育的严重失衡。

但现代欧美国家,特别是美国,与中国的情形不同。美国推崇的是实用主义教育。美国与德国也不一样,德国一方面发展出职业教育的优势,另一方面秉承传统的学术教育,二者的发展较为平衡,具有德国特色。美国高校,初期发展实利的色彩较浓,后来学习德国的大学经验,建设研究性大学。但美国即使将大学定位于研究性质,也不忘为社会服务的功能,加上传统的实用倾向,整个高等教育的功能设定和实际运作也较为均衡。而且美国的高校类型和层次不一,社会民间办学资源充沛,不同的学校有着不同的定位,满足了教育市场的各种需求。

中国目前的追赶型的教育发展目标显得较为功利,因而学校的发展也相当急促,又由于传统价值观念的牵引和政策导向的偏差,高校都挤入研究型、学术性大学的发展之路,也可谓"千军万马挤独木桥",这就催生了各种各样的问题。美国最牛的大学基本上都是私立大学,私立大学花的不是纳税人的钱,所以学校的玩法具有更大的自由度。

能够入读顶尖私立大学的通常有两类学生,一类是"有才者",即那些超天才的学生。特别聪明的人是人类共同的财富,所以社会已形成共识,无论公立、私立学校,就应该拿钱去供这些学生消遣,因为一旦他玩出个"高精尖"的发明,整个社会都会受益。另外一类是"有钱者",有钱的人并非都是达官贵人的子女,有的是愿意掏钱来享受高级教育的富裕的中产阶层家庭的子女。父母把所有的钱都拿来供儿女读书,那也可以啊。你没有奖学金,但你的成绩还可以,你付一大笔学费进入名牌大学读书,这也是一条路,你自己去选择。所以说你要读书,还是要有些条件的,其一就是要有钱,其二就是要有闲;或者你是个"超天才",社会也给你提供这样的机会。

这里需要将一些问题区分一下,假如一锅煮,问题就没法解决。中国教育目前最大的问题是什么呢?所有的大学(准确讲是具有实力、有些水准的大学)都是国家包办的,民办高校都被挤压到最小的空间,生存都很难。所谓好大学,既然都是国家办的,那就要体现公平,因为学校花的都是纳税人的钱。公民都有上大学的权利,最后的入场券无非是分数。如果不凭分数,怎么体现公平呢?但是一旦全凭分数,"教育军备竞赛"的问题就出来了。

为了破解高校招生的难题,现在给大学自主招生的权利。不过,高考自主权也不是说给你,就可以给你的,因为你拿的是纳税人的钱,公办学校校长的责任与私立学校还是不一样的。公立学校的校长、党委书记有多大的权利能够自主选择适合学校办学定位的学生？你会面临多少障碍？国外私立学校都是董事会行使职权，觉得你不行，那就换一个校长。中国学校的问题比较难解决，校长都由上级行政部门任命，他首先需要对上负责。如果校长还有点责任心，他就必须思考如何让校友乐于支持、帮助母校的发展。靠什么才能让学校声名远播？如何能吸纳全世界一流的人才作为本校的教师？他一天到晚都要苦思冥想，动足脑筋啊。

美国大学校长就做两件事，一个是整合运筹教育资源，没有钱怎么请来最顶尖的教授呢？一个是广纳人才，经营人脉。我经常开玩笑，说校长就做两件事：一是搞钱，一是搞人。校长们听了都哈哈大笑，他们都知道我说的意思。"搞钱"，是校长长袖善舞，无论是校友的资助，还是争取拿到国家、社会的资源，都是你校长的本事。你是否具备这个本事，与你学校的质量和发展前景大有关系。"搞人"，是因为你有钱，又有好的办学理念，能够把最尖端的人才吸引进来。有了这两条，聪明的学生会不过来吗？因为你有钱，你也可以发高额的奖学金啊。又因为你有顶尖人才、教学大师，学生都愿意追随名师学习。学校马上就火起来了。

所以说，体制是很重要的。你说公立体制现在能不能激发办学活力？当然也可以想些办法，不能说绝对不可以。但这也不容易，需要从实际出发，做创造性的转化。我曾经指导上海长宁实验小学的一个市级课题《创造性集体的培育与形成》，这个课题最初论证时，有专家质疑：创新突破首先来自个体，中国传统教育的弊端就是集体压制个体，这样一个悖论性的课题如何做？我说这个课题好在是个悖论，不脱离中国的教育情景；难在确是个悖论，需要智慧、想象和勇气。这个课题贵在从实际出发。中国传统教育就是强调集体。如何让集体不压制个体，乃至成为激发个体创新精神和创造能力的创造型特殊集体？这当然很难，所以要立课题做创造性研究。

这个课题做了十年，可谓十年磨一剑，最后得了第三届全国教科研三等奖，第七届上海教科研一等奖，也算交了一份不错的答案。当前中国迫切需要一大批仁人志士做创新性转化，通过转化，使中国的传统特色发挥出更大的优势。那么，转化的路径、抓手到底在哪里？

M：刚才讲到了教育公平。法律也规定要保护每个公民的受教育权。但是受教育权划分到那个阶段比较合适？比如说现阶段义务教育是每个人都必须接受的。但是高等教育呢？以前是精英教育，现在也慢慢平民化了。1999年大学开始大规模扩招，当时负责教育的领导人声称扩招是为了满足广大人民群众的教育需求。但扩招的后果,我们现在深切感受到了:学历贬值,俗称"大学生、研究生都是一抓一大把"。毕业生的就业压力非常大。

金: 扩招前的 1998 年出现了一个什么样的现象呢,一方面,社会上有着接受高等教育的强烈需求。当时大学生比较少,加上"学历性军备竞赛",要求扩招是强烈的社会呼声。另一方面,改革开放后,老百姓口袋里的钱多起来了,既找不到新的投资方向,也未形成新的消费趋势。于是就有归国的留学专家给中国政府出主意:老百姓追求高等教育消费,你政府不让满足,这不是犯傻嘛!高等教育是非义务教育,老百姓的钱又多得没地方花,这不正是一个消费热点吗?你就把高校大门敞开嘛,民众要读书是好事。当然入高校是要交学费的,因为是非义务教育。领导一听,觉得这个意见很好,两全其美,一石三鸟,所以这个建议就成了。当时的政府还未及考虑数年后就业的问题,这个事情就这么做起来了,一直做到现在。

你说这样做对不对呢?这实际上是个无奈。这个问题也要分开疏解:政府总是要迎合民众的需求,市场又有自己的逻辑。大学也是个利益体,开始的时候想着不要放开扩招,后来一想,放开也是好事,因为可以收费嘛。学校没有形成规模化办学格局就没有效益,一旦人多就有规模化效应,学校的钱也多起来了,所以学校也不反对。像前一个话题说的,早期教育拼命靠做广告来扩展它的市场,这也是正常的。而作为老百姓呢,确实也要长智慧。你不能什么都跟着感觉走,既不能跟着政府的指挥棒走,也不能照着市场的逻辑走,你要按照自己的选择去走。既然竞争是社会的常态,那么在任何阶段都存在。中小学实行就近入学政策,无非是把竞争推迟到大学、后大学去。因为大学生增多了,但社会的顶尖岗位还是那么几个,以前大学生就够资格了,现在博士可能还不够,以后可能还要博士后了。无非是把竞争延迟到十年以后罢了。

那么博士就够格吗?竞争到最后,自然还是顶尖大学培养出来的博士、博士后更有竞争力。原本你不必读大学,甚至初中毕业也能找个工作岗位,结果多读了十年书,最后出来还是做那份工作。我们需要做的并非是用自己的短处去跟别人的强项竞争,而是用自己的特点与别人的优势竞争,也就是错位竞争。我觉得,当务之急是社会价值观的转向,而社会价值观的转向首先基于个人的转向。每个人都不转变,社会怎么转变?这就是我们常说的:从个人做起,从现在做起!

每个公民都要冷静地思考判断,看看孩子的状况,估量家庭的经济状况,实事求是,理性选择。现在国家鼓励分流,已有配套的政策,我想发展前景会很好。国家法律规定的是九年义务教育,虽然现在社会上流行的是"职业最低入场券是大专",但其实这是荒唐话,我是不认可的,我只认可法律规定的权利。实际上我更大胆的想法是,这也是扯淡。什么初中毕业不毕业的,你小学毕业就不能谋生吗?有的小学生的水平比大学生都高也是有可能的,当然这是基于个人自我的努力前行。

李嘉诚仅有小学文凭,因生活所迫,早早进入香港社会谋生,一举成为华人世界首富,这是他终身修炼的结果。不要以为大学生就一定比中小学生牛,牛不牛只能靠时间来证明。现在的问题是某些地方连义务教育都是注水的。如果有的区域经济落后,财政十分困难,不妨先把小学教育做到位。接受国民教育六年,扎扎实实,这样出来的小学生就是良好的公民。他有个幸福的家庭,活也干得不错,就因为学历不高,你说他是失败者?搞得云里雾里,文凭证书一大堆,但都是注水的,也未必是好事。

譬如家境不是很好,再衡量一下觉得自己的学术潜力也不行的话,初中毕业就可开始考虑职业定向。打个比方,到五星级宾馆做一个顶级的厨师。厨师招聘不会要一张研究生文凭吧,初中生就可以了。你只要把厨师职业玩到位,你的工资不比大学教授少。你到五星级宾馆做大厨师,月收入至少几万元。

M: 可是为什么人们还是更愿意在学校里工作呢?因为有事业编制,一个大学教授的工资可能没有五星级宾馆的厨师高,但所享受的隐性福利,或者说今后的退休金……

金: 晓梅,你这个倒真是个伪问题。现在上海有人才计划,大学生毕业后留沪工作拿到户口是比较容易的,其他领域都有的,连农民工都有。条件就是工作的年限,纳税的纪录,稳定的居住点及有无不良记录等。可能目前名额比较少,标准高一点,但机会是有的。五星级宾馆的大厨师,属于专门技术人才,一定是有机会落户的,这是其一。其二,落户又怎样?无非取得一些城市居民的基本福利条件而已,其他当年的传统体制所允诺的保障都靠不住。美国也算是高福利社会,现在医疗基金也是入不敷出,预测到 2030 年,美国社会的某些医疗福利都难以为继。西方多个高福利国家现在都面临着比美国更严峻的困境。

现在中国的养老金就已是寅吃卯粮,年轻人缴纳的养老金在支付着目前退休了的庞大人数。西方福利国家都有这个问题,中国的问题可能更严重。加之老龄化时代马上就要到来,你还寄希望于国家包你一辈子?以前都是单位人,国营企事业单位都是国家包下来的,现在哪成啊?要靠平时缴纳"四金",积累自己的账户资金。

晓梅啊,你身处现代大学,心还留恋着传统社会,这是靠不住的!只有当你靠自己的时候,相关机构才会主动来找你,说你是个人才,愿意给你办个上海的户口。给户口固然好,不给也无所谓。你一定要先存这样的想法,你就进退自如。如果还是老想法,拼命读研究生,考博士,也靠不住的。五年、十年后,博士也会结构性剩余,像美国社会一样,工作更难找。上位的工作(研究性岗位)不匹配,下位的工作不愿干,搞得不上不下更难堪。俗话说,计划没有变化快,只有靠自己才是最靠谱的。

古人说,"家有良田万顷,不如薄技在身"。"薄技"是什么?任何人夺不走,打土豪也打不掉的东西。社会一变革,土地没用,房子没用,钱都没用的。整富人其实很方便的,以前是分地,现在是分银行卡。不是真的要把你的银行卡拿掉,只要印钱币啊,通货膨胀,你银行的存款就缩水了,甚至是废纸一张。穷人倒不怕,任何时代、任何社会基本的生存权总要保障的,不然会天下大乱。

所以真正靠得住的是人的智慧和技能,老板只有靠脑袋,技术工人只有靠双手。就像有的企业家说的,"企业破产了,只要我人不死,我脑袋在,我就会东山再起"。普通工人有一技之长也不怕,谋生有路,你不可能把我的手砍断是吧?这是靠得住的。其他什么靠得住?父母靠不住,社会也靠不住。你以为政府就靠得住?政府贵在维系一个良好的制度安排,财富则要靠我们的双手创造。你不能躺在政府的身上,现代政府不是一个大包大揽的政府,不是一个全能政府。

M:但是靠个人更靠不住啊,一旦家庭发生变故,出现了重大疾病怎么办呢?

金:这又是另外一个问题。就是慈善组织、社会保险要跟上。你说的这个难题,解决之道是建立社会的"托底"机制。"托底"是什么呢?或者说中国特色的社会主义先要解决一个什么问题呢?基本的生存保障,不能饿死人。但今天的非洲还有饿死人的现象,我在讲话的当下,可能就有三个非洲小孩因为没饭吃濒临死亡。社会主义的中国绝对不可能出现老百姓饿死的现象。这就是"托底"。人有特大困难,社会会启动紧急救援机制,这一点你也无须过于担心。

至于你说的医疗问题,要复杂一些。现在虽然农村也有基本的医保,但它托的底实在是太微薄了。由于人太多,现在政府还兜不起这样一个巨大的底,只能一步一步来。但是你寄予的希望不要太高。西方发达国家在这方面现在也面临困境。我们只能逐步提高,还需开辟"特别医疗险"等路径。我认为,更积极的应对之道是反身自问:如何把握自我,才能

20. 教育的"军备竞赛"还得由教育来解决

更好地把握未来?!

M：如果学校教育教给学生的观念是人人平等，可现实却是不同职业的收入、福利、地位都是不一样的，这不是在教孩子表里不一？

金：晓梅，你这个观点我不同意。什么是职业的平等？社会价值自然有不同的判断。你说一个保姆和一个大学教授，哪个社会地位高？这个傻子都知道，肯定是大学教授高。但从收入的角度而言，真的未必。比如说菲佣，在上海是供不应求，工资在帮佣职业中是最高的。在香港、上海的菲佣，一个月收入至少一万元以上，比普通职业工资高多了。现在教授工资也未必比专业技师高。教授好做吗？他一个月拿一两万工资，实际上也有沉重的压力。当然，一个家庭保姆，她没有压力吗？同样有压力。关键是，你要喜欢自己的工作。谁没有压力？承受压力，把活干到极致，钱一定不会少。

现在中国改革开放，社会价值日趋多元。你们前几届的师兄卫洋，现在在厦门大学读博士，他的弟弟初中毕业就去做厨师了。他在读大学时，弟弟就挣三千多块钱，现在挣得更多了。我鼓励他，不跟弟弟比钱，要拿自己的优势与弟弟的优势相比。再说十年以后，肯定又不一样了。我是用不同的价值去鼓励他。但事实上，从钱的角度而言，他弟弟一辈子挣的钱未必比哥哥少。美国社会也是如此，你以为美国教授就是挣高工资吗？未必。美国管道工的收入不比教授低，更高收入的职业是律师、医生，当然也是就中产阶层的职业而言。真正的高收入者，一定是老板。所以真要说钱的问题，读大学肯定是一条错的路。大学教授如果也是一切向钱看，看拿了多少项目，有多少钱，那就错了！大学不是玩那个东西的，要玩钱呢，你不要去读大学，早些做生意，合法地挣钱。

M：军备竞赛，形象点讲就是"千军万马过独木桥"。怎样改变这种状况呢？"分流"自然是一条路。现在也常常讲职业教育要发挥它的分流作用，但只是嘴上讲得好听。为什么我不去上职业学校呢？以后我的孩子，我会不会让他去上职业学校呢？一旦遇到现实问题，人马上会做出"过独木桥"的选择。如果不从根本上破解目前职业教育的难题，分流的作用就无法体现。

金：你指出了一个真相，人的言不由衷或言行背反确实存在。就我而言，面对女儿的入学问题，最后也屈从了世俗标准。我的大学同事也往往这样，实际上又很纠结。但我也觉得，像刚才义讲的，人生总是有竞争的嘛，如果真的没有竞争了，这个社会又会怎样？社会发展停止了，物质财富下降了，可能人生的趣味也减少了。生命的意义也是需要在竞争中激发的。

所以人生往往是两难的,我们在实际生活中需要把握的就是一个"度"。就像开车,手中的方向盘是要不断微调的:如果太向右了,会撞悬崖;太向左了,则坠入深渊。真正的"军备竞赛"也存在"度",过分的军备竞赛就是失度。仅凭打仗去争夺资源,世界终将毁于一旦。但如果完全不去竞争了,搞纯粹的福利社会,每个人衣食无忧不思进取,这个社会难以为继,又会垮下来。所以我们只能在微调中把握住度。

什么叫微调?你问驾驶员,他会说就是熟练到下意识地去反应,提前摆一摆,"有预感地或快或慢"。他稳坐驾驶座,似乎安然不动,实际上,是在不断的微调中,让车子顺畅前行,所谓得心应手,游刃有余。老子的"治大国如烹小鲜",庄子的"轮扁斫轮",概莫如此吧。系统论强调的动态平衡性,实际上就是"度"的把握,也是中国人的最高智慧。教师在课堂教学上怎样把握"度"?教育部在教育制度改革上如何把握好"度"?你问医生,何谓药何谓毒?他一定回答,适量是药,过量或不及是毒。这一点点恰恰是良药与毒药、良医与庸医的界限所在。个人应对人生的难题时也是如此:我们总要有所选择,有所奋斗;但也要有所调节,把握好生命之"度"。

有人对我说,讲到"度"最没有意思了,谁不知道"度"是最高智慧,但如何把握?我也只能这样说,不然怎么办?如果我说不要"度",人生就是要竞争,就是不要输在起跑线上,就是要贯彻教育的军备竞赛,那我就是不负责任。反之,就是废除所有现存的一切,取消任何的竞争,这也是不负责任。因为社会的存在,本质上就是维系着"度",世界呈现它自己的方式,就内涵"度"的韵味。自然也在两极摇摆中维持着动态平衡:冬天就是让万物休眠,春天会催其苏醒。人处在小环境里,也可以控制调整:冬天不要太冷,夏天不要太热……

X:其实我觉得还是要乐观一点。虽说目前职业教育在我国的发展不太顺利,但是改革开放已有三十多年,市场经济的力量也在逐渐改变着传统,"万般皆下品,惟有读书高"的观念也在很多人心里改变了,就如我爸妈也是在南方工作的。

金:你父母在哪里工作?

X:在广州工作。他们的同事就认为孩子读了大学也没什么用,毕业后还是找不到工作,挣的钱也不多,还不如去学一门手艺,挣钱更多些,也不用读那么多书,投入也不会那么多。因为上大学可能要花费一个家庭十多万块,一人上学,全家拖累,穷困家庭因出了个大学生反而更不易脱贫。大学生投入和产出的比值并不高,这让很多家长觉得投资高等教育

20. 教育的"军备竞赛"还得由教育来解决

十分不划算。美国学者舒尔茨的人力资本理论似乎在中国的效应并不明显,很多仅看眼前经济利益的家长,开始觉得读书没什么用了。但重教的价值观念在功利价值观影响下逐渐瓦解,人们都不入高校读书了,这是否会造成新的问题?

金:你双亲在广东工作,广东文化和上海、北京文化不一样。北京人呢,高端一点,谈政治;上海人呢,雅致一点,玩文化;广东人呢,务实一点,抓经济。你父母在广州受当地文化影响会大些,广东人爱好做生意、学手艺。但学手艺能挣多少钱?捧个饭碗没问题,要挣钱还得做老板。所以广东、福建的一些地方的价值观就是大学读不读关系不大,上完初中就做生意,练摊。你爸妈在广东,你问是不是这种情况?要挣钱,还不是靠手艺,就是练摊,学做老板。但是当大家都想做老板的时候,谁来做手艺人?所以人的眼光要放远一点,基于自己的爱好来做,敢做手艺人,做到极致,你可能笑到最后,笑得最好。

这是个人的选择问题,姑且不论。现在说到教育的选择,你刚才说大家都功利性地挤独木桥,社会是否会偏离常态?我想这也不要太着急,你自己也说,要乐观一点嘛。现在学生的问题是为高学历竞赛拼命,社会的问题是一切向钱看,价值取向单一。所以要开个"适度"的药方,就像钟摆左右摇摆,驱动时针。社会思潮和观念的流行也要遵循钟摆原理,舆论宣传要敏锐观察,敢于纠偏,教育界人士更要善加引领。现在说土豪穷得只剩下钱了,老板钱多了,觉得钱无所谓了,这时什么对他有意义呢?文化和教育的地位就会上升。为了让自己的生活不无聊,他自己也会转向,所以也不要过于担忧。

我们常讲,对怎样的人说怎样的话,因为对象不同。就像我现在对你们讲这话,我对校长、教师就会讲另外一番话。老师们常说,金老师,你还是说说老师的工资待遇问题吧。我不是不能说,那有什么用?让大家情绪消极,就没意思了。但我对官员说话,就会说教师的薪酬太低,我说,你们还是缺乏共识,为什么不把教师地位提升,把工资待遇提高呢?因为这是官员能够做的事情。对象不一样,我讲话的重点就不一样,这应该是可以理解的。

21. "学生最高兴、教师最痛苦、家长最担心"的教育改革

金：这里讲的是李希贵任校长的北京十一学校的改革。

教育部近期在该校召开新闻发布会,这是教育部首次把新闻发布会开到一所中学。作为国家办学体制和高中特色发展改革试点单位,该校将课程作为改革的抓手,构建了包括400多门课程和272个社团活动的分层、分类、富有特色的课程体系,做到了一人一张课表,极大提高了课程的选择性。走班制、导师制与高选择性课程体系相配套,形成了新的育人模式,为学生全面而有个性的发展奠定了坚实基础。改革的背景是校长、教师、学生都切身感受到目前的学校教育是千人一面,千校一面,迫切需要探索育人的新模式。但要真正让一所学校里的学生既全面发展,又有个性、特色,这是不简单的。

为什么李希贵说这场改革让"学生最高兴、教师最痛苦、家长最担心"?

学校通过改革推动每个学生发展自己的兴趣,提供给学生不同的选课方案,具体的做法是建立走班制。这与原有的班级管理模式发生冲撞,随之而来的是学校行政模式的重建。由于传统行政班主任的消失,任课教师管理班级和德育的责任大大增加,每个老师必

须从学科教学走向学科教育。怎样去适应？十一学校的办学理念也引发争论，但是通过交锋，慢慢达成了共识。现在越来越多的老师开始认可这一改革。但老师们确实累，而且他们的付出和收获也不成比例。

校长讲，现在教师工资改革后，政策上一刀切，十一学校做了这样的改革，付出了相应的代价，也提供宝贵的经验，但教师工资却和别的学校一样，这恐怕也不合理，也是改革带来的新问题，即怎样让改革者的付出和回报一致。校长认为，改革还处在初步阶段，目前不宜推广。但今年国家最重要的两个文件，一个是一号文件，关于农村改革，再一个就是教育的综合改革。教育行政部门也迫切需要十一学校这样的改革平台，去探索和展示经验，更好地助推全国的教育改革。

现在的问题是，有些学生，比如班干部，原来是行政班班长，实行"走班制"后，他们最失落，没有归属感和优越感。部分学生干部不太适应改革，当然有些老师更不适应，像生个孩子一样累。有老师反映，因为正在摸索，压力很大，改革带来的工作量陡然增多，能力也有些跟不上。现在改革还在路上。李希贵原来是山东潍坊市教育局的局长，后来在教育部检测中心做主任。当十一学校李金初老校长退休，在全国范围内挑校长时，李希贵放弃了官职，挑起了改革的重担。十一学校是一所民办公助学校，李校长几年的改革实践已提炼出新的经验。同时十一学校也正经历着"学生最高兴、老师最痛苦、家长最担心"的改革阵痛。对此你们有什么看法？

L：我看了《21世纪经济报道》对李希贵校长的专访。他说十一学校推行的"选课走班"，就是要建设一个学生选课的多样化课程体系，然后形成更加适应每个同学的课程方案，就是更加个性化了。这个选课走班制，最终的目的是让学生能够发现自己、唤醒自己、实现自己，使学生成为有社会责任感、创新精神和实践能力的人。我认为，选课走班这种形式，赋予学生更多的自主选课权利，学生会感到被尊重，学习的兴趣会被进一步激发出来。但带来的问题是学生可能会缺乏班级的归属感。十一学校是完中，初、高中学生都有。如果学生从初中就开始选课走班，则刚升入中学骤然面临班级管理模式的巨大变革，可能更不适应，更会缺乏一种归属感。

家长最担心的还是如此改革，对孩子以后考大学会有什么影响？通过选课走班这种形式，能否使孩子的学业成绩比起传统授课方式下的学生更具竞争力呢？联想到20世纪30年代，美国有一个八年研究计划，也是在高中进行教育改革。但当时的改革是高中和大学互相配合，参与试验的学生不需要通过统一考试，只要经过校长推荐就能上大学。现在十一学校的改革，不知与大学招生这关如何衔接？

金：这恰恰是家长最担心的。

X：我想补充说一下"走班制"。教育学系有位在职博士生，在上海育才中学工作，这所学校也实行走班制。她在学校里负责学生心理教育，在这方面有很大的自主权。对本校的走班制具体运作，她也说不清楚，感觉课堂教学比较乱，学生选课比较随意，课表也排得杂乱，学校就像沸腾了似的，挺火热。当然学生是高兴的，因为每堂课可以认识不同的人。但老师的压力特别大，上课前要针对学生的不同特点做很多准备。有的老师准备了新的课程，却只有一两个学生选。也有的老师，课堂很有吸引力，甚至是爆满的状态。总之是参差不齐。但以多元化课程为特色的走班制，区别于传统课堂的独特之处，也是显而易见的。

Y：有些老师的课可能还没学生选。

X：是的，也有的老师课没学生选，有的教师就特别受欢迎。乍一看场面比较混乱，包括置身其中的老师，也觉得没有传统教学组织形式那么井然有序。走班制在上海育才中学也处在发展前期，还在继续探索。

金：上海市静安区前不久有个教育改革的论坛，育才高级中学的陈青云校长做了主题发言，我做了点评。因我参与教育部年度高中教育报告撰写，曾到该校做过调研，对课改情况还比较熟悉。上海育才中学的改革和北京十一学校有很多类似处，也是把选择课程的权力交给学生，每个学生都有一张课程表。但教育部的相关会议没有在育才中学召开，所以它比十一学校低调。其实在这方面进行探索的还有其他学校，但北京的十一学校和上海的育才高中是其中的代表。

改革当然会带来一些困惑，不过我觉得这个话可能是媒体炒作的结果。李希贵校长也许说过"学生最高兴、教师最痛苦、家长最担心"，他是从校长视角观察改革带来的情绪反应后做了这个判断，但这个判断尚缺少严格的教育实验应提供的数据支撑。也就是说，李校长推行的改革，促进了学生的个性化发展，而校长评价改革的话语也是个性化的。个性化的话语策略富于魅力，但也造成科学实证的不足。

如果我考察十一学校，找一些人座谈，也可能说这是"学生最不高兴、家长最不担心、教师最高兴"的改革，只是这些声音没有被挖掘，另外一些声音已被放大。为什么"学生最不高兴"？因为也会有学生担心，校长这么改革，要把我引到哪里去？是否会耽误高考？只是这类学生没有表达不高兴的途径，或者说已有表达，却无人倾听。"老师最高兴"，你知道为什么？他还不愿告诉你，所以你也没有听到这种声音。另外，有些家长根本就不担心，他担心也没用。所以我一再说，很多事情在一个大数据时代，却没有量的科学统计。我们常常凭自己的经验、感受、体悟或观察，张三说最痛苦，李四说最高兴，弄得大家无所适从。

这样的说法未必靠谱。但我想，李希贵校长这样说，可能有他自己学校的基本数据做支撑，可能有大量的学生是高兴的，大量的老师是痛苦的，大量的家长是担心的，这也是对的，符合常识判断。你问，为什么大量的学生最高兴？因为大量的学生最不适应以前一刀切、满堂灌的模式，现在获得解放，感受尊重，有了兴趣，自然最高兴。为什么大量的老师是最痛苦的？因为他们以前就是靠满堂灌、一刀切上课的，已经适应了，现在要否定自己，适应新方式，一切又得重头来，自然最痛苦。大量的家长为什么最担心？因为以前家长是靠高考这一个标准来衡量教学质量的，现在还没有高考大面积丰收的铁据在手，自己的孩子已成了试验品，当然就最担心了。

我们怎么看待基础教育界的类似改革？我想，首先要让学校尝试，要让更多的李希贵式的改革者冒出来，这是关键。而且在十一学校里，我们还需要听到相反的声音：有学生最痛苦，有老师最幸福，有家长最不担心。让不同的声音释放，才可以帮助学校的改革者把个性化的改革真正做到位。既然提倡个性化，就要让个性有确然表现的机会，让正反两面的观点交锋交流，允许甚至鼓励基于自愿的对比式改革试验，这样才能帮助你把改革做得更好。现在学校的自主权太缺乏了，但为什么李希贵校长能够搞这样的改革？是否因为相关部门赋予了他相应的权利？或者说本来就没有限制校长改革的权利，只是很多校长不敢用、不能用这样的权利？

如果教育行政部门本来就没有什么规定限制校长改革，那么为什么这么多的校长不敢做，而李希贵校长就敢做？从中可见一所学校的改革，校长的作用至关重要，校长的岗位十分关键。在改革过程中，校长要有敏锐的意识，体察民情。大量的老师为什么最痛苦呢？改革难道是为了让老师痛苦吗？一个持久痛苦的改革注定是要失败的，何况老师是改革的主导性力量。这问题暴露了在既有模式的制约下，老师们从教育观念、知识储备到授课方式都严重地不适应，所以才会最痛苦。当务之急，恐怕是要边改革边学习了。

当老师最痛苦的时候，学生的最高兴恐怕持续不了多久。老师最痛苦了，学生会最高兴吗？肯定是相互影响的。只有让老师慢慢高兴起来，学生的最高兴才可维持。短期的不高兴可以理解,但是长期的不高兴,恰恰预示着改革的失败!怎样让老师从最痛苦也转化成最高兴? 李希贵校长的改革接下来面临的就是这个问题:只有让老师们在改革的过程共享快乐和幸福,体现职业的自尊与满足,才可能让学生们的高兴持久,让家长们的担心慢慢减少。

M: 这种选课模式与大学的选课模式类似,但它是否还要考虑高中和大学如何衔接的问题? 除了语文、数学等必修课程的分层选课,我们还要鼓励老师在主教的课程之外再开设拓展性选修课。而且改革还要倾听各方面的意见,继续接受实践的检验,行政部门也不要急于去推广。用传统的方式推广改革成果本身就是对改革精神的误导。还是要因地制宜,还给校长办学自主权。

金: 这一点说得好。教育行政部门着什么急呢? 李希贵校长已经说了,现在还不成熟,还在试验中。你现在就当成件大事了,非要拿出个经验来。我就担心这个催生的孩子先天不足,后天又变成一个模式,一个"自上而下"强制推广的模式。现在新课改为什么遇到这么大的阻力? 改革本身是好事,但采用的方式不当,可能就把好事办坏了。十一学校的改革本身是接地气的,是实践的土壤中冒出的小草,没有上级部门事先的布置和要求。

教育部现在要做的事,就是营造一个更加宽松的改革环境,创造更好的制度环境和文化氛围,让更多的学校敢于尝试,比如确立管理改革的方向,并以制度设计来推动,从而激发校长的改革动力。当然还要给改革者以发展的空间,允许学校在探索过程中付些代价,当然也要尽可能把改革代价降到最低,尤其是不能突破底线,即真正有利于促进学生健康、和谐的成长,符合教书育人的规律。

把握住底线,放手让学校基于自身实际情况探索,自然会有更多的学校参与变革,提供更多的改革经验。目前中国教育界的推广改革经验的模式需要反思,这恰恰印证了中国的学校太缺乏自主权了,等着行政部门来布置任务。从体制上去激发每位校长,让他不办好学校就寝食难安,这样就会在校长中冒出张希贵、陈希贵……慢慢会形成良性的教育变革生态群落。

百花齐放、百家争鸣,各种教育经验在实践过程中逐渐生成,经受时间的考验,在淘汰中聚合,成长为一个更富有生命力的高级模式,这才是学校教育改革和发展的新常态。所以李希贵式的改革要持久地进行,要获得真正的良好效果,就必须进一步落实校长的"五大权力"。

首先是生存权。现在尽管办学经费在国民经济总量中的占比有所提升,学校硬件建设也已基本到位,但反映在学校的核心软件,特别是教师素养和专业水平提升方面则任重道远,教师的培训和再教育经费投入还是严重不足;同时,教师的经济收入也不容乐观,特别是一些偏远的农村学校,教师待遇偏低的情况更严重。校长不是企业家,特别是广大中小学校,缺乏稳定的经济基础,这样如何维系学校的正常运转,更遑论深化改革了。

其次是管理权。校长要能对本校的发展切实承担责任,决策、经营、用人及财务等方面,都要赋予校长相应的权利和责任。

第三是知情权。要让学生、家长、教师,当然也包括校长,都能理解,我们为什么要改革?改革的目的是什么?条件是什么?情况都没有搞清楚,怎么改革?要知情明义,就要做到信息公开,现在有很多与教育相关的数据是不公开的。

第四是表达权。所有对教育改革的疑虑都可以说出来。你这么做,我不同意;为什么反对,我的担心是什么……所有的人都可以表达,校长更应该学会表达和倾听。只有倾听不同的声音,做出的决策才可能是科学的、符合民意的。

最后是选择权。大家表达过了,决策者、管理者是否一定要按照你说的做?也未必,他有选择权。反之,既然你觉得我不对,让我自己尝试一下,有无可能?允不允许?制度平台是否可以保证校长和教师自身的改革权利?师生有无选择的权利?如何保证不同层面的选择权利?等等。

李希贵搞的这个改革,有一部分老师痛苦,一部分家长担心。他担心什么?担心自己没有选择权。就是说改也好,不改也好,我的孩子在你掌管的学校念书,教师在你负责的学校里吃饭,不照校长说的做,行吗?如果不赞同校长的改革试验,有没有一条出路,使他到更适合的学校去呢?或者说,更高明的校长是在自己的学校里,为老师预留另一种发展的空间?这就对校长提出了更高的要求。因为这样一所学校就实行"两制"了。就像邓小平提出"一国两制"的构想,校长也可实行"一校两制",不以所谓的民意、多数剥夺了少数人的选择权。这就是对校长更大的挑战。

校长应该去回应这类有深度的挑战,如此,这个改革才有可能真正趋于成功。听不到不同的声音,甚至不让表达不同的声音,也就是说,改革试验并非出自改革者的自觉、自愿的选择,那么学校发展就内含着未来的隐患。有人说,学生会表达吗?你给他选择,他真的具有选择的能力吗?所以为了改革的真实有效,还要做些相应的培训,要让不同的利益阶层有表达的途径,比如引入监护人、代言人定期协商制度,在争议中重叠、凝聚改革的共识,提升选择的智慧。同时,随着改革的深入,人们不同观念和利益的冲突也会加剧,导致问题越扯越多。

讲到个性化的课程,上海育才高中、北京十一学校都提供了不同级别的课程以供选择。比如,考入高中的学生水平相差很大,有的要补初中的课,有的一进高中就有能力上大学的课程,学校就根据不同的水平分了六级,在承认差异的基础上提供选择。为了保证分级教学的质量,还须引入竞争机制,如最高级的数学六级课程,只让一个老师开课就形成垄断了,不妨让两个老师来开同一级的课。当学生有选择机会,就会给教师一种动力机制。那么,接下来问题是,学校有没有可能提供这么多的课程资源,校长有相应的师资吗?可见校长要推进教改,还真的不简单。我觉得李希贵的改革是非常难的。上述问题是彼此关联的,包括老师的来源、待遇、行政的支持或障碍等,校长都要通盘考虑,所以李希贵大概也有改革的痛苦。当然他还是有些本事的,他敢于"碰硬"。其他校长为什么不敢动?毕竟是牵一发而动全身的事,校长们也有难言之痛。

像上海的华东理工大学,当年的校长也搞教学改革,推行学分制,允许学生跨系选课;教师竞争上岗,同一门课程至少有两个以上的教师开课;允许学生自由选课,教师根据选课学生数量来取得报酬。一些教授挂牌上课,如一门基础化学,三个教授一起上,用同一本教材,上同样一门课,然后让学生去选。结果,有的教授三百个人的教室都挤不下,有的教授只有十来个人。门可罗雀的教授日子就难过了,校长要的就是这个效果。于是有的教授就提前退休了,说我就不上课了。也有的老师反对改革。

作为华东理工大学的前校长又是院士的陈敏恒,曾是改革的风云人物,后来却灰溜溜的,院士帽子也摘掉了。他自己的一个博士生,当年也很辉煌,28岁获博士学位并毕业留校,到晋升教授、取得博士生导师资格,只用了两年时间。但后来其博士毕业论文"剽窃丑闻"被揭露,不仅如此,发表的另几篇造假论文中也有导师的署名。作为校长和导师的陈敏恒难辞其咎。人们纷纷议论,说院士校长还搞什么改革,连自己的学生都没带好。这是学生害了老师。改革大潮中的小波澜成为了个人生命的大转折,也波及了学校的改革命运。

我现在的岁数大了,这有好处:有历史纵向感,故事听得多了,花样也看得多了。当然我不反对改革,我认为改革是好的。改革者要借鉴历史经验,要无私无畏,也要有智慧、策略。像李希贵,他是没有退路了,一定要向前了。首先要无私,没有私心方可无畏。你说我为什么搞改革,为了博人眼球,得到某种奖励?那你就不要改革了,因为你有私心杂念。其次是要有智慧:改革要考虑方方面面,太慢无效,太快也不行,要掌握好快慢节奏。"无私"、"有智"这两个条件,李希贵大体还符合,所以行政上也给予他支持。一般的校长搞改革,稍有波动,老师立马去告状,教育部或教育局相关领导打个电话询问怎么回事,两句话一讲,校长马上吓得不敢动了。

李希贵估计没人去告他的状,即使告状也是白告,因为学生是他的力量源泉,上级行政是他的靠山,学生和领导均支持校长的改革。他有改革的底气、勇气和智慧,把这几个方面都考虑到位了,他的改革自然就顺畅了。即使改革带来了"教师最痛苦"、"家长最担心"的现象,也不足以终止改革。

所以你们以后要搞改革,要想清楚,弄明白,不能"无知者无畏",咚一声就跳下去,淹死都不知道咋死的。一所学校的改革尚且如此艰难,你想邓小平开启改革开放的新时代,要遭遇怎样的惊涛骇浪?他的"举重若轻"来自其"绵里藏针"。越是艰难的改革,越离不开改革者的大智、大勇、大德。

22. 物理教授为何要办家长学校？

金：复旦大学的物理系教授准备创办家长学校；杭州某小学要求学生家长持证上岗，学校为此编写家长上岗指导手册。这两件事相映成趣。

作为教育部"长江学者奖励计划"特聘教授、国家杰出青年基金获得者的侯晓远，深感"教育家长"是中国教育的重要课题，产生了退休后办一所"父母学校"，让父母经受"职业培训"的想法，还希望"父母学校"能上升至国家战略的层面。为此，他倡议发起并主持了"家长研讨会"。

他认为，正如牛顿第三运动定律力的作用力和反作用力的原理，教师（父母）教育学生（孩子），就是在教育自己。他还就普遍困扰大学生的一些人生问题写了《人生自由之路》的小册子，在师生中传阅。侯教授将人生比喻为在"问题丛林"中行走，只有不断磨练自身的"精神肌肉"（即解决问题的能力），方可不为现实问题所困扰，从而达到自由的人生。

上次我们也讨论过私学的问题，你们对此现象怎么看？

M：家长把孩子送幼儿园，也未必想要孩子学什么东西，只是因为父母都要上班，没时间看孩子，交给家里的老人看管也不成，还是交到学校比较放心。有些家长有能力承担为孩子请家教、上补习班的费用，但真正能陪在孩子身边辅导孩子成长的家长特别少。一是没有时间，二是觉得心有余而力不足，所以家长通常觉得教育还是应该交给学校来办。

金：有些家长自身的文化程度很高，家庭的经济收入也可以，那么这些父母中有一方就可以全职来陪伴孩子；或者父母的工作时间比较富于弹性的，像大学老师，也可能有能力、有时间来亲自教育孩子。但不是所有的家长都可以承担居家教育孩子的重任。既然如此，为什么复旦教授的"家长学校"计划，获得如此强的共鸣呢？它至少反映了现在的父母对学校教育是不满意的。现代教育的指向是尊重人，以人文本，要求的是个性化的教育。目前的学校教育尤其是课堂教学，往往是"一刀切"，孩子们就不适应了。千篇一律、千人一面的教育对千差万别的孩子来说，显然是不公平的。这是在普遍实施义务教育后，产生的新的不公平。

现在父母要求的是，首先，有学给孩子上。你不给孩子上学，他就觉得不公平，乃至有违宪法的规定。其次，要求有好的学校上，即教师教的东西跟孩子的个性发展是不是合适，这就众口难调了。就像一个食客进入餐厅，他的口味是刁钻古怪、千变万化的，你这个厨师要满足食客不同时段的不同口味以及不同食客的各种嗜好，显然不容易。比如你开的是个湘菜馆，他开的是个粤菜馆，粤菜馆的师傅本来就没有烧湘菜的本事，你不要怪烧菜师傅，只需选择不同的饭馆即可。

同理，各种类型、各具特色的学校要多，社会办学的自由度要大，只有个性化的学校才可满足学生个性化的需求。同一所学校里，还要提供更多的课程以供选择，也就是上海育才高中、北京十一学校等的课程改革了。每个学生有一张课表，那现在很多学校肯定做不到。家长和学生未获得满足，那就退而求其次，自己办个家长学校，让家长承担起教师的职责，来满足自己孩子个性化成长的需要，家长学校就是在这样的背景下出来的。

X：物理教授认为现在的父母，家教方面的知识严重匮乏，他要和这些家长一起探讨如何教育孩子。他们觉得仅靠学校对孩子而言是远远不够的，因为学校里的教师仅传授知识，或只是做一些普及性的文化教育。家庭对孩子的影响是更大、更深远的。但很多父母不知如何教育孩子，也不知如何做称职的父母。他们常常基于传统的教育观，仅仅靠个人的意志，将自己认为对的人生道理、价值观强加到孩子身上。这位物理教授敏锐地觉察到家庭教育的误区，又特别热衷于教育事业，他还会把考试不及格的学生带到办公室单独补课。

金：对，最后他发现这些孩子的问题其实都是家庭的问题。

X：他试图劝导这些学生，但他们都不怎么愿意听从他的教诲。他发现根由是家长在这方面做得不够，于是在复旦校园里举办周末家长讨论会，每次大概三四个小时。他甚至萌发办一所家长学校的宏愿，培训家长如何教育好孩子。

金：培训家长，说明父母也需要学习。这个问题的提出是源于物理教授自己碰到的困境。那些学生对于老师提出的问题不知如何呼应，这是因为他们的早期教育，特别是家庭教育存在误区。同事之间交流时发现，他们自己教育孩子的方式、效果也不佳。于是家长们就自发聚在一起，互相交流，取长补短，运用讨论会帮助大家补充学校教育的不足。但作为专业的教育机构，学校宜发挥主导的作用。因为举办家长学校的自发行为，毕竟难以解决家庭教育的普遍问题。

既然大学的物理老师能看出大学生身上的弱点是来自从小的家庭教育有问题，那么中小学老师更要看到这个问题的迫切性。父母也要反思：能否尽到做父母的教育责任。学校教育和家庭教育如何互相配合？老师就应发挥引领作用。专业的教育工作者，可以把教育经验迁移进学生家庭，通过家长会等方式来更好地促进家校合作，就像这个物理教授做的一样。连大学教师都在这样做，中小学的各科教师，尤其是班主任更应该身体力行。中小学教师在家长面前，具有专业的权威性，为什么不来做这个事情呢？这本来是学校理应承担的责任，现在却让许多父母焦灼不安，像无头苍蝇团团转，只能靠几个教授自发来搞。各级学校的校长要看到社会存在的紧迫问题，要统筹学校和家庭两个层面的教育。

当然现在有些学校已办有家长学校，也建立了家校合作的通道。如上海嘉定区已系统构建三级家长委员会，制定了《嘉定区家长委员会章程》《嘉定区家长委员工作制度》等。区家委会成员分组分片巡视指导制度和主任委员例会制度等已初步构建，在全面落实家长委员会"六项工作制度"（定期例会制度，对口联系制度，家长义工制度，驻校办公制度，参与学校评议制度，参与重大事情决策备案制度）的基础上，重点推进监督评价制度和例会制度，不断提高自主管理能力和独立运作权力。

又如安徽肥东的圣泉学校，校长有一次请我去做"潜能生转化"的演讲，近两千人的学校礼堂座无虚席，除了本校的八百多教师，还有兄弟学校的教师代表，数百位家长代表也坐在里面。校长说学校的培训要让家长也参加，教育不仅仅是学校的事情，只有家校合作，才能使学生更好地成长。在家校合作的领域，校长、老师的专业引领很重要，而家校合作也要有一个系统构想和设计,从幼儿园、小学,一直合作到中学、大学。复旦物理教授就是从大学生层面暴露的素质短板来反观家教问题的,大学生的不成熟,反映了基础学校教育及家庭教育的盲区。

Y:家庭教育对每个人的性格、价值观的形成更加重要。从这个角度来看,校长、教师推进家校合作可谓责无旁贷,但家长的教育观也可能不太容易转变,因为毕竟是成人,形成了自己的思维惯性和行为习惯,特别是从做人方面来转化会更加困难。比较具体可行的,也许就是教父母在知识传递上如何操作吧。

L:前两天看到一则新闻报道,说美国2016年照例进行总统大选,其中小布什的弟弟也要竞选,如果小布什弟弟能够成功当选的话,他将成为布什家族为美国贡献的第三位总统。据说,跟布什家族有血缘关系的美国总统有十四位。这个数据令我深思:家庭潜在影响真是不容小觑。所以学校的作用和老师的作为只是个人生命历程中的一小部分吧,更大的影响力或许还是来自每个人深润其中的家庭。

金:家庭教育在人的品行陶冶上确实很重要。教育不是教师嘴巴上说说就可见效的,日常生活中点点滴滴的行为细节,往往会对学生产生潜移默化的终身影响。在孩子义务教育的早期阶段,家长们辅导专业知识也许能勉强胜任,但是到了中学,很多父母对知识课程的辅导已捉襟见肘。但家庭教育中父母的引导作用贵在品性的陶冶,也就是良好习惯的培养,比如说生活自理能力和处世自制能力的培育。

古人说,少年若天性,习惯成自然。怎么辅导得当,也少不了家长的智慧。如果说家长自身的思想和行为方式已定型了,他们的一些不良的思想倾向和怪癖嗜好也潜移默化地影响着孩子,老师能有多大的力量,改变这样的情形?老师既不可能伴随学生一生,也无法监控学生日常家庭生活的方方面面。当然,学校通过开家长会或建立家长学校,经由教师的专业引导提升父母家庭教育的智慧则是可能的。

正像文化人类学家玛格丽特·米德所指出的:以往的社会属"前喻"文化,即前人教后人;未来的社会属"后喻"文化,即后人教前人;当代社会则属"互喻"文化,两代人彼此互教。正确的家教观念通过老师和学生的互动,进而影响家长、重塑家庭文化,在这个过程中,教师和学生的作用很大。为什么?因为中国的父母某种程度上是为了孩子的未来而活的,这是中国家庭特殊的文化价值观。那么父母怎么为孩子更好、更有价值地活着呢?现在孩子在引导你了,孩子说的话要比老师、校长说的更有用。关键是老师的话能不能内化于学生的心中，再外显于行，形成良好的习惯。

教育具有改造人心的力量，教师要善用教育的力量。父母也是要脸的，人家的孩子"小手牵大手"，人家父母受孩子影响，行为越来越文明，我怎么不长进呢？教师要挖掘教育资源，把学生变为小老师。《礼记·学记》中的"教学相长"原则，本义是教师自身兼有教和学的两种行为且彼此促进，而现在，教师要把"教学相长"迁移到学生身上，让学生去做小老师，去影响家长，通过小老师的"教学相长"，让家长学校具备全新的教育内涵，让小学生、中学生、大学生回家教父母，不仅教知识，更要教现代公民的责任意识和文明行为，促进两代人的互帮互学。这是一个伟大繁复而富有创意的教育工程，有助于现代学校和家长学校融为一体。

22. 物理教授为何要办家长学校？

23. 预测"一起作业网"的前景

金："一起作业网"是一个教育领域的投资项目。这个项目实际上从基础教育阶段的小学一年级一直延伸到高中三年级,通过打造一个校园系统的作业平台,拓展学校教育的新领域。它以中小学生(包括幼儿园孩子)的日常作业为抓手,基于网上在线的学校课程知识和内容,来构成训练的脉络。

一起作业网的创始人是肖盾,这个新型网站引来的投资人是原来新东方的合伙人,一个是王强,一个是徐小平。他们两个作为新东方学校的元老,对学校教育的现代方式具有敏锐的超前预测。特别是作为董事长的王强,非常看好"一起作业网"的发展前景。虽然现在这个项目还是处在烧钱的过程中,但他们认定数字化作业网的建构,对于传统学校教育是一种个性化的颠覆,教师通过进行学生个性化作业的指导,可有效提升学校的办学质量。

但是该项目的进展,实际上面临着若干难题。它的网上用户目前不是很多,项目开始之初主要是投入,不可能有回报。由于创始人本身在外语教学方面有丰富的经验积淀,"一起作业网"也在外语课堂教学的作业上率先突破。2011年底,随着它的一个课题《新课标形势下小学英语网络作业形式探索》通过审批,它就可以国家课题的形式来被广泛推介,从而进入各基层学校了。

所以到 2012 年底,"一起作业网"的学生用户就达到了一百多万。两年不到,据说"一起作业网"的用户数增长到三万所学校、近八百万学生了。到 2014 年 10 月,每月的会员用户有将近二百万人了。这真是爆发式的增长!在快速增长的同时,区域的渗透率却还不是很高,尽管在大多数区域有了使用的系统,但真正对学生在实际操作层面上的渗透还不是很理想。作为互联网公司,进入这样一个新型的创业邻域,要熟悉了解校园的教学系统是非常不容易的,而且在刚开始建网的过程中,面临的工程巨大且浩繁,所以感觉相当困难。

我想,作业网投资者一定是预测到作业训练在中国学校具有广阔"前景"因而"钱景"无限吧,我们不妨也来预测一下它的命运。

M:我们小时候都有这种经历吧,就是跟邻居家的孩子一起做作业。因为上同一所学校,在同一个班级,同一个老师教课,布置的作业也一样,大家很自然就凑一起,比试着谁先做完,一旦遇到难题还可彼此商量讨论。这真是很愉快的经历。但是现在城里的孩子都住高楼大厦,同一个小区也未必能找到同龄的孩子,就是有同龄的伙伴也未必在同一所学校,而在同一所学校的又不一定是同班的学生,作业不一样,大家好像也不会凑在一起做作业了。

金:这个"一起作业网"主要涉及老师和学生,或者说是老师对学生有针对性、个别性的辅导,还包括父母的个性化指导,属于父母、老师和孩子的"一起作业网"。当然,刚才你说的孩子们一起做作业也是一种可能。

M:有些家长给孩子请家教,实际上就是帮孩子辅导作业的。我觉得线上交流和现实生活中人们面对面交流的感觉,应有很大的差异。其实网上学习很早就开始了,就像目前流行的慕课,但是学生不太喜欢,它隔断了人们彼此间的真实交流。所以这个"一起作业网"的前景,我不是特别看好。

金:现在这个项目烧了不少钱,好像已有近四千万美金烧进去了。马云当年引入孙正义的"风投"基金,烧了两千万美金,一下子就发展起来了。其实,阿里巴巴搭建的是一个交易商品的实物平台,而"一起作业网"交易的是软性信息,所以难度也要大得多。

M:作业是应该让学生独立完成,还是旁边有人给他辅导?哪种方式更好一点?对此还存在争议。找一个人辅导作业,其实是削弱了孩子自我检查的能力,会让他对别人产生依赖性。

L：我困惑的是，这个"一起作业网"究竟让老师和学生在什么时间使用呢？肯定不会是日常在校的时候，而是利用课余时间。如果学生放学、教师下班后使用"一起作业网"，那么教师一天劳累之余，应该不太会有精力和时间上网去指导学生做作业了。而且这也会占用教师的大量课余时间，他们还需要有备课或处理私事的时间。我觉得"一起作业网"面临的困境恐怕是教师的集体抗拒。

X：它不是有专业的教师团队吗？"一起作业网"其实是把一个之前看得见摸得着的教育培训机构或作业辅导班搬到了网上，但性质和原来的模式并无太大的差别，只是受众更广了。因为互联网可以容纳大量的在线学生，让他们和老师同时做作业，只要网络平台搭建得足够好，就可以大批量地生产，也可以节省很多资源。比如学校里老师是一对一地辅导，现在网上一个老师可以同时辅导很多学生，且节省了办实体教育机构必须的房租费、课桌等设备费，也突破了实体学校招收学员在数量上的限制。总之，"一起作业网"就是通过网上课外辅导班的规模效应挣钱的商业机构罢了。

M：是否就像我们平时购物，有网上"客服"提供在线服务，有问题可随时问？那它的功能就是为学生答疑解惑吗？

X：其实在线教育我也体验过，觉得这个方式还不错，挺方便的。比如，晚上七点半到九点半，下班或放学后，大家都有时间了，一些老师会开讲座，或者固定地在此时段内讲课。课后，观众没什么疑问就可直接下线，如有疑问，则通过操作平台，直接把问题发给老师，然后老师会辅导解答，其他人也能看到该问题以及老师的回应。如果网络畅通的话，这种方式效果还是比较好的。但是作为一种模式化的教育方式来长期推行，我觉得并不适宜，因为学生和老师面对面交流和接受辅导，与网上听课和接受辅导的体验是大不一样的。

至于"一起作业网"的发展前景，我们很难预测。但是互联网的发展趋势是不可阻挡的，现在只要开发出一个软件，有客户端，通过某某频道，就可有很多人在线听一些老师的讲座。只要你想学习，资源是非常丰富的。所以传统的学校、课堂教学方式势必受到很大冲击。但网上听课，也是付款后老师讲的内容比较有价值；如果是免费资源，老师通常只讲某个知识点，吊起观众的胃口，相当于打一个广告，后面更多有价值的内容是你必须付费才能获取的。

H："一起作业网"虽然存在若干弊端，但真的实施起来，应该是有前景的。因为现实是很多父母没有时间去辅导孩子做作业，在上海这种现象更为普遍。据报道，上海有些学校在学生放学后,再提供两个小时的免费看管班(即老师再陪孩子两个小时)。因为上海的中小学通常下午三点已放学,孩子放学比家长下班的时间要早很多,这段时间里,孩子没人看管家长不放心。所以就现实而言,"一起作业网"通过让在线教师指导孩子做作业,免去了家长既无时间陪伴又无专业支撑的麻烦,也是好事。当然它也有弊端,就是会让父母和孩子都产生依赖性。

X: 我觉得主要的问题还是在学生,中小学生的自制力本来就较弱,如果再加上一个网上辅导的作业课程,学生一旦有了依赖,就更不听老师的课堂讲解了。这种情况,在网络上主讲或辅导作业的老师并不知情,这反而造成教学错位或辅导越位。高效率地学习网上课程或完成网上作业,离不开线下的课堂教学中学生的自觉意识。互联网的诱惑与学生的自制力差所构成的负面效应,正是线上学习模式需正视的一个问题。

H: 即使是这样,家长自己没有时间去引领孩子,更无时间去辅导作业,网上作业辅导毕竟填补了空白。

X: 所以现在有很多父母把孩子送入课外托管班。有真实的人在监控和辅导,家长还觉得可以信赖。仅靠网上作业平台,又无人在旁监督,孩子的学习效率还真的大打折扣了。

M: 网上学习效果还得靠孩子的自觉。

X: 对,靠自觉!可是中小学生的自制能力普遍较弱,有些是很差。我们也是从那个阶段过来不久的,应该明白。

金: 学生的自制力和自觉性要到高中阶段才可能会强些,小学到初中的这个时段,如果缺乏监管,网上学习的效果就不会很好。所以光靠线上教师的辅导是不够的,线上和线下的学习应该结合起来。传统的课堂教学"一刀切"当然是个问题,线上教学的最大优势就是"点对点",有针对性,富于个性化。学校里一个班的老师要面对五十个学生,很难做到个性化。那么通过网络平台,让五十个孩子选择五十种课程、对应五十个作业表,就更有针对性了。"因材施教"的理念和个性化的追求,通过网络技术条件获得了支撑,这是"一起作业网"这类网上学习机构具有广阔发展前景的依据所在。

我看"一起作业网"还有个企图心,即想把苦差似的传统作业转化为学生喜欢的游戏载体,把娱乐的元素渗入学生作业。那么,"一起作业网"就不仅仅是一个社会培训机构或学校代理商,它需要家庭、学校、出版社、游戏玩具商、网络运营商等机构群策群力一起来参与建设。比如,学校提供相应的课程资源,游戏机构设计娱乐元素,让做作业有点玩游戏的感觉,类似网上的"通关"游戏,这一关通不过,后面的作业跳不出来,以此让作业产生强大的吸引力,这符合中小学生的心理特点。

投资商为什么看好"一起作业网"呢?因为网上的游戏产业,如动漫之类的娱乐产品现在非常火,效益也不错。而全国的中小学生近2亿,课程作业是一块巨大的蛋糕。他们就想做产业的嫁接,互联网+作业的前景(钱景)太诱人了,谁不想分一杯羹?2亿中小学生的背后是2亿个家庭,4亿个爸爸妈妈,8亿个爷爷奶奶外公外婆。可怜天下父母心,谁不重视孩子的作业,父母甚至爷爷奶奶、外公外婆辅导孩子做作业是天经地义的,加上用娱乐游戏的方式渗入,这块巨无霸蛋糕就更诱人了。风险投资商愿意投这么多钱,莫不基于市场的考量。据说董事长王强可能把自己所有的钱都砸进"一起作业网"了,所以这件事,他不干到底已不行了,所谓置之死地而后生。

Y:这主要是利用网络的优势,像有些作业,需要画图的,通过网络技术做出来,效果很漂亮。如果对作业做个分类,适应不同学生的需求,"一起作业网"的前景还是非常好的,比如有些作业可以放到网上。但有些作业需要学生和老师一对一、面对面沟通辅导,这部分就应该放到线下做。理想的状态还是线上和线下联系畅通吧。

金:线上沟通的确是比较简易的,教师马上可以给个回复,属于单纯的知识、技术之类的题目就可以这么做。有的综合性难题,恐怕靠网络来回沟通挺麻烦的,不如当面沟通直接有效。

M:这等于是两批人在做同一件事。作业是学校老师布置的,为你答疑解惑的是学校的老师,还是另外一个机构?当学生面临作业中必须解决的难题时,他究竟找老师辅导还是寻求网上解答?

金:"一起作业网"真要做成功,离不开一个非常强大的后续支援系统。有些作业问题是不需要专业老师指导的,因为太简单了,一个知识性的错误,网上资源库就可以自动辨识、自动纠正。稍微难一点的问题可能就要归类,再由一个后台专家小组集中处理。咨询室应有专家值班,他应对相关课程资源非常熟悉且对中小学生心理也很了解,具有相当的辅导经验。还有一些特别的需要,如某些重要、复杂的难题,可集中起来,经过专家组研讨,再确定专人当面辅导,这就需要在网上提前预约了。也可能是某一天,将具有相似问题的学生集中起来,到某个专家咨询室或某所学校的辅导室,既有专家对小组的面授,也有一对一的咨询、诊断。

"一起作业网"要区分不同层次的教育消费需求,要建立稳定的熟悉中小学课程及学生心理的专家资源库,真要做起来,工作量是非常大的,还得大把地烧钱。现在不少人都在探求互联网+教育的出路。虽然上网的人越来越多,实际上网络教育的难点依然存在。至今做得比较成熟的还是外语教学,一方面是上网学语言的人多,市场大,另一方面是语音识别、语言训练有明确的技术标准也易于操作。"一起作业网"为什么从外语作业率先突破?就是基于上述原由。推广至物理、数学、化学等作业,难度就增大了。语文也是如此,像写作文,网上不易辅导,还是要老师给学生面批。至于涉及各门学科的综合性难题,恐怕更非语音设备和机器人能够应对。所以一起作业网后续最难的问题,同时也是最大的投入,一是创建庞大的作业数据库,尤其是作业辅导的经典案例库,二是培育和组建具有双专业背景(学科专业和教育专业)的数量充足的专家库。"一起作业网"真要成为教育领域的互联网学习品牌平台,那么它后期的资金投入及工程量将是浩大的。

这个名为"一起作业网"的新生事物,要比马云的阿里巴巴难多了。淘宝网是你有什么东西就放上网,你需要什么东西就上网买。这其实很简单,就看买卖双方愿不愿意成交,试用一个星期你就成交了,你不买也可以退货。"一起作业网"的产品你敢成交吗?成交后还能退货吗?知识类产品、服务类产品是软的,看不见摸不着,且是见仁见智的。我的智慧、建议你已明白,你又说不行,要退!服务过了,你说怎么退?这个难度相当高。培育教育的网上市场阻力重重:一是百年树人的事业,你要搞成产业,价值观的转变特别难;二是涉及中小学多种课程知识和学生心理,建立评价和服务的标准特别难;三是交易所需的诚信成本在中国社会转型的当下特别昂贵。

开发商觉得开发的技术太复杂、成本太高的话,真的会没有耐心。你要熬它个五年十年,你要不断地烧钱,烧得起吗?这个真的是折磨人,你要耗得起。玩这种东西,没有大投入、长时间的准备恐怕是不行的。所以还是这句老话:前途是光明的,道路是曲折的。

实际上"一起作业网"是否存在,对消费者而言并非迫在眉睫的重要问题。中小学生每天自发地在网上玩,当他们碰到作业难题,手机短信也好,网上邮件也好,或通过"微博"平台,他们不就是"一起作业"了吗?也就是说,"一起作业网"是无法垄断市场的,它也无法取代学生自发的"一起作业"的小平台。其中最大的问题是:苹果(物质产品)是不能分享的,知识是可以分享的。因此阿里巴巴已获成功,"一起作业网"前景(钱景)未卜。

M: 为什么我们一定要利用"一起作业网"这个平台呢?我有QQ、微信、电话啊,还不如直接联系对方好了。

金：电话里说明，发手机短信，直截了当。当然有时候涉及公式、定理之类的问题，未必说得清楚。

H：现在有微信啊，语音、图片、文字传送都是支持的。

金：三个功能综合在移动智能终端上了，电讯产业给人提供的服务更人性化，沟通交流也更方便了。但有时也适得其反。比如我有时打电话询问某机构，现在都是智能服务器接应：您好，我是某某，您有什么问题请按1到10什么什么。我等上一两分钟，再一按，进入了，又请你再按什么什么，真烦死人了！以前人工服务，电讯员一接，什么事情立马搞定，该连线谁就是谁。现在搞个语音器，转了半天也不知找谁，然后就忙音了，让你先付电话费。

有时看似先进的技术设备背后是懒政、庸政，看上去方便的东西，结果反而搞得不方便，费劲又费钱。在一个崇尚互联网的时代，也不能太迷信互联网，这就是我对"一起作业网"的看法。

24. 北大燕京学堂承载什么？

金： 关于北大燕京学堂这个话题，前一阵子媒体炒得比较热。北京大学的教授、学生对这个事都有不同的看法。北大创设燕京学堂的初衷是为了更多、更快、更好地把中国文化推向世界。怎么推出去呢？北大希望以燕京学堂这个平台去招收世界各国对中国文化感兴趣且可堪造就的青年才俊，在比较短的时间里，好像是一年，让他们具备中国文化的基础，通过他们去搭建中外文化沟通的桥梁。

这样的设想和计划，为什么会引起如此大的争议呢？首先，一年的时间究竟能否造就跨文化的高端人才，起到使中国文化走出去的作用？基于常识判断，培养一个硕博连读的专才尚且需六七年时间，更遑论不谙中国语言文字和文化的外国学生。短期内怎能达到这样高的目的。其次，建燕京学堂大兴土木，把北大原来一些富有文化韵味和纪念意义的建筑推倒重来，导致北大的人文历史景观可能毁于一旦。第三，燕京学堂录取的外国学员据说待遇非常高，是中国研究生的近十倍，国外的留学生学费全免，还有高额的奖学金和生活金，与本土学子的待遇形成巨大的落差。将纳税人的钱大把投入，是否做过效果评估，是否有违公平公正？第四，有人认为燕京学堂项目本身就是执政者——高校领导及某些教育行政官员急功近利的产物,即想在任期的有限时间里做出政绩,所以抓了这么一个短平快的项目。

争论还涉及 985 工程,也有关北大百年校庆提出的宏伟目标——希望在较短的时期内赶超世界一流大学。问题的关键是世界一流的标准是什么?如果按照美国人的标准亦步亦趋,按照人家制定的游戏规则去跟人家玩,那你怎么玩得过人家呢?当你接近人家的水准,人家把游戏规则一变,再制定新的标准,也就是有利于制定者的标准,你咋办?好不容易攀上山峰,结果人家说更高的山头在那边,你就惨了,还得重新爬。也有一种观点认为,所谓的国际先进标准也要经受质疑,恰恰是中国本土某种特色文化,随着时代的推移、世局的变化,其独特的价值会逐渐彰显。而中国文化的底蕴根本就不是外国留学生一年内能够掌握的。

反之,中国本土的专家、学者在中国文化方面还真有研究,也承担着传承中华文化的重任,对这些人学校当局缺少应有的同情,也无重点的支持帮助。不抓内功,不强本体,为了到世界上去争所谓的国际话语权,用金钱开路的方式搞胡里花哨的国际项目,这偏离了大学的办学理念。追着人家的尾巴,忘却自身的精神,怎么还有可能成为世界一流?

可见,围绕燕京学堂的创建与否,各种观点的交锋相当激烈。这个话题是值得研究的,因为虽然说的是北大的具体项目,但它与中国高等教育的发展取向有关。我想燕京学堂这件事,包括其目的、意义、课程设置、课堂教学等,都可讨论。听说它建起来后将采用书院制,有中国教授住宿在书院,与外国留学生同吃同住,使教学和生活融为一体。对这件事,你们有何看法?

L:之前看了一些相关资料,发现北大内部对燕京学堂也颇有争议,有些教师对这个项目持强烈反对的态度。比如北大国家发展研究院的李玲教授,非常尖锐地指出北大办燕京学堂的重要背景就是清华推出了"苏世民学者项目"。清华项目是要创办一所苏世民书院,由清华大学与美国黑石集团主席苏世民合作建立,目标是为世界"培养各界领导精英"。现在这个书院项目正在实施中,预计 2017 年向全世界招生。该项目的顾问阵容非常强大,包括英国前首相布莱尔、法国前总统萨科齐、澳大利亚前总理陆克文、诺奖获得者杨振宁、耶鲁大学校长莱文以及美国前国务卿基辛格和赖斯等,十分夺人眼球。

李玲教授认为北大办燕京学堂本质上是和清华的苏世民项目竞争,燕京学堂计划在 2015 年 9 月招生,而清华的项目要到 2017 年才开始招生,北大抢在清华前头,占了先机。学者质疑:"这是办学吗?这是学校之间的低水平竞争。"燕京学堂要办在静园——这是北大校园的核心区,这无疑让真正的北大人沦为"二等公民"。因为北大最牛的是本科,但将来北大的本科生就将是"二等公民"。另外,燕京学堂采用英文授课,主要招收外国留学生和港澳台学生。用英文来教授中国文化,引发了北大许多师生的忧虑。因为中国学生出国学习外国文化,人家肯定是用自己的母语来上课的,但燕京学堂却反其道而行之,迎合外国人的意味太强了。

金:中国学生到美国去留学,美国教授一定是用母语即英语来授课的,现在外国留学生来到中国北大的燕京学堂,中国教授却用英语去讲课,这确实是个悖论。究其原因,关键是缺乏民族自信。一个缺乏民族文化自信的大学,人家又怎会心甘情愿地来学习你的文化?让留学生用其他国家的语言来学中国的文化,岂非滑天下之大稽,这样的留学还有何意义可言?因为人家来学习,就是看重文化的特色,语言是文化特色的根啊,根基都动摇了,所有依附在上面的东西也不存在了。语言都不通,怎么能真正洞悉文化的奥秘,把握文化的精髓?那是天方夜谭!我认为这是第一个绕不过去的核心问题。如果真要办好燕京学堂,则课堂教学用语一定要是中文,否则你培养的留学生真成了假洋鬼子,不可能担当中外文化交流的重任,也无法向世界彰显中华文化的魅力。就像中国学生到美国去读书一样,先要花几年时间把语言搞通,才可以登堂入室,进入学问的前沿,理解课程的真义。

H:清华的苏世民项目与北大燕京学堂相比,还比较靠谱,就像它标榜的那样,是培养世界顶级的领导人才和精英,其设置的课程如工程管理等都与之相关。但是就北大燕京学堂的项目,北大自称是培养世界级人才,并且是知晓中国文化的世界级领导人才、精英人才,但它设置的课程是哲学、宗教、历史、考古、文学一类,这样的课程设置,可能使学生熟悉了中国文化,但作为世界领导人才,则显然是不够的。而且它的课程时间仅一年。这类属于中国文化的核心内容,需要相当时间的积累,一年时间令人怀疑其实际效果。

金:说到培养国际化的领导精英,大学当然希望招到合适的外国留学生,经过中国大学设计的特别课程后,对中国文化发生浓厚的兴趣,有志于在世界范围传播中国文化,做中外文化交流的友好使者。反过来,美国应该也在做类似的事情,而且比我们做得更早。当年退回庚子赔款,建立清华留美预备学校就不必谈了,就拿今天中国的做法来说,常可见国企部门领导和政府官员被送到美国哈佛大学肯尼迪政治学院的高级研修班去学习。由于今天的中国不差钱,美国人自然也不会提供免费的午餐。问题是,美国大学是挣了中国人的真金白银,还让中国干部自觉体认了美国的管理文化,而我们花纳税人的钱,把干部送出国培训,动辄花几十万、上百万美金,等人家来中国留学呢,你还是送钱给人家,不仅读书不要钱,吃住还全免费。这有点莫名其妙,是不是?

中国的顶尖大学展现出泱泱大国的风度,自己掏钱去招徕留学生,提供教育的一条龙服务,使尽浑身招数,将中国文化塞给人家,说我免费送给你,你来留学还给你倒贴钱。那人家是否愿来?来了能否学好?这是值得深思的问题。反过来看,大量的中国留学生,在美国大学全方位地学习各门学科的知识,他们为了真正了解和学习美国的文化,在出国之前就已经过了外语关,为了体验美国社会生活,寄宿在美国人的家庭,全身心地浸润于美国文化。如此的留学经历,使他们在掌握语言的基础上,学了美国的先进科技和管理知识,又熟悉了美国文化,这样他们才可能在中美文化的交流中发挥自身的作用。

现在你把外国学生招到中国大学来,用英语给他们讲一些中国的文化,他们用一年的时间寄宿在书院中,好像生活在一个高级的真空管里。在中国这个巨大而复杂的社会里,有一个北大或清华的校中校,即燕京学堂或苏世民学院,给学生注射营养液,把他们放在真空管里精心培养,如此栽培的"花朵"再移植回本国,这是否能对中国文化的传播起作用?是否能成就世界级的领袖人才?我看即使能起作用,能成才,也是有限的。这种培养模式不是根本之道,确实太急功近利了。对这件事,看来是需要争议一番。北大作为985的首选大学,用的都是纳税人的钱啊,谁有这么大的权力,划拨如此巨大的经费?经过立法机构的讨论和论证没有?这么多的钱,行政领导说这所学校质量好,就可以给它了?

好和不好的标准何在?中国大学的相当一部分都是公立学校,这就造成了严重的不公正。一项重大举措的出台,要经过科学严肃的论证。为什么将这些钱投给这几所学校?它的意义是什么、价值是什么、产出又是什么?还没有弄清楚,就因为是历史名校,就因为需要有几所大学赶超世界水平,就把巨额经费投进去了?然后各路大学八仙过海各显神通,最后搞出三十几所985。这又有什么意义?如果名牌大学真是孙悟空,那么谁的能耐大,谁有本事筹资,谁就用自己的钱做项目,政府也不用管,学校自有章程约束。学校有魅力,吸引外国留学生来中国读书,自然是好事。如果学校有本事,让外国人自己掏钱来读书,那更见得你英雄。

以上海中学为例,它可以说是中国最具国际化特征的学校,因为国际化的第一指标是生源的组成。哈佛、剑桥为何是国际化大学?学生十个里有三四个是来自世界各国的,这就是国际化大学。上海中学的国际部,有3000多个外国孩子,国内部有1500多个中国孩子，国际部的学生已两倍于国内部，这就是典型的国际化学校。以此标准衡量中国的大学，差距甚大。当然上海中学的国际化也有问题，它是国内部和国际部分开教学的。上海中学应该把国内部与国际部融通，教师给外国学生授课不妨用中文，外国留学生在中国学习，语言不通行吗？中国留学生到美国学校，教师会用中文来给你讲数理化知识吗？不可能的嘛。

所以上海中学的国际化办学也存在短板，它满足了西方国家高端人士在上海就职时其子女在上海基础学校接受教育的需求，但上海中学用国际部的体制，采纳国际标准的课程，甚至用英语作为日常课堂的教学语言，实际上是把美国的中学课程搬到了中国的土地上，就好像是学生进入了上海中学内的美国学校，而不是中国的办学主体以自己的特色吸引外国人的孩子用中国的语言在中国读书。所以上海中学的国际化，我看还不是真正的国际化。

中外文化的交流确实存在问题，从上海中学即可看出，北大的燕京学堂更是如此。学校有本事招留学生，从中学到大学的课堂教学语言就应该用中文。招国际学生，也要收学费，且学费应该收得不低，而不是倒贴学费，还给生活金。也许你要说，这样一来，外国人谁愿意进中国学校读书？那也未必，你怎么知道没有？开辟外国人来华留学的路径首先要正确，如果一开始路径就偏颇的话，后面的发展就更成问题了。人家会想：可以拿中国人的钱到中国去读书，我干嘛这么傻，自己花钱来读书啊。于是收费留学的路一开始就被堵住了。

至少国家在这方面花钱需谨慎，学校自己筹资提供免费留学，我们乐观其成；拿纳税人的钱如此花销，甚为不妥。而且这个质疑探讨的声音首先从北大内部发出，恰是北大精神犹存的表征，应得到社会舆论的支持。它反映出北大学者，其良知并没有被所谓的"利益共同体"绑架，或者推波助澜，想着学校上大项目了，反正花国家的钱，自己乐得分一杯羹。北大学者秉持公义，作为局内人，敢讲公道话，说明北大还有值得尊敬之处。

尽管此事似乎已是板上钉钉，争论也不会影响北大当局的实施，但至少给操作者形成了压力，提醒其把此事办好，对得起历史的检验。要上项目，要把项目做好，一个重要的方法论就是要事先倾听不同的声音，有时为了确保项目成功，还要做"项目反论证"。如果北大的当事人坐在我们这个课堂内，彼此来个交流交锋，就更有意思了，是吧？

X：这里涉及一个目的的问题，即北大为什么要办燕京学堂。它的初衷是想把中国文化的影响更有效地扩展到国际层面，这与我们上次讨论的"播种"问题相关。当然我们可以问：为什么不培养中国本土的国际化人才，给他夯实中国传统文化教育的基础，让中国人先将民族文化的精髓传承下去？作为中国人，首先自己应该继承弘扬中华优秀文化，然后再

24. 北大燕京学堂承载什么？

传播到世界各地,这种由内而外的传播方式是不是更好呢?

从另一个角度看,北大办燕京学堂,出钱让外国人来学习中华文化,从某种程度来讲,是不是自己的文化还缺乏魅力,还不足以吸引外国人前来流连观赏?由此观之,我们就更应该思考,怎样才能把中国文化传承好,以更有效的方式扩大自身的影响力?俗话说,"酒香不怕巷子深",只要我们的文化真是好东西,现在传播渠道这么多,不怕传播不开去,也不怕别人不来学习。

其实北大之所以办这个项目,可能真的含有与清华项目竞争的目的。因为北大和清华是中国最顶尖的大学,如果清华将其培养的国际化人才定位于顶尖的精英,那么北大肯定不甘落后。由于北大更多地承载了中国文化的特质,它可能就想把自己的强项做成国际化的品牌,通过燕京学堂开辟一条将中华优秀文化与国际接轨的路径吧。其内含的北大精神和考量自有合理性,功过是非尚难一锤定音,还得经过时间检验。

金:文化要有自身的特色和内在的魅力,这是个关键。前不久纪念邓小平一百一十周年诞辰的电影《邓小平》上映,在电影中有一个镜头,"文革"时期大陆人舍命冲破铁丝网,要偷渡到香港去。你过去干嘛呢?香港不是一个黑暗的、苦难的资本主义社会嘛,我们这里是幸福的共产主义天堂,那么天堂人不要命地偷渡到资本主义社会去"受苦",这真是一个奇怪的问题了。当年习仲勋陪同邓小平视察的一幕,更坚定了他改革开放的决心。

今天的香港人为何也乐于回深圳定居了?还真应了"酒香不怕巷子深"的老话。我一直琢磨,中国的有钱人、聪明人,移民啊、读书啊,千方百计上哪去?首选美国,其次英国等西方发达国家,也就是跑英美世界去。拼命跑到第三世界最穷国家的大概没有,也许有,那不是去留学,是去做生意赚钱。反之,英美发达国家的人,拼了命要偷渡到中国来的,有没有呢?估计还没有。像白求恩之类的人物,冲破险阻献身中华的,毕竟是例外。

所以问题就在这个地方。我们拼命用钱去引诱人家来,这是贻笑大方的事情。我的想法是,你得首先让中国的孩子安心地在本国念书,不是拼了命地一定要做美国梦。也就是说,并非此生必须出国,不出国不足以彰显成功。当然有机会出去看看是好的,比如中国人现在悠闲了也有钱了,出国旅游转转也不错。但不是说非得拼命,当年是不要命地冲破铁丝网扑到香港去,今天是从零岁就拼命,早早出国留学去。现在深圳人还愿意偷渡去香港吗,他去香港玩玩就可以了。这个就对了,这就是三十多年来改革开放的成果。

我们要继承弘扬中华优秀文化,也要创新文化,革新观念。年轻人有机会出国看看是好事,大学生出国深造也要鼓励,但无须这么拼命,留在大陆创业也很好。当中国强起来、富起来、美起来时,外国人就会说这个东方国家太富有魅力了,外国的年轻人会说中国太让人魂牵梦绕了,我们要到中国去,我们也要圆一个中国梦!于是,他们就不远万里,来到中国,付学费,花精力,赔时间,读一年两年,甚至八年十年。有的人来了不想走,拼了命,想获得一张中国的"绿卡"(长期居住证)。而且这样的人越来越多,越来越多……啊,中国就真的成功了!中国梦就真的实现了!也就是孔夫子说的"近悦远来"吧。遥想当年的盛唐气象,大约如此吧!

我们现在就是要想办法,脚踏实地,苦干巧干加乐干,首要就是让中国人安居、乐业、好学。然后,人家一看,中国社会这么幸福,中国文化这么有魅力,他就愿意了解,愿意来学习,哪怕是花自己的钱。这是两部曲,第一部曲先要唱好,不然后面的第二部曲就不靠谱。

L:北大清华推出的项目,给人的感觉是有点像近代外国人来中国办教会学校。当时教会为了传教来华办学,实际是要扩大其文化影响力,所以教会学校提供的待遇也很优厚。最初的教会女学,为了招生也是"倒贴钱",请适龄女孩来上学,女孩子却不愿意去。如今好像反过来了,中国孩子都对国外学校趋之若鹜了,而中国为了扩大自身文化影响力,也开始通过各种途径吸引外国人学习中国文化。这里最关键的确实还是文化吸引力,有了文化软实力,不用贴钱,人家也会主动就学。

金:你说的这点很有意思,能启发我们思考一个问题:文化传播,仅是政府的事吗?西方宗教文化的传播并非是依靠政府的,当然政府也给与了支持。西方有传教的自由,也推崇贸易自由。中国传统社会是封闭的,西方人首先要求门户开放做生意,要自由交易,然后宗教文化传了进来,中国人就开始抵抗,把洋教士赶出去,导致洋枪洋炮打进来,逼迫你开放。现在中国是主动开放,加入世贸协定,遵循自由贸易的原则。中国文化也要走出去,但我们还缺少什么条件?西方有传教士,他为宗教文化献身,他不是为了挣钱去传教,他是奉献啊。中国现在有没有这样的一批志愿者呢?

中国文化走出去,迫切需要有一批文化的承载者,对自身所承载的文化,全心地研究、爱护、信服,怀着满腔的爱和信,带着这个文化到世界各地播种,就好像当年的传教士。他甚至是用自己的钱去做这事,或者用民间组织的钱,但不是政府投资。如果企业家要做这件事,可以在某所学校设一个中华文化复兴基地,每年派一百个或三百个志愿者到全世界去播种;再从全世界去吸收新的种子,使达官贵人、各国政要的子弟,都乐意来体验中国文化。西方传教士都是宗教组织派遣的，不是政府行为。

我们现在的文化传播和交流，往往搞成政府行为。这一方面是由于民间的力量还太弱，另一方面还是传统思维惯性，政府大包大揽，挤压了社会组织的生存空间。美国有的学校最近提出暂缓孔子学院合作项目，恐怕也是找了这个茬：说你是政府行为，弄这么多孔子学院开办到全世界，有何企图？如果本来是个民间组织的文化项目，是否更容易为合作方接受？对文化合作项目操作路径的反思，可完善并创新文化传播的机制。

对于社会民间增长着的健康力量不要去打压。以前上海有个孟母堂，是民间办学力量催生出来的，因为现在的孩子传统文化修养不够，学校又缺少这类资源，所以就有了孟母堂来传播弘扬传统文化。结果这事就引起争议了，上海的有关行政部门最后找了个原因，不是说你讲传统文化不对，而是说你办学条件不达标，房子太小不像个学校，老师的资质不够，不能保证教学质量，把孟母堂给封掉了。

这个处置我觉得甚是荒唐。用自己的钱办社会的事，你管房子大小干嘛？传统的村塾、私塾不就是几个同村同宗的小伙伴，一起在祠堂或家里听老师讲课？为什么一定要多大规模的房子和场地才叫学校，才有办学许可证？我觉得这是政府的垄断行为，它要限制办学权利的时候，就会找很多千奇百怪的理由。在大数据、互联网时代，一个家庭就是一所学校，你能管制吗？中国文化真要有世界影响力，我看还得官学下移，有教无类，百花齐放，百家争鸣，各献其力，各展神通。说到底，办学的自由权、自主权还得去争取。

如果父母有文化有智慧也有经济实力的话，孩子留在家里读书就不可以吗？比如做全职妈妈或全职爸爸，专心在家养孩子、教孩子，孩子经检测评估合格，可以不去上学。美国现在也有这种情况。我觉得美国最值得我们学习借鉴的地方，就是它的试错弹性空间，无论什么事情，只要在法律框架内，你都可以实验，探索的空间特别大。我们这个社会吧，什么都管得太严，创造性就出不来。人家不上学也不违反义务教育法，因为父母在家里教啊，还有专业的教育公司来帮忙打理。其实，有学校未必有教育，无学校未必无教育。有无之间，存于一心，亦可验证。

H：之前听说上海也有这类情况，父母都是知识分子，自己在家里教孩子，有一整套教材，一些志同道合的人聚在一起。

金：这也是在尝试啊。现在中国社会也稍具弹性了，在大众创业、万众创新的当下，我们要弘扬这种探索精神。

25. 哈佛一堂课：交通规则的十年讨论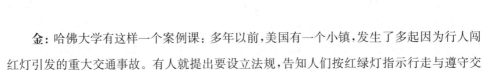

金：哈佛大学有这样一个案例课：多年以前，美国有一个小镇，发生了多起因为行人闯红灯引发的重大交通事故。有人就提出要设立法规，告知人们按红绿灯指示行走与遵守交通规则的关系，同时让大家知道，再发生类似的事故，应担负怎样的责任。这件事就引起了人们的争论。教授说，对于这个案例，你们觉得应该怎样处理？

于是学生就讨论起来。有人说应该立法，使人们知道并遵循交通规则；也有反对者，说没必要立法。学生的争论非常激烈，争论了两个多小时，还没有统一的结论。有个中国来的留学生就挺纳闷：美国教授上的什么课？说个案例，起个头，"挑动群众斗群众"，斗了两个多小时，又不了了之，连个结论都没有，时间白白浪费了。干嘛要这样上课？

课结束时，教授仿佛看出了学生的疑虑，他说："大家的意见都很好，小镇上人们讨论的结果跟你们是一样的。你们只是在课堂上讨论了两个半小时，而这个小镇上的人，就是否立法的问题讨论了十年，十年中伴随着众多的意见，媒体上也有大量针锋相对的观点，有电视台、电台的现场直播辩论，最后意见仍未统一。十年后，此事不了了之，还是没有立法。"然后，教授问大家："这样一个十年的讨论争议，有这么多媒体的直播辩论，最后还没立法。

你们说,这样办事有无效率?"哈佛教授的这个问题,你们怎么回答?

H:我认为潜移默化的影响更重要。比如说,道德教育是否有效,要用行为去证明,而不是靠语言来说明。对学生进行道德教育时,教师自身的言行示范会让学生心悦诚服地接受。哈佛大学课堂上的例证表明,并不一定要把结论说出来,学生才会身体力行。在这个讨论的过程中,人们已经慢慢形成了共识,规则也已经逐步被人们记住了,这是一种潜移默化的影响。

金:这个案例课的结尾是,教授说,我们今天讨论两个半小时,没有结论,也许你们认为这堂课没有效果。那么,这个小镇上的人们就交通规则的立法,讨论了十年也没有结果,显然更没有效率。其实,就是这十年的讨论,让大家明白了,为什么要确立红绿灯意识,为什么要修订相关法规。交通立法也好,设红绿灯也好,都是为了保护行人生命的安全。随着这十年的讨论,生命意识、责任意识、规则意识已经深入人心。伴随着讨论的过程,大家形成了安全行路和开车的共识,它已内化于心,外显于行,成为共同的愿景和行为的准则,所以就不需要立法了。

立法是需要付出高昂成本的。大家已经自觉遵守规范了,又何须制造一套刚性的文本。比如课堂上讨论,要不要制定发言规则?在一个班级上课,是否要制定班规?因为大家违反发言规则嘛,老是有学生上课捣乱嘛,制定规则确有必要。随着讨论达成共识了,可能也就不需要制定了。又如我现在须上楼,要造个梯子,但是在是否造梯子的讨论过程中,这个梯子还没有造,我已获得启发,采用新方法上了楼,那再去造个梯子干嘛?就不必再浪费时间了。

我曾在深圳指导名校长、名师班的学员。他们做课题研究,写了论文,我们定期参与讨论,给予指导。在我指导的小组内,我首先提问:"你们的学业论文,我审阅后提了修改建议,你们修改了没有?怎么修改的?怎么理解这样的修改?导师的修改建议是否合理?你再次修改论文,有无发现新的问题?你对目前的修改,还有什么建议?请大家结合自己的论文展开讨论。"

我就说了这样一个开场白,接下来的时间,留给组员自由讨论。有位教授过来看我,说:"你们小组怎么沉默着不说话?"我说:"不说话是由于大家在思考。"他说:"我们组要么是我说,要么是学员说,速度特别快,已经结束了。你们怎么这么慢?"我说:"要的就是慢。我们要一个过程,不说话本身就是一种价值,一个意义,学员思考的过程是不能压缩的。"

"沉默是金"确有道理。喋喋不休地说话，所说就不得要领，因为它没有经历沉淀。现在学校流行多媒体上课模式，课堂运用多媒体课件的一个坏处是，教师不经意间把学生的思维过程简化压缩了。复旦大学一位资深的化学教授说，他不太喜欢用多媒体上课。以前上课用粉笔写字，写到一半就停下来，眼睛看着学生，他们的思维会沿着教师的粉笔字继续延伸，教师在写字过程中思考，学生随着教师的笔迹也在思考。多媒体课件把思维过程压缩了，直接推出结论。缺乏思考过程的教学，使学生的思维品质也难以提高。

哈佛大学的这一案例有着多重启示，首先，它符合心理认知和思维发展的规律。同理，十年的讨论，你说是浪费时间没有效率吗？恰恰相反，十年的过程中，通过讨论形成共识并深入人心，这是最大的效率。有时讨论得不充分、未兼顾否定性的建议，匆匆忙忙立的法，本身就有漏洞。或只顾眼前，未虑及长远，按下葫芦起了瓢，执法的结果是，制造了更多、更大的麻烦，这个祸就闯大了。

中国某些事情，也需要借鉴上述案例。刚才也论及"985"项目，现在国家富裕了，钱多了，预算之余有一大笔经费，北大正好欣逢百年校庆，国家领导人出席纪念会并讲话，讲话时也要送"贺礼"，就问北大：中国大学赶超世界先进水平的最大障碍是什么？回答是：万事俱备，只欠东风。北大什么条件都有了，最缺的条件——没钱。领导说，政府不差钱，正好有笔钱，喜庆之日送个大红包，今后一年18个亿。

于是98年5月，北大100年校庆时，中国高等教育开启了"985"的新时代。我不反对985项目，甚至为中国部分高校就此获得了较大规模的投入，感到欢欣鼓舞。因为中国教育差的就是钱，从义务教育到高等教育都是如此。问题是，有钱了，怎样用得更好；办好事，怎样取得更好的效果？教育行政部门要提出好建议，建立规范、有序、高效的教育资金筹拨款机制。不是说政府有钱了，谁的嗓门大，会吆喝，得钱就多。现在口子一开，搞出三十几所985大学，至今争议不断。我觉得这件事，作为当代中国高等教育发展史上的经典案例，还可反思检讨。

假如现在政府在预算外又剩下18亿经费了，这个钱到底该怎么用？那么北大不久又要迎来一百二十周年校庆了，还可向领导提出，我们万事俱备，仍欠东风；义务教育也可提出，说贫穷地方的薄弱学校更需要这18个亿；教师也可以提出，教师的后续教育和在职培训最需要18个亿。然后利益多方展开博弈，在讨论的平台上亮出各自的观点。政府官员在听取不同意见的同时，不妨请若干人大代表、政协委员也来听听，帮助打打分，把把关。

25. 哈佛一堂课：交通规则的十年讨论

钱放在这个地方,着什么急呢?不用就会烂了吗?

不要那么着急嘛。争它个五年,如果这钱还用不下去,这就对了!或者经过五年的讨论、博弈,这18亿用对地方,发挥更好的效应了。决策不宜太匆忙,快了好似有效率,不对路则后患无穷。有时行政部门追求效率,埋怨扯皮,议而不决,但议而不决的过程也在重叠共识,这可能是最大的效率。包括我们的课堂讨论,以前写的两个夜话(《衡山夜话》《东海夜话》),也有人说这种杂七杂八、东扯西拉的对话有什么意义?意义就在东扯西拉,就在杂七杂八的争论过程中。

集体思维形成的过程,本身就是意义,就是价值。从上述一个小小的立法案例,就可得到这个启示。大到治国理政,小到居委会议事,也需要这种决策智慧。老子云:治大国如烹小鲜。煎小鱼也不简单,小事情透露的是治国的大智慧。特别是法律不能轻易地改动,法律要么不定,要定就要定得稳妥。稳定的法律就需要时间的积淀,就不能太着急。中国在现代化的进程中,已形成了追赶情结,什么事情都处理得太急,一万年太久只争朝夕。邓小平当年乘坐日本新干线高铁的感觉"就是快"。搞"四化"不能慢,要加快步伐,这种心情可以理解,但快还得符合发展规律,一旦偏离规律,后遗症就不少。无论是当年以政治为中心的战争年代,还是今天以经济建设为中心的新时代,都存在这个问题。

说到打仗,无疑要见机行事、当机立断。你这个参谋部讨论来讨论去,敌人跑掉了,怎么办?但这是特例啊,打仗时用的是首长负责制,你说冲,战士就跟着冲。和平年代搞建设,就不要这么匆忙,还像打仗一样。现在中国处理事情还是打仗的风格,战争年代出来的领袖,身上确实还存有一些战争思维,一些战争术语沿用至今。讨论教育事项,"教育战线"的概念频频出现。学校怎么成了"战线"呢?打仗就是急功近利嘛,于是冷战年代的用语贯穿教育界。

领导讲话,红头文件,很少用"教育领域"、"教育系统"这样的概念,都是贴"教育战线"的标签,不如此,则难显教育的重要。教育成军事了,教育还不重要吗?况且美国人也这么玩,美国1958年的国防教育法,不也如此吗?于是就好像中国的学校教育不搞"战争"思维,不用"战线"这类词汇,就要被别人和平演变一样。那人家要和平演变你,你也可以和平演变人家嘛。人家是用教育的规律在演变你,所以叫和平演变,你用打仗的方式去反对啊?你不妨也用和平演变应对之嘛,用中国文化的魅力去演变人家嘛。为什么就没有这个底气?和平演变就成了人家的专用术语吗?好比吃饭,敌人要吃饭,你不吃饭吗?敌人说和平演变,你就不敢说和平演变吗?一个自信、强大、富饶、美丽的国家,才真正具有和平演变的力量。中国需要的正是这样的力量啊!

现在不少事情,习非成是了。一个概念、术语,说的人多了,大家就默认了。你讲的跟人家有点不一样,大家就惊诧莫名。于是谬误竟成真理。人生的可悲莫过于此。

美国大学教授关于"交通规则十年讨论"的案例,引出了我的不少话。你们不要因为我是老师,就不敢和我辩论。亚里士多德说,吾爱吾师,吾更爱真理。我希望你们也是这样啊!不要我一说,把你们唬住,不敢说话。我与葛老师、唐老师合作《东海夜话》、《衡山夜话》,最欣赏葛老师脸红脖子粗地反驳我的观点,由此激发我更深入的思考。我们的对话因而往往有着辩论的快感。

M: 就事论事,关于交通规则,我倒有些感想。大概前两年广东有一场争论,说如果是行人违反交通规则,如闯红灯出了车祸,那应由行人自己负全部责任。简单地说就是"闯红灯出车祸死了白死",发生事故是因为闯红灯的行人犯错在先。但事实上按法执行时,又会觉得违反了人情。有一次我和朋友聊到这个话题,我的观点是行人闯红灯,或在没有设置红绿灯的地方穿马路出了车祸,却要司机赔偿巨额费用,这是否有违公平?朋友说,你先要考虑,这个地方为什么不设置红绿灯?并且红绿灯设计的时长是否合理?这就是制度设计科学与否的问题。

我现在每天上学要过好多个路口,也觉得很困扰。因为客流量大的时候,路口的秩序很混乱。单骑电动车是机动车还是非机动车?有的路口,电动车不避让行人,这导致我一直无法过马路,真的很恼火。有的马路特别宽,但绿灯设置的时间非常短,来不及穿过去又转成红灯了。

金: 对,我也有这种体会,常需要抓紧奔跑几步,才能够过去,不然就过不了。

M: 马路上的具体行车规则,我其实也不太懂。一些路口当行人过路时,转向的车辆也是可以过的,这就对行人造成了威胁。所以有时绿灯亮了,但转向的车非常多,还是过不去,就要再等下一个绿灯。心急的人可能就会闯红灯了。

金: 晓梅说的这个问题的确存在。我在国外,见的红绿灯不多,不管路宽路窄、人多人少,有无红绿灯,行人穿路,一定要走安全道,俗称斑马线。如果不走斑马线而闯路的话,一个是你不守规矩,可能要受处罚;再一个就是出了车祸,不仅生命被毁损,还会遭致财产的巨大损失。那么行人一旦走斑马线呢,不管这个地方有无红灯,车子都要停下,这是国外的规矩。因为行人是弱者,驾车人是强者,强不凌弱,大不压小,这是做人的基本准则,已深入民众的骨髓。我们会说,车辆可以先过的,行人为什么要抢先?但外国人习惯了车让人,但让人的规矩或前提是:你必须走斑马线!

这一条,为什么在中国行不通呢?据说是因为中国人太多了,如果仿效欧美国家,中国车可能永远没有办法开,斑马线上始终走着人。所以,现在中国是倒过来了,车子有优先权。一些大学就很荒唐啊,在校门口搞个收费口,大门供车子进进出出,小门则人车混杂,助动车、三轮车、行人都挤在一块,这显然是以车为本了。领导的立足点在哪里?设计车道时,考量的前提是对行人有无妨碍。政策制定应优先考虑哪部分群体?政策的指挥棒是推动汽车消费还是鼓励绿色出行?

现在中共搞群众路线教育,我觉得很有必要。我的想法呢,恐怕这方面还得学学发达国家,就是节制汽车,尊重行人。中国现在的车确实太多了,一方面造成环境污染,一方面车本身也动不了,交通陷于瘫痪,上下班高峰期尤其如此。按照前总理朱镕基当年的说法,特大型的城市一定要大力拓展公共交通,比如设置地铁,设置公共汽车专用线,有车的人无用武之地,乃至感觉更不方便,他就不喜欢开车了。

现在已经有人弃车而行了。停车难,停车费高,一路堵车,听说还要征收拥堵费,还顶一个污染环境的恶名,他们想这划不来,没意思,就不开车,或少开车。另外,社会风气也在好转,有车乃"高档"一族的印象逐渐被打破,未来社会甚至会形成新的社会共识,认为开车是"低档"一族。车不就是一个代步工具吗?外宾来了,用几辆政府专车,上面写着"迎宾车",这是一种身份,客人坐在里面,显示其尊贵,就像英国皇家的马车迎宾队。一般的车,有何华贵?自己开车,就是低档;如果不是绿色节能车,那就更低档!

这样一来,新的"荣辱观"也分出来了。不过,带来的问题呢,GDP增长少了,汽车厂的产品推销难了。所以很多问题,彼此牵扯,这就是社会转型期的复杂性。但是大气污染现在已成全民公害,古人说,民以食为天,当须臾不离身的空气,人们都吃不了时,天字第一号的大事就是环境治理了。面对绿色生活的期盼,我们能否也来个行动准则的"十年讨论"呢?

26. 美国竞赛为何"慷慨"？

金：看了一个报道，说美国人是不吝惜表扬的，发金牌很慷慨。中国学生到美国参加数学建模比赛，还有物理、化学、生物学奥林匹克竞赛之类的，经常会捧回奖杯、奖牌。只要参加了，那么，肯定少不了鼓励奖。有时一等奖都有几十个，金牌也不是唯一的。所以美国的学生在各类学科竞赛中，获奖的几率相当高。那么，美国学生获奖的含金量有没有问题？

美国竞赛时颁奖的慷慨，就吸引了全世界很多学生，愿意去参加相应的比赛。一是通过竞赛得到了验证和鼓励，好像我的能力很强，把金牌拿回来了；二是参赛者也挺高兴，竞赛没有多大的压力，获得的快乐也不少。这种竞赛，既带给学生快乐，又使他得奖，还对其才华做充分的肯定，自然广受欢迎。其竞赛文化的价值观，决定了皆大欢喜的结局。它会鼓励更多的地区、更多的学校、更多的学生，不断地去参与各类竞赛活动。重在参与，这是美国竞赛文化的核心。

现在国内的竞赛也不少，大学里有各种各样的竞赛活动。除了传统的体育、文艺等热点竞赛，还有各门学科、各种类别的知识技能竞赛，像华东师大每年有"大夏杯"、"挑战杯"等。中小学生的竞赛就更多了，某种程度上说，学期考试、学年考试实际上不也是竞赛吗？

对这个问题,你们有什么想法?

L:现在很多竞赛,特别是那种竞争性强的,相应地功利色彩也很重。美国竞赛表现得如此"慷慨",是为了弱化比赛的功利色彩。现在很多参加竞赛的学生,实利性目的都很强,可能就是奔着金牌或第一名去的。因为国内的竞赛十分激烈,很多地区都会依据学生的竞赛成绩进行高考加分,甚至保送学生入名校就读,这就不仅仅涉及竞赛功利化的问题了,随之还会滋生一些不公正的现象。比如出现竞赛成绩造假现象,不光是数理化生等学科类竞赛成绩造假,连体育方面的奖项也有日趋严重的注水现象,如二级运动员的评选迷雾重重。一些人为了通过这个渠道获取高考加分,就伪造数据。

中国式竞赛催生了成绩泡沫,而美国式竞赛的慷慨大度,就不太会驱使参赛者竞逐过分功利的成功目标。它的"慷慨"是通过鼓励的方式,激发出参赛学生对于学问和技能本身的更大兴趣,使学生乐于分享和协作。如果比赛一味强调竞争和胜出,其激烈和残酷不免使参赛者心中只剩下恐惧,哪有心思去体验其中的乐趣?

Y:其实美国人天性不吝啬赞美的语言,教师一般都喜欢赞美学生,谁获了奖就会被赞为"你是个天才"!美国人喜欢用最高级,而中国人喜欢用比较级,如说"你可以做得更好"。中国人比较含蓄,美国人较为夸张,这可能跟各自的文化有关吧。

H:像中国父母总是这样教导孩子,"一定要争第一"或"一定要做到最好",而美国父母只要孩子尽力了,就会对其鼓励,认为孩子是最好、最棒的,并非真要得到那个第一。美国竞赛奖励范围比较广,确实与其文化传统有关。

金:我觉得美国的竞赛文化,好像是从多元角度激励参赛者展露自我特点的"表演文化"。中国的竞赛文化,是激励你不断地争取那个制高点的"决胜文化"。所以当中国孩子表现出色,来自父母的通常不是鼓励,而是寻找不足,说得不好听一点,就是有点打击你了。你说:"妈妈,我考了九十九分!"她会说:"为什么你不考个一百分呢?"母亲看到一分的差距,没有看到九十九分的优势。这是一种追求绝对完美的价值取向,唯恐一表扬,孩子就骄傲了。

深受中国儒家处世格言的影响,"如临深渊,如履薄冰",教师和父母对中小学生日常表现,就是严格要求多,鼓励和夸奖少。在管理学里,激励是非常重要的因素,美国管理学家舒尔茨认为,一切管理中,"最关键"的要素是激励。所以美国学校的竞赛,实际上就是渗透了管理文化中的激励这一核心要素。只要对学生的发展有帮助,有利于学生潜力的发展,教师就不会吝啬赞美的语言。"你棒极了"、"你是最优秀的"这类似乎很夸张的话,对美国教师而言,也是出自内心的真诚。他确实看到了这个孩子的潜力,或者说看到了他的特点和个性,而不是把两个人来对比,非得比出一个唯一,一个最高级。即使是比较,美国人喜欢差异化的比较,不是同质化的比较,结果自然不是要向一方看齐,而是各得其所,各展其长。中美学校间的竞赛文化确乎有所不同。

X:这可能与中美对"竞赛"概念的理解不同有关。美国学校里的各种竞赛,不太注重名次,只是给有同样兴趣的学生们搭建了一个展示自己的平台,或者说给了有共同爱好的参与者彼此交流的机会。但是当竞争关系到个人的实质性利益,如能否取得进入名牌大学的资格,它还是具有激烈的竞赛性质的。比如说美国也有高考,也有研究生入学考试,和中国一样,是选拔性考试,难度相当大,要取得入学资格,也需要全力竞争。中国可能是把所有大大小小的考试、竞赛都办成了竞争非常激烈的形式,一场小小的娱乐性比赛,也可能使大家争得头破血流。中国的竞赛文化在容忍多样性或搭建展示型平台方面确有所欠缺。

金:你提出这点很好。美国学生实际上也竞争,比如名牌大学入学竞争也是非常激烈,像斯坦福大学,三万份申请书中,最后能拿到入场券的也不多。但它衡量你能否入校的标准,是较有弹性的,中国则主要是看高考成绩了,甚至把高考的书面成绩作为唯一的标准,俗称"一考定终身"。人家也会看成绩,美国的常青藤大学也规定学业水平考试要达到怎样的标准,这叫底线。超过底线的人数是比较多的,这时就需要发挥各人的所长了。有些人的组织领导能力特别出色,有些人的艺术细胞尤其丰富,还有些人的动手能力超强,擅长小制作、小发明等。他就可以在自己的履历表、自荐书或专家教授的推荐书上,把这些特长一一展示。学校招生部门的官员对你某个特点感兴趣了,就会给你录取通知书,有些学生会同时收到几所名校的录取单。

前几年北京考区有个理科的高考状元,申请了美国的十一所名牌大学,竟然全部遭遇拒绝。而内省有一个学生的高考成绩刚近"一本线",哈佛大学却给他寄了录取通知书。哈佛录取他时有一个重要的考量标准,就是他在西部地区农村连续数年的志愿者服务行动的成效和表现,他用一个普通高中生微薄的力量,切切实实地改变着自己的家乡。这个学生的精神、能量和行动,显示出他的领袖潜质,这就是哈佛希望在全球范围寻求的学生。哈佛渴求这样的青年才俊,而他在进入哈佛深造后回国,可能在政界、商界、学界或社会组织中发挥更大的引领作用,在未来展现出更强大的影响力。至于那个高考状元,最大的优势是考试成绩好，其他方面则表现平平，并无独特性，这不是哈佛所需要的人才。

美国名牌大学对学生的这种选择，还是有点道道的。我们一直在研究，中国为什么不敢敞开高考录取的大门，采用多样化取才的标准？就是怕乱。中国是个人情社会嘛，加上转型期的腐败现象严重，一旦放开，高校获得了招生自主权，难免会引发更多的问题。所以现行的高考制度固然不是最好的选才制度，但至少不是最坏的制度，在还没有一个更完善的方式替换它时，我们还得依靠它。但是仅仅看高考分数，确会埋没特长生，学界的非议又这么多，培育创新人才的瓶颈问题，也历来为众人所诟病。所以高考改革一直是社会高度关注的热点。

我认为关键是将"凭分入取"转化为"依据入取"。现在已进入大数据时代，每个人的成长发展经历都有据可判。只要建立健全大数据库，同时确立高校的规则意识和监控程序，就可以破解这一难题。

教育部已给予部分高校一定的招生自主权，比如复旦大学采用"千分考"，相当的成绩就是入门的资格，你首先要拿到这张入场券啊。学生高考过了"一本线"，又上了复旦"千分考"的基本线，这时你就获得了复旦大学的面试资格，于是就要看你独特的表现了。五个教授组成一个考核组、面试组，然后把经过"千分考"并上线的学生，随机编组。导师组打出来的分，去掉一个最高分，去掉一个最低分，然后得出一个平均分。平均分高，就取你了。

那么复旦大学五位教授组成的面试小组，究竟能否做到客观公正啊？我有一回问复旦招办的主任，这么做能保证公平吗？他说："这绝对公平，因为复旦是有规矩的。比如八百个教授，进入专家库，每个教授都有可能成为本年度面试专家，不是少数几个人垄断。所以面试组是哪五个教授，考生不可能知道。而且教授的搭配也是随机的，可能一个是神经外科的，一个是中国古典哲学的。不同专业背景的教授随机配在一起，因为专业背景与打分的公平性没有必然的联系，专家就完全可以运用其专业智慧和人生阅历，打出他认为合理的分。因为是随机编组，学生不可能把八百个教授都搞定。至于这五个教授一组的编排程序，也处于动态的调整中。比如上午面试时，考生知道了哪五个教授是一组，在哪个教室；等吃过中饭，教授又收到信息了，通知你下午的分组情况。你早上这个组的成员就变了，面试场所也换了，到另一个地方去了。这都是计算机随机分配的，它能够防范杜绝种种钻空子的可能性。"我说复旦大学是运用高科技，确保公平。他说，就是这样啊。他认为能量再大的市委书记、市长，都不可能搞定八百个教授，这做不到。

可见复旦的自主招生,至少规则是公开、公正的。当然你说今天运气不好,五个教授里有一个对我就是不欣赏,那也没办法,就是你倒霉了。另外这个教授真没道理吗?你要反思自己的弱点。好在还有去掉最高、最低分的程序设计,避免了教授作为人也有的人性的弱点所导致的不公平。这些就是规则,规则也体现为程序。一个个细节,组成了招生制度的科学、客观、公正。

美国竞赛颁奖的"慷慨",有助于提升学生参与的积极性,但"慷慨"也是有尺度的。我有时到中小学去听课,小学班主任老师组织活动,让学生发言。张三说了一句话,老师就问:"同学们,说得好不好啊?"下面说:"好,好,好!""妙不妙?""妙,妙,妙!""再来一个要不要?""要!"然后集体"啪啪啪"拍三下手。第一次觉得新奇,感觉这个小学班主任很有一套,把小孩子的积极性都调动起来了。哪知过几天,到另一所学校去,又是这一套:"好不好"、"妙不妙"、"要不要"——"啪啪啪"拍三下手。我听这孩子讲的话也没什么妙的,可谓滥加鼓励。当然孩子讲得妙,老师该表扬。如果本来就不妙,太低廉的"慷慨"鼓励也是个问题,学生就觉得无所谓了,因为不辨好坏了。我认为表扬也要有艺术,"慷慨"更要讲技巧,鼓励要鼓在关键点。能否抓住关键处?这就考量老师的智慧了。

我们现在来比较两个东西:一个是电影、电视等表演艺术的竞赛,如世界三大电影艺术节的颁奖;一个是体育竞赛,如奥林匹克竞赛。为什么最能够挑动全世界老百姓心弦、最刺激大众神经兴奋点的,是奥林匹克体育竞赛、是世界杯足球赛?艺术是没有唯一标准的,有时候难免引起争议,涉及口味、风格、情调、个性等等。那么体育呢,在栏杆面前、在球门面前、在时间面前,人人都是平等的。体育是有确切标准的。

不同门类的体育竞赛,都只有一个冠军,不可能颁发五个金奖、十个银奖。金牌只有一个,是唯一性、排他性的。这种选拔、竞赛的残酷,确实挑动人心、激励人心。艺术竞赛当然也吸引人,但其评价的标准是多元性的,所以最佳奖啦、参与奖啦,弄了一大堆,感觉就不是那么激动人心。又如诺贝尔奖,其中的文学奖自然可观,中国的莫言也获了奖,但老百姓还是有点遗憾,最好来个物理奖、化学奖、医学奖,所以屠呦呦获奖就更让人激动了。实际上物理学、医学的诺贝尔奖也有争议,它不像体育竞赛,比如跳高是硬的标准,横杠上见英豪。当然,体育赛里的艺术体操,也容易引起争议,即裁判员的品味及打分公平与否的问题。至于足球赛啊,也有埋怨吹黑哨的,还有游泳、长跑运动员被查出注射兴奋剂的。除去这些争议,体育竞赛还就是最公正、也最激励人心的了。

26. 美国竞赛为何"慷慨"?

既然讨论竞赛,恐怕就要多重维度地思考,也不能偏于一端。美国式竞赛慷慨到把各种奖杯都送出去的话,恐怕也会搞得大家没有参赛的积极性了。凡事都贵在把握一个"度","度"真是一个智慧的向度,无论什么样的领域都离不开它。总之,当今世界林林总总、大大小小、各式各样的竞赛太多了,也须节制一些,把握住"度"。我们的竞赛活动可以少一点,评价标准则需多元一点,把握好中国式竞赛和美国式竞赛之间的"度"。

27. 斯坦福大学写给被拒学生的一封信

金：大家对斯坦福大学都比较熟悉，它是美国常青藤盟校中排名靠前的名校，也是一所私立大学。斯坦福大学在美国具有相当的影响力，它的毕业生中有不少美国自然科学院的院士，九个最高大法官里，有六个是斯坦福大学法学院毕业的，这些数据说明其办学质量。今天说的是斯坦福大学的招生官，写给被拒学生的一封信，信的标题是"大学为何物"。这封信是向全球所有申请斯坦福大学的学生发出的邮件，有3万4千多名学生在本年度申请斯坦福大学，当然被录取的学生只占其中极少的一部分。

招生官在信中说，他负责招生工作已长达30年之久，依然为那些没能如愿以偿拿到offer的年轻人感到遗憾。同时，他也能预见到很多家长会因为自己的孩子有着十分优异的教育背景、很高的SAT成绩，但最终被斯坦福拒绝而感到心烦意乱。当这些孩子被斯坦福拒绝的时候，父母会比他们更感到沮丧，他也能体会这些家长的感受。当年他的女儿在等待大学的录取决定时，也曾经紧张和不安。现今的孩子们已经承受了太多的压力，所以在这封信里，他想与这些孩子的父母分享三条经验：

第一条，斯坦福大学每年录取的本科生人数是保持相对稳定的。同其他美国顶尖名校一样,斯坦福每年会收到数万份申请书,每年都会有大量学生被无情地拒绝。其实被拒掉的学生中,绝大多数是符合斯坦福的申请要求的。至于被淘汰的理由,他认为审定学生是否被录取的过程,实际上是一门艺术,而非科学。我想,确实是如此,这也是大学录取学生时的无奈。如果是科学,比如体育运动员的长跑和跳高,因为 0.01 s 或 0.01 cm 就决定了胜负,尽管有遗憾,有痛苦,但你输得心服口服。而大学录取新生,既然是一门艺术,你就不用过分焦虑,因为艺术口味难免见仁见智。他打了一个比方,我觉得特有意思:"每一个课堂就像一个交响乐团,需要独特的组合和声音;我们的目的是营造一个和谐而多元的环境,这就意味着额外的贝斯手是没必要的。"

因为一所学校的人数是恒定的,比如一个班级是二十人,如果这二十个人组成一支乐队的话,贝斯手仅一个就够了,符合贝斯手技术标准的候选学生有十个,但学校只能录取一个,那么这个机会给谁,就有一定的偶然性。比如说性别的组合,男女的比例,还有性格的搭配,有的活泼一点,有的严谨一点,都需要合适、恰当的互补,乐队才会发挥更好的效果。所以审议学生的材料时,即便在招考机构内部,同事们对申请者也会持有不同的看法和意见。他想告诉考生及家长的是:世界不会因为你被斯坦福拒绝了而否定你自己的价值和努力,不要把这次被拒绝看得过重,这带有艺术性和偶然性。尽管你未进入斯坦福大学,你还是有自己的价值,你会照样优秀。

第二条,要看得长远一点。即使媒体称现在的年轻人是垮掉的一代,但就他所审核的这些申请斯坦福的年轻人来看,他们是无与伦比地出色。美国人不太吝啬对学生的赞誉,尽管他们被拒绝录取,还是被称为无与伦比。当然此话也没错,因为通常来说,这些被拒绝的学生,最终会被其他同一级别的名牌大学录取。从高中升入大学,固然是人生的一个重要的里程碑,但对于年轻人来说,如何完成这个转变进而走上人生新的阶段,要比在哪里完成重要得多。在这个时候,父母们需要欣赏孩子取得的成就以及享受其大学四年中成长的惊喜。

招录官员不认为斯坦福是唯一的最好的大学,同样级别的大学多得是。因为名额的限制,不入斯坦福,被其他同级别的优秀大学录取也是很好的。更重要的是,父母应该为孩子骄傲,去挖掘和享受孩子未来发展的无限可能性。这样一种对学生和父母的激励、信赖和期待,正是美国大学的精神和魅力所在。为什么中国人眼里的笨孩子,到了美国就自信心大增?这也是美国学校吸引人的奥秘。当然中国人推崇师道尊严,教师不轻易表扬学生,唯恐说一句好话,学生就会骄傲,而骄傲使人落后。

钱学森当年在北京师大附中读书时,一些学科的成绩也就七八十分。如果我现在给你们七十几分,你们肯定不乐意了,连优秀研究生都评不上,所以现在的高校中学业分数普遍贬值。钱学森说,当年拿七十几分就已经很好了,因为北京师大附中对学生的要求非常高,老师不会轻易给高分,也不会特别夸张地去表扬一个学生。可见评价标准与学校的风格、民族的文化、教育的传统都有关系。

第三条,教育是成就人的。不管是什么人,进入一所好的学校就会成就自己。招录官也承认,不同大学之间教育资源的差距是客观存在的。尽管有差距,但学校都能给予学生学习和成长的资源和空间。他以 1975 年加州 Sunnyvale 的一名高中毕业生为例,该生申请了斯坦福和另外一所大学。当他得知被斯坦福拒绝后十分沮丧,但他被另一所名校,加州大学伯克利分校录取了,后来在 MIT 完成了博士学位,又成为了华盛顿的卡内基学院的研究员和约翰·霍普金斯大学的教授。2003 年,他加入了斯坦福的医学院,并在 2006 年获得了诺贝尔奖。安德鲁·法尔(Andrew Fire)在当年申请斯坦福的学生中,并没有过人之处,当时可能像他这样的学生还有很多,他们因为名额限制未被录取,但后来的事实证明其中不乏优秀者。

这说明,一个人的成才固然与名校有关,但是同样级别的名校有很多,不限于斯坦福一所。招录官还列举了现在的斯坦福大学哲学教授 John Etchemendy,他当初也没能拿到斯坦福本科的 offer,现在也取得了杰出的成绩。实际上,类似的例证还有很多,这证明没有拿到斯坦福大学录取通知书的学生,仍然可以取得辉煌的人生成就。招录官的结论是:一个斯坦福大学的本科学位,或者说任何一所常青藤盟校的本科学位,在漫长的人生岁月中,只会成为你简历中的最不起眼的一行字而已!所以正在申请大学的学生和父母应该懂得,无论你是被录取了,还是被拒绝了,进入大学,对漫漫人生路来说,就是一个简单的纪念碑。

我为什么不厌其详地介绍这一封信?因为中国的孩子特别是父母、老师,名校情结实在是太严重了!中国重点中学(现在称为示范性中学)的学生,人生目标就是清华、北大,然后是美国的哈佛、斯坦福或顶尖的几所常青藤盟校,此外,对其他的美国名校好像也不那么感兴趣了。中学排行榜的主要依据,是看被 985 大学的前几所录取的学生有多少,这一现象是越演越烈。你看衡水中学,每年整个河北省考入北大清华的学生人数,这所学校几乎占了一半。整条街都铺展着进入名校的学生排行榜,一张张照片排列开去,成为当地的一大

27. 斯坦福大学写给被拒学生的一封信

景观。

现在清华北大也面临着同样的问题。我看北大的招生办主任也很焦虑,因为清华北大彼此挖尖子生,有时甚至闹出笑话来。又如上海的复旦和交大也如此,前段时期复旦预录取的学生后来去了交大,复旦的相关网站就贴出材料,说有学校用不正当手段,挖了我们已经预录取的学生。结果交大也不指名地在相关网站上披露信息,说有的学校攻击交大,我们要拿起法律武器来追究其责任。相关领导人看了,觉得太不像话了,上海两所顶尖的大学带头掐尖,还酿成网络风波。后来做了一些协调工作,才把这事慢慢平息下去了。类似的笑话还有很多。今天,把这个话题扯一扯。你们有切身的体验,将来到学校从教,也会遇到同样的问题,不妨议论议论。

L:在这封信里面,招录官对被拒学子及他们的家长说,"进入大学对于漫漫人生路来说,只是一个简单的纪念碑",这就与中国人的认识很不一样。直至今日,进入大学仍旧被不少人视为"终点",是要达到的最终目标。从小开始上学,每个人心中就埋下了"将来考个好大学"的种子。随着年龄增长,种子也在萌芽生长,这个思想就变得越发根深蒂固。

2010年报道了一个学生多次考上北大、清华,然后又被迫或主动退学的事件。新闻标题是《北大学子陷网瘾被劝退,重考上清华又自动退学》。事件的主人公叫张空谷,他2003年第一次高考便考入北大,2004年7月被北大劝退,原因是沉迷网络,致使七门必修课不及格。复读一年后,到2005年又以南充市理科状元的身份考入清华,但又因为再度沉迷网络,学分不够,无奈选择了自动退学。2007年他又以南充市理科第二名的成绩考上清华,引起了社会很大关注,被称为"考霸"。同时也引发了一些非议,有人说他是故意借助反复高考来赚取奖金。

因为他的这种特殊经历,有专家进行了跟踪调查,结果发现其性格上存在着不少缺陷。他非常单纯,心智水平和处理人际关系的能力却非常低,与实际年龄完全不符。经过分析发现,这与他的人生轨迹有很大关系,在他成长过程中,父母对他十分宠爱,第一次考上北大,他的母亲就去北京陪读了。中学时因为成绩特别优异,还跳过级,家人更多关注了他的学习成绩,而忽视了人格方面的发展。上大学后,他不适应大学生活,这些缺陷才引起关注。张空谷几次退学都是因为网瘾,他母亲认为儿子做什么事情都非常专心,学习时一心一意,迷恋网络游戏,也"一心一意"。

从上述案例可见,中国学校的教育理念与西方社会确有差异。我们的自身经历也说明,中学阶段是人格形成的关键期,但老师评价学生的标准,主要是考试成绩的排名,而不是人格的健全发展。

金:你说的这种案例,在其他高校也存在。我前不久在中国某顶尖大学调研,教务处负责人正与我交谈时,另一个部门的老师来让他审一张表。具体情况是,他们要劝退一个学生,怕他不同意,也怕此事给学校留下后遗症,于是就动员该生的所有家属,一个个签字。明天签完字,学校就与他撇清关系了。但他们担心这个学生不愿意签字,讨论着怎样才能让学生自愿签字。据介绍,该生学习成绩非常好,刚入校时,大家都看好他。但一个学年后,各种问题都出来了,成绩也直线下降。可见高中生一次高考成绩的背后,潜藏积累着不少问题,试卷上看不出来,进入学校麻烦可就大了。

Y:这种学生还是相对比较少吧,一般人通过普通基础教育进入大学,各方面素质相差不多。考试能力特别强的学生,智力方面的表现也比较突出,可能需要学校提供一些特殊的教育。我们应该改变教育观念,给这类学生特殊的引导,使他们很好地发挥过人的才能。就像比尔·盖茨和乔布斯,他们沉迷于计算机,大学期间休学,走的是不同于常人的路。上述案例也表明,目前学校对某些特殊的学生引导不够。其实,为什么一定要强制他们,把所有时间投入所谓的正规学习呢?

金:乔布斯是在与斯坦福大学同样昂贵的 Reed 学院读了六个月之后退学的。但在真正作出退学决定之前,他还经常去学校。我看关于乔布斯生平的电影,一开始的镜头就是他和一个教授在对话,教授给他推荐听什么课,他却说要退学了,不念书了。后来他成了知识时代的英雄。

L:但是我觉得乔布斯和比尔·盖茨,他们即使从大学退学,也很清楚地知道自己在做什么。像刚才说的两个案例里的角色,他们就不懂得选择和投入,明知自己的所作所为不当,却没有办法控制自己的行为,从误区中突围。在张空谷的案例里,可见其父母对他的溺爱,说明现阶段中国学校教育主要是教给学生知识,而罔顾学生人格的培养。而家庭教育在这方面也是盲点,其实家庭潜移默化的影响对孩子精神世界的发育特别重要。

金:这个话题可以拓展的思维空间还是蛮大的。从学生的角度来看,在斯坦福大学这样的名校就读,成才的概率更高,就业时也有优势,名校出去的毕业生,有众多卓有成就的校友提携等;而斯坦福大学招生官并不自我陶醉于名校光环,对名校的看法是同等级的名校不止一所,不像中国的名校彼此争抢生源,就连北大清华也身陷其中,从而陷入恶性竞争。

我们大学的行政人员特别是教师,是否充满了人情味,循循善诱?我最近看到有一所中学的校长,也给学生家长写了一封信,指导父母如何引领孩子成长,令人可喜。中国的学校也在慢慢培育这种意识了,但这方面还做得远远不够。像斯坦福大学招生官给学生和家长的这样一封信,中国大学的校长和教师更应细读而深长思之。

M:招生官能给学生写这样一封情真意切的信,让被拒绝者感受温暖和希望,本身就展示了名校的风范。信中的最后一句话,我也深有感触:"大学只是你漫漫人生路上的一小段,最后只会成为你简历上的一行不起眼的字。"但人们也许会说,这只是在安慰那些被拒绝的学生,在现实生活中,大学学历几乎是伴随人一生的标签。我想,追求名校也没有错,关键是要保持良好的心态。如果被拒绝了,也不能自怨自艾,因为这并不代表你没有价值。很多社会上的成功人士,他们也未必是名校毕业的,个人的成功并非只是借助学校的名声而已。

X:我觉得名校还是蛮重要的,现在学校招聘教师或企业招聘工程师,往往规定必须是211或985高校的本科毕业生,否则连面试机会都不会给你。假设你毕业于一所普通高校,通过努力修炼,使自己具备与重点大学毕业生一样的能力和水平,但人家不给录用的机会,你又如何施展自己的一腔抱负和才华呢?

M:不是名校出身,可能走的路要比别人曲折艰辛得多。但事已至此,也不能怨天尤人。在此,我觉得社会也应宽容一点,不能搞"毕业生就业查三代"。

X:这就是问题所在了。整个社会,不管是学校、老师、家长,还是用人单位,包括我们自己,内心都有名校情结。

Y:我觉得目前社会上的企业、事业单位,对本土学校培养出来的人才是不信任的。现在名牌大学都在建设国际学校,聘请外国教授来华讲学,联合培养人才。

X:这是一个客观的现象,而且差异和等级的存在也是有意义的。就是说,学校自然会分三六九等,学生要分流,因为人和人之间的差异,同样是客观存在的。不可能每个人都去读名校,一方面没有那么多资源,另一方面,学校为何不根据人不同的特点来针对性培养?

现在的状况是,中国的大学都是一个办学模式,都想发展成为综合性的品牌大学,而没有办成特色化的学校。比如一所普通学校的语言学科为其特色,而这个学生刚好在语言方面有天赋,他进入这所学校并得到针对性的有特色的培养,将来毕业直接到相关行业就职,与人才市场的需求完全对接,这样的培养模式才有意义,才有成效,而不是像今天的高教界,一窝蜂挤在综合性大学的办学路上。

Y:中国大学的特点还是有的,但是艺术类、职业类的高校与普通高校相比,其地位不高,这也是有目共睹的。

X:不同行业有自身的认同标准,并不只是"唯名"而已。我想,为什么有的人进入大学后会不适应?记得我当时在选择大学、选择专业的时候,中学会提供一些建议和参考。尽管教师对于大学专业也不是很了解,但会特别强调一定要服从调剂,先进名牌大学再说,这就导致很多学生其实并不适合他所选择的专业,有一种为名所累的感觉。

金:老师的功利性也很强,学生进名校越多,老师脸上越有光彩,他无暇顾及学生的将来。美国的高中阶段大都有专业的生涯规划指导教师,他会根据你高中四年的表现以及个人的兴趣、特长,给予大学或职业学校的专业选择方面的建议,中国学校在这方面确实比较薄弱,尚有待加强。

27. 斯坦福大学写给被拒学生的一封信

28. 美国基础教育的糟糕和高等教育的牛

金：说到美国的中小学教育，尤其是公立中小学教育的糟糕，有一点数据可以证明，例如：同一个年级，中国学生的基础知识和解题能力平均比美国学生好很多，这得益于义务教育阶段的中国教师整体实力较强。斯坦福大学的马立平博士曾做过一个对比研究：随机调查的 23 名美国小学教师中，只有 9 个人正确做出 1 又 1/4 除以 1/2 的答案；而 72 名中国小学教师，全部都做对。另外，对于"除以二分之一"的数学概念，没有任何一个参与研究的美国小学教师知道是什么意思；但是所有的中国小学教师都答对了。

美国人关注"不落后于终点"，中国人相信"不落后于起点"。起点上面，中国人抓得很早，中国义务教育阶段学生的学业水平表现出众，这有 PISA 检测的成绩可证，但在终点上面，为什么美国人胜出了？

相关研究表明，美国高中阶段的教育起了重要作用。因为高中教育阶段还是属于基础教育阶段，但又是高等教育的前奏。与中国的高中教育比较，二者的差别是：

第一，学制有差距。大部分美国高中是 9—12 年级，有四年的时间学习。中国的高中阶段其实只有两年，第三年要准备高考，基本没多少机会学新知识了。

第二，课程有差距。美国高中采用学分制，因此可以开出比中国的高中多得多的必修课和选修课。一所美国的普通高中，都能开出上百门的课，跟一所小型大学差不多，这点中国大部分高中都无法相比。

第三，教师水平有差距。美国的高中，因为要开大学的课程，对教师的要求很高，高中教师很多具有硕士学位，有博士学位的也不少。美国的教师执照课程跟中国不一样，中国的师范大学四年本科，毕业生能考到教师证书就能当老师。但美国人要当教师，无论拥有何种学位，一律要读两年的教师执照课程。要考进去读，读完还得考出来。假如是本科生，读完四年专业课程，还得再读两年执照课程才能当老师，等于比中国教师多受两年训练。同时，美国的大学普遍比中国的大学牛，因此，美国的正规大学出来的博士、硕士的水平当然也比中国高。何况在中国，博士去中学教书的，真是凤毛麟角。因此，在高中教师的资质和水平上，中国就落后一大截了。

第四，科目程度有差距。美国的高中可以开相当于大学一年级或二年级公共课知识程度的科目，中国的高中基本不会开设大学程度的课。

第五，美国有重点高中，甚至有"全国重点高中"。重点高中也是根据测试成绩高低来录取学生。在每一所高中里，按照学生的程度来分班，有专门给能力最高的学生读的"荣誉"班(honors class)，有天才学生读的"大学预修班"(AP class)，有全球公认的"国际班"(IB class)，等等。这跟中国取消"重点中学"，不按照学生的程度分班教学，为了所谓的公平教育随机分班，学生全部混合，一锅煮在一起，恰恰形成对照。

第六，美国高中生参加社会实践的机会比较多。美国的大学、科研机构、医院、政府机构、商业机构等，都有专设的部门，负责协调高中生的课外社会实践和科研活动。

此外，美国的高中生可以到大学上课，拿大学的学分，可以到科研机构，跟科学家一起做研究，可以到各级政府机构去当官员的助理、议员的秘书、民选官员的竞选团队义工；在教育机构的董事会或州县市的教育局等决策机构中，也有学生委员，可以参与公立教育的相关决策。这样的事情，在中国是不可想象的，不要说高中生，连中国大学生，这种机会都很少。为什么美国大学这么牛，中国的大学不行；中国在义务教育阶段这么牛，到了大学，到了终点，就跟不上发达国家的科研创新？关键是高中出了问题。

如果说美国的高中阶段也属于基础教育阶段，它其实不那么糟糕了。当然，美国八年义务教育阶段是否很糟糕，我们也没有大数据来印证这一点，仅仅是一个人做了一个微观的测验,写了一篇文章,还不能就此断定美国的基础教育状况很差。因为我还看了其他的材料,美国有一小部分的精英教育,就是从小学阶段开始的,要求非常严格,尤其是一些学费昂贵的私立中小学。所以这是一个复杂的问题。

中国的基础教育界竭尽全力将最好的生源送入中国的顶尖大学,待到本科毕业,最好的人才、最聪明的学生,纷纷跑到美国去读研究生了。特别是处于中国985大学高端的几所学校,毕业生的三分之一都去了国外大学深造。我想说的是,美国的义务教育阶段究竟是否糟糕,有无危机,我们还可进一步了解。但美国的高中教育、大学本科教育,特别是研究生阶段的教育是非常成功的,其有力的佐证是:中国最牛的大学,在为美国的研究生教育做奠基性的人才输送工作。从中反映的问题是什么?

M:说美国的基础教育糟糕,也就意味着中国的基础教育很强。但我认为中国的基础教育看似很强,实际上存在很大的问题。基础教育是人生一个很重要的阶段,从我个人经历而言,感觉中国的基础教育存在的最大问题,还是太过重视结果了。目前迫切需要把学生从只重视考试结果的评价体系中解救出来!我上高中时,学校好像还比较顾及学生的面子,将成绩排名贴出一天后就会撤下。但初中时,成绩单长时间贴在教室外,每个人都可看到。父母出席家长会,也会看着成绩榜指指点点。

我的中学生活虽然不像衡水中学那么夸张,但也属于同一套路。学校制定了详细的作息时间表,什么时间做什么事,一切都已规定得严严实实。比如,课间休息的十分钟,小学时还会有些娱乐活动,等进入初中,老师规定必须提前三分钟进教室坐好。有些老师为了多讲些课程知识,上一节课拖堂三分钟,下一节课则提前三分钟,剩下四分钟,大家就赶紧往厕所跑。我的经历说明,学生在基础教育阶段受到极大限制,缺乏活力和创造力,一切只为考试、排名。

X:我不太认同你的说法,我认为中国的基础教育阶段成效还不错,挺扎实的。义务教育的九年期间,是打基础的重要阶段,必须对学生进行基础知识和基本能力的培养,只有夯实了基础,到高中阶段才能在此基础上进一步补充和创新。九年义务教育期间,学生每年都在吸收系统的新知识,同时辅之以巩固提高,目前存在的问题主要是缺少活力,学生被束缚在考试之内,学校在课外活动、兴趣发展方面不够重视,这是普遍存在的一种现象,是需要改革的地方。

但从中美对比来看,中国的九年义务教育还是有不少值得肯定之处。我也认为中国教育可能是在高中阶段真的出了问题,高中前两年学了一些新知识,但高一后就文理分科,还有学校刚到高中阶段就文理分科了,实质就是为高考服务的教育。在培养学生创新能力的高中关键阶段,全民却在为高考而战。

M: 高考结束后,我在家里歇了整整三个月。有一天整理之前的试卷,就觉得似乎全忘记了,很多题目再让我做一遍都不会了。当下蛮恐慌的,学了好几年的东西,仅三个月就全没了。学校给学生的东西,一个是能力的培养,一个是知识的积累,现在知识的积累太过分,但是在能力的培养方面还有很大欠缺。

X: 所以说高中阶段真的很关键。美国的高中是四年,是在14岁到18岁之间,正是学习的好时候,学生精力充沛,不断创新,不断吸收新的东西。而中国高中生仅用一年多时间学习新知识,然后是不断重复温习,精力都花在备考上,对旧知识不断巩固强化,去应付高考。

M: 我们做高中生时,就是不断重复背诵。前两年一定要将高中课程全部学完,高三则转入复习。复习时,甚至连初中的课本都要回忆背诵,整天就是背书——考试——背书,机械地循环往复。

X: 其实高中阶段教育是与初中阶段教育、高考的评价体系、大学阶段教育紧密联系的,处于教育链条的关键一环。中国的高中教育较之美国确有很大差距,衔接方面尤为薄弱。

M: 北大教授郑也夫在《吾国教育病理》中强调职业教育的分流作用,但是,目前中国的职业学校并无吸引力,成了落榜高考生无可奈何的去处。在至今仍是"千军万马挤独木桥"的态势下,大学选拔学生为体现公平,只有高考一途。而平民百姓的子女想要进入优质大学,只能去迎合高考体制,于是就成一种恶行循环。其实学生还是应分流,因为并不是每个人都适合上学术性的大学,只有依据自身的性格、能力和特点,做事才会更出色。

X: 说到分流,在国外,尤其是欧美国家,做得比较好,因为学校分阶段多次对学生进行分流,比如7岁、11岁、14岁、16岁等。而在中国,一般的人只要智商正常,都进入普通教育体系,甚至成绩特别差的学生,也能托关系进入普通高中读书,三年后再一起拼高考。此时进不了普通大学,才无奈分流到职教通道,在这之前初中阶段分流的很少。而且我国的职业教育发展也是阻力重重,职业高中面临着窘迫的生源危机。何况传统的中专院校已处于消亡的状态,职业技术教育很难起到真正的分流作用。

M：考不上普通高中的学生，去念了职业高中。但职业学校的质量也有问题，学生毕业即失业。社会舆论对职业学校的毕业生好像也挺歧视的，大家觉得人生的正途，还是要进普通高中然后升大学吧。

L：你们都认为中国高中教育比较糟糕，但我觉得也可看到好的一面。高中阶段即便存在文理分科，文科生也会选修物理、化学等理科科目，反之，理科生也会学文科课程，这些课程有利于提升学生的思维水平。虽然高考指挥棒下的学生有死读书倾向，但也并非只会考试，近些年国内高中毕业生也能申请到国外顶尖大学，他们在那边的表现也不错。像衡水中学还是极端的个例吧。至于说中国高中课程设置程度浅，这也不可一概而论，某些高中课程设置还是有一定深度的，而且范围广，各方面都有涉猎。

目前比较凸显的问题是，一旦分了文理，文科生就不太重视理科课程了，理科生也不肯花太多精力在文科上面。至于说到教师学历浅，其实某些大城市的高中，比如上海，一些硕士毕业生在小学任教，高中教师拥有硕士、博士学历者也已占据一定的比例，这些老师的学历水平其实不低。中国高中存在的主要弱点是很多学校不像美国那样有相当自由的选课权，另外在动手能力的培养方面更逊一筹。

X：丽丽刚才列举的是你所处的城市北京或国际化大都市上海，它们是中国最发达的城市，堪比美国的纽约、华盛顿了。这类城市里的高中教育，代表着中国最高的水平。但不能因此否认中国广大地区的高中所存在的普遍问题。

L：难道你不承认通过中国高中阶段大容量知识的学习，学生的思维水平也有了很大程度的提升吗？

X：我并没有否认高中课程对思维的训练，我想着重指出的是，中国高中三年翻来覆去学的知识，都是在为考试反复操练，围绕大纲进行题海战术，没有新的知识、技能和方法，特别是方法，它作为训练我们思维的更高元素，能让我们更好地提升自己的能力，包括学习能力、思维能力、创新能力及解决问题的能力等等。我们应该正视中国高中教育确实存在的这些严峻的问题，寻找解决的出路。

L：你觉得农村地区高中的毕业生与大城市的学生在思维能力、解决问题能力方面有重大差别吗？我觉得农村孩子在这方面也很优秀，可能他们当年学习的过程更"痛苦"一些，受的磨砺更多一些，但相应的能力毕竟还是在学习过程中得到了。

X：中国式的课程设置和教育方式也确实能锻炼学生某些方面的能力，比如仔细认真、坚韧的意志力等，但从目前大学新生的状况以及国家创新型人才严重匮乏的情形来看，起码现阶段的高中教育在培养学生的创新能力和解决问题方面的能力上是非常不够的。此外，教育在城乡以及地域方面的差别肯定是存在的，在学习成绩和考试能力方面，可能考进同一所大学的学生相差不大，但在综合能力和素养方面，由于学校教育及家庭教育的差异，彼此的差距显然是存在的。大城市的高中毕业生与经济欠发达地区的高中毕业生真差不多吗？举一个简单的例证，我高中就读的学校甚至学校所在的区域，就没有高中生能申请入美国顶尖大学读本科的，但是北上广这类城市，名牌高中的毕业生拿到美国常青藤大学录取通知书的则比比皆是。仅此一点，经济发达的大城市与经济落后的小县城在教育资源方面存在的巨大差异，肯定是不能视而不见的。

M：如果给人更多的机会，他们会发展得更好。我并不是说中国现行教育制度一无是处，它肯定有自身的优点，但目前存在的问题更大，有需要改革的地方。我曾就读的高中在学生入校半年后就分了文理科，它需要这样的试验，更好地提升高考业绩；尽管不如衡水中学做到的那般极致，但也属一个模式类型。我的老师有时也有所创新，我们班级人数多，规模大，老师不可能兼顾每个人，但他会让我们自选主题，在宝贵的高考复习期间还空出一节晚自习课让我们演讲。他给了学生展示自我的机会，给我留下了深刻的印象。可见，教师即使在巨大的高考压力下，凭自己的良知、智慧和勇气，还是可能给学生的创新能力以拓展发展的空间。北京、上海这些大城市的学校自然也比较注重考试成绩，但同时它们可能会给学生创造一种更加良好的教育环境，而不仅仅是考试环境。

L：这可能与当地政府是否作为也有关系，比如我当时就读的学校，周末也并非不想给学生补课，但由于政府监控得比较严，学校不敢这么做，怕家长去举报。

M：我想起初中时，学校想让学生交补课费，但这是违反规定的，学校就让老师请家长来校开家长会，把补课的想法告诉大家，希望得到家长的支持，借家长之手把补课费收上来。此事后来还是被举报了，之后老师就把补课费退给学生，说不补课了，结果五一假期歇了七天。老实讲，当时很开心。那段时间重点提减负的问题，政府对学校补课现象查得很严。

Y：我觉得美国大学这么牛，主要是它培养出了很多顶尖人才。大学本身是否牛，靠自己吹是不成的，关键在历史的裁量。所谓"政声在人去后"。同理，"牛校在人心中"。学生口碑是学校品牌的奠基石，百年树人的伟业是难以靠广告做出来的，这就是为什么美国的牛校也是"百年老店"的缘故。当然,大学能为学生提供相应的资源、配套的设施,而且美国大学种类都很齐全,能够满足高中毕业生的分流。品牌大学是宽进严出的,当然顶尖大学的门也很难进。美国的一些"牛大学"很难毕业,所以大学生要比我们刻苦,他们在校期间花在学习和科研上的时间非常多。以前看过配照片的新闻报道,美国大学生通宵达旦泡在图书馆里,而我们的大学图书馆当然不会通宵"营业"。

M：老师之前不是提到过斯坦福大学的阅读课标准,要求学生一周读够1000页的中世纪哲学著作吗？

金：这是说的惠普公司总裁菲奥莉娜的案例。中美高校的差距确实大,因为美国国力强大,私立大学居多,学校资金雄厚,能聘请到世界顶尖的教授,能招揽到全世界最聪明的头脑。美国大学的生源无人能比肩,全世界最优秀的学生都成为美国品牌大学的预备队伍。而且美国大学的标准和要求也相当高,进品牌大学不容易,从顶尖大学毕业更不容易。教授对学生的关心和要求也别具一格,从大学课堂教学的阅读量亦可见一斑。其实美国学校阅读课的质量和要求,在基础教育的起始阶段已开始了,到高中时标准更高了。而美国的上层社会家庭普遍注重引导孩子早期阅读,父母主动与幼儿探讨经典作家亚里士多德等人的思想等,让孩子早早浸润于学术的氛围。可以说从幼教到高教、从家庭到学校,始终让学生通过阅读提升素养、训练思维、扩展视野。

刚才说到美国的重点高中就有严格的学术训练,人家为什么要求高呢？因为读重点高中的学生人生方向很清晰,将来就是要读大学的,而且会从事学术性较强的研究,目标是学界、商界、政界的重要岗位。如果缺乏这方面的能力、天赋和兴趣,或家庭环境不支持其在学术性大学的道路上远行,那么,人各有志,路有千条,他的兴奋点会迁移到其他方面。到了初三,自然就分流了。社会也提供多种机会,个人成长的空间很大,选择的余地充裕,沿另一条路照样成才。想换一种生活,也可回到大学继续读书。况且美国社会很多职业也未必比大学老师待遇低,有些职业甚至比大学教授薪酬还高,像专业的管道技工,他的社会地位和收入都不是很低,所以社会上就有人愿意去从事各种各样的工作。

再加上美国社会是移民社会,开放度大,所以无论什么层面的人才都很丰富。只要有机会,大家都愿意涌到美国去,不愁没有人来做各类工作。美国学校里也没有特别大的压力,说拿不到文凭就没有饭碗。中国的问题,比如地少人多,升学压力大,学生分流难,职业价值导向单一等等,是异常严峻的挑战,但在美国似乎不存在,或至少不突出。美国学生成才的方式是多种多样的,而中国学校只用一种方式去训练学生——考试。

河北衡水高级中学军事化的训练,有没有道理?在唯一标准的考试指挥棒下,它当然是有道理的,它将中国考试学的智慧运用到极致了。刘翔参加110米栏赛跑时为何能胜出?也是因为孙海平教练将训练智慧发挥到极致,他摄录了刘翔跨栏时的整个过程,接着放慢镜头分析,每一步应该怎么跑,将0.01 s的步伐都挑出毛病来,然后校正,再巩固,进而提升,最后持之以恒地训练、训练、训练……如此才会让刘翔在奥运赛场飞翔。

我们是举国培养体育健儿的体制,美国不是这样培养人才的。当然,美国人首先是条件好,吃饱了饭没事干,学生喜欢体育运动,于是玩出来了。因为人的天性是喜欢玩的,跑步、打球、潜水、攀岩,在玩的过程中,有些人不断提升了运动技能,成为超一流的高手,到世界上来比赛,一下子就拿了金牌。中国运动员苦得很,拿着纳税人的钱,自然要对得住它,于是战战兢兢,如临深渊,如履薄冰,刻苦训练,为国争光。举国体制培养天才,还玩不过人家,其中的奥秘值得反省。

M:我就觉得奇怪,运动是让人健康的,为什么得了奥运冠军的中国健儿反而弄得一身伤病。

金:于是中国健儿登上领奖台,挂上金牌之后就情不自禁地流泪。美国体育冠军个别情绪激动的也有,但人家首先就是高兴地玩,玩出一个金牌,固然兴奋,没有获得金牌,也有些伤心,但没有像中国运动员那样心情大起大落,一辈子好像就压在金牌上了,输不起,乃至也有点赢不起。中国老百姓好像也如此,情绪之跌宕起伏,比起运动员是有过之无不及,仿佛国运系于一身,不难想象当年刘翔在奥运赛场上的压力之大。

L:这让我想起之前看奥运会,有一位美国的射击选手,先后两次参与奥运会,他在打最后一环之前,成绩一直遥遥领先,也就是说只要最后一环成绩不是特别糟糕,就能稳赢冠军。但是,他在最后一环都脱靶了,最后关头与冠军擦肩而过。即便如此,他也没有情绪失控,更没有极度沮丧,而是淡然一笑,就释怀了。感觉这种心态特别好。

X:心态好为什么还会频频在最后一环出问题呢?

L:可能他有一些紧张吧,但事已至此,就坦然地接受结果,也不必死钻牛角尖。

X:他也是存在紧张的,想拿冠军的心理也是真实存在的,但最后没有拿到。当这样的结果摆在面前时,他就坦然接受了。他表现出的是那种对待成功与失败时应有的豁达心胸吧。

M：我们是举国体制培养体育人才，真的是输不起。而且为了培养一个人，牺牲了不少为之默默无闻作奉献的人，在那里当陪练。

金：可能是偏离了体育的本意了。

Y：是为国争光，肩负使命。

金：现在的学校教育也是如此，学生弄得这样苦，是他们肩负了家族的使命。

29. 碎片化阅读、经典阅读与"死活读不下去"排行榜

金： 这是一个新问题,也是一个老问题,就是关于读书。广西师大出版社,作为出版社的一个新秀,近年来在出版界特别是人文社科类作品的出版方面声誉鹊起。它在网上搞了一个"死活读不下去"排行榜,对近三千名读者的意见进行统计之后,居然发现《红楼梦》高居"死活读不下去"排行榜的榜首,而且中国古典四大名著尽在其列,另包括世界名著如《百年孤独》、《追忆似水年华》、《尤利西斯》、《瓦尔登湖》、《不能承受的生命之轻》、《钢铁是怎样炼成的》等,且都是跻身于前十名。

这样一种关于阅读的社会文化现象,引起了媒体的热议。有人说碎片化、浅层化阅读在当今时代盛行的原因,是人们的阅读功能发生了变化,即读书主要是为了解、获取实用的信息,不是为修炼品性或体验审美。这是从功能的角度分析阅读的价值转向。你说名著嘛,又不能给你什么赚钱秘诀、谋生技巧之类的启发,所以有些人无暇也不屑读这些枯燥乏味的所谓名著。经典或许太厚重了,需要慢慢品读。在一个快节奏的时代,最稀缺的资源也许就是时间,人们消费不起。同时有一种快速消费或轻松消解经典的现象在蔓延,比如

戏说经典、图说经典、穿越经典等，坊间也有经典大全、经典提要、经典百日通之类的读物，试图将经典酿成流行的心灵鸡汤。时代的浮躁病，伴随着市场经济的功利化浪潮甚嚣尘上，欲使经典蜕化为招首弄姿的媚娘。

当然还有一种说法，认为经典反映的社会生活属于一个过去的时代。那么互联网的新生代怎样能够跟传统的经典发生关联？经典也许太古老也太沉重了，与青年人的心缺乏共振。要让经典重回书桌，首先要开发经典的现代价值，使之成为激活当代人生命的源头活水。所以怎样思考和整理经典、重构和创新经典，是当务之急。

你们都是读书人，大家有一段时间也在"教育名著选读课"上研读经典。你们可以就阅读市场的变化和读者的分化，谈谈想法。

H：远离经典和碎片化的快速阅读这一问题，离不开社会大背景。我们身处一个浮躁的时代，经典则需要你沉下心来，在一个相对安稳的环境里细嚼慢咽的，而今这样的环境越来越少了。学校还差强人意，有点读书的氛围，社会已热闹得无法让人潜心读经典了。另外，确实像老师说的，经典作品的内容，比如说人生观、价值观等也未必能让现代人认同。青年人读了经典，觉得对自己没有什么实际的功效，也就不会再读。

经典作品确实需要读者花时间去"磨"，这样才能品出深层韵味，而现代人恰恰没有时间去品。"碎片化阅读"其实是利用网络或手机进行的阅读，特点是方便、及时、简短且信息量大。无论是其表达方式，还是反映的人生观、价值观或实用的内容，都符合当今时代人们的需要，所以它逐渐成为流行的阅读方式。至于经典，传统的"经"指的是四书五经，而"典"则是春秋战国前的公文。织物上纵向的"经"与横向的"纬"相对，"经天纬地"即指牢笼万物，无所遁逃。"典"是个会意字，甲骨文字形的"典"，上"册"下"大"，合之即大册的书。何为"经典"？折射出人性的永恒、思想的不朽等价值，乃至是真理的化身。但现实中的人们，只愿花一秒钟时间，浏览处世宝典中的一句妙语，却不愿意打开经典，慢慢体味其中的道理。

Y：为什么现代人不去读经典？其实不是社会没有提供阅读环境，而是有些人或大部分人不愿意进入这样的环境。即使在上海这样一个快节奏的城市里，也有很多适合于读书的地方，如散落于城市中的各种优雅的小图书馆，还有清冽的茶香和浓郁的咖啡伴随。经典为何经久流传？因为它经得起时代的考验，即使时代转变，经典内涵的价值不变，或者说变的是皮毛，骨架犹在。

现在有一种经典段子,可能也是碎片化阅读的一种形式吧,有些写得好的,实际上就是对经典作品中语句、段落的高度萃取,但它加入了一些现代语言元素,也算重构或创新吧。因为段子可能更多地凸显娱乐性,难免对经典造成某种误解,这也是碎片化阅读的缺陷。但是不去碎片化阅读的话,可能还真跟不上时代的脚步。现在每天会有大量的资讯涌现,不迅速浏览,就难以捕捉时代的特点。碎片化阅读是当下社会一个奇特的消费品。

M:说到现在各地的小图书馆、小阅览室,之前我看到一个报道,说重庆某些图书阅览室一整天都没有一个读者,管理员抱怨"很寂寞"。但假如你不去阅读这些段子,不去浏览网上新闻,可能第二天就没法跟别人聊天了。社会上热点话题的变化速度很快,你是否被它牵着鼻子走呢?尽管今天人们的生活已不可能脱离网络,但还是应节制一点,要有所选择地去浏览网上的信息,因为网络上的信息量超级巨大,瞬间万变,你没必要去追这个潮流,且追不上。人们似乎总是很难静下心来阅读经典,一本书翻几页,往往就放下了。这种浮躁心理因何而生?

L:为什么现在我们很难静下心来阅读经典?可能就因为平时总在看各种段子、网上快讯,一旦习惯了碎片化的阅读形式,再让我们去接触长篇大论的经典作品,自己首先在心理上会很畏惧。现今很难在地铁站、公交车上见到捧着纸质书阅读的人。通常是一机在手,或看视频、玩游戏,或刷微博、扫微信,大家每天接触的都是碎片式的信息,已习惯了这样一种阅读方式。如果真要沉下心来再去读经典,似乎很困难。也有些城市里开设了"书吧",提供热门书籍,还有咖啡甜点等,试图营造一个舒适怡人的阅读环境。还是有不少爱书人在空闲时喜欢到那里读读书,放松一下心情。我觉得书店是城市最美的风景线,使生命温馨、浪漫、充实,让生活也美好起来。

H:经典,看还是不看?这会成为哈姆雷特式的问题吗?就我个人来说,阅读其实与周围环境没有什么联系。不看经典,最根本的原因不是没有提供一个书吧,大多数人也不在乎小书店的情调,关键是现在很多人根本就没有一颗阅读的心!即使环境再优雅,他的脚就是不会跨进去。因为他完全没有阅读的动力,只是抱着玩玩的心态,浏览着手机上的碎片信息。无论图书馆环境如何变化,都打不动他的心。

Y:还是要看你是不是真心喜欢这样的阅读环境。

L:这还是取决于个人兴趣吧。有些人会觉得找个比较安静的书屋,读读书,这样过几个小时很快乐、很放松;但大多数人也许觉得不如趁机看个视频或刷刷手机。确实存在这样的差异。

H：你觉得现在还会有多少人有时间或精力去获取阅读经典的快乐？

L：还是有的，但确实很少了。我觉得如果一个人真心喜欢某件事，再忙也会挤出时间和精力去做的。

Y：现在无论是有工作还是暂时失业的人，其实他们是有大把空余时间的，工作的人赚了钱，具有很强的消费支出能力，也有空余时间去消费。关键是他愿否选择阅读消费。我见到一些普通劳动者，包括公司白领之类，实际上他们还是挺喜欢阅读的，也会考虑以阅读有分量的书籍为自己的未来发展奠基，自觉把阅读经典作为提升自己能力和素养的重要途径。我们是否忽略了这样的群体，只是把目光聚焦在喜好碎片阅读的部分人身上了？

H：你所见的爱读一族是真进行着经典阅读，还是伪经典的碎片化阅读？

Y：他们也有潜心阅读经典的。

M：还要看所谓的经典是些什么书？也许看的就是中国小说四大名著，或者是外国经典提要大全之类的速成书。

H：包括现在市场上流行的畅销书。

X：我之前参加的一期由《文汇报》举办的文汇讲堂，刚好与这个论题相关。该期讲堂由复旦大学中文系教授汪涌豪和湖北作家协会主席方方联合进行。汪教授认为现在的年轻人，包括各年龄段的大多数人，普遍阅读的都是一种"文字的垃圾"。他举了一个例子，郭敬明的《小时代》三部，这多火啊，而且拍成电影了。年轻人，尤其是高中生趋之若鹜，花钱买他的小说，花钱去电影院看他的电影。但在他看来，郭敬明的《小时代》是一个错误的价值导向，是文字的垃圾！《小时代》煽动人们去追求那些浮夸的、纸醉金迷的物质虚荣。还有像《星球大战》等科幻片，如出一辙，用声光化电的高科技手段，炫耀想象的物质空间，没有把人生价值导向自己的内心。

人人都觉得外面的世界太诱人了，金钱也好，权利也好，以及各种各样的生活方式也好，都是丰富多彩、光鲜亮丽的，甚至穷奢极欲、摄人心魄的。人们喜欢追求外表的张扬，雷锋当年要以有限的生命为人民服务，今人则欲以有限的生命享无尽的人生华贵。所以大家喜欢碎片化阅读，它刚好迎合了我们这个时代的特点——网络人的需求。

现代人缺少的是什么呢？汪涌豪认为是人自己向内的开掘，即追寻自己的人生价值。他说现在几乎没有人可以心平气和地坐下来和他一起探讨两个小时关于什么是人生之类的问题了。他很失望,人们讨论的都是些比较外在的东西,比如说社会局势怎样啊,流行商品有哪些啊,大家津津乐道。但是像经典作品的意义,通过阅读经典向内探求自己生命的价值,这种阅读方式或生命方式是当今时代特别缺乏的。而经典阅读才是一个真正的人去探索自己存在的内在价值的基本途径。只是现代人一叶障目,受太多的外在物质利益的诱惑,都麻木不仁了。

说到读书,特别是阅读经典,它带给你的不仅仅是沉浸于阅读体验的当下愉悦,更是对自身所处的时代需要被否定、被超越的是什么的思考。经典著作应该从一个更高的层面,给人一种更深邃的启示,而不为社会日常生活表面的五光十色所迷惑,比如谈论金钱、权势、房价、美酒和美女则趣味盎然,解读人文、哲学、历史等经典作品却索然寡味。

当然大学教授有自身的立场和操守。但我觉得每个时代这样阅读和思考的人毕竟是少数。芸芸众生都还是在为自己的生活奔波,想着工作,想着挣钱,操心着柴米油盐,如何养家糊口。普通老百姓的思想是这样简单又十分现实,你让他们去思考更高境界、更深层次的人生哲学,对不起,他们做不到,没有闲也没有钱。同时,他们天天奔波劳累,偶尔想去电影院放松一下,看点能给他们带来欢乐的虚幻的大片,也属正常。至于在平凡的日子里,忙中偷闲,读点碎片化的信息,长点见闻和知识,搞点麻辣小段子调剂一下苦闷的生活,当真就得遭到知识阶层的口诛笔伐,甚至罪不容恕吗?

金:这里恐怕需做一个时代背景和个体背景的分梳。从时代背景来讲,放眼全球,体察中国社会的当下,皆是巨大的转型:世界从工业时代转向后工业时代或所谓的知识经济时代;中国从改革开放以来一直在摸索从计划经济模式转向市场经济模式的有效而稳定的独特路径。市场经济模式牵引下的以经济建设为中心的发展趋势,范导着人们的价值取向和行为习惯。中国在鸦片战争后积弱积贫,连年战争祸乱,民不聊生。长年过着担惊受怕的苦日子、穷日子的平民百姓,现在终于赶上了改革开放的好时代。

国家要富强,个人也要致富,在发家致富狂潮的卷控下,每个人都心揣发财的梦。然后,举国是"GDP"的经济崇拜,个人是"孔方兄"的数字崇拜。这就让现代人一路狂奔,人人狂奔,就是想尽一切办法,怎样去早早实现人生的梦想!白领阶层流行所谓四十岁的职业生涯规划:四十岁前挣够一辈子的钱,四十岁后浪迹走天涯,做自己喜欢做的事,也可能包括了读经典。

我们这个年代的时间就特别地金贵。现代人就是忙啦,而现代的中国人则是忙上加忙。我们不是有个话题讨论"五 Mang"现象吗？忙的核心就是表明自己没有落后，没有落后的强劲表达就是用金钱符号来证明自己。所以读书嘛，自然有功利的趋向了。如果读的这个书，增长的这种能力，对我实现这一目标没有直接帮助，我读它干嘛？这就是社会浮躁病的根由。现在不要说普通百姓，就连专家学者也莫不如此。大学里搞自然科学研究的教授或研究员，如果偏于技术开发甚至成果能转化为实用产品的，可以经济效益衡量；如果从事基础研究，现在用什么来衡量呢？就是学术 GDP 嘛，看你在《Natural》、《Science》这样的学术牛刊上发过论文没有？再就是有无国家级课题，标的值多少，如果上亿，又是首席科学家，即课题负责人，自然就牛了。

那么人文社会学科呢，也向自然科学看齐了，也是拿大项目。说到文科的大项目，社会科学一类的，比如法律学、政治学、人口学、社会学、经济学，可能也包括教育学，由于需要做大样本的调研、大数据的分析，需要大规模的协同研究，就要花不少钱。大型课题拿个数百万乃至数千万，现在也有了合理性。但是传统的人文学科，比如哲学、文学、语言学、历史学，你搞这么多的人凑到一块儿干嘛？人多就能写出好的剧本、好的小说、好的哲学论文了？那是不可能的。

文史哲的科研成果，往往是个体独创性的劳动结晶。现在把大学文科搞成技术工程模样的管理，就是急功近利惹的祸。你看历史学教授现在看书，也是拿本书扫一扫，看哪条材料有用，摘下来、剪下来或拷贝下来，赶快炮制成论文，编成书。看书时首先想的是写文章，学者成了会生蛋的老母鸡。管理者给鸡喂食，算好投入产出比：多少天里可下蛋，每月每年出多少蛋。所以有些教授在骂：大学成了养鸡场，得，每天盼着到鸡场里捡蛋去！但管理者也憋屈：大学固然不是养鸡场，但难道是养老院？干活总得出活吧？

上述是社会景观。那么从个人背景来看，现在的年轻人，像你们，二三十年来靠着社会大背景成长起来的，脚步匆匆，缺少修身养性的闲暇时光。贵族式的生活和读书方式，吃饱了饭没事干嘛，可享受经典啊。学校教育就是起源于人吃饱了饭没事干，找点事情来干的消遣方式。传统学校里贵族式的古典教育与工业文明时代的实科教育不一样，贵族子弟学的东西就是没用的，或者说是无用的大用，属于修身养性、上天入地的抽象原理。

实用的东西不要到学校来学，跟着爸爸妈妈在田间地头就学会了。怎么种地，需要到学校学吗？工业社会催生了实科学校，怎么设计、生产和操纵机器，进了学校的讲堂，成为课程知识。社会分出了贵族学校（古典学校）与实科学校（职业学校）。古典学校的学生享受的是通识教育,玩高雅读物;实科学校就是给学生实用的知识和技能。现在高校不是也分两类吗?一种是学术性大学,还有一种是职业技术学院。中国的职业技术学校不太受欢迎,年轻人拼命挤入普通大学追求学术,但学术现在又异化了,也成了谋职挣钱的行当。

学校里还是有学生在读书,但大都基于实用的需要。当年轻人缺乏了理解古典作品的生活元素和社会条件,他怎么能看懂《红楼梦》?面对时空的间隔,缺乏人生的感性体验,又缺少历史和社会的理性积淀,他确实看不懂经典,也看不下去。不要说90后大学生,像我当年读大学中文系时的77或78级大学生,也有抱怨《十日谈》、《一千零一夜》无聊,读不下去的,把个外国文学的教授气得要死,在课堂上声色俱厉地说:"堂堂中文系的大学生,连这样的外国名著都看不下去!像话吗?"

我们当时也觉得很好笑,确实不像话!把它当笑话讲。但这个学生是讲了个大实话,他就是看不下去嘛。我不是应届生,以前还看了点闲书,有点历史文化积淀,好像还喜欢读。像应届的中学毕业生,本来就缺少社会阅历,如何能读懂这些老古董?说心里话,你们现在去读《红楼梦》,真心喜欢吗?

当年毛泽东要求高级干部读四本书,哪四本?《红楼梦》、《金瓶梅》、《红与黑》和《基督山恩仇记》。说不读《红与黑》,怎么了解资本主义社会的个人奋斗?不读《基督山恩仇记》,怎么知道资本主义世界的金钱万能?不读《红楼梦》,怎么知道中国封建社会的腐朽?不读《金瓶梅》,怎么知道中国封建社会的堕落?

所以和尚将军许世友,也要听老人家的教导,只能去读《红楼梦》。"文革"中什么书都戴上了"封资修"的帽子,成为禁书,唯独《红楼梦》,托伟大统帅的情有独钟之福,当时的县团级干部可购买一套。我生活的那个县镇的图书馆也存有一套,我就偷着去看。估计许司令员读《红楼梦》也很痛苦,和尚将军看林妹妹与宝哥哥谈恋爱,怎么能看得懂?大约也是死活看不下去的。

所以现在的图书榜,《红楼梦》高居"死活读不下去"之首,老人家九泉有知,恐怕又要气死啦!他好像说过,中国虽地大物博,其实也没多少东西,但毕竟还有一部《红楼梦》。《红楼梦》是他平生最喜欢的书吧,从《红楼梦》里看出的是阶级斗争的奥秘吧。但今天谁还爱看《红楼梦》,特别是新世纪的大学生?

我觉得大时代中的小个体,普遍存有"死活读不下去"的经典问题。《尤利西斯》谁看得懂?这都成天书了!《追忆似水年华》虽得了诺贝尔奖,中国人大约也看不懂的。大学里吃专业饭的文学评论者去读这类经典,也是出于谋生的无奈吧?这些书,你们能读下去吗?我看也是死活读不下去的。我大略翻了翻,也没有读下去。估计像《红楼梦》翻译出去后,老外也是死活读不下去的。要读懂《红楼梦》,博大精深的中国文化暂且不谈,先要对中国语言文字有深切体悟,不然《红楼梦》的美,你还真的欣赏不了。

L:据说现在大学一些文学博士,也未必能把中国古典四大名著读完。

金:确实如此,文学博士现在都是敲门砖啊。拿个博士学位赶快去谋生,捧个饭碗。读经典啊,就是那句话,吃饱了饭没事干的结果,是贵族的休闲方式,属于奢侈品。首先要有闲、有时间,当然也要有点钱啦,不用为生存操心了。这个话呢,看你怎么理解?今天这个时代,颜渊式的生活条件人人都具备了:在陋巷,一箪食,一瓢饮,人不堪其忧,回也不改其乐。你现在不愿干活,主动选择下岗,大城市居民有失业险,也有救济金,生活费没有问题。你就住到政府提供的经济适用房里安心读书吧,日日捧读经典,你愿意吗?

这个问题真要想得透彻,就能当即放下。我们这里坐而论道,你们也要起而践行啊。读经典需有钱有闲,你有没有这个条件,愿不愿做这样一种选择?我以前一直想,哪一天吃饭问题解决了,家里有个房间,四周都是书柜,把喜欢的书放满,沏一壶好茶,每天悠然自得,就看书吧。

实际上,这样的日子早就实现了。我现在也浮躁。在追求什么?我也反省自己。华东师大图书馆的硬件愈发好了,现在图书馆里的人气却没过去旺了,借书的人也少了。我自己有多长时间没借书了?有个同事说:"教授现在书越看越少了,钱越来越多了。"为什么?因为教授有钱了,家里都藏书了,不需要到图书馆借书了。有些资料上网都查得到,借书也成明日黄花了。问题是家里的书,真看了吗?实际上也没好好地看,书做了装饰品。有的书以往难借到,现在插上书架,却还是忙得难以静心品读,真成了悖论。

我现在也反省,事少一点,心静一点。好在就要退休了,以后的事情大概真的要少了。那就坐下来泡泡茶,慢慢地翻翻书啊。有人说,退休生活是人生最好的黄金时代:自由了,有闲了,时间可以自己安排了。

可谓:生命诚可贵,读书价更高;若为自由故,退休方英豪。

30. "论斤买书"与"论吨卖书"

金："论斤买书"与"论吨卖书"的话题好像有点抓人眼球。我前段时期看了个材料，关于图书买卖的计量单位，说现在的书不是按本出售的，也不是打折卖了，而是称分量卖了。在一些大城市，特别是像北京、上海、武汉、南京、西安等高校集中的城市，读书人也多，有些书商喜欢把书称了卖。据说称着卖还划算，一本书如果打对折出售的话呢，实际上跟称斤卖价格差不多，称斤卖算下来大约是打六折，可见称斤卖还划算。依据人的心理错觉，好像打对折书价还是贵，如果称分量卖，似乎很便宜。实际上也不便宜，这是利用了人们的消费心理的误区，显现的是书商的精明。

也有将"论斤卖书"现象，批判为知识贬值的。其实也不仅是一个简单的知识贬值的问题，还包括这样几种情况：第一种呢，正版的旧书，有一定的价值，由于流通过程中信息不对称，没有及时卖出去，书放着也是一种损失，还要付出仓库储存费，不如通过这个方式把书处理了，它还是发挥了作用；第二种呢，这个所谓的书本来就是垃圾，打着精神产品的招牌，做成了书的模样，是糟蹋白纸、毫无价值的废物，本来就应该把它消除，但用了这种方式，就把垃圾当廉价书卖出去了，把资金回笼了一点；第三种，这个书是纯学术读物，阳春白雪，曲高难和,它需要精准地销售,且消费者不多,由于初印时预测不准,造成了库压,积压在库里的书不流通呢,书店也要亏本,所以就用这种方式早点把资金回笼了。据说论斤买书在上海已形成了所谓的产业链,还有专业书店也通过这种途径拿到货源,有些老板好像还发财了,人家买上几百斤书,他就赚个几千块钱。

那么"论吨卖书"又是咋回事呢? 也是看了个报道,大学教授退休了,家里堆着很多书占地方,儿女也不是搞同一个专业的,就想把书卖了,但旧书店不收,也没人要这个书。于是这个书商,或许也兼废品收购站的老板,主动上门服务。书商卖书时是按斤出售的,来收教授的书呢,他是按吨计算的。他说这些书是废纸,没用的,按吨把书房的书估算出多少钱,全拉走了。一个老知识分子经年累月积攒了一辈子的书,就这样成吨地卖了。到书商卖书时呢,他是按斤卖。这样看来,倒真的证明知识早就不值钱了。老先生当年买进时要花多少钱? 现在卖这些书是当废纸卖,按吨来卖。知识呢,看来真的是大大贬值了。

据官方统计数据显示,目前全国每年出新书近 40 万种,图书存销比达到 1.77∶1,就是每卖出去 1 本书,仓库里就存留下 1.77 本书,一年下来,仓库积压的图书达数千万册、上亿册了,这真是个惊人的数字。资金也积压了,还要有人去管理积压的货物。所以一方面,出版业似乎欣欣向荣;另一方面,大量印出来的书也没有消费者掏钱来买,于是就进入书贩子的流通渠道。在论斤论吨、卖出买进的过程中,读书人的斯文扫地,书在贬值,书商的钱包在鼓胀。你们对此现象有什么想法?

L:其实靠近华东师大,金沙江路上就有一个论斤卖书的书店。

金:金沙江路哪段?

L:近长风公园公交站边就有这么一个书商。

金:我居住的师大一村南面也有此类书店。

L:那个书店大概是以十五元一斤的价格卖书,我之前还在那里买过几本书。瞅着出售的书,封皮倒挺精致,想着应该是正版的,觉得挺划算。但买回来一看,其实是盗版书,有很多印刷错误,漏洞百出,纸质也相当差。虽然是论斤卖书,但价钱并不便宜,一般相当于封底定价的五折左右。一本标价三十元的书,买到手也要十几元,还是盗版的,有种受骗上当的感觉。之前也看到网上有很多关于论斤买书的报道,记者也尝试在这些论斤卖书的店买了书,发现基本是盗版书,五本里有四本不能看的,质量太次。我觉得现在的图书市场比较混乱,像这些书商打着论斤卖书的旗号,纯粹是个噱头,就是为了促销,利用了人们想贪小便宜的心理弱点，把垃圾换成了白银。

X：它就是抓住了人的心理弱点，让人感觉这书好便宜啊，赶紧去买。但它还迎合了人的另一种心态，其实人们打心眼里还是想买点书、看点书，让自己看上去有知识、有文化的。读书是高雅的行为，书商正是利用了人们的这种正当心理。因为今天书的定价不菲，与国际标准比相当便宜，但与国民收入比，还是贵。特别是学生族，书价很贵的话，我们可能不会去购买，但大家还挺喜欢看纸质书，在流行互联网阅读的今天，看纸质书几乎成为一种高雅的享受，尤其在书价很便宜，阅读成本很低的时候，为什么不去买点呢？

说到图书市场的混乱，在论斤卖书的地方，著作权、知识产权没有落地，管理部门对盗版书现象也没有加强规制或依法严惩。商家和读者对图书也没有一点敬畏，顾客随意翻书，把书的品相弄得特别烂，有的图书被损毁，所以现在出版的新书越来越多地封上了塑料薄膜，你只能看到一个招人喜欢的书名，却无法了解实质性的内容。有的论斤卖书的市场，竟然成为盗版书的天下，这可真的是法制悬空，管理不力了。

刚才论及知识贬值，我觉得可能是因为互联网的发达，电子阅读对纸质书构成了一定的冲击。但我们从小一直是看纸质书成长起来的，当今学校的各类教材，仍然是以纸质书为主。其实我们内心还是倾向于读纸质书的，并不愿意在电脑上看书，它对视力也有负面的影响。尽管我们这一代更希望读纸质的书，但新生代的孩子尤其是再过十年后出生的孩子，他们将决定未来的阅读方式。由于他们自小浸润于互联网的世界，其视觉爱好深受电子文本或多媒体展示样式的影响，纸质书对于他们还有何意义，现在很难下定论。

H：书难卖的一个原因，确实是市场预判不准、商业操作失当；但另一个原因，书也真的是出得太多太滥了，卖不出去，就只能沦落到在书摊上论斤出售。现在单纯为了谋利而出书的有，论斤售书来挣钱的也有。出版界的书林林总总，应有尽有，除了一些有价值的著作应该出版，也有一些附庸风雅的人会自己花钱出书。我有个同学，他爸爸爱好文学，平时喜欢涂抹，写一些风花雪月的小诗、小说，没有出版社愿赔钱出这玩意儿，于是就自己花钱出版。这样的书肯定没有销路，于是他就免费派送，自己买上几百本，分送至亲好友，送不掉的就放在家里堆着。最后剩下的这些书，出路也就是论吨卖、论斤买吧。我觉得这肯定不是孤例，有一群人依靠它生存，这个怪现象反映了图书出版业的深层问题。

金：书出得多而滥确是个问题。中国人有个成名情结，"太上立德，其次立功，再次立言"。立德、立功不惟人力，还赖天时地利，所以中国的文人雅士啊，他如果识点字，有点文化，又有点钱，有点闲，临死之前最想做的一件事情，就是留本文集下来，幻想着就此流芳百世了。大文豪韩愈未能免俗，为死人唱赞歌，受的润笔费不菲。而一旦名人做序作跋，则文本可以依托名人的盛名流传，这就是为什么古今文人热衷于拉大师作虎皮，千方百计要大师下笔为其镀金，且甘愿送上丰厚的酬金。中国的经史子集四库图书中，文集为何特别地多？有点文化的富贵闲人写的歪诗，做的什么屁文章，统统要编撰成集。敝帚自珍嘛，他总是要想方设法出版的，那也是卖不出去的。当然，古人的书，很多也不是卖的啦，属于文人雅士之间互相酬送的高雅礼物。书没有标价而流传下去了，说明这书是有价值的；如果随着时间的消逝灰飞烟灭了，证明它本来就没什么价值。

现在因为出版条件优越，出版界告别了原始的"刀耕火种"般的手排式铅字，升级到电子激光照排的先进技术了。由于电子出版的快速、方便、低廉，使出版行业进入个人出版的新时代。发达国家的出版和发表是高度自由的，所谓出版自由就是，只要不违法，无人管你。二三个人就是一个出版社，类似夫妻合伙人的小书店，存废由你，可以活得滋润潇洒，也可能倾家荡产。中国现在还有不少出版的限制，如书号啊、出版公司的准入门槛啊，还有各种不成文的条条框框卡着。国外的话，一个人以很少的钱就可申请成立一家出版公司了，当天就可在网上申请到书号。只要你乐意，可自己成立一个出版社，立马出自己写的书，所以非常方便，由此也产生了大量的垃圾文本。问题是你出的书，只能孤芳自赏；免费送人，人家也不愿读。现在有些印刷公司可给顾客量身定制你喜欢的书，出一本书，价格贵一点，如批量生产，就便宜点。你印上数十、几百本，分送亲朋好友。这样一来，书库没有积压物了。这就是个体出版加电商运营的新时代。

当出版业的门槛如此之低时，人人都自己出版的话呢，也确实带来了新问题。这就是书的价值到底在哪里？当书已不再是十年一剑、毕生心血的结晶，不再是知识创新、智慧凝聚的载体，没有专业人士的审核把关，没有权威机构的信誉担保，仅仅成了个体生命自我消遣的玩物、个人历史的纪念册和自我颂扬的化妆品，那么，除非与你有关系的若干亲朋好友对你赠送的书可能还有点留存的念头，此外的价值何在？到最后嘛，随着这些与你有关系的人的去世，你留存在他们手里的书，肯定要变成论吨卖的对象了。

有时站在图书馆大厅，看着那层层叠叠的书架、密密麻麻的书本，我也会沉思：自己某年某月出版的某本书将来的命运。你现在东写写、西写写，写的这些东西，可能在当时还有点用，但随着问题的解决，或社会环境的变迁，这书就没用了。鲁迅说，希望写的书速朽，如果书还活在人们心中,就说明社会停滞不前,问题还没解决。但鲁迅的书为什么至今还有人看呢?除了问题还存在,鲁迅是否也写出了超越社会和时代,直抵人心,具有永恒生命价值的普适性的经典作品?只要作品在,有人读,鲁迅就不朽。但古往今来有浩如烟海的书籍,特别是计算机使人类的信息量呈现爆炸式增长,数据总量已达到五十亿GB,这还仅是截至2003年的统计数据,时至今日,每两天就能产生同等规模的大数据,所以你给这个信息世界增添的任何东西,都像群山上的一点尘埃、大海中的一滴水,渺无踪迹,悄无声息。

Wikibon网站的《按世代划分数据痕迹》一文,以信息图表的形式划分出了数据消费量及创造量最大的三个主要世代:千禧一代——即年龄在18到29岁之间或不超过34岁的用户;X一代——即年龄在30到49岁或35到54岁的用户;再就是生育高峰一代——即年龄在50到64岁或55岁以上的用户群体。目前来看,X一代每个月消费并产生的数据总量最大,平均每人为59.5GB。这一代人对在线视频最为青睐,花在上网方面的时间最长,使用手机上网的比例最高。据预测,随着越来越多社交网站的发展、更多应用程序的普及成熟、新型移动设备的日益推广,人类很可能每小时创造出五十亿GB数据。也就是今后的信息世界,一小时就能产生以往全部人类历史包含的信息总量!

真是太恐怖了!图书馆再大,能藏多少纸质书?收藏条件再好,能保证纸质书一百年后不霉变、不脆化、不腐烂?尔曹身与名俱灭,不废江河万古流。只有物质不灭,其他都是过眼云烟。采用高科技手段,所有信息电子化,运用云储存方式世代保留,但沉睡在信息库中的信息无人打捞,不还是死的?就像档案开放了,无人阅读还是一堆死材料,对不对?当然你不写,不出版,则连个信息痕迹都没有。

你的书出版了,存入了信息库。哪一天,有人慧眼识珠,从书籍的历史长河中捞出了瑰宝,于是有更多的人阅读宣扬,你的书传播得更广、更远。经过时间的陶冶,作品可能留下了痕迹,这叫历史的检验。历史也许是最公正的,但还是有些偶然性。茫茫人海中,要有一个智者与你的作品结缘:历史大潮下有无数的知识贝壳,有一个旷世奇才的手无意中捞住了你生命的结晶,他的眼光透过一切,聚焦于你的宝藏,把它从沙海中挖掘出来,擦亮展示,阐发流布。于是,你的作品也成了经典,吸引了更多人的目光。你的生命沉睡百年、千年、万年,突然苏醒了。所谓尽人事,赋天意,你创造的作品,一直默默沉睡在历史的底层,只因智者还未诞生,挖掘的时间未到,它的价值尚待发现,就好像大地的宝藏在等待神奇的探针。

我认为，有时候一个人的创造固然伟大，而有独到的眼光，从浩如烟海的文献里发现珠宝，大力推崇弘扬的人，也很伟大。《唐诗三百首》的编者、《古文观止》的编者，我觉得也了不起，他使相关的古文古诗妇孺皆知，脍炙人口。如果不是通过他的编辑，某些唐诗或古文，可能也被湮没了——虽然还在历史典册里"睡着"，但一直没人去看它，也等于是死了。

M：其实也不必太过担忧贱卖书的现象。论斤买书的宣传广告乍一看，可能会让人误解，以为书有多么便宜，事实并非如此。很多人都应该卖过自己用不着的书吧，卖的时候多少钱一斤？五毛钱一斤。但你现在买书的时候多少钱一斤？可能是十五元一斤，其间就差很多。拆穿了就是商家的一种销售策略，最后算下来，买得也不便宜。此外，还要看论斤或论吨卖，卖的是哪一种类型的书？现在出版的书很多，其中鱼龙混杂，有些虽以书的名义呈现，其实际价值是不高的。等到哪一天，新华书店也论吨卖书了，才可以说知识真贬值了吧。今天当当网、卓越网上的书可论斤卖吗？没有！论斤卖的那些书，本身也许是盗版的，或来自"野鸡出版社"。所以我觉得这种现象乍看令人不舒服，但也不必过于担心。

金：晓梅说的这个问题，就是书被买进来时贵，卖出去时便宜，其实任何商品都是这样。比如买一辆车，有个学生对我说："金老师，买车是最上当的！"你今天买进新车，第二天把它卖出去，马上损失不少。现在唯有房子例外，当然这样的例外，也只在一线大城市的核心区，其他地方的房子都有风险了，说不定也是今天买进，明天再出手，至少损失百分之二十。

商品社会，或市场经济，取决于买方市场，就是消费者说了算。为什么说消费者是皇帝呢？他要买你的东西时，他就是大爷嘛，自然是挑挑拣拣，还要杀价。书商来收购你书的时候，你就是弱势群体，你的书就变成废纸了。但你要去买他的东西时，若你诚心要买，这东西又奇货可居了。所以书的买卖，什么书才是关键。如果是正规名牌出版社的书，那么再要看书的作者是谁，作者是个人物，有点名望，还是签名本，这个书就不会掉价。我到旧书店去淘书，原来标价十元钱，现在卖一百元的都有。我说怎么翻了十倍啊？老板说十倍还是便宜的，现在物价涨了多少倍啊？"文革"之前的书，现在翻十倍，你还觉得亏啦？我想想也有道理，这还是签名本啊，说不定再过十年，成无价之宝了也可能。所以书作为商品，应该区别对待，不是简单的一刀切。

现在图书市场的消费者呢，我觉得也出了问题。有一次与校长培训班的学员交流，他们在出版社的展示柜台翻书拍照，却不买书，我说："你们现在都不买书，不读书了？"回答是："买书带回家累得很，是个负担。喜欢的书我已拍好照片了，回家上网买还便宜，打对折的也有。"可见网络销售太可怕了,现在实体店都要垮台了。马云搞起来的电商啊,它一方面是好,物畅其流,价格低廉;一方面也真的是坏,把传统的商业模式颠覆了,小商店都被淘宝网打败了。顾客进了服装店,看看品牌的款式,试穿一下,掏出手机扫扫二维码,他回家就上网下单。昨天不是"双十一",俗称"光棍节"嘛,又把马云乐得要死,是吧?据说半天时间的销售量就超过去年同日,去年是三十几个亿,今年仅半天就四十几个亿了。所以马云真的太厉害了,折腾流通渠道,拆除中间环节,把货物降到最低价。马云说要特别感谢女人,都是女人买给孩子、买给老公的。"光棍节"居然让女人疯狂扫货啊,而实体店却哀鸿遍地。

电商时代的消费模式对书店的打击也是致命的,我看以后实体店的书商啊,真的活不下去!顾客进门翻翻书,体验一下,觉得这本书好呢,网上买来,便宜得多。你叫书店还怎么活?我对校长说,你们也给人一点活的余地嘛,实体店都成了你们的体验店,老板太傻,你们太精明!人太精明也是不好的,聪明反被聪明误。实体店都消失了,你自己也不方便啊。没有实体店,哪里去体验啊?我对校长说的是书店,其他店都是这样。万物总有个平衡点,你精明过头,对自己也没好处啊。你们"双十一"买东西了没有?都没买啊?

X:我买了。

金:你买了,那你还是给马云作贡献了。买的什么东西呢?

X:衣服,给自己买了一件,给我奶奶买了一件。

金:哦,这个时候更便宜了,大促销,是吧?

X:对,便宜了大概一半。

金:更便宜了。据说网民事先都做好了功课,时间一到,发疯一样地"秒杀",瞬间飙到数十个亿的销售量,这都是年轻人玩的花样。我女儿也是这样的,吃顿饭也要扫几分钟,还说价格有比较的,有评语"点赞"啊,然后参考、下单。还有什么优惠券,吃个饭也要扫一扫,可优惠不少。这是年轻人的时髦,大家都玩这种东西,你不玩,就落后老土是吧。

移动智能终端的影响力太厉害了。以后教师怎么上课?如果你拿本书站在讲台上读,恐怕你要面临下岗的威胁。十六年前,我在《衡山夜话》里预测,未来的教师要成为一个综合咨询师,单一学科且照本宣科的老师肯定要失业了,因为计算机完全能够替代你的功能。智能手机便宜啊,速度又快,解答又准确,教师新的核心竞争力在哪里?

教师的新功能如何体现?教师不可能再满堂灌、天天练,让学生死读书。知识的载体,书本的形态,正在发生着巨变。未来教师要善于嫁接知识,判断信息,为学生提供综合的咨询服务,用自身独特的经验去跟学生对话,在复杂情境中帮助他诊断。这样的老师,我称之为综合咨询师。当今的时代正在催生、创造这样的新教师,更擅长于一对一的针对性的辅导。现在的新东方学校也在转型,今年就是它的战略转型年,即从单纯的留美预备语言学校,转型为给广大中小学生提供个性化、专业化、综合性的指导服务。公办学校不能满足教育消费市场的需求,民办的社会教育机构就会来满足它。

时代在发生这样的大变化,你们要有所准备啊。

31. 国家领导人的业余爱好

金：国家领导人的业余爱好,是公众津津乐道的话题。前不久,我看了一个材料,关于中国五代领导人的兴趣爱好。爱好有相同处,比如体育,特别是游泳。毛泽东喜欢游泳,年轻时畅游湘江,写下"自信人生二百年,会当击水三千里"的诗篇,到了七十几岁搏击长江,发出"大风大浪也不可怕"的最高指示。据资料记载,他一生曾游过长江、湘江、珠江、邕江、赣江、钱塘江、北戴河等。水与领导人的智慧相关。老子说"上善若水",水在中国文化中是一个至高的意象,也是道的象征。毛泽东喜欢读书,尤其酷爱历史书,这为众人熟知。他也喜欢打乒乓球,20世纪60年代,中国人在乒乓世界独霸天下,小球推动大球,与美国人展开乒乓外交,所以他拿着乒乓球拍的形象也有一个外交的象征意义。毛泽东还喜欢跳舞,他年轻时没有出国留学,但他跳的不是陕北的秧歌舞,而是西方的交际舞,这大概是留苏、留法的学生带回延安来的。20世纪50年代在中南海,就有周末舞会。毛泽东实际上也不擅长跳舞,主要是散散步,放松一下。大跃进后,连着灾害,据说彭德怀对中南海舞会有意见,还闹了点不愉快。

邓小平喜欢在大海里游泳,每年夏天,都要带全家人到海边去,天再冷,浪再大,都舍不得放弃。他是中国桥牌运动的创建人。1981年12月,国际桥牌新闻协会为表彰他为中国桥牌运动的发展所作出的贡献,将最高荣誉"戈伦奖"授予了他。1989年2月26日,世界桥牌联合会授予他"世界桥联荣誉金奖",并作出决定:不能两个人同时拥有此项金奖。打桥牌对思维有好处,邓小平政治智慧高超,可能与他喜好桥牌有关系。看足球比赛,也是他的毕生爱好,"文革"后他第一次公开亮相是在工人体育场观看足球比赛,当时数万观众向他报以热烈的掌声;第十三届世界杯足球赛时,50多场比赛,他一场没落,有时让工作人员给录下来,且不准事先告知结果。他还爱好漫步,"文革"中下放南昌,在当地拖拉机厂的居住小院,留下了著名的"邓小平小道"。他又喜欢看篮球比赛,还读金庸的武打小说。

江泽民也爱好游泳,1997年访美期间,曾在怀基海滩下水游泳,当时戴红白两色泳帽,穿蓝色泳裤,在水中游了近一个小时。江泽民爱京剧、爱唱歌,在很多场合,包括接受哥伦比亚广播公司采访时都唱过《毕业歌》,还能用西班牙语唱《鸽子》、用意大利语唱《我的太阳》。音乐也是江泽民惯用的外交沟通工具,1993年江泽民初次会晤克林顿时,二人就曾谈论萨克斯管和二胡,以音乐交流消除中美外交隔阂。江泽民出访俄罗斯,会唱俄罗斯歌曲。据说他口袋里放着一把小梳子,偶尔掏出来梳梳头发。中医认为,头部有许多重要穴位,梳头能起到按摩作用,有助于身心健康。

胡锦涛学生时代爱好唱歌、跳舞,并且舞跳得很好。他自述最喜欢的运动是乒乓球、游泳。有外媒记者问他,如果有机会参加奥运比赛,会选择哪个项目?胡锦涛回答"会选择乒乓球"。他在日本出席2008日中青少年友好交流年开幕式后,曾与日本著名乒乓球运动员福原爱一起打乒乓球,中国乒乓名将王楠也加入了"战斗"。"过招"之后,王楠、福原爱都表示,没想到胡锦涛球技这么好。

习近平的兴趣非常广,曾对俄罗斯媒体记者说,爱好阅读、看电影、旅游、散步。他喜欢游泳、爬山、足球、排球、篮球、网球、武术等,爱看冰球、速滑、花样滑冰、雪地技巧等。2013年3月19日,他履职国家主席不久,首访前夕接受金砖国家媒体联合采访时说:"我爱好挺多,最大的爱好是读书。"早在2009年,习近平在中央党校春季学期第二批进修班暨专题研讨班开学典礼上,就要求领导干部爱读书、读好书、善读书。早在1969年他16岁时,在黄土高坡上读书不辍,"爱看书"是他留给陕北梁家河村老乡们的最深印象之一。

国家领导人的兴趣爱好有哪些?我为什么要说这个话题?因为大家都关心领导人的业余生活,领导人是没有隐私的。凡人不一定喜欢别人了解自己的习惯、爱好,可谁有闲工夫想来了解你,你是谁啊?但领导人呢,公众都希望了解,领导人就成了透明人,这是领导应付出的代价。那么领导人的爱好为什么引发大家的兴趣?原因之一是他有些名人风采,明星效应。再说领导人的私生活反映出他的性格、情趣、习惯、爱好及知识修养和智慧修炼,与国计民生也有些关联,有时候也会影响到百姓的生活。

大家关心领导人的私生活,某种程度上这也是国家政治生态祥和的表征。国家的政治生活、社会生活与领袖的家庭生活有着若隐若显的关系。大众带着观赏的神态,有时也是挑剔的心态,注视着领导人的言谈举止、音容笑貌,猜测着领导人的个人爱好里会否隐藏着某种对于国家政治、社会建设的影响。而公众关心领导人的爱好,也会影响到政治的发展,比如说领导人如果要获得选票的话,他的爱好及日常生活中的公众形象,相当程度上会影响选票的上下。所以有时候领导人为了得到选票,他个人未必很喜欢的东西,他可能也需要去了解,显示他有这种爱好,让人感受他的亲民、他的底层情怀,使他容易与选民进行沟通。

怎样自然地展现自我形象,是领导人应予以思考的重要维度,因为领导者不是普通人,特别是高级领导人,其业余爱好可能影响到治国理政的大方向。这个问题,你们如何看?

X:领导人的兴趣爱好是否是其软实力的体现,或是其个人魅力的展现?如果具有国家领导人的特殊身份,那意义就更不一般了。人们在评价领导人时,会看其家庭出身、个人学识等显性的元素,包括会哪些技能、拿到哪些证书、兴趣爱好有哪些、言谈举止是否高雅、有无平民意识等等。像习近平,他的爱好广泛,谈到高雅的层次他不陌生,谈到草根的东西他也了解,既能与专业人士交谈,也能与普通民众交流,这恰恰是增加领导人个人魅力的关键因素,同时也有利于塑造国家良好的文化形象。就普通人来说,也是如此吧,比如你具有高学历,但如果只会读书,大家会觉得你是个"书呆子"。如果你有一些特长,别人就会对你刮目相看了。

金:你说的这点很有意思。像克林顿,当年就是会吹萨克斯管,这种艺术情怀和逗乐情趣,对他的总统形象是加分的。他在老百姓面前显得很有人情味,增加了魅力。

M:中国古代的帝王都深居高墙之内,建国后的国家领导人也是如此,他们和普通民众总有一定距离,生活也显得比较神秘,大家都不知道他们平时在做些什么,所以才会对其业余生活表现出好奇心。现在的国家领导人似乎是在向民众展示日常生活的一面,包括兴趣爱好、家庭场景,如此频频亮相,好像是要展现一种亲民的形象吧。

31. 国家领导人的业余爱好

H：这跟国内的政治环境变化有关系吧，现在媒体对于政治生活健康、民主的宣扬日益广泛，开放时代的领导人也在祛除传统政治的神秘性，代之以公开性。昨天我看到网上讨论习大大的兴趣爱好，习近平和彭丽媛的新闻在网络上炒得很火……

金：有一首流行歌曲是不是网友创作的？

H：对，有一首流行歌曲。

Y：《习大大爱着彭麻麻》。

H：我觉得中国的媒体机制，相关的氛围，很多都是政府主导的，如果严加控制，我们也不可能查到领导人的生活信息。这应该是一种民主意识的导向，有时通过透露国家领导人的生活侧面、执政方针、重大举措，也会有所透露，让人们去观察、去思考。

X：这一方面与政治形态的演变有关，另一方面也让大家觉得你是他们期待中的人物，符合亲民的形象，至少给了公众一种亲和力。但我认为，对于国家领导人的个人爱好，公众应该理性看待。可能每个人都有自身爱好，只因为是领导人，所以人们会特别关注他，但不应该过于看重，以致将其视为明星，过度消费公众人物。另外，对于国家领导人而言，形象包装可能是必要的，但最重要的还是尽心尽力，做好本职工作。政治家需要某种形象衬托，百姓平时乐于闲谈也是正常的，但是如果把这个作为主要关注点的话，没有必要，甚至会出现一定的偏差。

金：二战时期的英国首相丘吉尔是个很有个性的领导人，他的某些举动今天看来未必很合适，叼着个烟斗，大大咧咧的样子，有点率性刚毅的气质。再看俄罗斯前总统叶利钦，他是一个刚愎自用的人，很有个人风格。出访回国刚下飞机，大家去迎接，只见他急切地跑往机场边角，解裤带方便了。他也许憋不住，情急之下也不顾小节了。这个现象是作秀？还是智囊团的精心策划？就有人欣赏这类轶事，说铁幕之下的国家领导人也有个性，率真可爱。西方媒体可能就喜欢这种表现。现任俄罗斯总统普京也喜欢展示个人风格，还会来个肌肉秀，凸显他当年克格勃生涯练就的孔武有力的身材，博得俄罗斯女性一片惊叫，直言"嫁人就要嫁普京"。是率性所为还是政坛作秀？娱乐元素背后是否有政治操作的迹象，这也可思考。

说到团队的策划，政治家背后一般是有智囊团的。能否策划好当然很重要，有时生活秀对领导人有加分作用，但弄巧成拙的事也有。最重要的如你刚才所言，领导人须做好本职工作。像丘吉尔受到英国民众的热情拥戴，是因为在二战时，他显示了一流政治家的勇气和智慧,说出了百姓的心声,凝聚了民族的坚强意志和必胜信念,这才是关键!至于不拘小节、大大咧咧的可爱形象,是伟人功成名就后的附丽,也是公众喜欢之余的聊话佐料以及历史学家叙事时的勾兑物。

如果本末倒置,本职工作没有弄好,挖空心思搞个人包装,所谓"沐猴而冠",只会徒增笑料。百姓关注政治人物的生活细节,实际上也如孔子说的:"视其所以,观其所由,察其所安,人焉廋哉?人焉廋哉?"民众的智商并不低,看似闲得无聊,说东论西,实际上是用心中的称在衡量领导人的所作所为。大人物身上的细节是正面的魅力,还是负面的搞笑?古代人说"玩物丧志",业余爱好固然是个人私事,但对高级领导人来说也是公众大事。个人没爱好不行,爱好太强了恐怕也不行,政治家毕竟不是行为艺术家,也不是科学家,如何把握"度",更显大智慧。

L: 我觉得展现国家领导人的业余爱好,更能体现其普通人的一面,展现出一个真实可信、血肉丰满的人。比如说习近平日理万机,未必有时间看"春晚",但他后来就提到"春晚"里的一首歌《时间都去哪儿了》,也联系到自己,说大部分时间都在工作。这一下子拉近了领导人和普通群众之间的距离。习近平谈论阅读爱好及对俄罗斯文学的观感,在外交上能赢分,可能会成为拉近与出访国家民众的距离的助推剂。此外,我觉得除了国家主席的外交魅力,第一夫人的影响力也很重要。如国外政要的夫人都能起到特别的外交作用。自从习近平当选国家主席以后,我国第一夫人的外交形象也变得明朗起来,原来国人好像不是特别关注第一夫人,现在国内外的媒体对彭丽媛的评价都相当高。第一夫人能通过服饰文化、优雅端庄的气质,向其他国家的人民传递中国的特定视觉符号,这样一来,国与国之间的外交就不再是官样文章的仪式,更添了一分温馨,富有人情味了。

金: 夫人外交有时确能起到总统、主席起不到的作用,也很重要。

Y: 还有,国家领导人也要树立一个榜样吧。通过展露自己的魅力,会聚集粉丝,可能会产生一种个人崇拜。现在朝鲜的金正恩,上台伊始,就被"包装"成善骑马、能射枪,甚至百步穿杨的神乎其神的人物,这就是刻意营造个人崇拜了,大概是权力交接的必要。现在金正恩似乎成了国际舆论谴责的对象。

M: 是说朝鲜国内饿死人的事情。

Y: 前不久联合国投票同意了要以反人类罪起诉。

金: 好像这一次中国投了反对票吧。

31. 国家领导人的业余爱好

Y：中国和俄罗斯都反对。

金：这不是联合国安理会的决议，所以反对也没用，它是按照票数多少来决定的，大概是按照三分之二得票来决定生效与否。

H：这体现了中国的态度。我觉得冠上反人类罪也没有意义，朝鲜的经济、政治体制现状就是如此，让它像中国一样对待人权是不现实的。

Y：还应注意新闻的虚假性。之前有新闻报道习近平在北京乘坐出租车，一个司机传了合影，但那个新闻是假的。

金：这有时也是商业炒作，比如宣扬领导人用过的杯子，喜欢的实物，看过的书等等。有一次习近平到包子店就餐，老板在用餐的桌子上立牌宣传，包子就卖得特别好。一旦与领袖沾边，杯子卖得多，书也卖得火。国外有书商每年给总统寄书，接受了就说是总统喜欢读的书，拒绝了就说是总统不喜欢读的书，于是不管接受与否，那书都荣登了畅销榜。习近平曾到山东孔庙考察，参观曲阜的孔子研究院，顺带翻阅了某教授的新著，这书立马脱销，原来出版社印了区区千册，还担心卖不出去，后来加印两万都不够。

Y：那个包子店把习近平用过的桌子都存起来了，还专卖"主席套餐"。

金：然后收费就不一样了，坐这一张桌子，比其他的贵一千块。商家精明！美国明星曾送了奥巴马一些某家店的姜饼干和糖饼干，奥巴马非常喜欢，自此这家店就一直将其作为招牌。我在美国也曾经过此店，其名人系列饼干还包括美国职业棒球的明星。商家的嗅觉中外一个样。

X：2008年温家宝在四川某乡村小学黑板上写了"国难兴邦"四个字，那块黑板连同那四个字也通过什么技术手段整体保存下来了。

H：这反映了中国人对于高位者的一种什么普遍心理？

M：我看过一篇讽刺文章：《被市长抱过的孩子》。一次新闻记者在拍照，市长就抱了一下一个孩子，结果这个孩子的人生和他同龄的人就不一样了，处处受到优待。

金：领导人的爱好和举止会有层层放大效应。从前，楚灵王喜欢读书人有纤细的腰身，所以朝中大臣，惟恐腰肥体胖，失去宠信，因而不敢多吃，每天仅吃一顿饭以节制腰身。起床整装时则屏住呼吸，束紧腰带，扶墙站立。等到第二年，满朝文武官员的脸色都呈黑黄之色。(《墨子·兼爱中》)所以高位者，在中国的文化语境下，有时言谈举止须含蓄一些，不能太露。温家宝写了几个字还被特殊处理了，所以领导也不敢随随便便写字。中国的领导人一旦到了高位,说话做事就会特别谨慎。当然该发声时还得当仁不让,朱镕基当年居总理高位,但他仍然敢说话,可谓无私者无畏吧。

L：民众特别想了解领导人工作之外的业余生活,是因为领导人与普通人平时接触的概率很小,这种隔阂反而会激起人们的窥密心理。李克强曾考察某个小村庄,发现有个小孩光腚趴在被窝里,一经报道,那个孩子立马火了。

金：连这个也炒起来了？

H：火了一段时间了。

Y：那个小孩就此成了一个小明星,记者都去采访他。

32. 总理的书单由谁决定？

金：我们毕竟是在学校里生活，看书就是生活常态，文化也是学校永恒的主题。为何谈论"总理的书单由谁决定"？乃是之前看了一个报道，说李克强的书单包括哪些。总理说，无论工作多忙，每天都要抽出时间读书，这是他参观瑞士爱因斯坦博物馆期间，回答一位学生提问时的话。

李克强是安徽合肥八中毕业生，所以这所中学牛起来了。合肥八中像南开中学一样，培养出总理了。当时他在安徽文史馆里接受一位国学专家的辅导，专家给开了书单。李克强中学时代读了不少经典书，比如《史记》、《汉书》、《后汉书》、《资治通鉴》等，这是以往历史学者的治学基础，还有《昭明文选》、《古文辞类纂》、《经史百家杂钞》等古典文学的作品。这些书对他有影响，使他的视野开阔，文化根基扎实。他师从北大经济学家厉以宁，经济学的专业训练，加之文史学的独特经历，使他的知识结构超乎常人。

另外，李克强也坚持读英文原著，比如看到美国杰里米·里夫金著的《第三次工业革命》，就要求相关职能部门"密切关注"。在 2012 年的"两会"期间，他又对政协委员说，他看了原版《乔布斯传》，觉得传主很有意思，乔布斯虽然喜欢科技，其实最喜欢的还是艺术。李克强出国访问,英国首相卡梅伦还送给他一些名人传记的英文原版书。三联书店创建了一个 24 小时通宵营业的模式,引起总理的好评,给书店写信鼓励。

现在对于读书,国民普遍关注得不够,阅读量远远低于国际水平。最近的调查显示,中国人人均阅读量为 4.77 本,比去年略有增长,增长了 0.38 本。现在很多成年人热衷电子阅读,所以阅读电子版图书的人也有所上升。但大家也承认,自己阅读的数量是比较少的。连教师也经常抱怨没有时间读书。

作为比较,犹太民族特别喜欢读书。德国、法国、英国,包括日本,这些国家的人都热衷于读书。中国传统社会就是读书人的世界,耕读世家又是中国人普遍的人生理想,老百姓首先祈盼有一份稳定的家业,衣食无忧,然后人生的趣味和追求在哪里?就是读书了。书读好了,再进一步入仕,治国理政,这可谓完美的人生境界,所以读书是一件特幸福的事。当读书人都忙得连读书的时间都没有,遑论其他阶层。

现在总理的书单为什么会引起大家的关注?总理日理万机,尚且孜孜不倦地读书,平民百姓也当反躬自问:时间都去哪儿啦?以前也有记者问温家宝总理晚上在做什么事,他也说读书,然后脱口说出经典的六句名人名言,包括康德和左宗棠的人生格言。当年一些领导干部床边都放一本《忏悔录》,因为总理爱看。领导人的书单也是一个世界性的话题,加拿大也有人写信给总理,问他是否看过某本书,总理也回应,说自己看了哪些书等等。这个人立马写了一本书《某某总理喜欢看的书》。也有的人会问总理:"这本书你喜欢看吗?"总理说:"这本书我不喜欢。"然后他又打出广告——"一本总理最不喜欢看的书"。

M: 总理都被利用了。

金: 被利用了,是吧?总理的书单一方面关乎个人,一方面也关乎社会。小到影响一本书的销量,大到影响一个国家的政策。总理看的书跟国家的政策取向是息息相关的,所以我们要去关心这个问题。你们可以展开来谈谈。

L: 有个关于《少年派的奇幻漂流》的作家——加拿大的扬·马特尔的报道,讲他写信为加拿大的总理推荐书。他认为在加拿大,人们越来越不重视文学艺术了,于是就在 2007 至 2011 的四年间,给总理写了 101 封信,为总理推荐了 101 本书。他就是认为总理的阅读视野会影响到他的文化决策,不仅关乎一个人,更影响国家的文化前途。为总理推荐的书,有些是推荐者自己比较喜欢的,也有些书他会附上批判意见。他主要推荐的是小说、诗歌、戏剧这类文学作品,认为这些书是用来探索人类、世界、生命的强大工具,而总理作为领袖,必须对此有所了解。但是这位作家似乎没有收到总理的回信,所以他也不知道自己推荐的这些书,总理有否看过。

金:推荐总理看书是有他的意图的,希望引起总理的重视,进而影响国家的文化决策。毛泽东也是喜欢看书的,他的会客厅兼书房,环座皆书也,内室床上都是书,躺着也在看书。老人家兴趣广泛,维系终身的一大嗜好是阅读中国的经典文本。有人说,如果毛泽东也曾到法国留过学,也看过一些国外的经典书,可能就会影响他的战略思想,进而影响国家的大政方针。这当然是观察和分析历史名人的一个重要视角,因为人们的世界观、人生观是受各种因素影响的,跟平时的阅读材料有着或隐或显的关联。所以领袖的阅读书目要有平衡度,兼顾古今中外、声光化电、人文艺术。美国名牌大学旨在培养领袖人才,入学的头两年就为学生打下通识教育的坚实基础。

华人首富李嘉诚的成功也不是偶然的。美国记者问他:"你为什么会成为华人首富?"他的回答是:"我有气概";又问他:"你的气概是怎么培养的?"回答说:"从童年起就培养了。我从小就读《三字经》《百家姓》《老子》《庄子》等。"还有之前的某次讨论提及的斯坦福大学毕业生奥菲莉娜,大学期间读阿奎那的经院哲学等西方古典,一周消化两千页内容,浓缩成两张纸,这就是品牌大学的阅读训练、学术训练,她成为惠普公司总裁也有迹可循。李嘉诚现今已80多岁了,记者去采访他,问:"你晚上在做什么?"答:"我晚上在阅读。"他说自己什么书都看,因为他的事业大,需要从不同的资讯中来提取关键信息,进而作出判断。

李嘉诚是小学毕业生,没有名牌大学的招牌,生活所迫,早早进入香港社会谋生。但小学履历不等于他没有智慧,没有文化素养,他读的是社会大学。几十年来他一直在阅读,阅读成就了他的智慧。李嘉诚作为商业帝国的领袖,阅读面尚且如此广泛,那么作为一个大国的总理,阅读的全面和平衡更为重要,因为这是职务所关。领导人当然可以有自己的阅读偏好,但仅有一种兴趣是不够的,领导具备岗位意识的话,就会扩展相关的阅读面。就像我们身为老师,也要有教师专业标准导引下的阅读选择,这个道理是一样的。

总理的书单由谁决定?有没有可能每年搞一个民意调查,民众希望总理读哪些书,然后整理出来一个建议总理阅读的书单?这个书单可以进入不同的领域和层次,派生出更为丰富多彩的适用形态。现在媒体上有不同类型的书单,儿童读物流行榜、企业家必读书单、一生须读的66本书等等,有没有可能每年搞一个"建议总理阅读书目"民意测验?推举三五本，或十来本得票数最高的书，不仅能帮助领导人节省选书的时间，也让他们更敏锐地细察民情。

上海市原市长徐匡迪，原市委书记陈至立，后者做了教育部的部长及全国人大副委员长，前者做了中国工程院的院长及全国政协副主席。这两个领导人的阅读智慧值得一说。当年陈至立调到北京去做教育部党组书记，接下来就是接部长的班了。她是复旦大学物理系研究生毕业的，对教育未必很了解，尽管已当了上海主管文教的书记。上任后，她就找相关专家开具教育类的书单，做教育部部长后更是扩大专业阅读，迅速进入教育的学术领域。徐匡迪做市长后，也是找相关专家，了解市长任上关键的资讯是哪些，据说他被确定担任市长前，还失踪了一个月，其实是躲起来看书了。他每年出席上海市主办的国际市长论坛，汲取世界各国同事的经验智慧。站在前人的肩膀上可少走弯路；适合的书是人成长的正道或捷径；把握自身岗位上最关键的资讯，是智者成功的奥秘。

现在领导干部的时间特别珍贵，他们平时看什么？看《大参考》或《小参考》，这些都是经过专门的机构给他派送，每天一份，或每周一份。这一周世界各国、国内各地最重要的信息，你这个岗位必须了解的动态，一网打尽。这都是领导人的智慧手法。

我曾去调研了一位企业家，因我参与教育部中国高中教育的年度报告撰写，有一年选择了一所农村高中作为重点调研对象，这所学校地处国家首批十三个贫困县之一的山西中阳县。为什么要调查这所学校呢？因为它有个特色，在普通课程之外，还有职业教育课程，这是它的一大亮点。它地处贫困县，至今未脱贫，在这样一个穷地方办的是高级中学，不是义务教育阶段学校，经费来源并不充足。然而，学校却得到了当地一个大企业，叫中阳钢铁公司的大力支持。这就是如何利用社会资源来办好非义务教育阶段的学校的典型，需要调研。

到学校后，校长对我说，我们这所学校得到了中阳钢铁公司老总袁玉珠的大力支持。这位老总许诺一年资助 3000 万，连续资助 30 年。我觉得这个老板很聪明。为什么？因为老板与我同龄，当时已 59 岁了，他这样一表态，当地就把他作为重点保护对象了：首先，身体须重点保护，要让他活到 90 岁，不然人都没有了，还怎么来支持学校呢？第二，在政治上也是重点保护对象，这个企业家如果犯错误了，还怎么践行诺言呢？第三，企业的经营状态也要保护，如果企业挣不到钱了，又怎么来帮助学校发展呢？我说这个老板怎么这么聪明啊，却不料老板最近出事情了。

山西官场地震，吕梁地区是重点灾区，这个地方的领导干部塌方式腐败。吕梁地区的官场生态，据说有三个大老板在其中起了重要作用，袁玉珠就是第三位，而吕梁第一位老板就是花 7000 万在海南嫁女的山西联盛能源有限公司董事局主席邢利斌。最初袁玉珠董事长通过办公室主任约我仅谈半小时，后来我与他聊了近两个小时，不仅了解他支持办学的动机及状况，还与他讨论学校的持续发展与当地经济建设的关系，可谓相谈甚欢。临了他还要请我吃饭。那个时候"八项规定"似未提出，吃顿饭也没关系，何况是个私人大老板，吃他一顿饭，能花多少钱呢？但我不要吃饭。我说袁董，我们谈得很高兴，吃饭就免了吧，我也吃不下什么东西，你也很忙，希望以后有机会读到你三十年如一日继续支持学校发展的佳话。

为什么出事了呢？从给我的名片上看，他不仅是当地最大企业的董事长，还是中阳县的政协主席。当地的县委书记后来提升为吕梁地区的副书记，尽管书记是副的，但霸道得很，基本上都是他说了算，而他背后的"金主"就是这位袁总。在当地做一个县委书记的话，没有 1000 万是做不上去的。据说某地有个人不懂行情，只弄了 500 万，最后钱打了水漂，还是没做成县委书记，可见当官的背后没有"金主"就玩不下去了。于是山西的官场生态就出了大问题。这个老板也是政商不分，商人和官员纠缠在一块儿。

为什么讲这个例证呢？我进袁老板办公室的时候，看到他的大办公室里书柜壁立，排列了很多书，我说："袁总，你是个儒商啊。"他说："不是。我是不读书，不看报，小学生一个。"他跟我同年，就是小学生一个，因为小学毕业那年，十年"文革"就开始了，所以六年中学就是空白，我们是同龄人，见证了那个动荡的年代。我就问他，既然不读书不看报，为什么办公室要放这么多书？他说是办公室主任要包装他，所以弄了这些红木家具，放进去的都是金光闪闪的名著。我说："袁总，你真的是不看书、不读报啊？"他说："不是，我还是看的。"然后就拉开办公桌的大抽屉，拿出一厚叠材料，说："我就看这个东西。"我一瞅，是《企业家简报》。原来他参加了一个顶尖级别的企业家俱乐部，一年花几十万，每周送他一份简报，从国际到国内，从经济到政治、文化，举凡企业经营的重要资讯应有尽有。他不是不读书，而是把时间花在刀刃上，读的是精髓、是关键信息。中央领导有《大参考》，企业家也有企业界的《大参考》。

现在他被"请"进去配合调查了。人生真是吊诡，几年前到山西中阳县时，他与我谈笑风生，还送我一本《袁玉珠箴言》，香港出版的。我从来没有看到过这么厚的卡纸做的内页，几千字居然做出厚厚的一本书,布面烫金,里面一段段话,倒写得挺有意味,虽然文化色彩不浓,却文字简朴,都是他亲身在实践中悟出的道道,像一条条格言。整个书华贵异常,金光闪闪,当时给我的印象似乎过于张扬。看来企业家也想玩文化,但玩文化确实比玩企业更难。

M:我觉得领导者肯定会有一定的阅读量,但他时间紧缺,工作人员也会帮他"过滤"一下,将有用的信息提交给他。但是总理的书单是不能公开的,一旦公开,总理就变成书商的营销大使了。王岐山在某次会议上提了《法国大革命》,这本书的各种版本就层出不穷。以往大家习惯的方式是身居高位的领导人为民众、下属推荐某本书,今天确实有必要反其道而行之,搞个民意调查,让底层民众为领导者荐书。

金:你这个意见很好。以往都是上面开书单,没有下面给上面开书单的。现在不妨让下面给上面也开开书单,这可视为群众路线教育在领导阅读层面的生动体现。既然你提到这个问题了,那你去想一想,写上一千多字的建言书,有机会我给你提交给领导部门。这不是开玩笑,要把它做成一件有意义的事情。青年学者给领导推荐书单,推荐什么呢? 为何要开这个书单? 怎么开出有意义、有价值、让领导干部都认可的书单? 书单出来后,又怎样督促、保证领导真去读点书?

你能不能做些调研,形成一份建议稿。为什么现在领导都不看书了,他的时间都去哪儿了? 首先做个调查,看看领导的读书时间为何普遍缺乏。深圳市原纪委书记蒋尊玉一案出来后,办案人员在其家中发现,"偌大一间豪宅里,却遍寻不见一本书"。作为一名正厅级领导干部,家里的书柜里摆放的不是书籍,而是名贵的烟酒、玉器、古董、字画等,放在床头的唯一书刊是"少儿不宜"的读物。所以组织部要提前了解干部在业余时间究竟干什么,没有书香浸润的领导需自我警惕了!

晓梅,你是否觉得写建议很难? 我看你眉头皱起来了。这是件有意思的事情嘛。

M:但就像我们刚才讨论的,主席的时间都去哪儿了? 领导干部有很多事务要做啊。

金:这且不必去管它。就从老百姓的角度来想。孩子也可以给父母提建议看什么书。高一点的是给领导提个读书名单,低一点的是给老师提个读书建议嘛。这也很有意思,做学问就是这样,不要成个书呆子。正好你说到这一点,这个任务就由你承担。元旦之前传给我看,可以吗?

M:好的。

32. 总理的书单由谁决定?

33. 教授被女生泼热水事件引发的思考

金：这是最近的热门话题。华东政法大学的女生竟然把98度的热水泼到了老师的脸上，真的是天下奇观。我这里有张照片，你们来看看。

M：我看过了。

金：这位教授的脸看起来惨不忍睹。他为什么梳个小辫子，像个行为艺术家？因为担心头发粘到烫伤的脸上。搞成这般模样，太惨了。

L：全是水泡。

金：脸都红成这个样子了。经医院确认，蒋教授为2.5级烫伤，查证可知，烫伤一般分为三个等级：一度烫伤（红斑性，皮肤变红）；二度烫伤（水泡性，患处产生水泡）；三度烫伤（坏死性，皮肤削落）。可见教授的伤情还挺严重。现在警方已介入调查，华东政法大学的校长也表示，一切按照警方的调查结果处理。

这件事情的起因呢，也很简单：教授上课点名。一旦点名，教授自己就显得底气不足了，像我是不敢点名的。我之前给全校的本科生上过七八年的选修课，现在还给网络学院的学生上课，我通常是不点名的。大多数时候学生来得全，难免也会有缺席者，各种各样的情况都有，也未必是自己的课上得不好。有的学生确实有些急事需要去处理，也有学生临近毕业已落实单位正在实习。大学老师如果上课还要点名的话，学生就会有些反感，也证明老师有些失败了。华东政法大学是不是有规定，老师上课一定要点名呢？这位教授有一次点名呢，发现某个女生没来上课。过了一会儿，女生进来了，老师就问她你是谁，为什么迟到了。她说自己在温习功课，准备今年的研究生考试科目，刚才在隔壁教室看书，没注意到上课铃声。教授就在点名册上打了个勾，然后说"你要考研究生的话，就更要听课了，课都不听，怎能考取研究生呢？"

课间休息时，这个女生走到讲台边，拿起水杯，教授就以为她悔悟上课迟到的不当，想通过给老师续水来表达歉意，因而挺高兴。哪知女生回来，把教授杯里的冷水换成了滚烫的热水，把这杯水泼在了教授的脸上，说："你咒我考不取研究生，我就让你的眼睛看不见世界！"教授的脸就此遭受 2.5 度烫伤，果然差点就看不见世界了！现在网上在热议此事，说它涉及刑事案件了。这件事发生在堂堂高等学府，而且是政法大学内的课堂，学法律的大学生伤害了教法律的老师，真是师道不尊严，斯文早扫地。这种种情形交集在一起，构成一个沉重的话题，也是一个鲜活的案例。你们怎么看？

M：首先检讨，我大学本科时也逃过课，也遭遇过老师点名。但是既然我选择了逃课，碰上老师点名只能自认倒霉，我也就认了缺课，因为确实是自己的错，后果必须由自己承担。我觉得这个女生的得失心太重，既然在准备考研，确有可能忘了上课，但是否主观上本来就没打算上课，存在着侥幸心理，觉得老师不会点名，后来可能有同学告之，然后中途过来。既然做错事了，就应该有勇气承担后果，不能因老师的批评，用极端手段报复。据说新闻报道了以后，舆论构成强大的谴责压力，所以学校和家庭方面出于保护她的考虑，认为其心智不很成熟，希望不要过多采访或询问她。因为女生现在的心态、情绪也不是很稳定，怕引发意外。这件荒唐事，我也想不明白，她怎么就一下子失控了？

金：是会有如此的意外发生，所以古人有"一失足成千古恨，再回首已百年身"的感慨。

H：我想这门课她实际是不愿意上的，但是又不得不去选修。这就说明学生选课，或者说学校的专业课程设置还存在问题。学校应反思课程设置的合理性及执行上课制度的弹性空间，现在很多课程说是选修，其实就是必修……

金：首先要搞清楚的前提是，这门课是必修课还是选修课？学生解释的上课迟到的理由是实情还是谎话？如果是选修课的话，学生的表现更不可理喻，对老师有意见就不去听他的课，不要学分罢了，犯不着泼热水。如果是必修课的话，就有一个疑虑：连必修课学生都不愿上，是课程本身设置的问题呢？还是老师讲课的问题？还是学生学习态度的问题？如果学生的解释是实情，那么老师的调侃也无妨；如果学生的话是谎言，那么老师的批评也没错。所以我看这确实是个荒唐事件。

H：这个学生道德肯定是有问题的。目前中国的教育体制对于学生知识和道德的要求是不均衡的，选拔学生进入大学是以考查书本知识为主，对道德和心理健康缺乏必要的考量，这就会造成严重的后果。现在有很多不尊重老师的现象，课堂上甚至会发生师生激烈冲撞的事件。这件事的后果十分严重，这也反映出学生心中尊师重道的观念相当缺失。

Y：我们现在看到的新闻报道是这个样子，但我想在当时的现场，可能双方都有一定责任。比如教师在说那句话的时候，他的语态是怎样的？

M：是的，我们只听到了一面之词。

Y：这位教授的语言是不是也过激了？但现在我们通过新闻了解的是这个学生心理承受能力太差，自我管理能力也太差了。

H：现在教授的道德水平也不行。

M：这个新闻出来以后，很多网友在网上留言，有些话说得也很刻薄，比如，"你作为老师，干嘛还要点名啊"？

金：点名就是失败。

M：对，他就是那个意思。

X：我们在宿舍也议论这件事。出事后，女生的父母要保护孩子，极力为她辩护，说她把考研这件事看得很重，压力很大，为她的行为开脱。我觉得这件事可能与她父母的教育也有关系。现在大多是独生子女，都是在父母的呵护下长大的，父母对孩子的保护有些过度了。这使得孩子听不了一点逆耳的话，她认为老师不了解自己，凭什么说这些话，有什么资格下那样的定论？这也说明其心理承受能力太弱及性格有偏差。

H：跟家庭教育也有关系。

Y：教师可能不太理解学生，学生也不够尊重老师，彼此之间的沟通没有到位。如果教师能多了解一点学生，知道她最近的一些情况，可能会对她作出一个更好的判断。

L：其实我觉得这位老师应该也没有对她说什么过分的话，毕竟下边还坐着那么多学生。老师就是对她迟到这件事进行了一点批评，这个女生立马承受不了了。进入大四的学生,应是一个对自身行为负责任的成年人了,我特别不理解她为什么会有用开水泼老师的这种举动?而且上课已然迟到,不就是为了复习考研吗?如今把老师伤害成这个样子,不要说考研了,未来的前途也堪忧。难道在做出冲动行为之前,完全没想过后果吗?她是自己把自己毁了。

M:感觉她是瞬间情绪失控了,无暇考虑其中的利害关系。

金:一冲动,情智就会昏迷。

M:说到父母过度保护她,我觉得可能还有一个原因,即如果没有媒体的广泛报道,这件事限于学校的学生和老师知道,她的父母可能会让她去跟老师认错,毕竟事态的发展似乎还在可控的范围内。但经过媒体报道之后,无论她怎么做,舆论都会一边倒,届时产生的压力,她也许更难去承受。她的父母可能处在这种情况下,才会极力给女儿开脱吧?

L:我觉得这样的女孩以后走向社会也挺危险的,如果以后她和别人发生了冲突,真不敢想象她会做出什么反映。大学生因为琐事杀人,这种现象已屡见不鲜。离我们最近的就是林森浩案件,这暴露了学校教育的失败和社会心理的暴戾。如不善加治理,前景着实可怕!

金:对!现在社会的暴戾习气确实要引起高度关注。严重一点的话就是突发恐怖事件了。弱者心怀不满的情绪,无法与社会的强势人物对抗,竟然挥刀指向更弱势的群体,比如幼儿园、小学的孩子。

M:有时候,真的很难理解极端行为者的想法。林森浩也好,这个女生也好,我就怎么想也想不明白,都已经是二十多快三十的人了,考虑问题怎么会那么偏激呢?像林森浩和黄洋,别人都问他俩之间有什么矛盾,结果深究下来就是平时磕磕碰碰,彼此看着不爽。就是发泄长久积累的怨气,想惩罚他一下,报复他一下。可是一个搞医学的研究生,居然拿剧毒药物下水给人喝,他完全不计后果吗?让人觉得比小孩更冲动,心智根本不成熟!

H:这就是我们之前讨论的,智商和情商的问题。

金:智商高,情商不高?

Y:可能很多时候,悲剧的发生是因为长时间积累的负面情绪没有地方释放,也没有一个很好的沟通渠道。

金:你说的这点有意思。日本有些企业设有泄愤室,把老板做成一个人偶,员工生气时进去锤几下,把愤怒释放掉。当然中国的管理者恐怕不会这么做。管理学有专题研究,提出人的情绪如何释放的方式,可以借鉴。

H：心理学上也有研究,现在的大学生和研究生各方面的压力得不到疏解,又不好意思向父母和老师倾诉,就比较容易造成这种恶性事件。

M：台湾的龙应台,针对当前社会青少年自杀率升高的现象,写了《怎么跌得有尊严》。她认为成人有义务告诉孩子,失败没什么大不了的,尤其不要给他们过多的压力,更不能恐吓威胁他们：你一定要怎样做,做不到将会怎样。相反,要多一点宽容、理解,要教会孩子如何去面对挫折、痛苦和失败。我想,父母或教师应及时了解孩子的心理状态,帮助他们减轻过度的压力,你不能老是在旁边推他们前进,也要给他们一个温暖的港湾吧。

金：对。

X：就这个案例而言,我认为女生的性格有点过于偏激了。对于大部分性格柔和的人来说,更不用说女性,一般都不会做出如此极端的反应。另外,从共存的问题的角度来看,这可能与家庭教育、学校教育大有关系。当前的教育目标就是考大学,家长和老师都唯恐孩子经受人生的挫折,孩子自小可能都处于被过度保护的状态,觉得只要把学习成绩搞上去,其他都无所谓。各级各类学校都偏重传授知识性的实用内容,对于其他的教育,比如道德、情感、人格等,包括失败的教育,很少涉及。这就使得青年人虽然到了二十五六岁,其心智还相当不成熟,人生的经历非常贫乏。其实我们在学校里一直处于各种被保护状态,一旦接触社会,开始独立面对复杂人世,刚毕业进入工作岗位的初期是很难适应的,因为社会的实际状况和学校的理想教育反差太大了。

金：现在大学都强调通识教育,也是为了夯实学生人文素养的基础。学校教育肯定是趋于理想的,社会现实必然是严酷的。不管怎样,人的行为必须守住底线,所谓举头三尺有神明,人的心中要有所敬畏。或如西哲所言"绝对命令",康德以之表达普遍道德规律和最高行为原则,又被译为"定言命令"。"命令"即支配行为的理性观念,其表述形式有假言和定言两种。其经典表述为：除非愿意让自己的准则变为普遍规律,否则你不应该行动。这正合孔子"己所不欲,勿施于人"的明训。所谓"位我上者,灿烂星空;道德律令,在我心中",再狂妄骄傲的人,面对自然大规律(星空)和人世大规律(道德),也得低下高贵的头颅。

我们说千条、道万条,无论是社会原因也好,个人原因也罢,纵有天大的委屈和理由,就是有一个底线不能突破,即伤及生命的暴力行为。这种行为只有在什么样的情况下,才可以被理解或原谅？当你自身生命安全受到直接威胁的时候。你出于自卫才可以采用,但也得注意不能自卫过当。再一种情况是国家遭遇入侵，公民要拿起武器保家卫国。除了这两种情况，都不能伤及生命，这是法治社会的底线，我们一定要有这样的守法意识。

"文革"中贴大字报，把老干部拉上台批斗，都还可以原谅。但你抽出皮带打老师、打干部、打所谓的"牛鬼蛇神"，更有甚者，打自己的亲生父母，这就陷入罪恶的暴力迷障了，恐怕很难得到宽恕；或者说，良知发现后，你自己也难以原谅自己，即古人说的"天理难容"。"文革"结束后，邓小平提出清查"三种人"，为什么？也是要明确和坚守一条法律的底线、人性的底线。学生幼稚犯错误可以理解，但是打人，尤其是打老师，还是要承担责任的。为什么最基本的做人准则都守不住？作为教育工作者当扪心自问，"文革"之火为何最先从学校点燃，"打砸抢"为何由学校扩展至社会。教育界当引咎自省。

时至今日，暴戾之气阴魂不散，包括网络的暴力语言。隐身网上，人甘愿降身为狗，狂吠不已，不是比理性、通达、智慧、同情，而是比嗓门、胆大、无耻、歹毒。有时网管失职，使网上充斥不文明语言。暴力语言也是一把双刃剑，伤及对手也会自伤其身。有时候，人们对暴力行为已缺乏最基本的底线反应和恻隐之心。例如美国"9·11事件"发生时，当即引起社会震撼。在某些公众场合，某些有身份的人，包括大学教师，竟然说："活该！美国人终于尝到苦果了。就该让他们吃吃苦头。"即使美国政府有时做事太霸道，但在美国平民百姓死了数千人的悲惨情况下，还说这个话，无疑突破做人的底线了！

正是从这种集体无意识的幸灾乐祸中，暴露了人性丑陋的一面。说句重话，可能坏到无可救药的程度了。人当存有"人皆有之"的"恻隐之心"，纵然是敌人，当其面临天灾人祸之际，有些话也是不该出口的。举个例子，两个邻居是世代冤仇，但如果邻居家死了个人，你绝对不能去放个鞭炮说"死得好"，所谓"人同此心"，你也应稍稍有些悲戚，方符合人性。这不是虚伪。作为本能的反映，细节可展现人生的大问题。

之前的讨论也举过一例：小学生参观烈士陵园后写作文："我爸爸是踩三轮车做生意的，城管队长管头管脚，还要赶走爸爸的车。我大了后要成立一个组织，专门抓城管队员，把他吊到树上打，看他还敢猖狂不？我还要发明一种枪，子弹是长眼睛的，会追着坏人飞，给他的屁股钻个洞。我一定会胜利，烈士就是我的榜样！"还有这个话呢："姥姥家的小院被拆除了，我很痛苦。在姥姥家的土地上升起了摩天大楼，我不喜欢摩天大楼，我喜欢枣树、石榴树，长大后我要开个飞机，把高楼撞翻，重新盖成小院子。"我看了这个孩子的作文，真是又气又笑又悲。孩子是成人教出来的，我们该怎么引领孩子？

33. 教授被女生泼热水事件引发的思考

说到人道主义，就算在战场上，子弹是无情的，但对手一旦缴枪投降了，还是要用人道的方式对待他。美国军营的虐俘事件为什么引起公愤啊？因为这是有违联合国宪章底线的。国民党的军官改造后，还不是释放了？他手上沾有多少人血啊，但出了监狱，还得给他出路，在监狱里也不能虐待他。这是人类社会共同的底线。

Y：现在都讲要敬畏生命。

金：对，要有敬畏之心。

M：其实十八岁就已成年了，她这样做也是要负法律责任的。但是好像大家还是把她当孩子，先保护起来了。

金：前一阵子，林森浩的案件，竟然有复旦大学法学院的学生写联名信求情，请法院网开一面，不要判他死刑。堂堂复旦大学，已经出了这样的丑事，还要再丢丑！法学院的学生写这个信，像话吗？媒体竟然还给刊登。如果是中文系学生写的，小说家情感丰富，尚可谅解。法学院的学生还这样？真是匪夷所思。

反过来的一个思考维度是，老师讲话要注意分寸。你们平时讲话也都要合情合理。我与我太太讲，夏天你买西瓜，一元钱、两元钱的，不要去还价，对方拿着个切西瓜的刀，小本生意也不容易，大热天的突然情绪失控："这么热的天我卖个瓜，你还要跟我砍价！"他一下子火了，冲动了，那你就麻烦了。我太太也埋怨我："那你自己怎么好管闲事呢？"所以我现在也反省，管闲事的精神不能丢，但方法还要多斟酌。

我看这位大学教授的话并不重，但对这个女生打击为何如此深？因为她的反应已失去理智，这也是老师要检讨的地方。

M：估计当时那个女生没有看到老师在签到册上已经勾了她的名字，虽然批评了她两句，但没有记她缺课。

金：我也看到这个说明了。

M：那个女生怨恨老师，因为她以为自己坐在教室里了，但老师还算她缺课。

金：作为教师，讲话的艺术很重要。"良言一句三冬暖，恶语伤人六月寒"，有时候一句话理解反了，可能比挨打还要令人难受。她感情失控了，才出现这样严重的后果。教授如果换一种提示方式，效果是否会好一点？当然这也是事后诸葛亮了，人情急之下不会考虑周详，包括我自己有时也会失控、失态。所以说，教学是一种实践的艺术，做老师也是不容易的。

举个我自己亲历的例证。有次讲座后提问,一位年长的男老师说,为何有同事说自己情商不高,请金老师帮助分析诊断一下。我说您能参与这个骨干主任的高级研修班,说明您智商高,情商也不低啊,怎么会有这样的话呢?他说自己是班上唯一不是主任的学员。我笑着说,看来,您的年纪也不轻了,连个主任也没当上,情商确实不高啊!课堂上一片哄笑,他有些尴尬地坐下了。午间就餐时,我收到这位学员发来的一条简信:我是一名普通的人民教师,今天很虔诚地向你提了一个问题,你在报告中说,领导要关怀下属,但你的回答没有给我任何关怀,反而拿我调侃和戏弄,所以我很郁闷。你今天对我实在有失教授的身份!希望你在今后的培训中要谨言慎行,言行一致,讲关爱,行关爱。

看了此信,我也有点郁闷难受,于是回复:如果我的话影响了您的情绪,我真诚地向您表示歉意!其实我真的绝无想戏弄您的意思,其实我是想以调侃的方式促使您反思,用幽默的方式表达我对您的特殊感情。请原谅,也许我拿捏的分寸不当,致使您误解,这也是我今天讲座中一再强调的教师言行的"度"是多么重要,您的实际感受再次印证这确实不容易!如果可以,请告知您的姓名、地址,我想寄上一本拙著请您指正,也留下我对您的特殊友情。

遗憾的是,我未能收到回音,估计他还是不原谅我。

我这20年来作的各类演讲约有近两千场了吧,课堂上调侃的玩笑话也说了无数,无意中伤了学员心的话一定有,但正式通过短信对我抱怨的仅此一例。做老师的要尊重学员,这是我从教做人的底线,从未敢逾越,但上课时过于谨小慎微,不免使课堂太无生趣。这条短信我留存至今,作为自我反思和提示的材料。

我想,不管怎样,作为教师,还是要尽力做到"良药不苦口更利于病,忠言不逆耳更利于行"吧!

34. 网瘾少年4000万

金："网瘾"少年成了父母普遍头疼的问题,有关统计说成瘾的上网少年已达四千万,家长急盼救星出现。《武汉晚报》头版头条有篇文章《谁来救我的女儿》,说的是沉迷在网上出不来的问题少年。《衡山夜话》里也提到华中师大陶宏开教授做网瘾课题研究,拯救沉溺网络的学生。现在这个现象似乎愈演愈烈。

中国至今拥有6.3亿网民,青少年网民在2013年底就达到了2.56亿。据第七次未成年人互联网运营状况调查报告显示,城市小学一年级到高中未成年人使用互联网的比例高达92.9%,农村乡镇中小学生也有80%以上接触网络,远远高于我国网民的总体比率,比成人接触得更多。青少年网民是2.56亿,四千万青少年网瘾患者占的比例是多少呢?六分之一以上。真的很严重了!父母盼望专业人士、专业机构解救孩子。以前是从地主的压迫下解救农民,现在是从网络的吸引中解救青少年。

这是时代的新问题,每个时代总有自己的问题。网络游戏犹如盗取青少年灵魂的恶魔,而孩子是家庭的未来,也是国家的未来。四千万个孩子背后是四千万个家庭,如此庞大的数字,政府怎可坐视不理呢?但你让政府怎么去管呢?目前对网络游戏的非议比较多,作为新型的信息服务产业,又承担增加GDP的重任,第三产业里由内容服务商经营的游戏业在急剧扩张;同时暴力的、犯罪的、黄色的等各种抓眼球的刺激性内容,充斥于网络游戏世界。

最近全世界的互联网大会在中国的乌镇召开了,这也是件大事,数千行业精英聚集在一起,关心研讨互联网事业的发展。无论是电子商业,还是游戏开发业,都在殚精竭虑地做大蛋糕,教育界则忧心忡忡,担心这块蛋糕大得失控。因而青少年网瘾的问题更遥遥无解期。你们每天也浸在网中吗?谈谈你们的想法吧。

H:网瘾少年有很多是他的家庭本身有问题,或者说家庭教育有问题。剖析相应的案例,发现孩子之所以沉迷于网络,大多是由于父母工作忙,没有时间管他,孩子就会去网吧。一开始是课外时间去上网,上瘾以后干脆逃课了。父母本身有问题,又没有意识到家庭教育的重要性,待发现孩子沉溺网络再向学校寻求帮助,为时已晚。很多家长的观念有误区,认为孩子的教育完全托付给学校了,学校就要全权负责,如果孩子有问题,就是学校的问题。他们不懂得家校合作的重要性,不明白家庭教育须从小抓起。

一些家长忙于挣钱,选择了工作,牺牲了教育孩子的时间。另外,现在解决网瘾问题,采取的主要措施是禁止未成年人进入网吧,学校也会配套采取相应的惩罚措施。这种硬性的规定,未必产生好的效果。应强化事先的引导,比如,在小学到初中的过程中,学生心理具有逆反凸显的特点,父母和教师应预先解读网瘾的案例,以文化价值规范引导学生的上网实践,用正面的案例激发学生利用网络开发潜能,提升学业水平和创新能力。目前的公益片鲜有涉及网络的题材,学校应联合社会力量共同开发。

金:公益片的效果不错,尤其是在重要的场景反复出现,受众会留下深刻的印象。

H:大家未意识到该问题的严重,所以公益性广告也未探究此类题材。如上海地铁站的公益广告数量还相当有限,充斥重要公共场所的是大量的商业广告。曾在微博上看到一个公益广告,印象深刻,是一个北欧国家在地铁站的LED屏幕宣导关注癌症患者的公益广告,非常有冲击力:一个青春靓丽的女孩,头发很长,很飘逸很漂亮,风一直在吹她的头发,旁边的人都在笑,因为好大的风,把她的头发吹得狂舞,但是逐渐地——视频也就呈现数秒——这个美丽女孩的头发就变少了,一直到最后成为光头,结局是一行字"关注癌症病人"。这样一个设计,大风吹拂的画面,使地铁站里的乘客与画面融为一体,一开始大家也在笑,看着女孩的头发在劲风中乱舞,数秒后,人们的神情开始严峻,女孩光头的画面给人带来的是强悍的冲击力。

金：你说到的公益广告的效果，同样存在检验的问题。其实广告琳琅满目，效应也是参差不齐的。现在各年度这个奖那个奖名目不少，有没有一种公益广告的效果奖？评奖时可以让观众在网上投票，顷刻间决出高下。做公益广告的机构，可以把它玩得有趣味。公益广告要让人打破思维惯性，比如觉得公益广告就是严肃、古板的。唯有生动形象、有趣有味，它才会走入人心，收到效果。说到公益广告的教育效果，怎么评价？从创意设计开始，到效果评价结束，是一个流程，包括公益广告在公共场所占多少份额，广告主题如何确定，表现主题的方式手段，公益广告机构的运行机制，等等。不少问题都可以探讨。当前公益广告的一个主题就可以锁定为"网瘾"。

网瘾是日常生活中司空见惯的小现象，拓展开去可转变成富有社会教育意义的大好事。这个光怪陆离的社会呈现了很多奇妙的现象，你们要善于捕捉各种创新机遇。现在大学生一毕业就犯愁，好似等着挨宰的羊羔，在人力市场拼命地投简历，用哀怜的目光乞求：你们来选我吧！自己为何就不能毛遂自荐去竞选企业？当然首先是你有无创意设想？你能提出什么建议给你心仪的企业？你有自告奋勇的激情吗？你可以自己量身定制某个岗位啊，你创造的岗位让你成为奇葩，然后你就奇货可居了，甚至让用人单位"三顾茅庐"来请你，你的就业需求就转化成了企业的觅才需求。

要善于化被动为主动。你缺乏创造力，你就不被企业需求。你会创造，让企业觉得，你创造的东西正是它需求的，它的需求体现为你的强项，你就具有了核心竞争力，无往而不胜。你可以从这个思路上找个体与社会的结合点，打开创新的闸门，突破生存的困境，拨开问题的迷雾。你看马云当年在杭州师院做英语老师了，他到国外去玩了一次，发现美国的宾馆里有黄页簿，就是企业的电话广告簿，他想，中国的宾馆没有黄页薄，这就是商机。浙江人商业头脑发达，骨髓里有经商的基因，血液中流淌着创业的冲动，一边教英语，一边想着建黄页。

马云以前不是玩电商的，但他一上手，就抓住了"对称性"这个商业时代的核心要素，他透悟了"信息对称"是何等重要！因为他是学外语的，他知道有人中文好英文不好，也有人英文好中文未必好，那么社会上存在两种需求，一种是中文要翻译成英文，一种是英文要翻译成中文，但两者信息不对称，接不上头。学校里有人要出国，材料须翻译成英文，马云懂英文，有英文圈的朋友，他就接这活，找个人给你翻译，一千字多少钱，两千字多少钱，明目标价,做对口生意,他就挣了中介费。但是挣钱不多,搞文字翻译本身也挣不了多少钱,书生本来就穷,这个市场也不大。他怎么养这个译文社呢?他就在店铺卖些小礼品,结果他发现,卖这些小东西比搞翻译中介服务还赚得多。

他就琢磨,社会上有很多人需要买东西买不到,也有不少人卖东西卖不出,同样是信息不对称造成的。如何让购物者和销售者彼此的信息从不对称,通过信息时代的网络变成对称?那岂非一个巨大的网上商业市场?他这么一想,犹如电光石火,神魔附身,又如醍醐灌顶,智慧洞开,就搞出了马云的电商帝国,开启了互联网购物的新时代。

我们以后还要讨论"马云商业帝国"这个话题。在座的两位现在也忙着找工作了,是否想过开办一个创业网,专门搞人才的信息对口服务,把人才"创造"给企业?请注意我不是说"推荐"给企业。推荐是你的需求,创造则是人家的需求;前者你被动,后者你主动,你可以告诉企业,你不用我这里的创造型人才,你会遭遇危机。当然,首先是你要善加识别人才的"特点",你还要善于甄别企业的"盲点",接通"两点",你就能把人才一个一个送到他们该去的地方,满足企业的求才渴望。

现在的社会就是人找不到工作,工作也找不到人,两者不对称啊。就好像处对象,千里姻缘一线牵,咱就是个牵线人,就玩这高级玩意儿。马云在淘宝网上卖东西,我们在创业网上"卖人";"卖人"似乎不雅,实际是"卖人才"。人才是无价的,但先得有个价。马云是物质商品,咱们经营的是人才商品。你说人才厉害,还是商品厉害?玩这种最高级的东西,要有点创意,首先得敢想,当然还要敢做,不然谈了半天,云里雾里,都是空的。

如何玩点实的?鼓励学生的创新精神啊。华东师大中文系出了个江南春,他也是站在商务楼的电梯旁,悟出了分众传媒的道道嘛。他的公司不是上了美国纳斯达克股市吗?你将这样的案例给学生剖析,激起他们的好奇心、好胜心,促使、帮助他们探索未知,网络就产生了正能量。沉溺网络的背后,是少年郎不竭的创造快乐、创新动力,新的马云们也将因"网瘾"而诞生。

Y:现在有"网瘾"的群体,年龄越来越小了,他们在网吧里主要玩游戏,呆一个星期,甚至几个月的都有。目前网络游戏没有实名制,如果运用实名制能起到监控作用。也有网吧需实名登记,但执行得也不严。有的网吧门前有个提醒:未满18岁不可进入,但不采用身份证登录,还是空的。

H:身份证也可借用,最好是把身份证和指纹结合起来,这样才可有效防范。

34. 网瘾少年4000万

金：这个想法很好啊，指纹一按，就知道年龄，能不能进。指纹要跟身份证信息对号。我到某些景点去，也拿着票还按指纹，管理者既可按时限制人流，也杜绝了人情票。

Y：现在办理身份证也要录入指纹。

H：健全措施后，可减少网瘾现象。

M：技术还做不到全覆盖，况且成本也高。有了指纹，也可以造假，如使用硅胶仿制。

H：所以我认为治标不如治本，学生在校时教师须加强引导。

M：还须标本兼治。

H：问题的关键是青少年群体为什么会沉迷于网络游戏呢？

M：因为逃避啊！外在的世界对他没有吸引力，学校更是乏味透顶，他需要在游戏中寻求刺激。

H：所以还是家庭教育出了问题，学校教育也存在问题。他排斥学校、排斥家庭，就会选择其他地方。

Y：其实网上有些游戏还是挺好的，有人说没玩过游戏就等于没有经历青春。

金：这话很有意思，没有玩过就等于白活。也有人对我说，金老师你没有车，你还像个男人吗？一个男人没玩过方向盘，等于白来世界一趟。所以现在年轻人都要买车，小孩子都要上网冲浪。

X：互联网是千禧年后在中国逐渐崛起的，我们小时候，因为生活在农村，没有网络，上大学后才开始比较多地接触互联网。大学期间，已经是成年人了，就会有意识地控制自己，也有自律的能力。但千禧年的一代青少年，刚好是从互联网浪潮的大环境里成长起来的，他们离不开网络。况且他们小时候，也没有培养出自制力，要靠外在因素规范、约束，比如说校纪班规，还须家长、老师现场管理其行为。

鉴于此，当务之急是孩子自小就应获得正确的引导，培育课外兴趣，从而分散对网络的沉迷，这才是正确的途径。网络的吸引力超级强大，加上孩子整天上学、放学，又无其他玩耍方式，生活过于单调，不能在现实生活中尽情玩耍，所以他们喜欢到虚拟情境中体验一番。网络刚好满足了这一需求，迎合了学生爱玩的天性。纵然网络世界是虚幻的，但也是有趣的，游戏能给他们带来快乐。只有从小培养他们广泛的兴趣爱好，才可能有效地减少网瘾现象。

H：这就是双重的缺陷：家庭教育不到位，学校教育也不到位。现在很多三四岁的小孩就整天拿着手机、平板电脑玩游戏,其实是家长在逃避责任,他没时间,也不想去看管孩子,扔给孩子这些时髦玩具,孩子就可以独自玩,就不用被看管、教育了。这是父母的严重失职。

X:但如果孩子从小不接触电子产品,在今天这个信息化时代,他是否能正常地健康成长?

H:有的家长很焦虑,发出救救孩子的呼声;也有的家长并未意识到这是一个问题,看见人家的孩子在玩,自家的孩子为啥没有,就会主动提供。另外,学校为何没有肩负起责任,老师为什么不主动开设相应的兴趣班,加强指导?一些小学教师要求学生下课后就在教室里呆着,为什么?就是怕出现安全问题。为了强调安全,就不让学生出去玩,把他们关在校园里,关在教室里,圈养在家里。学生处于封闭的环境,缺少生命的张扬和快乐,导致心理的扭曲,只能到虚拟世界找出路,寻求安慰。

金:这也是郑也夫为何将追求学历与教育军备竞赛都归于独生子女政策了,只有一个孩子嘛,关上门自然安全了。但思想是关不住的,网络就是个通道,问题的根源就在此。

M:学校也无奈,怕担责任,就一个孩子,一旦出事,家长就跟学校闹,最后解决的办法都是赔钱,赔巨额的钱。

H:现在的家长确实没有以往的容忍度。我们小时候,父母跟老师说,孩子不听话你就打,没关系。现在老师视学生为上宾,哪敢轻举妄动。学生作为消费者成了上帝,老师处处谨慎,也没磕着碰着,但家长还不满意,跟校长说这道那的,挑老师的毛病。

Y:学校是否可以开设网游类的课程,教学生玩得高技术一点,有文化品位一点,选择内容合适的游戏,解读游戏背后的意义。

金:这个建议好,干脆从正面去引导学生。游戏产品的发行可以有准入证或贴上安全设计标志。再如,一款游戏在一台计算机上连续运行一小时或一个半小时,就有一种熔断机制,就是说卡机了,重新启动至少要在半小时以后。半小时后,学生的兴趣也许就转移了。要多想一些技术防范措施。

M:玩游戏的人,你给他断网,他是要砸电脑的!

L:其实不少电子游戏一打开就有自动提示,未满十八岁不能进入!但为什么少年人还是上网玩?

H:盈利目的。

L：对，网吧有盈利目的，他会认真监控吗？内容开发商要赚钱，他会主动设计限时机制吗？可见，真的要彻底解决青少年网瘾的难题，需要多方面合作，学校、家长、游戏公司都要作出努力。如果游戏开发商设置时限，自动卡机，那么网吧老板是否愿意这样做？这是一个复杂的利益链，必须由政府部门来协调，以相关政策来引导和规范。

金：这就需要综合整治了。

L：对，需要学校、家长、学生自己以及游戏公司包括网吧一起付出努力，需要政府的政策牵引，需要这种综合的力量。

金：那么，假如你们身为老师，在自己任教的班里，孩子出现了网瘾问题，父母来找你，请你给个建议，你能否说上个"一二三"条？或者说，如果校长征求你的意见，你能否站在学校管理者的层面，给学校教师提出"一二三"？教育局开座谈会，你能否站在局长的高度，给教育行政部门建议"一二三"？你要能够说出这三个"一二三"，一个是给家长的，一个是给老师的，第三个是给校长或局长的。你说出这样的三个"一二三"，经过实践，还不错，挺有效的，你还愁什么找工作的问题呢？你不仅是优秀的老师，你还是优秀的校长，你甚至有能耐做局长了！

现在我来练练你们的这种水平。你们现场说个"一二三"，假设我就是家长，是老师，是局长，你们分别给我怎么说？请说个"一二三"，能不能说一说？

Y：那我先给家长说吧。对家长说的第一条是，多多留出时间，陪陪孩子，多带他们出去旅游等；第二条是，推荐给孩子一些好的游戏，要玩就玩一点有质量的；第三条是，学习比游戏更重要，想办法引导孩子把注意力放到学习上去，并从中激发兴趣。

金：我这里有个案例：一个孩子有严重的网瘾，很不听话，妈妈甚至被他气得生病而离世。爸爸后来又娶了后妈，孩子叫她小妈。但孩子更不听话了，亲生妈妈也不在了，他把精力都耗在网吧里。他的爸爸彻底放弃他了，也管不好了，就随他去了。但是他的小妈有时还管管他。

有一次，小妈掏出手机来问他："儿子，这个怎么弄啊？你怎么这么会玩，妈妈怎么连个手机都不会玩。"儿子就教她怎么玩。她说："儿子，你怎么这么聪明啊！"儿子就觉得这个妈妈很傻，玩这个东西有什么聪明的啊。星期六学校放假，儿子在网吧里玩游戏，小妈就给他送饭菜去。他一下子惊呆了，说妈妈竟然给我送饭菜来了？我还是跟你回家吃吧。爸爸问小妈："刚才找你都不见，上哪儿去了？"她说："我给儿子送饭去了。"爸爸大怒："有你这样当妈妈的吗？亲生妈妈就是被他气死的，你还给他送饭到网吧，你也要被他气死啊？你这不是教育他，你是助长他！"小妈说："你不知道啊，儿子今天开口叫我妈妈了，跟我回家吃饭了。"爸爸更愤怒了："那你就更傻了，什么叫你妈妈啊，你本来就是他的妈妈！你再这样怂恿这个不争气的儿子，别怪我对你不客气！"爸爸和小妈就吵起来了。

这时儿子就横在爸妈中间说："不许爸爸这样指责妈妈！"然后转身就给这个小妈跪下，说："妈妈，你放心，我以后再也不会上网吧，不会让你伤心！"说完这话，居然就乖乖回到房间去看书了。从此以后，在初中的最后一年，这个孩子脱胎换骨地改变了，就像换了一个人似的。他后来从重点大学毕业后，写文章回忆，说人生的转变就是在那一刻。他自己也不知道：当年为什么把亲生的妈妈气死了，然后爸爸娶了后妈；后妈到底是什么感动了他，让他发生了彻底的改变？

他领悟到，实际上孩子有"三道门"：第一道门在外人可以敲门进来的客厅；第二道门在父母可以不经过你同意就进入的内室；但第三道心门，外人进不了，父母也进不来。他说，小妈是用她的情或是她的爱的艺术，无形中打开了他的心门，他为此感恩终身。

打开一个人的心门是不容易的，但有时举手之间就打开了，这里蕴含着人生的大智慧。很多父母说不会教育儿女，也有父母，过分的爱反而变成了害，即互相的伤害。那么这个后妈呢，她让儿子教她玩手机、给儿子送饭到网吧，这是智慧吗？我也不知道。

这也许只是一个偶发的案例，一个"心有三道门"的故事。一个后妈，用儿子能够接受的方式，在一个特殊的场合，解开了心结，感化了儿子，并让儿子感念至今。

人生的故事有很多，怎样给网瘾少年说好自己的故事，它考量着父母和教师的智慧和良心。

34. 网瘾少年4000万

35. 铁链占座和二维码管理

金：现在的大学出现了一个新现象：由于教室和图书馆资源有限，有些学生为了获取一个安静的学习空间，用锁或铁丝、砖块、木板之类的东西，预先把位置长久地占住，变成他特有的私人财产了。重庆大学可能这个问题比较严重，所以行政管理部门推出了"二维码占座管理"的新举措："学生可以选择想去的图书馆和阅览室，选择时间段，再根据阅览室的导览图选择空位，预约座位，预约成功后会收到微信提示。学生需在预定时间的前 5—10 分钟到阅览室，用微信扫一扫预定座位的验证二维码，超过 10 分钟还没有验证的，位置就会取消。过程中临时离开座位，只要再用微信扫二维码就可保留，10 分钟内回来继续扫二维码，就可确认继续使用。"

运用这样一个现代化的手段，来解决图书馆座位紧张的矛盾，这一创新的做法受到了网友的"点赞"，说这个方法还可接受，至少比原来的用铁丝、石块或锁占座的霸道恐怖的行径要文明些。当然也有人质疑，如果学生没有手机的话他就不能入座看书了？

M：我看到了网上"铁链占座"的图片，觉得还挺触目惊心的。

Y：前不久网上爆出济南的一所大学，学生为了占座，用铁链直接将椅子和桌子一并锁起来,一排一排地,锁得都很霸气。

M:虽然做到这样疯狂的地步,可有些人就是占着座位也不去学习,或者很晚才去。为什么先要去占座?就是因为他起不了早,可能要等到日上三竿,吃过午饭了再去。有人要一直霸占着座位,以备不时之需,而真正想学习的人却没有位置了。我们以前在华东师大闵行校区图书馆里也占位子,其实这种现象是分时段的,平时不需要占位置,没有人抢座,图书馆里的空位多得很;但是等到期末考试之前或考研期间,图书馆的座位就紧俏了,每天早上开门时,大厅里就挤满了人。有些同学不愿意早起,所以托人占位,一个位置上扔一本书,而他们睡懒觉到八九点,再慢腾腾地上图书馆开始学习。这种现象确实不文明。

Y:问题的关键还是大学的自习位置太紧张。首先是因为现在考研和考公务员都很热,准备考试复习的人太多了;其次是学校的管理也存在问题,开放的教室和资源不够,图书馆自习的座位很少,教室大部分时间都用来上课,很多教室都是流动地上课。教务处主要把教室用于上课,学生想自习,苦于没有合适的地方。

M:现在的学生宿舍里条件比以往好多了,都配有书桌,为什么学生不愿在宿舍里学习呢?有人觉得在宿舍里看书没有氛围,好像要读书,一定要到图书馆。其实真的想学习,就可以做到心无旁骛,在哪里都可以学习。没有图书馆安静的学习氛围,大学生就无法静心学习吗?

L:铁链占座也好,二维码占座也罢,无论上课还是自习,大学校园里占位的现象比比皆是,占位的方式亦千奇百怪。不难发现,有好多人会把书放在某个位置上,但人并不在那里出现,旁观者看到这个现象自然会生气:凭白占着个位置,却一整天也不见来学习。学校仿佛成了农贸市场,成何体统?图书馆或自习室应禁止占座,谁先去谁先得,占着座位不利用的现象,肯定会引起公愤。

M:禁止占座,那么该采取什么样的措施呢?如果读者去上个厕所,吃个饭,有半小时或一小时没到,后来者去坐了他的位置,就有可能产生纠纷。我听同学讲,她在西南政法大学读研,该校图书馆有专职工作人员,每天推着一个小推车在阅览室里转,他根据估测,发现一个位置有半小时都没有人,就会把桌子上的书收走,如果先前的读者回来,发现书被取走了,可去相关人员那里找,但这个位置就给别人占用了。

这样做也有一定的效果,提高了图书馆资源的利用率,但也相当于加大了管理负担,增加了管理成本。如果行政管理部门想要让学生自觉,可能就要多提供一些资源,尽量满足大家的需求，比如期末考试之前，不妨多开放几个教室。很多大学的教室平时可能为了管理上的方便，上完课就会锁门，其实教室不上课的时候就应该开放，让学生进去学习。另外，也可在学生中间做些宣传引导，杜绝乱占座位的不雅现象。

X： 平时教室要是不上课就全部开放让学生自习，这是个不太现实的想法。因为开放越多的教室，就意味着要请更多的保洁人员和管理人员。不少大学的教室，到下课的钟点，保洁人员就会过去打扫，而且及时将门锁上，这是考虑到教室里的贵重设备，如电脑、投影仪之类的仪器不能被损坏或丢失。学校还要考虑到将所有的教室辟为自习室所带来的能源消耗。大学的教室资源一旦全部开放，可能会出现更多的不可控因素。教育学系老师去德国做访问学者，发现洪堡大学图书馆的座位上都有计时器，如果你想短暂离开的话，就需设置回来的时间，超过这个时间点还没有回座位学习，就意味着这个座位别人可以坐了。这样的管理方式比较人性化，效果也不错。

金： 洪堡大学图书馆的管理方式类似于二维码管理了。用手机扫一下，如果超过十分钟你还没有回来，那这个位置就是别人的了，这与洪堡大学图书馆的计时器功能是类似的。管理就是讲规矩，需要有规章制度。当然造成座位紧张的根本原因是缺乏资源，适当扩大一些资源也有必要，可以根据不同的时段来做。比如期末考试期间，增开一些教室；还可考虑空间布局的合理性，在人员比较集中的地方，加大投放资源的力度。学校的管理就是要尽力满足学生的需要，为学生提供方便，同时又不浪费资源。比如你不能无时限地占座而不让其他人利用，所以需要有一些制约和规章，相应的措施也要方便大家去执行。如果规章弄得太复杂，执行成本很高的话，越加强管理，可能造成的问题越多。一个小小的占座现象，反映的还是公平和效率如何兼顾的问题，它考量着学校管理层的智慧。

X： 这个二维码管理，反响还是不错的，但目前尚未在高校中普遍展开。作为一个新颖时髦的管理方式，它还涉及学生的学习成本问题，如果有学生的手机比较老旧，没有二维码扫描功能怎么办？这是否意味着为配合校方的管理需要，学生都必须置换新款手机了？

M： 其实有些学生为什么不能在宿舍里学习？一是因为宿舍会有人来串门闲聊，若你拒绝，似乎不通人情，图书馆、教室作为公共领地就可消除此类现象。二是因为宿舍有网络，大学生也很难抵抗网络的魅力吧？尤其在自己的私人领域——宿舍里，更容易上网娱乐。当然有人即使在图书馆学习，还是会时不时拿起手机来上网，可见今天大学生的自控能力还是有点差。再比如，教室上完课了，一些桌子上都是废弃的牛奶盒、饮料瓶、点心袋等垃圾,还需要专门的保洁人员去打扫。日本人在数万人的体育场看完一场球赛,地面上都还是干干净净的,中国的大学生上完一堂课,就留下如此多的废物,看了都让人觉得羞愧。

金:这确实不像话,将垃圾带出去直接扔在垃圾桶内嘛。举手之劳的事,却仿佛成了"难于上青天"的蜀道之难。

M:就是啊,这么简单的小事,都已经是大学生了,难道还需要有人去提醒吗?一个细节折射的是一代学生的素养。

金:这恰恰也是教育工作者需要反思的地方。一方面,大学是时代精神的高标,大学师生研究的是"高大上"的东西;另一方面,中国公民最基本的素质和最普通的习惯到了大学都还没有养成。包括铁链占座位,这种方式太粗野蛮横了,为一己之利就可不择手段,学校莫非要变成监狱了?

M:占领大学教室资源的还有校外人士,考研大军太庞大了。我有时去学校的田家炳书院的考研自习室,发现里面的座位都被考研者占用了,有的课桌上长期放满了书,但真正在教室学习的人稀稀落落的。

金:人不在那里,但是书在那里,这样的教室多得是。首先,还是要多开放教室,教室不用,空在那里也没有用处,第一要紧的是多提供资源;其次,学校管理要凸显效益,培养学生的自觉意识和自我管理能力,不要给管理和保洁人员造成麻烦;再次,要激励学生珍惜和善用资源,包括宿舍资源,如何让大学生管理好自己的寝室,让其发挥生活和学习的双重效应,同样考量着大学生的管理智慧。

Y:我觉得现在中国的高校硬件资源并不缺少,有些学校甚至有点铺张奢侈,校园面积上万亩的也有。高楼大厦魏然耸立,商业习气弥漫,向学之风低迷。学校不像个学校,倒像个商场,人来人往,什么国际、国内学术会议层出不穷,学校成了各路人马聚会之所。提供给学生学习的教室有限,提供的各式会场倒还是蛮多的。有的高校文、理科大楼有几十层高,竟然没有学生的自习之地。

金:理科大楼可能实验室和机器多,更需要加强管理吧。

M:大学图书馆也没有通宵开放,这一点需要向发达国家的大学看齐。我们的大学该接轨的地方忙得无暇接轨,不该接的轨倒早早接上了。

X:这还是一个教学资源合理配置的问题,像上海交通大学的研究生都配有工作室,一人一个办公桌，一台电脑，学习和研究还挺方便的。

金：上海交大的条件好一点，学校的资源配置比较齐全。

X：有时碰到学校集中基建或维修大楼、检修设备，会造成一届甚至数届学生利用资源的困扰。特别是周末，有限的学校资源被大量用于社会办学，学生更没有地方自习。

金：这可能跟信息不对称也有关系。一方面学校的资源不够用，另一方面还有大量的高校资源被闲置，高校的办学活力尚未被激发。二维码管理启发我们思考，怎样通过现代通讯技术，从微观层面打通管理的盲区，使资源发挥更好的效用。

36. 林森浩案件

Y：我们谈谈林森浩事件吧。

金：你们要谈的话，就谈一下啊。以前有个马加爵事件，最近出了林森浩事件。这两天应该发布了终审信息吧？

H：林森浩案件是昨天审的，但还没有宣判。

金：那就谈这个话题吧，相关背景大家都已知道了。

L：我觉得现在受过高等教育的人，虽然学历高了，但心理素质真的是有待加强。昨天刚看到一则新闻，上海大学2014级一名研究生，吊死在一座废弃的教学楼里，估计就是自杀。不久之前，中国人大外语学院的一名毕业生，也在校园里跳楼自杀。由于这些事件的主人公都是高等学府的人士，自然引发了社会更多的关注。读书到大学生、研究生阶段，且不说家庭和社会在其身上花费了多少财力，按理说更应该知书达理，但为何如此不珍惜自己的生命，甚或像林森浩那样去毒害他人生命？

书读得多了，应该自控能力更强，也更懂得把握内心的平衡，协调人际的关系。但恰恰是受了这么多年高等教育的人，却做出这般不理智的行为，可见知识水平的增长与情感道德的提升完全不成正比。

H：现在对于林森浩案件，有些媒体的导向也是有问题的。我看到一个报道，采访林森浩父母，他们家一片愁云惨淡，尽管其父母表达了对社会和被害人家属的歉意，但给人的主观感受就是他们蛮可怜的，一旦儿子被判死刑，更是惨不忍睹。但是平心静气想一想，杀人抵命，天理昭昭，任何人不得藐视法律的威权，确实触犯了法律，就应该依法办事，受到相应的惩罚。可惜有的媒体为了博人眼球，报道偏离了正义的底线，充满了煽情，还试图让法官网开一面，刀下留人。

M：我以前看过一部韩国影片《今天》，讲述了一个女人的未婚夫，有一天在路上被一个酒醉青年驾车撞死了，那么法庭要判处这个肇事者。但由于他还未成年，是受法律保护的，如果取得被害者家属谅解的话，也可以不判刑，只是对他加强教育就可以了。韩国有许多基督徒，甚至教会都出面找这个女人，希望她能放下仇恨，去原谅这个少年，她也这么做了。其实她内心深处是很悲伤的，于是她就投入教会的事业中去，拿着摄影机去拍那些跟她有着类似经历的家庭，即使受到伤害，仍选择原谅肇事者。

在这个过程中，她的心理非常纠结，有时反问自己，选择原谅或宽恕有什么意义？因为罪恶已经发生，法律反倒也要保护犯罪者，规定不允许受害者和肇事者双方见面，这是为了防止被害方家庭寻仇，去报复肇事者。电影的女主角说：我当年原谅了这个年轻人，可是他无悔改的诚意；当初他的父母只是为了使他免受法律的惩罚，才苦苦求我原谅他，其实他根本就没有痛改前非，甚至还在继续作恶，又把别人给害死了！我当初选择原谅是不是错了？影片最终也没有给出一个明确的答案，只是讲述了女主角内心的纠结过程。

当年发生药家鑫事件时，媒体去采访双方的父母，当他们的生活展示在观众面前时，大家会觉得两个人的父母其实都很可怜，就算把犯罪嫌疑人杀了也于事无补。大众也会有一个情感上的犹豫、反复的过程。前天举行了林森浩案件的二审，透过媒体报道，看到林森浩父母的悲痛，尤其是其家庭的贫穷破落，母亲的卧病不起，人们也会说，他父母有什么错，为什么要承受如此的打击？但是法律摆在面前，如果犯了罪，该怎么判就得怎么判，不能因为民众的同情而免除罪行；就算事后真心悔改，还是要为自己犯下的错误付出代价。

在这件事情上，我最不能理解的是，虽然林森浩可能确实没有要把黄洋害死的心理，但作为一个成年人，一个名牌大学医学院的研究生，做这件事之前为什么没有考虑到它的危害和后果，而仅把它视为"愚人节"的一种玩笑？这到底是太幼稚了、太愚蠢了还是辩解的理由太让人匪夷所思了？

金：如果事发后，林森浩马上承认是由于他下的这种药引起的，可能还有挽救的余地。因为拖了几天，不是他自己主动投案自首的，是警方通过其他途径查出来的，等到他不得已交代了下毒的过程，已经没有办法挽救黄洋的性命了。所以说这个事件的性质是相当严重的。

M：而且黄洋生病了不舒服，还是他给黄洋做的B超。因为他们两个都是医生，当时都在医院实习。其实他当时的行为就是为了刻意掩饰，也许他已经意识到自己所犯错误的严重性，就更没有承担后果的勇气了。

Y：林森浩在一审辩护中，也反思了自己犯罪的根源：首先，在接受高等教育的这几年时间里，因为性格内向，加上为人处世方面能力不够，所以对这方面的对或错，可能缺少这个年龄本应该有的正确的认识。其次，他可能养成了讲话做事不顾及后果的这种习惯，而且遇上事情之后也会有逃避的习惯。这是一审之后，林森浩对犯罪根源的自我分析。现在二审时，他开始翻供了，你们注意到没有？

金：他怎么翻供的？

Y：他不同意自己是故意杀人。他坚持当时的动机，只是一个愚人节的玩笑。

金：但是对于玩笑的后果，他没有想到，是吧？

Y：他坚持说，在投毒之后，他用水给饮水机中的水进行了稀释，他认为可能是爆发性乙肝导致黄洋死亡。

金：可能是两个因素叠加在一块儿，巧合才导致了死亡。

M：辩护律师认为有可能是黄洋喝了有毒的水触发了他的乙肝病。还有一些细节的描写，也不知道有些媒体的报道是不是真的。据说黄洋喝被投毒的水的时候，林森浩就在宿舍里，他在床上躺着，听到黄洋进来接水、喝水的声音。黄洋喝了一口，就意识到那个水有问题，他呕吐了，还把饮水机清洗了。

H：但是犯罪嫌疑人往饮水机里放毒物，这已经足够他承担所有的后果了。现在有些人，包括他请的律师，都在思考有什么地方是可以为他辩护的，比如作案的动机、死因等，说黄洋本来就身患乙肝，是最大的死因。似乎事情总是有一种中国式的人情关系在里面，好像觉得活着的人比较重要，死者逝也，再怎么惩罚也于事无补，只要以后汲取教训就可以了，包括舆论导向，似乎也是这样一种基调。

金：因为现在中国没有废除死刑。有些国家已废除了死刑，如美国，可以判监禁几百年，其实是空的，也就是无期徒刑而已，一直关在监狱罢了。中国既然没有废除死刑，那么中国人的传统习俗即杀人偿命，这个观念也是根深蒂固的。

M：我还是倾向于法律的独立性，不要受舆论影响，该怎么判就怎么判。换位思考一下，如果我们是黄洋的父母，我们也无法去原谅这样的犯罪行为。当然整个社会也要反思，为什么接受高等医学教育的未来医生会走上投毒害命的歧路？林森浩自己也说，他在接受教育的过程中，自感人文关怀太少了，这固然与他自身个人性格的缺陷有关，但学校教育的不足也必须正视。

H：林森浩的人格肯定不健全，但黄洋似乎也没有处理好同学之间的关系，如果他的人际关系真的处理好了，可能就不会惹来杀身之祸。两个人的性格和人际交往，在日常生活中是存在问题的，这确实是教育界需要反思的地方。

金：林森浩案件出来后，新华社的记者来采访我，判决之后他又来采访，我说该说的已经说了，没什么再说的。他给我提供了一点新的材料，在林森浩被判死刑后，新华社记者在监狱做了独家采访。林森浩说，被监禁的约一年时间里，得闲看了很多小说，发现社会跟自己读书时想象的不一样。他一直是理工科学生的思维，从小学到研究生阶段，好像生活就是读书、做题、做实验，看的多是科学和医学知识方面的书，从来不看小说，不太了解社会的复杂性、人情的丰富性，情感的体验几乎是空白的，做事情也比较极端。现在才发现，世界并非自己头脑中预设的那般简单。

其实，在基础教育中，学生的德智体美和谐发展至关重要，美育所包含的情感体验对青少年的情智发展和人格构建是不可或缺的元素。一个人如果成了冷血的机械的动物，做事时缺少生命和情感的体验，不会将心比心，换位思考，往往会因一时的冲动铸成大错。这是教育工作者需要反省的地方。林森浩不判死刑是不可能的，除非他能得到黄洋父母的原谅。被害人的父母向法院陈情，表达免除林森浩死刑的意愿，唯有在这样的状况下，法院才有可能不判他的死刑。

H：现在黄洋的父母态度明确而坚定，说无论如何不会原谅林森浩的杀人行为。

金：据说当时出了这件事情以后，有律师见林森浩的父母很穷，就建议先不要对黄洋父母表达歉意。一者事情的原委还未弄清，一道歉反而坐实了罪名；二者本身家里这么穷，倾家荡产也不够赔的，不如听从法庭的宣判。现在林森浩的父母似乎非常懊悔，甚至认为上了律师的当。当时他们的第一反应,其实是想到对方家里,向被害者的父母跪下来道歉的,不是说能赔多少钱,就是想表达内心的歉疚、不安和痛苦:生出这样的儿子是对不起他们,想跪下来谢罪!但有律师说,你去能解决什么问题?你这样做了,等于把全部责任都兜尽了,然后就是赔钱,你倾家荡产也赔不了,所以你现在不宜去。结果,他们就将最佳的道歉时机给耽误了。

没有在第一时间道歉,这就给受害者家庭造成了第二次沉重的打击。因为林森浩父母连一个最基本、最起码的表态都没有,所以对方现在就是不能原谅。现在即使想这样做,也不可能了,因为最合适的时间过去了。你如果第一时间跪下来道歉请罪,人心都是肉长的,黄洋父母也许有可能动了恻隐之心。但是你没做,连最低限度的歉意都没有及时表达,黄洋父母绝对不能原谅,或许与此也有关。

最近复旦大学法学院的某些学生也挺莫名其妙的,竟然联名写信,请求法院从轻判决,刀下留人。名牌大学出了这样的丑事,法学院的学生还写信向法院求情,以未来法律工作者的身份写信影响司法的审判,这事万万不妥,甚至真有点搞笑了。听说是有教师授意让学生写这封信的,果真如此,那就更不靠谱了。信假如出自文学系的学生,倒还情有可原。值得警惕的是,人们未能从这一案件中痛定思痛,防范于未然,而是在戏剧化的反应中,徒添了茶余饭后的笑料。

M:不知道舆论是否真的可以干扰司法?曾看了一个报道,说药家鑫案发时,或许有一线希望不判他死刑,但当时舆论一边倒,说一定要判这个人死刑,这种恶性事件,把人撞了之后,又下来捅了人家几刀,真是死有余辜。但后来判了死刑之后,舆论又倒向另一边,说药家鑫父母多么多么可怜,最后弄得法官也很无语。我认为,司法判决不应该被社会舆论牵着鼻子走,因为舆论背后往往是有人(或利益集团)在操纵的。

X:关于死刑,在西方不少国家中已被废除,而中国还存在。那么,死刑存在是否合理?我们应该如何看待它呢?

金:这个问题提得好。死刑到底该不该废除?是不是西方某些国家废除了死刑,中国就一定要借鉴其做法,也废除死刑?

X:可能西方国家是基于一种人道主义的关怀,觉得即使犯了不可饶恕的罪,也不能剥夺了他作为人的基本生存权利。生命权是至高无上的,可以让他一辈子呆在监狱里改造,改造一个人,比杀了他,更能体现广义的人道主义精神。再者,逝者已矣,活着的人才是更

36. 林森浩案件

重要的。

H：废除死刑的想法是荒谬的。他犯了罪，剥夺了别人生存的权利，却要对他的生命表示尊重，那对死者的人道主义关怀又体现在哪里呢？

金：也有另一种说法，就是剥夺他的生命，比把他终身监禁显得更仁慈。如果他想死，但不让他死，让他生不如死，这样的惩罚更严重——就是让罪犯更痛苦地承受他所犯的罪恶。

M：其实死刑不单是为了惩罚死者，更是为了威慑、警戒活人。

L：现在一些判了死缓的犯人，实际上就是判了无期徒刑，甚至有的在监狱蹲了十几年、二十几年就又出来了。

金：只要不死，无期徒刑再来个减刑，或保外就医，过十几年、二十年又获自由了。

M：这又是一个新的问题，这部分未真正服刑又逍遥法外的人，对社会有相当大的负面影响。如果他们心存侥幸，可能会再次走上犯罪的道路。

H：也有另一种复杂情况，针对被判了冤假错案的群体，国家予以平反；有些人被判无期，蹲监狱十年之久，现今放出来，政府给予一定的赔偿。但对当事人而言，真的是太不公平了！他失去的十年青春，岂是给他多少钱能弥补的？他在监狱里已经完全与社会脱轨了，家庭也不知道发生了多大的变故；反观某些罪犯，罪孽令人发指，提出死刑的废除，不免更令其胆大妄为。

金：为什么不能轻易判死刑？就怕造成冤假错案。一旦错判，人头落地了，再想纠错也不可能了。最近看了几个案例，就是把人家的脑袋给砍错了。怎么发现错了呢？因为后来有人交代了，当年还干了一件杀人的事。执法人员这才发现当年急于破案立功，已经把所谓的"杀人犯"给枪毙了！新的犯罪嫌疑人被发现，而当年被错判的犯罪嫌疑人的哥哥一直在上访，为弟弟的冤假错案上访了十几年。弟弟临死之前告诉哥哥："没有办法啊，我不承认犯罪，在监狱里简直是生不如死，逼我交代犯罪事实。你没有体验过，我实在扛不住。"到最后，他就说，我承认杀人。他哥哥说，那你在被处决之前，一定要喊冤啊！你要喊出来，我还可以给你伸冤；你自己承认了，我就不能给你伸冤了。结果，他弟弟也没敢喊冤。现在这个事情报道出来了，简直太荒唐了！但人已死了，怎可使其复活？

X：这就是死刑存在的弊端和不合理的地方啊！为什么西方国家废除死刑，就是怕有人滥用司法的权利，就是为避免严刑逼供之类的事情。如果蒙冤被杀，那就是有人假法杀人。既然法律不允许任何人以任何理由杀害他人，那么因司法而错杀人，更是法律要绝对禁止和防范的。在破案的过程中，有很多不可控制的因素，比如证据的搜集是否严谨和无隙可乘，后期是否又有新的证据出现？是否存在为了破案故意伪造证据的非法行为？这些都给最后的判决造成很大的困扰。所以像死刑这种不可逆的判处，也就逐渐被西方国家废除了。我觉得这是司法上的巨大进步，因为法律固然不能让坏人逍遥法外，但法律更不能随便冤枉一个好人，甚至杀害强大国家机器下无还击之力的百姓。一旦有误判、误杀的情形发生，会让公众的生命安全受到极大的威胁，导致人人自危。

H： 前提就是不容许有人动用权力去干扰司法。

M： 破案也变成了公安以及司法机关评判自身政绩的一项指标。某省有个女检察官，前不久犯了错误，但当年曾宣称她"断案如神"什么的。最近还爆出内蒙古的一宗冤假错案，当初是在严打期间，几个月就结了案，而且对犯罪嫌疑人判了死刑，立即执行。其实证据根本就不足。

X： 这完全就是屈打成招啊。

金： 上级要求限时破案，相关部门就让他屈打成招了。

X： 内蒙古这个案子，就是当地的公安机关破案心切，想以此申报邀功，就以神速了断了此案。这种不合理的破案程序，是否相当于有人假司法故意杀人了？此类案例如果不加以重视，数年下来，全国各地大大小小的公安和司法机关，办案人员如果掉以轻心，加起来的冤假错案可能触目惊心，而公安司法领域的腐败，远远比普通人的犯罪更为恐怖。

M： 之前看过一部纪录片《孩子换金钱》，在西方国家的司法审判中，也存在类似的问题，所以司法体系中的纠错机制也必须要健全。纪录片讲的是美国的未成年人要是犯了错，会被送到一个惩戒中心，而当地的监狱是民营的盈利机构，和当地的法官达成了协议，监狱给法官一定的好处，那么法官在判案时，会给这些犯罪青少年加重刑期。当这个利益链被曝光后，有些父母就提出严重抗议，因为他们的孩子就因为某次判决被影响了一生，有的甚至在服刑过程中丧命。

金： 我们现在还缺少一种文艺作品，能深入地揭示罪犯的内心世界，对社会提供深刻的启示和借鉴。我曾看日本某作家的小说，写两个男人都喜欢一个姑娘，且他们都是医学院的高才生，这个姑娘也很纠结，因为两个追求者都非常优秀，所以没有办法决定。他们共同租住一个地方，其中一个男人就利用医药上的手段，每天在另一个男人的饮食中下微量的毒药,药量有一个精确的控制。随着药物作用的缓慢释放,两年过去后,这个男人的生命就结束了,别人也看不出异象,更不知道是下毒的结果。

于是他的目的也达到了。失去竞争者后,那个姑娘接受了他的求爱,跟他结婚了。但是成家之后,他的良心开始不安,每天深夜自我谴责,陷入了无尽的痛苦之中,也一直没法获得幸福的感受,最后他选择了自杀,通过自杀来赎罪,来洗涤自身罪恶的心灵。我当时看了这部小说后,感受到十分强烈的震撼力,也了解到人心的复杂性,他一方面犯罪,一方面又在忏悔。小说能够剖析人的内心深处,使人获得感悟和启示。

林森浩也说,在监狱里看了很多小说,突然发现社会的复杂、人心的复杂以及人情的复杂,如果他从小有文学情愫的滋养,有复杂性的体悟和感受,可能在下手投毒时会犹豫挣扎,就不会这么简单冷酷。这种有震撼力的艺术作品,深刻揭示人性的小说、电影,中国还是比较少见。普遍报道的,总是或猎奇或血腥的场面,鲜有报告文学在描述真实场景的同时,将背后的社会纠结和人性幽暗挖掘出来。

Y: 林森浩案件还带动了对一部电影的讨论,就是台湾的《牯岭街少年杀人事件》,它是20世纪90年代上映的,剧情是根据一个真人事件改编的:20世纪60年代有数百万人在台湾过移民生活,他们对自己的生活前途未知,处于惶恐之中,而这些人的子女,就靠着组织帮派来壮大自己薄弱的生存意志。主人翁小四是置身于帮派之外的好学生,但是他的家庭和学校发生的一切,让小四难以承受。于是他在牯岭街将自己心爱的女孩小敏连捅七刀,杀死了她。但最终,小四没有被判死刑,而是改判了十五年的有期徒刑。这部电影,林森浩是看过的。也有人说,林森浩把黄洋害死,这部电影或许是个诱因,他可能将自己代入了电影。这部电影的导演杨德昌说,电影是根据真实的事件改编的,而事件背后真正的杀人凶手应该是整个社会环境。

M: 家庭的影响也不可低估。南京有一个女吸毒者,叫乐燕,她把自己的两个孩子反锁在家里,自己出门吸毒了,两个孩子最后被活活饿死。她丈夫当时也因为吸毒在服刑,家里没有人照看小孩。当她被押入监狱时,说了一句话还挺震撼人的,她说:"一个从来没得到过爱的人,怎么给别人爱呢?"因为她从小成长在父母离异的家庭,由老奶奶带大,从未感受到父母的爱。《南方周末》报道这件事时,新闻标题是"复制贱民"。有问题的家庭,培养出来的下一代很有可能又是跟父母一样的,这是不断复制的过程。前段时间有个青年才十七岁,在微博上直播自杀,他的父母在他很小时就离异,又各自组建了家庭,他感到自己仿佛没有存在的价值。

H：主要是感受不到爱，没有亲情、友情、温情。他是因为网恋，被一个小女孩拒绝了，所以他绝望，就直播自杀，最后没有抢救过来。

金：我也看到一个直播自杀的，最后抢救过来了。我当初还以为是行为艺术。你说的这个案例，除了自身的人生经历不幸，还与青少年的恋情纠葛有关。雨果的《悲惨世界》，有个细节给我印象非常深刻，就是主人公冉·阿让因饥饿，偷了一个面包，结果被人追到教堂。他躲在教堂里，牧师救了他，说面包是我给他的，警察才没有抓他。然而就是这一句话，改变了他的人生，他被牧师感动了，走上了一条要做好人的道路。如果当时把他抓了去，冉·阿让的人生也许又是另一番境地了。

37. 美国航空管理的"倒奖励"值多少?

金：这是美国航空管理局的一件事，说的是兰迪·巴比特作为美国联邦航空管理局的第十六任局长，也是一名资深的优秀飞行员，还是一个充满智慧的航空管理专家，他在2009年上任后，推行了一项让人吃惊的制度：重金奖励那些主动上报自己在工作中犯过错误的飞行员、机械师，包括地面指挥航空的工作者，而且免于对他们的处分。

当然，如果发生了坠机事件或其他特别重大的事件应是例外。至于说还没有酿成大祸，你就及时发现了隐患，主动把这个情况上报的话，领导不仅不批评你，反而给你奖励，从200美金到1000美金不等。那么，你发现的错误，可能就是自己不经意中犯下的错，不受惩罚，反而获得奖励，这是否鼓励大家去多犯错呢？事实是，这样一个错误发现者奖励的基金发放以后，反而避免了一系列相关的错误。

据统计，这项"倒奖励制度"支出的奖金高达六千一百多万美元，但它大大降低了美国民航飞机的事故发生率，经过计算，原本因各类事故而造成的损失一年有三亿多美元。现在不仅节约了这笔庞大的资金，而且由于"倒奖励"举报出来的隐患被汇编成相应的参考资料，发放以后，更多的航空公司相关人员得以受惠，提升了航空管理局的技术水平和管理水平,派生了更多的好处。

  这样一个管理案例,我觉得挺有意思。管理学的核心是什么?就是抓住人的基本需求,满足这种需求,把人的积极性、潜力充分发挥出来。一切管理,不管是航空管理还是学校管理,都是如此。我们从中能获得什么启示?大家可否谈谈?

  X:这个"倒奖励"可能就是抓住了人的心理需求嘛,因为人本来就不太敢承认错误,犯了错误也不敢去承担责任。不难发现,一旦犯下错误,人通常是想掩饰逃避的,他不敢去面对,也不想去承担责任。比如,一些触犯了法律的人,经常就是往外逃嘛,连官员也是如此,他们甚至逃到外国去,而不会主动认错,不敢为自己犯下的错误承担责任。因为一旦承担了这个责任,就意味着要接受惩罚,这是既定的社会规则。

  但是这样一个规则被巴比特弄颠倒了,它让人觉得承认自己的错误也没有什么损失,反倒还获得奖励,增加收入。这样一种方式可能给人提供了安全保障,因为承认失误或缺陷不必承担严重的后果了,还可以获得好处。

  这个管理举措的立意是:发觉并杜绝平时不引人注目的小错,就可避免大错,恰如中国古语所云,千里大堤溃于蚁穴。当然,如果犯了大错,且导致的结果是不可逆转的,还给他奖励的话,可能就会有更多的人来犯错误了。所以这里有一个前提,就是目前的隐患未必是发现者造成的,或者说发现者也有责任,但至少隐患还未酿成巨患。

  H:发现隐患也有价值大小,你看他分的奖金也是200至1000不等嘛。也许这个错误他也有责任,只是在没有造成严重后果之前,他自己发现、承认并改正了,所以他才会得到奖励。人一般犯错后,尽管心里会内疚,但会企图掩饰,而"倒奖励"告诉他,犯错、认错不会受惩罚,根据实际情况可能还会有奖励,他就会勇于承认错误,也会做有心人,发现他人的错误。如果承认错误、指出错误会受到惩罚,那么大家都会去遮盖掩饰错误。这是破解管理盲区的好方法,但不可能普遍推广实施。推广实施的前提是管理部门付出的奖金比例肯定低于其最终的收益。在其他管理领域,比如说在学校里如果也用这类"倒奖励",我认为效果反而会更糟。

  金:管理措施的推广运用要看不同领域了,不能照抄照搬。

  H:对,要看不同领域。如果在学校里面,学生犯了错,还用这种"倒奖励"的方式,那只能是变本加厉,适得其反了。即使指出错误者,学校也不宜用金钱奖励,这不符合教育原则,应采用精神鼓励为好。

金：关键是奖励的导向是什么？如果是指出自身所犯错误，考虑到当局者迷，或囿于小团体利益，这类错误本难以被管理层发觉，则奖励有利于暴露此类问题。当然，发现问题或错误，首先要分析这个错误或问题是无意为之，还是明知故犯？如属无意为之、本来没有认识到的错误，在奖励政策的激励下，就可促使他醒悟；或者他也意识到问题，发现了错误，按过去的管理方式，说出来对己不利，那就悄然改之。但假如类似的错误他人也有，个人的经验就无法发挥更大的正面效应。如果错误是他人所为，人就会事不关己，高高挂起，因为说出来得罪人，于己没有好处，谁管闲事？管理就是要洞悉人性的弱点，反其道而用之，将其转化为积极因素。聪明的领导者都善于把小问题控制并消除在萌芽状态，不让它演化为一个更大的问题。所以美国航空管理局的"倒奖励"引导的是一个"正方向"。

当然不同领域也有着管理的复杂性，航空管理跟学校管理确实不同，不能简单照搬。

Y：“倒奖励”可能还有一个目的，就是让人勇于曝光自己的错误，然后接受别人的监督。我觉得倒奖励的方式不一定会吸引所有人，因为毕竟它不是因自己的成功获得的荣誉，不是一件十分光荣、值得拿上台面大肆宣传的事情。

H：会吸引人的，已经发了很多奖金。

金：元义，你大概对这类奖项不会感兴趣的。

H：据报道，有不少航空公司从业者已获得了这个奖励，奖金确实发出去了。

金：会有人领，不去领的也有，人各有志嘛。

M：这个奖项设立的初衷是为了防止错误，由于行业的特殊性，如果犯了一个小错误，到天上可能会酿成一个大灾祸。所以，航空公司的管理才会特别细致苛刻。但假如管理部门直接要求人绝对不能有任何失误，一旦发现错误的苗子就要严厉惩罚，这样的管理方式就会使大家刻意隐瞒实情。巴比特是为了避免大家隐瞒小错误，最后酿成大错误，才会想出"倒奖励"的办法，实质是奖励"隐患发现者"。

但是这个奖励的"度"要怎么来把握？也就是说，在推行这个奖励措施的过程中，怎样避免它走向反面。奖励能引发大家的自觉吗？领奖人的心态应该还是复杂的，舆论肯定会对他形成一个压力。理想的效果是以后杜绝隐患，引以为戒，让这项特殊的奖励措施失去存在的基础，这才是最好的管理效果。万一变成为获取奖励而增添了更多的"隐患"，这就与该项奖励的目标背向而行了。

L：这可能是航空领域里的一个管理特例。因为巴比特原来就是一个非常有经验的飞行员,他长期在飞行员的岗位上,所以非常了解作为航空从业者的心理状态。他结合自己的实践经验,提出一种"倒奖励"机制,并且取得了成功。之所以能够成功运作这个"倒奖励"机制,就源于他很好地把握了其中的"度",这与他对航空领域深入的了解是密不可分的。如果是一个完全不了解飞行员及航空公司技术、管理人员心理状态的人,脱离了自己所熟知的具体环境,简单搬用新潮的管理措施,就不能取得良好效果,甚至还会走向反面。

说到学校管理领域,如清华附小校长窦桂梅,她作为优秀的学校管理者,是从一名非常出色的语文老师成长起来的,她熟悉课堂教学,了解师生心理,明白学校发展的关键是什么,怎样保障教育教学质量。不妨让那些本身在某一行业领域里表现卓著的优秀人才,比如说资深的飞行员、教师、医生等等,让这样的行家里手有机会走上管理者的岗位,因为他们本身非常了解本行业的奥秘,也会更加了解被管理者的需求。

金:航空业和一般行业确实不一样,容不得半点差错的。飞机在天上飞,容不得你慢慢来处置危机,它有瞬间性、不可逆性、损失巨大性的特点,千万不能掉以轻心,特别需要防微杜渐。刚才丽丽提到的这一点蛮好,管理者本来就是飞行员出身,所以对某些细枝末节特别了解,他知道通过怎样的方法可以把存在的缺陷暴露出来,避免酿成更大的灾害。这个管理经验可以启发我们思考,但是未必要照搬,还是得结合实际,具体情况具体分析。

38. 警惕"萨伊定律"的泛化

金：萨伊定律是经济学上的一个定律，说的是供给本身可以创造对自己的需求。众所周知，最高明的商家永远在创造着社会的新需求，他不是问你有没有需求，而是说你本该有这样的需求。

有一个销售的案例：某推销商派一个推销员到非洲去推销鞋子，那人过去一看，当地没有这个需求，因为天热啊，人们都是光脚走路的，这鞋子能卖出去吗？推销商另派了一个销售员去，那第二个人去了一看，回来说，老板不得了，你派我去的地方太好了，那里的市场无限。因为他们世世代代没人穿鞋，一旦把鞋子推出去，人人都穿的话，就是巨大的市场了。第一个销售员见光脚走路判定无市场，第二个反之，认定有大市场。这既是两人的心态不同，也是视角不同，后者就是运用了萨伊定律观察社会。

"萨伊定律"认为供给具有自身的逻辑，一旦产品出来，就会形成市场，创造出人们对自己的需求。比如智慧医疗穿戴设备，在青年人群中非常流行，是否也属于这个情况？从"萨伊定律"的泛化，可看出现在很多管理领域不断扩张，人类社会越来越复杂，行政管理的规模越来越大，行政人员的工作越来越忙，甚至忙不过来。随着管理机器的空前繁忙，整个社会也就越来越忙了。当一个行政部门产生后,身处其间的公共管理人员,他们为了显示自己存在的价值,会不断扩展自己所在的机构,扩展自身管理的事务。随着机构扩展、事务增长,人数必然也跟着扩展增长,机构就不断地用膨胀来显示自己的重要性和地位的特殊性,所以它就有一种自我膨胀的内驱力。况且,吊诡的是,一个东西,它不存在的时候,我们并不需要它,也不存在对它的所谓需求;一旦它出来后,我们会发现它似乎真是我们所需要的,然后我们觉得越来越离不开它。

反过来,你越来越离不开它,它就更要不断地来满足你的需求:它的发展会越来越快,产品也会越来越多,机构会越来越大,从业人员也会日益增多,于是需求它的人也会越来越多,也越来越依赖它。这就造成了一个怪圈:例如某些行政人员也会人为地制造很多工作量,没事找事,来证明他们的努力,来证明他们所处部门的意义和价值,所以现在公务员的队伍也越来越庞大。

有人曾开玩笑说,现在教育的问题这么多,最好的措施是把教育部砍掉。这样的说法未免太简单化了,但也隐隐道出了萨伊定律在教育领域的泛化。本来学校教育就是民间自发的行当,为什么有学校呢?就是生产发达了,物质财富增多了,有些人得以养尊处优,无需参加艰辛的体力劳动。既然吃饱了饭没事干,家里有钱了嘛,爷爷本来一天到晚种地的,现在岁数大了,孩子也长大了,不需要他那么辛苦劳碌了,让老人家歇着,他就很无聊嘛。有钱人家的孩子也不要去劳动了,就跟着爷爷闲在家里,孩子也无聊嘛。为了生命的不无聊,上代人就把自身的劳作技巧、生活常识、人生经验和故事给下代人讲讲,学校教育就开始了。田间地头的经验教学,慢慢转向专门的知识教学,中国的"庠序之教"开启了学校的大门。所谓"庠"者,"养"也,没有智慧长者的闲工夫,哪来的学校教育?西方的学校(school)来自希腊语的词根,本义也就是休闲。可见,学校就是一个吃饱了饭没事做的地方,生活在里面总要找点事情做做,让自己不无聊,这是学校诞生之初的本义和真谛。

但学校一旦兴起,越来越多,就组成了现代教育制度,产生了教育部。教育已然成为兴国利民的最重要的工具,学校在现代社会的作用就日益强劲。工业文明时期最强劲的推进生产效率的重要手段,一是科技,一是教育。插上这一对翅膀,就能让国家更强健,让地球载着人类飞向更加美好的未来。

于是人造卫星、空间探测器都上天了,深水潜艇下海了,可上九天揽月,可下五洋捉鳖。宏观的天体宇宙,微观的基本粒子,大的愈大,小的愈小,这一切都源于人类的探索。上帝已死,人类独步天下。为了科学创新,把握宇宙,就要多快好省地培育人才,于是人才也越来越高端,现在弄到"博士后"了,我看以后还要发展到"后后博士",等到"后后博士"就业都有了困难,再发第三顶帽子,叫"后后后博士"。所有这些现象都是蛮有意思的,学位制度一旦建立,它也不会取消。

学校的课程也是这样。中国传统学校课程先是"六艺",后发展为"六经",又演化为"四书五经";西方最初的课程是"三艺",后来增加了"四艺",中世纪时期成了"七艺",再加上医学、神学,变成"九艺"。近代以后中国学西方的"声光化电",引入西式课程,中小学课程变成"十二艺"或"十三科",从语数外、理化生、政史地、音体美一直到环境课程、心理课程、国学课程、就业课程等等,应有尽有,以后还会更丰富多彩。只见到学科增加了,课程全面了,没见到它减少了,是吧? 就说你们的研究方向是教育史,以前分为外国教育史、中国教育史,中国教育史还分年段,先秦、两汉、隋唐、明清、近代、现代,各人划一段,老先生一辈子皓首穷经,研究愈来愈细也愈来愈深。

教育学几门主干课程,如教育史、教育哲学、教育心理学、教育社会学等,占了教育专业本科生的主要学习时间。现在教育学的分支学科有多少?而且也要进入课程教学。所以你们现在是够忙的,读研究生了还要学这学那,需积累多少学分。学生凑学分,毕业找工作是为了吃饭;老师教一门课,有了工作量,拿薪水也是为了吃饭。以前在学校里是吃饱了饭无聊找事干,现在教书、读书都是为了谋饭吃,所以老师苦,学生更苦。

我当年读研究生的时候,似乎没学多少课程,三个导师一个指导组,各自讲讲研究的专长和手中的课题。有时想起来,把我叫到导师家里侃上几句,然后给个小课题做做,我觉得也蛮好嘛。至少我看书很自由,想看什么就看什么。现在的研究生也不自由,课太多了,因为有个研究生院,它也要管理你们啊。它要填表啊、考核啊。所以你们既没有时间去仰望星空,也没有闲情去俯察地形,每天忙得像陀螺,这也是萨伊定律给害的。

L:"萨伊定律"作为经济学概念,它的核心思想是"供给创造其自身的需求"。说到"萨伊定律"的泛化,我第一个想到的就是手机"依赖症"。原来没有手机时或我们从未使用过手机的话,好像也不会特别依赖它,但现在,当我们拥有了这个东西,好像就真的离不开它了。现在每个人出门必须带的三样东西是:钱包、钥匙包,还有手机,手机已成为一种生活必需品了。

随着生活中物质产品越来越丰富,是不是意味着人对物质的依赖性也越来越强了?可能原先经济困难时期并不属于必需品的东西,到了今天就变成离开它们就不能正常生活的东西了。比如手机、网络,如果有一天突然失去了它们,可能大家精神上先受不了了。特别是对很多年轻人来说,把手机从他身边拿开片刻,他就会六神无主。这么看来,萨伊定律的泛化现象真的需要警惕。其实,当我们的需求越来越多时,内心的快乐却变得越来越少了。因为当我们想要拥有更多而拥有不了时,心情便不能平静,很难体验幸福。

金:现代人出门有三件套:钱包、钥匙和手机,钥匙包括车钥匙和家钥匙,我们既要出门,也要回家,这是住和行的关键。至于钱,是个"万通"的物,全世界商品的流通都是靠钱在运转。再说手机,也真是奇了,手机的发明跟钞票的发明,大概异曲同工。我们出门,身上不放几百块钱就不放心,因为你也不知道会发生什么事,人家拿刀抵着你,你一毛不拔,那有生命危险是吧?钱能通神,劫匪捞到几百元,你可能就保了命!所以说出门不带钱寸步难行。那出门不带手机行不行?更不行。我有时出门突然想起手机忘在桌上,还得回家去,把手机揣进口袋,也有点依赖症了。

实际上你想想啊,不带手机天会塌下来吗?人真有急事、要事找你,他总会找到你吧?以前没有手机,靠家附近的传呼电话,或写信嘛,也不差这几天。为什么今天给我电话明天就须办事啊?这么着急干什么?什么事火烧眉毛,必须加急办的?现在大家基本不写信,邮政业今后真的要改行。邮政局都成了礼品传送站,我家门旁就是一个,也成快递公司了,货运车、摩托车穿梭往还,忙个不休。中国邮政不送信,在送礼品、搬货品,跟电商差不多。

这个世界很好玩,大家都忙忙碌碌。天下熙熙皆为利来,天下攘攘皆为名往,人人搞得像没头苍蝇团团转。你要这么多利、这么多名干什么?马云搞淘宝网,成了世界最大的电商,电商刺激了消费,弄得消费者都像中了魔、发了疯似的。马云说,我特别感谢妇女同志!妇女同志感性啊,消费就需要感性、需要性感、需要冲动、需要欲望的燃烧!不仅给自己买,还给丈夫买,给孩子买,给父母买,给朋友买,买买买……中国旅游者豪气冲天,横扫了日本,还要横扫欧美。个人的消费行为就取决于感性和理性的争战,往往感性占上风,所以商家喜开怀。像我这个人太理性了,太太对我有意见:都像你这样,商店全关门了。我现在效法和尚,清心寡欲,节食吃素,炒菜少油盐,治营养过剩的现代病。

好,你接着讲。

L:您刚才说现在的人都不写信了,我们之前也谈过五"Mang"的话题,我在想为什么人都不愿意写信了?因为大家都等不及了。现在都是手机直接发个信息或 E-mail 一下。其实现在的人们连写电子邮件都很少了,都是利用手机短信、电话或微信,进行语音或视频聊天,大家觉得这些方式快捷有效。虽然写信可能寄托着更深厚的情感,但现在的人们真的已经没有耐心去等候一封信了。

金:你说的"等不及"还真是个问题了。我发现,短信如果超过二十个字,通常是不会发的,当事人着急着打电话了。我一接电话就知道了:他三言两语讲不清了,怕来来回回费时间,就电话沟通了,他也不发信息了。如果十来个字、二十个字之内,比较简单的事,就摁几下,发个信息,也是一个瞬间。谁还有心思来写信,谁还有心情盼"鱼雁传书"啊,这都变成古老的神话了。

其实"期待"是很美好的,现代人就是缺少了一份期待。我们以前都盼望过年,尤其是除夕那天,一家人团聚,天南地北赶来,时间在流逝,期待在加深,孩子盼望有一个小红包,小红包里是五毛钱,但我们高兴啊,就盼着这个东西。现在的孩子真的是无所不有,无论什么礼品刺激,都刺激不起高兴的心情,除非给他原子弹、航空母舰,什么东西在孩子眼里都不当回事。

这个社会的变化太快,生活节奏愈来愈快。包括看书也是这样,以前拿到书,一本心仪已久的书,三天三夜闭门阅读。真是"悦读"啊,人生最大的快意事,就是雪夜闭门读禁书了。现在哪有什么禁书啊?网上什么东西都可以看到,什么书都再难激荡人心,信息的滔天巨浪能把你淹死。人都不想看书了,等着科技再往前一步,将微型信息元件植入大脑,那么人脑、电脑融为一体,再也不必上学念书了。这真的是一个诡异的事情。物质太丰富、信息太丰富,举凡冠以"太",恐怕是有问题的。现在大家都陷入这个"太"的误区,常态社会总有点节度,"太"就是非常态了,非常态则不祥,即"太"者不祥也!

H:这个"萨伊定律"放到现在的图书市场,几乎完全行不通啊。现在的图书市场琳琅满目,但是需求量没有那么大,并不是每一本书都那么畅销,所以这个定律就失灵了。供给固然会创造一些需求,但前提是市场有潜在的需求。如果完全没有这种需求,产品即使出来了,也不会有人用。如有一些书是完全没有人去买的。所谓的畅销书,一方面可能是作家名气大,读者慕名而买,另一方面是他写的内容刚好符合了读者的需求。如果书的内容与消费者的需求不吻合,他肯定不会去买。

M:但是书商可以推销,让你感觉需要它。比如把它植入电视剧、电影,这部电影的主人公在看这本书,它就畅销了。

金：好像总统或总理在看什么书，也立马会畅销。

H：那也可能是书比较适合一般读者的口味，如果是专业性很强的书，又是术语连篇，大概买的人也不会多。

金：专业性强也未必卖不出去，精准市场讲究的是买卖信息的对称，驱动销售首先需锁定对象。不是说没有市场，而是说你没有找准目标市场。广告投放也如此，投放的媒体与受众对不上号，广告费就扔水里了，产品就销售不出去。信息对称是关键，世界上什么产品都有销路，垃圾放对地方也是个宝。

书确实创造了自己的市场，以前没有书，日子照样过。农民祖祖辈辈不读书，也自得其乐。唐宋以降，印刷术发明了，书多起来了，"书中自有黄金屋，书中自有颜如玉"，这样的社会价值观流行以后，朝为田舍郎，暮登天子堂，也就成了农家孩子的人生理想。从一出生，父母就要给孩子测定兴趣，窗前桌旁放本书，培养孩子早读的爱好。这不就是耳濡目染的教育吗？这就是在创造读书市场啊。田舍郎就知道了，读书是自己最有出息的选择。于是他就选择读书了，当然读的是圣贤书。可见，书本身还是在创造市场，萨伊定律在图书市场也有效。

X：刚刚讨论到互联网、手机之类，我想到一个古怪的现代人，就是电视节目主持人汪涵，他被称为生活在现代社会的古代人，因为他不开微博，没有微信和QQ，甚至连马云的电商模式也没有影响到他，他一家从不网购。身处同样的环境，我们频频使用手机、互联网，基本处于无法分离的状态，但汪涵竟然能做到敬而远之，摆脱了互联网和手机的纠缠，他这样的生活状态也许更逍遥自在。因为互联网、手机这些时代新秀，平时消耗了我们太多的时间和精力，使我们没有心思去做一些更有意义的事情。

现在的年轻人整天都在刷屏，在互联网上浏览一些光怪陆离的垃圾信息，好像吸毒者控制不住自己对毒品的依赖一样。汪涵也喜欢看书，但他看纸质书，不会上网浏览那些无用的信息，他的阅读显然更有质量。有人会说，现在的大环境就是这样，我们必须要有手机，要有电脑，因为工作需要，生活也离不开它，这是一个大趋势，个人无法抗拒。当然，使用手机、互联网是当今的普遍现象，我们无须刻意回避，但如何使它为我们服务又不至于使我们沦落它的魔掌呢？这或许是现代人需要思考的。

金：你说对了，实际上人们消费时不暇思考，就是出于跟风，追赶时髦，或时间久了变成习惯，习惯成自然，不这么做，甚至感觉身体都不舒服。像我以前每晚六点半看上海电视台新闻,七点看中央电视台新闻,有一阵子出差调研,忙得打乱了生活节奏,就不看上海电视台、中央电视台的晚间新闻了,改为临睡前上网浏览。这新习惯延续至今,我也觉得挺好,养成了另一种消费信息的爱好,该了解的重要信息还都了解了,而且更方便,效率更高。像我女儿初中开始,基本不看电视;高中、大学时期,主要借助计算机上网;现在基本是浏览手机,信息比我还灵通。城镇的退休大妈不看电视频道,可能就有点活不下去的感觉,但年轻人就没有这个习惯。

刚才说到汪涵不开微博、不网购,我以前也是如此。现在因工作需要,也有了微博,联系或商讨是更方便了。但也有新的麻烦,搞笑的、求助的、推销的、商榷的,时不时滴滴几下。不看吧,怕误事;看吧,也没啥意思。还好,现在的微博圈小,若再大些,恐怕要应接不暇了。以前看凤凰卫视的主持人鲁豫,采访国家环保总局的一位领导,是个副部级干部,主持人问:"某局啊,你很忙吧,主管这么重要的工作,手机响个不停吧?"他说:"对不起,我不用手机。"主持人又说:"那么你时常上网吧?"又说:"对不起,我从不上网。"这倒真像个高级干部,不上网,也不用手机,网上资讯、手机信息全由秘书过滤筛选。我看也是一种风格,像个有特色的干部。

我们现在身不由己,被手机和互联网黏住,信息太滥、太多,乱七八糟的各式推广甚至诈骗信息层出不穷。不接电话吧,人家是有正事找你;接吧,又是什么推销电话,烦得很。我以前接到推销电话,很客气地谢绝;后来接到推销电话,很生气地拒斥;现在接到推销电话,我连"喂"都不会说,直接按掉。我太太接到这类电话,说:"谁给你的电话号码啊?请你以后不要再打来。"我说,你是否真有点犯傻?人家听你的话音,好似在播放美妙的音乐啊,他以后更喜欢来骚扰你了,还跟他说:"你怎么得到我的电话啊,你为什么要给我打电话啊,请你以后不要再打来了。"你这不是放了三首轻音乐嘛。真要断绝此类电话,不必说半个字,按掉就是了。

M: 有些领导干部不用手机、网络,其实也有理由,真的用了,电话可能一天到晚响不停,即使想过正常生活也只能这样。高级干部的事务,一般都先交由秘书处理。但是凡人的我们没有秘书啊,只能自己上网。

金: 这个说的也是。所以干部的手机号码通常不愿意公开啊,也是这个道理。现在说政务公开,那干部敢不敢把手机公开? 一般都不敢。公开的是办公室的电话号码,实际上还是秘书的那个座机,不然他真的招架不过来。像美国政府办公地白宫可以开放,欢迎大家参观,中国的国情是否还真的有点不同?不要说开放办公场所,手机都难以公开。一些乡镇的办公楼都戒备森严,没有事先预约,一般人都进不去。当然完全照搬国外也不行,试想中国市级政府大楼一开放,市长就不要办公了,什么人都围在你身旁,你连门都出不了。所以当干部也真的难,不仅信息多,人更多,问题成堆。来一个上访者,你一天甭想干事了,还会导致一系列的连锁反应。

Y:现在人们的基本需求都扩大了,更高层次的需求同样在扩大。当然需求也不是凭空产生的,有些潜在的需要正等待我们去挖掘。但最大的问题,可能是我们很难抓到重点,很难进行选择。"萨伊定律"在创造着需求。当乔布斯设计苹果手机时,他或许也秉持这样的观念,就是创造需求,并把这个需求摆在人们的面前,因为人们不知道自己真正的需求是什么,他要告诉人们,这就是你们新的需求。

像iPhone的触屏手机为什么能够改变手机行业呢?尽管以前手机已经开始流行,但是iPhone却真正在手机界掀起了一股热流!很大原因是乔布斯在传统手机的基础上,进行了颠覆性的创新。从这个角度上讲,它也不是纯粹意义上的凭空创造一种需求,而是基于既满足人的基本需求,又在此基础上挖掘人的新需求这样一种方式来实现"萨伊定律",而"泛化"的原因是社会分工太细。

金:这个"泛"再加上"化"呢,就是事物走过头的意思了。萨伊定律本来是在一个特定的经济区域的现象,延伸到社会的方方面面,这就太过分了。经济领域里所指的"萨伊定律",会不断创造出需求,经济学自身能否打破这个定律?还是需要其他学科的定律来制衡或打破它?市场在催新产品、创造产品,让我们有新的需求,然后就再也离不开它了。创新的社会,它所创造的一切,特别是从未享受过的产品,你都想去占有吗?我们也可以拒绝这种需求,拒绝这种创造,讲得极端一点,手机时代,我们也可以勇敢地拒绝手机。

说到微信,好多朋友都说"加你吧",什么什么理由,我通常都不回应。付惠,你以前是否也加过我,我也没回应,是吧?其实有些信号也不是机主发出的,是运营商发现谁跟我联系过几次,就以机主的名义说,某某想要加你为他的好友,你同意吗?开始我以为真是这个朋友邀请我的,后来问我的女儿,她说不是的,是运营商看到你们两个的信息或通话后,就代他来邀你。我为何通常不回应?因为要回的信息太多了,我也不清楚到底是怎么回事。

加入的好友一多,各种信息纷至沓来。觉得好奇,就想点开看看;看过之后,出于礼貌又得回复。不知不觉,负担日趋沉重:不看觉得掉了什么,看了实际没啥意思。犹如鸡肋,食之无味,弃之可惜。有时小道消息满天飞,真假莫辨,惹出新的苦恼和麻烦。我现在唯求清净洒脱,不把自己搞成陀螺,什么东西都揽着,什么事情都赶时髦,我既不揽也不赶。

X:之所以互联网、手机这么热,是因为虽然它带来的问题不少,但它给我们生活带来的便利更多。因此大家才会继续使用它。反之,如果它带来的麻烦超过了便利,我们自然就不会用它了。至于说能否控制诱惑,不去受那些冗余信息的影响和干扰,专注于自己的事情,这就取决于个人的意志了。有的人能控制,有的人控制不住,如有人花很多时间在网上,也有人节制有方,自律意识强。互联网、手机毕竟是人类智慧以及文明时代的新型产物,它肯定符合人的需求、符合人类社会发展的趋势。萨伊定律无所不在、无孔不入,关键是身在网络中,如何能协调好自己与外界的平衡度。

金:学会协调是个关键。就像手中的刀,刀是人类重要的工具,具有双重性:它可以救人,医生做手术时这个刀子是救人的;它也可以杀人,战场上两军对垒就是用刀杀人。刀没有思想,也没有感情,它的正反功能的发挥全取决于人。成也是你,败也是你;创新是你的发明,需求是你自己提出的,无论是创造产品还是创造需求,都是人的活动对象。消费者自己要学会用好产品,调节需求:该用就用,不该用就不用;今天能用则用,明天不想用就不用。适合的就是好的,不盲从、不跟风,根据自己的具体情境酌量。

人的需求实际上也有一个自然的平衡,好像人的身体,动极思静,静极思动。一旦坐久难受了,站起来动动,身体自然会要求调节。萨伊定律的泛化也无须想得太可怕,极端的个案总是有的,如有孩子在游戏机房里狂玩一周,结果猝死了,这就过分了,但一般也不会出现这种情况。有的老师发现孩子偏食,老是喜欢吃鱼吃肉,我就开玩笑说,不妨告诉他妈妈,一星期不烧蔬菜,天天烧红烧肉,他吃一个星期的肉,吃得反胃,就再也不想吃红烧肉了,兴许就把这个毛病给治好了。物极必反,这属于自然疗法。当然这个方法也不能乱用,不能说为了戒毒干脆让他吸毒吧?有人说,我有坚强的意志啊。为了测试自己的毅力,他就吸毒,再来戒毒,以此证明自我控制的能量。结果呢,他还是吸上瘾了,一失足成千古恨。所以人生还需划出需求的边界或底线,千万不要去触碰它!

Y:有一个老师,看到几个学生上课在嗑瓜子,结果下课就去买了一百斤瓜子让那几个学生蹲在墙角嗑。

H:就是湖南娄底市有几个学生上课嗑瓜子,为了惩戒这些学生,老师就买了一百斤瓜子,分给五个还是六个学生。总之是每人面前一大堆,一人发个袋子,要求把瓜子皮吐在袋子里。就这样让他们嗑！但是这种做法后来受到校方的批评，说这个老师的惩戒方式有待考量。

金：话说极端一点可以，真正做的时候一定要谨慎，必须把握尺度，不能乱搞。这个老师有点意气用事，学生爱嗑瓜子，让他去嗑好了，只要不影响上课，不弄脏地面，吃到最后他自己就不要吃了。可以劝诫几句，故意买上一堆逼迫他吃就不对了。你把自己的意志强加给学生，就类似于变相的体罚了。这里也有个把握分寸的问题。俗话说矫枉过正，矫枉必须过正，不过正不能矫枉。但过正过了头，就不是矫枉了，反而产生新的"枉"了。所以难就难在既要矫枉，又不过正过了头，这是一种艺术，一种能耐和水平，很考量人的智慧。

39. 多加一盎司定律的利和弊

金："多加一盎司定律"是美国著名投资专家约翰·坦普尔顿通过大量观察、系统研究得出的一个重要原则：对于任何事情，你只要竭尽所能，尽管力量微小，哪怕是多加一盎司，只要不遗余力地去做，不断去增加活动的能量，就会产生一个惊人的效果。盎司是英美制的重量单位，一盎司只相当于1/16磅，是微不足道的力量。他把"多加一盎司定律"运用到自己的学习上去，结果在学校里获得了罗兹奖学金，又成为大学生联谊会的领袖。多努力一点、多付出一点的人生信条，成就了各行各业的无数成功人士，政界、商界、学界、演艺界、体育界的各类明星，莫不如此。

这样一种不断突破、不断追求、不断努力、超越自我的精神，鼓舞了人们取得更大的成就。这个定律从正面来解读，就是成功的人生贵在努力超越自己一点点。我也经常与校长们讲"99度理论"，也是强调超越自己一点点，即人生好比烧水，烧到九十九度的人多，但是最后一度水，是最难烧开的，你必须超越自我的局限，用意志、勇气和智慧让最后一度水沸腾，让自己实现教育的理想。我也是如此激励校长和教师的。关于这个定律的利，讲得比较多；至于它的弊，我想先听你们的见解。

M：这个"多加一盎司定律"实际上是激励人再多努力一点，再多做一点，我却想到一句话——"压死骆驼的最后一根稻草"，这可能就是它的弊端了。凡事都有极限，在限度之内，你多努力一点是好事，超过这个限度，可能就完全崩溃了。但是这个限度在哪里？好像还需要人摸索。

金：恐怕也不是摸索能解决的，你摸索不了。当最后一根稻草压在身上，你探索出来了，但也晚了。你看电视节目，竞赛者通关了，此时奖金 1000 块，假如你不要呢，还有十分之一的机会赢更高的奖，一旦成功奖金就是一万。这一万要不要？如果不要，再抓住十分之一的机会，可赢十万，然后是 100 万。就这样刺激人不断地往上攀。到最后没有成功，立马归零，一无所有了。但是人都想试一试，争一争，努力一下，尝试一下，向极限挑战。本来 99 度的水也蛮好，也有它的作用，你非得超越最后一度水，搞不好，沸腾了，但杯子突然爆炸了，一切归于零。

有没有这个可能？人的生命也是有一个极点的。像搭积木似的，搭到最高点，再施加一点点力量，就会哐一下子全垮了。关键是临界点的把握。我们都想最大限度地挖掘人生的潜力，但不知临界点在何处；而突破临界点意味着什么，也充满了悬念。

M：但是人和骆驼还不一样，骆驼被压死了，也就完了。人呢？如果你失败了，有没有能力再重新站起来？有的人做到某一个点，觉得满足了，觉得这就是成功了。但有的人不满足，他要去追求更完美的境界，在这个追求的过程中，可能他失败了。他觉得没关系，输得起，可以重新再来。

Y：人要做一些事情，追求成功，就差付出最后那么一点点努力，但是在即将要跨越这个临界点的时候，他突破不了。他在这一点放弃的话，就是功亏一篑，真的太可惜。两个人同时做一件事，一人成功了，另一个失败了，成功者贵在突破了临界点。

M：我想起曾看过的一幅漫画：一个人挖井，他挖了一点，觉得这个地方没有水，于是就换个地方；这次挖得深些，还是没水，于是又换地方。到最后，换了很多地方，始终没能挖到水。其实有很多次，他只要再努力一点，再往下面挖一点，马上就会看到水了，但他一次次地放弃了，很可惜。其实大家在做一件事时，往往并不知道什么时候才会成功，还是要保持良好的心态吧。如果有毅力坚持下去，可能会获得成功。但也有可能得到一个失败的结果。既然决定了坚持，就应有勇气承担后果。

H：无论成功与否，我们都要抱着正确的心态。现实往往是矛盾的，人们常说需要再多努力一下,但另有一词叫"适可而止",这就是矛盾的人生哲学。这里面心态的确很重要。比如师姐最近找工作,如果她先签了某个区的一所学校,那她早就心安了,不用再找其他工作了,也不用同时在几个岗位间比较、纠结。

金:我当时也劝她,能签就签吧。但她还想争取一下,到大学的附属学校去,她担心签了再毁约不好。

H:现在签的学校更理想一些,但是她经过了近半年的心理焦虑,老是在担心,万一这所学校不跟我签,前两个机会都丢掉了。这就是博弈所具有的悬念,令人踌躇苦恼。就最后的结果是否达到了内心的满意程度,还是需要以一种良好的心态来平衡。现在的结果当然不错,但当时一所学校尚未签,另一所学校又不明确,这个时候,确实有些沮丧。但平心想一想,也没有什么,大不了再继续找其他机会呗,天无绝人之路。人生抉择也是非常矛盾的,一方面我们渴望竭尽全力、超越自我,另一方面又担心企图心太过,鸡飞蛋打,两头落空。怎样平衡和把握合理的度,还是要根据具体情况渐进摸索。

金:你说的既要又不要,显然是一个中庸的思维方式,就是度的智慧,这是在同一个价值层面上来讲的。比如说忙,假设你不忙活,这事想必难做成;假设你太忙,忙过头了,这事也许做不好。但它还有一个更高层的境界。初级的忙,是一个功利的境界,就是希望把这项任务完成,在预期之中呢,也就是一个"合格品"。但如果你是用一种超越功利的审美心态,你非常从容优雅地去做,结果就把它做成了"艺术品"。

比如书法家王羲之,其《兰亭序》被誉为"天下第一行书",其实质只是他与一群文人雅士会于绍兴兰亭,饮酒赋诗中趁兴写下的纪实文而已。但它情文并茂、心手合一、气韵生动,被奉为学习行书的典范。唐太宗李世民命人摹临了不少副本分赐给近臣,而作为至宝真品的原文则成了唐太宗的殉葬品。想来临本的笔墨气韵,与原迹精神有不小差距吧。

通观《兰亭序》的艺术特色,可知其章法自然,气韵生动。全文从容不迫,得心应手,艺术风格与文字内容有机交融,充分展现了王羲之与朋友聚会时恬淡自足的情怀。但作者的本意并非要创造"天下第一行书"并流传久远,乃至永垂不朽。如果他抱着这样的一个心态,他再忙,再努力,再超越自我,他不可能写出《兰亭序》这样的极品。王羲之是在流觞曲水、悠游从容的把玩过程中,与众友一起喝酒助兴,一高兴,取笔记录雅人盛举,随便写写,打个草稿,所以上面还有涂涂改改的痕迹在,结果流传下来,就是天下第一行书。颜真卿的颜体、苏轼的苏体,都是不经意为之。当然这些大家本身功力深厚,在点点滴滴、不断积累的过程中形成的神功,一旦与某个点化的机遇相逢,就出现了极品、神品。

怎样去把握忙与不忙的两难境地?很多恰如其分的表达、人生经验的总结,都关乎两个极端的综合,也就是中国特色的"中庸"智慧。体现了西方智慧和超越精神的"多加一盎司定律",从整体上可以理解为,年轻的时候,更需要拼搏精神,超越自我一点点。但有时候,也需要张弛有度,拿捏到位。当然怎么拿捏,也是一个比较难的问题,因为拿捏不准,就会闯祸。我们的人生智慧往往不够用。

又如涉及国家之间利益的谈判,彼此先要摸一下对方的底线,不然就要弄成世界大战了。因为不知底线,一旦破线,可能真的闯大祸了。但怎样才能摸到真实的底线呢?如果你不去竭力争取,你也不知"线"在何处,那你就很傻,因为底线本身是否也有一个博弈的弹性空间?当然博弈过头,会不会撕断底线?所以挑战人类社会游戏规则底线的人,是非凡的高手。

Y:可能每个人的情况不一样。有的人是闲暇出智慧,有的人是不断地超越自我的进取者,像比尔·盖茨、乔布斯。为什么能不断超越自己?因为他们对一件事非常专注,十分繁忙,他们的风格是追求极端完美。还有一种是闲暇出智慧,像王羲之,把书法当作消遣的乐趣,在和友人把酒论诗的过程中,写出了著名的《兰亭序》。如果要我选择的话,我可能会选择前一种方式,就是不断地超越自己,这样会使自己的目标定位更加明确,更容易把某一件事做到极致。不是说哈佛大学培养人才的目标是培养能改变世界的人吗?包括乔布斯、斯特拉(英国时装设计师),都用自己的智慧和专注的精神改变了他们所从事的行业。如果选择这样一种方式走出成功的路,恰印证了"多加一盎司定律"呈现的是正面效果。

金:你说的有意思。不同的价值向度,自然会有不一样的选择。西方社会的文化基因就是不断超越、不断征服;反过来看东方的智慧,传统中国本来就是个悠闲社会,我们是不是该学习一点西方的精神?还是说,我们坚守自身的固有特点,让西方国家的青年人发展他们的特色,两者形成张力,构成互补?如果我去学他,他来学我,反而会搞出个"四不像"?两个人各有自己的风格,两种文化也是各有所长,那么,应该去扬长,还是补短?补短就是互相学习,会不会补的结果尚属未知,而长处却已消失,搞得两头都无长短可言了?

前不久看电视片《邓小平》,老爷子给儿女题字,写给邓楠的是"制懒",也许女儿有点像妈妈,比较喜欢睡懒觉。邓小平还是喜欢勤奋吧,告诫女儿不放松、不偷懒。其实,我们在这里探讨的也是忙和懒的问题。邓小平说搞四个现代化建设,就是要快步前进,努力学习啊!"多加一盎司定律"的利,我们都承认;有时也需要警惕一下弊,这个还是可以讨论的。人生不要输在起跑线上,要超越自我,少壮不努力,老大徒伤悲。中国文化也不乏刚强有为、日新又新的精神,但事物发展或人的行动还是有个极限吧?

X: 刚才师兄说,一种是忙里出成果,还有一种是闲暇出智慧,我觉得二者没有大的区别,只是外显的形式不同而已。无论是在从容悠闲中玩出了成就,还是在努力拼搏中作出了贡献,其实二者的努力是等量的。看似闲暇的人,他已把握了事物的精髓,把握了获得成功的关键点。只不过,在这个过程中,一个看上去比较快乐,心态比较好;一个似乎很艰苦,依靠坚韧的意志在奋斗。无论选择什么样的路,可能对于身处其中的人来说,他们都是高兴的,也就是有的人喜欢那份闲暇,而有的人欢喜那份忙碌。像王羲之,虽然他可能没有意识到存在着写出天下第一行书的目标,但是他在玩书法的过程中,实际上比抱有此目标的人付出了更多的精力,下了更多的功夫。不然,他何以能写出《兰亭序》?

像乔布斯那样成功的人,总是有目标地在忙。成功者的忙与普通的人忙不一样,前者分分秒秒都在做"向目标不断逼近"的事情,普通人可能在这个过程中受太多因素的干扰,表面上也忙忙碌碌,但未必能真正向自己的目标靠近。乍一看,大家都在忙,但是忙的含金量不一样。人要想有效率地忙,甚至达到闲暇出智慧的高级状态,像邓小平一样,举重若轻,则需要积累经验,乃至遭遇人生坎坷。有了宝贵的人生历练和沉淀了痛苦的失败教训之后,才可能达到那样的境界。

年轻的时候,走一些弯路或盲目一点也无妨,这是为以后的心明眼亮打基础吧。说到自我努力的极限,可能就是在不断磨练的过程中,不知不觉、自然而然就找到了自己的路,看清了前进的方向,以及把握住了关键的极限点。

金: 你提了一个有意思的问题。我们谈论的"忙"也好,"超越自己"也好,"多加一盎司定律"也好,都是功利的东西。但是如果你转化为另一个层面,比如兴趣,你兴之所趋,看书至半夜甚至不睡觉也不觉得累,"多加一盎司定律"就并不起作用,因为喜欢。你要是让我睡觉,我反而还不高兴了。比如上网,互联网里的东西吸引他了,他会觉得需要"多加一盎司定律"吗?

无论学习、生活还是娱乐,找到你喜欢的东西,感兴趣的东西,你就不觉得忙,反而觉得充实,这才是关键。有了内在的驱动,而不是外在的超越,就不会搞得自己那么紧张,甚至闹出毛病。内在的驱动自然会有生物钟的调节:到极点时,自动休眠了;恢复以后,再没日没夜地干。他也不觉得累,精神好得很。

你们做学问是出自天性,是本能的喜欢吗?就是喜欢弄学问,迷它一辈子?像我一辈子呢,就是喜欢看书,或谓书呆子一个,这是从小养成的习惯,改不了了。所幸现在从事的工作,还是找对了,看书教书,也觉得蛮有意思。每天翻翻各种各样的书,觉得人生很有趣味;有时看看互联网,生活更丰富了。我多年的习惯,还是喜欢看纸质书,大概也改不过来了。看电子书,时间久了眼睛不舒服,不如拿本书,边喝茶边看,一天就这么过去了,不感觉累。累的话,就换本书看,这种类型的书看腻了,换另一类型的,这就不累。

Y: 但是存在这样一个问题,就是兴趣有时并不能作为我们的职业,只能作为业余爱好。也就是说,人们的职业并不必然与兴趣联系,也许在工作之余的时间才会找到自己的兴趣。

H: 你可以选择与自己的兴趣相关的职业。

M: 但是当你的兴趣变成职业的时候,新问题又来了。

金: 对,本来是兴趣所趋,一弄成职业,又不感兴趣了。还有一种情况,本来没有兴趣的,时间一长,没准有兴趣了。就跟恋爱与婚姻相似:有的先结婚,没感情,但相处久了,就有感情了;有的彼此爱慕结婚了,长期厮守的时候,反而没感情了,产生了审美疲劳。这也是一个悖论了,工作与生活中这种情况屡见不鲜。

M: 工作和生活是否要稍加区分?不要混为一谈。现在很多人会把工作中的情绪带入生活中,因为加班或出差常常干扰了他的闲暇生活。

39. 多加一盘司定律的利和弊

40. 一张地铁简图为何成为经典？

金：上海的地铁和轨交大概是全世界最发达的，目前已建成及在建的线路有18条，通车里程达600多公里。规划中还将建设9条线路，至2030年通车里程将达1000公里以上。世界上最先有地铁的应该是英国吧？最初的地铁交通图是一个英国人发明的。这张地图的智慧是高度简化。一般的地图信息详尽，如标上了什么地方有什么建筑，哪条路与哪条路交叉等。但地铁简图只需标明地铁站之间的连接点，所以设计者用直线、横线或四十五度的斜线，以最简洁的方式把地下通道和站点连接起来。它不追求距离和方位上的精确性，只说明站和站之间连接点的可靠性和简便性，从而为乘客提供了最大的方便。人们乘坐地铁就是要用最简便快捷的方式到达某个站点（目的地），无须了解线路和站点以外的诸多信息，因为那些都是冗余信息，对乘客的交通目标毫无助益，甚至造成干扰。

一个英国人当年的智慧发明，对于今天上海轨道交通的复杂网络，仍然发挥着导航作用。一个初抵上海的游客，只要手执一张巴掌大小的简洁地铁图，就可直抵他所要到达的目的地的最近站点。

社会人生是更复杂的一张网。有没有可能，在生命发展的轨迹中，标示出重要的节点

(站点)来帮助我们更好地接近人生的理想目标？这个经典设计对人生有什么提领，对社会有什么启示？当代社会的法律弄得越来越多，但"道高一尺，魔高一丈"，法律越多，似乎麻烦也越多。儒家反对法家一味"依法治国"，强调"以德治国"，因为法令是刚性的，教育是柔性的；法令制身，道德化心；治行是末，治心是本。道家进而否定儒家的虚礼俗文，认为人心不古，越是礼仪繁多，人心越坏。按照老子的想法，把这些人为的东西都去掉，回归心灵的淳朴，才是最简单也最有效的治国之道。

当然，简单到一无所有也不行，人生的基本地铁图恐怕还是需要的，也是回答从哪儿来，到哪儿去的基本路向。关于社会、人生、学业的"要略图"，你们的想法如何？

H：这张地铁简图的制作，是与地铁交通的客观性有关的。因为地铁修成之后，几十年内是不会变动的，所以才可以制作出一张持久稳定的图来，即使有微小的变化，也是可以在地铁简图上修改的。但是人类的生活，有着很多不确定性因素，即使绘制出人生简图，因不确定性因素的此消彼长，也可能会导致时时进行大幅度修改，难以按照既定的规划前行。

金：稳定是勾画社会人生要图的一个重要的元素。人生虽然有不确定的一面，但有没有确定的一面？确定的要素是什么？比如法律，各式法律越弄越多，根本的大法、宪法最重要的几种元素是什么？

X：这让我想起了美国的宪法。它的宗旨是比较简单的，就那么几句话，也是稳定的，不容易再去丰富或修正。如美国宪法规定，凡是在美国土地上出生的人都具有美利坚合众国公民的身份，这一条款至今不曾改变，即使现在有那么多偷偷去美国生孩子的人，条款依然如此。当时制定美国宪法时，集中了几十个美国精英的智慧，美国宪法的精神，可能就是您说的那些比较确定的元素。

金：就是普适的价值。

X：1789年批准生效的美利坚合众国联邦宪法，奠定了美国政治制度的法律基础，制定后附有相应的修正案，迄今继续生效。它在权利结构中突出"分权与制衡"的原则，分权制衡的核心精神在于权力平衡。政府结构必须能使各部门之间有适当的控制和平衡。使权力为公众福利和正义服务，有效行使其管理职能，同时又保持对权力的优良控制，实现公共权力与公民权利的平衡、管理与控权的动态平衡，也是分权和制约的归宿。通过分权、制约，最终达到平衡，是宪政的最终目标。事实证明，联邦宪法较适合美国社会的发展，因而体现出高度的稳定性（这与其修正程序的复杂、困难也有关）。两百多年中，美国社会经历了一系列剧烈变化，但宪法的明文修正主要只有两次，宪法修正案至今只有27条。

第一次修正是1791年通过的《权利法案》，由前10条修正案组成。前8条修正案保障公民的各种权利，包括言论与出版自由、宗教与信仰自由、免受无理搜查和占领的人身与住宅安全权利以及一系列刑事审判程序的权利。第5修正案还规定：任何人"不得不经由法律正常程序即被剥夺生命、自由与财产"。

美国宪法的生命力离不开其超越时代的精神。它是制宪者以史为鉴，又超越传统的束缚而制定的一部理性宪章。

金：制定的关键是把握立法的原则，确立要素。美国最初的宪法条款就是几十个人聚集在一起讨论了几十天，"吵架"吵出来的文本。它简要，但稳定且管用。

美国宪法凸显了普世价值，即深入人心、不具有广泛争议的公共秩序以及风俗习惯。"普世价值"是英文"universal value"的意译，其实译为"普适价值"更为准确。它涉及：民主、自由、法治、人权等等。国家有义务捍卫国民与生俱来的权利，包括生存的权利、免于恐惧的权利、生育的权利、知情的权利、免于匮乏的权利、思想的自由、表达的自由。

法律文本有其基本要素，其他领域也有。20世纪北京曾举行面向未来的国际伦理学学术研讨会，美国有一个教授问道，伦理学有无普适的价值？与会者都不吱声，他自问自答，说有，就是《论语》中的儒家核心价值"己所不欲，勿施于人"。会场内听众就热烈鼓掌，我们不讲中国人自己的优秀文化、普世元素，还要美国人来问，美国人来答，这不免有些荒唐。中国文化的未来价值使国人的民族自豪感陡然高升，有了自信心。反之，美国宪法的核心要素，我们认同吗？现在提出社会主义核心价值观——富强、民主、文明、和谐、自由、平等、公正、法治、爱国、敬业、诚信、友善，我看很好，它包容了古今中外的普适价值、核心元素。目前的关键是：如何真正践行，使之渗透到社会生活的方方面面。

当然二十四个字的核心价值观放到具体的情境中怎么操作和落实，还得结合具体的历史条件，有时也难免要有所变通，这也可以理解。马克思说，理论只有彻底，才能说服人；但彻底的理论，在运作过程中缺乏弹性，恐怕也不行。有人说，二十四个字难记住，还可以更简约。那么，核心之中的核心是什么？是否是和谐、自由、法治？简约确实是人生的重要抓手，也是社会治理的关键。儒家论"大学之道"，就讲了明明德、新民、止于至善。科学家最重要的素质就是善于从纷繁的现象中抓住关键，化复杂为简单。

以爱迪生训练助手为例：他把灯泡交给助手，要求测量其容积，助手用各种工具和仪器花了很长时间还没有计算出来,于是爱迪生就拿起杯子将水注入灯泡,吩咐助手把灯泡里的水还原到量杯,就知道灯泡的容积了。助手恍然大悟,科学家是在训练他的一种重要的科研能力——如何把复杂的问题简单化。华罗庚认为,人在读书学习的过程中,要经历两个阶段:初级阶段的"把书读厚",积累的知识越来越多;高级阶段的"把书读薄",化为的智慧的要素越来越少。他说,"神奇化易是坦途,易化神奇不足提"。把简单的东西搞复杂,不值得夸耀;把复杂的东西变简单,方为正道。爱因斯坦则说,真正的教育就是学生离开学校忘记了所学知识,留存了一生发挥作用的价值。

当然,这可能是对于科学家来讲的。文学家未必承认了,文学作品也许是反过来的,"易化神奇是坦途,神奇化易不足提"。文学家凭敏锐的触觉,感应事物的精微复杂,因为人的情感世界是最微妙的,文学家不复杂不行。你看《红楼梦》里,林黛玉要比薛宝钗复杂得多。宝哥哥为什么喜欢林妹妹?因为宝钗比较简单,就是引导他走功名利禄的路,不像林黛玉,她的情感世界复杂多样,让贾宝玉永远摸不着头脑。

狄拉克(相对论量子力学的发明人)有一次对奥本海默(二次大战期间洛斯阿拉莫斯原子弹计划主任)说:"我听说你也是一位诗人。"奥本海默回答说:"是的。"狄拉克说:"这很奇怪。诗人描述的感情是每个人内在所有的,也都是能理解的,但是他所叙述的方式是从未有人用过的;在物理学中则正相反,我们用的是和其他人同样的语言,但表达的是以前任何人都不知道的知识。你怎么能同时成为两者呢?"李政道指出,科学(包括化学、物理、生物等)是对自然界的现象进行新的准确的抽象,抽象后得到的东西通常被称为自然定律。"定律的阐述越简单,应用越广泛,科学就越深刻。"

物理学家是不断将复杂的现象简单化,但诗人或文学家,是把简单的东西复杂化,这两者确实难以兼顾。我们这里探讨的当然是科学原理了,最简单的地图设计,肯定不是玩文学形象。科学的简洁实用体现为"功利性的理性显现",文学的"云里雾里"是审美性的显现,或者说是文学"功利性的感性显现"。

Y: 地铁简图对于乘客来讲,是一个富有实用价值的创新;但是对于一个地铁工程师来讲,还是远远不够的。工程师可能不是需要一张地铁简图,而是需要关于地铁以及整个地下复杂环境的工程图。

金: 这个问题提得好。例如城市的规划管理局,它需要的是细到极致的详尽施工图:这一段铁轨总长多少米,离它最近的输水管相隔一点几米?甚至精确到厘米、毫米,你都得给我标示出来。这是因为对象不一样。普通的乘客，要地图的目的很简单，就是要到那个目标的站点，方便进站或出站，快速辨认交通及换乘。但是工程师需要对整个地铁环境及空间布局的精确了解，以后如果要维修的话，一下去无论什么复杂的情况都了然于胸。所以并非说无论什么情况下，地图都是越简便越好，还是要依据具体情境而定。

Y：我看了《乔布斯自传》，他在设计电脑的时候，就考虑到了不做很多的USB插口，目的是不让别人来入侵他的系统。他的一句话让我印象很深刻，"其实，公众不知道未来的世界是什么样子的"，当你把它放在他们面前的时候，"他们才知道"。

金：你怎么用这个事例来说明"简和繁"的关系？同样是手机的设计师，设计师之间的理念也有所不同。乔布斯的设计理念是：手机背后设计的技术越复杂越好，因为不通过非常复杂的技术，就不能给你提供简便的操作界面。也就是说，到了用户操作的界面上的时候，越简便越好。那么，越是简便的界面，越需要靠那套复杂的技术来支撑，舍此就不能简化。但是回到使用者的手上，最好是傻瓜机，越简单越好。比如手机里有很多功能，我是不会用的，觉得太复杂了。照相机也是如此，太复杂的相机我也不会用。但是摄影师要玩得复杂一点，人们的需求是不一样的，设计的重要前提是先确定你的目标客户。

Y：我觉得简单是一种对复杂事物进行了更加深入的理解之后再进行的化约。比如苹果手机的设计者摸透了手机的工作原理和用户的心理特点，它没有按键，采用触摸屏方式，在设计音乐播放器的时候，也没有方向键。设计后呈现给用户的界面看似简单，实际上是设计师在深入理解并把握对象的基础上，去掉了细枝末节，抓住了关键，这才创造出更简单、更方便的界面及操作方式。

L：地铁简图之所以能成为经典，主要是它迎合了地铁乘客们的需要，因为普通地铁乘客肯定不会像工程师一样，需要非常精确的地下施工细节图，也不是特殊的食客，他们需要的也许是上海美食分布点的地图。不同的地图适应不同的消费者。以手机为例，年轻人一般使用的是触屏手机，功能比较齐全，可以上网。但是老人如我姥姥使用的手机，就是商家专门为老年人设计的，考虑到他们视力减弱，所以手机显示的字很大，而功能很简单，主要是打电话、收发信息。但它附有一个报警系统，一旦老人面临意外，就可以直接按特殊按钮，发出报警声。这也是针对不同群体采纳的不同设计。具体到教育领域，比如教师在课堂教学过程中，针对小学生、中学生、大学生的课堂设计及教学方式都是不一样的。给小学生讲课，老师可能会做一些生动的PPT，通过故事的方式引入，但这种方式对高中生、大学生就未必合适。课堂教学也需要分类分层，才可能真正做到因材施教。

M：我觉得能够化繁为简的人，反而是具有非常深厚的功力的人。就像学校里的教授，他们写的学术论文如果是给同行看的，那么他就要遵守一定的学术规范，言必有据，要做详细的注释。但是如果要写面向普通大众的通俗读物，可能就不需要这么多的规则。学校的教材和课本往往是学术大师们来撰写的，如果功力不深的话，不可能写得那么通俗易懂，浅显晓畅。

金：这点说得非常好。实际上出版部门对编写教材有一个非常高的技术要求，即深入浅出，融会贯通，用一种学生易接受和理解的语言来传达相应的专业知识。按现在的学术评价标准，教材都不算原创的作品，有些学校甚至不将教材计入科研成果的统计，那么，谁愿意去干这种又累又不讨巧的活？所以这是需要研究的问题。

简和繁也可以看作两种语言的转换，两种语言之间的转换是人的重要能力之一。《礼记·学记》称，"君子之教，喻也"。"喻"就是一种"化高深为浅显"的教学语言。学者笔下的学术论文是一种学理化的语言，老师嘴里的课堂教学是一种生活化的语言。君子为什么能做到"喻"呢？打个比方，使你对高深的道理豁然贯通，这是高明的老师，儒家称之为教学的最高境界，也是君子的最高境界。喻就是打比方，就是化深入为浅出，这是课堂教学的重要抓手。

不要说做老师的，即使科学家，也要会这套本领。钱学森说，一个科学家如果不能将自己的专业知识向非专业的人解释清楚，让对方听明白，那就说明自己对相关的专业知识还没有学好。衡量讲清楚的标准，掌握在听者手中，不是讲的人自认为讲得很清楚了，是要让听的人理解明白。领导干部也要学会这套本领，要有本事对农民、对工人以及对学生讲明白治国理政的大道理。当年共产党的高级干部都有这个本事，到大学里去作报告，讲得青年人热血沸腾，知识分子脱下长衫，抛下家里的荣华富贵，跑到延安去，把脑袋栓在裤腰带上闹革命去了，因为干部讲的话入耳入心啊。对着延安的农民呢，他讲的话人家也听得懂，农民也把脑袋栓在裤腰带上，跟着共产党搞革命去了。党的干部会两套语言，与大学教授、青年知识分子讲话，是用专家的语言；跟普通工人、农民讲话，是种地的、打工的语言。

你能否兼通两种语言？一种是学术性的专业语言，一种是通俗性的生活语言。如果学生能用书本上的专业术语，结合日常的生活语言，准确地表达所学的课程知识，这就说明他真的搞懂了。反过来，学生从日常经验出发，将大白话转化成专业性的术语，也说明他真正

40. 一张地铁简图为何成为经典？

掌握了知识。教师要善于把两种语言翻来覆去不断地倒腾,让自己、也让学生真正搞明白学习或研究的内容。教师首先要有这种本领,不然太书生气,上讲坛就是读文稿,背上课笔记,文绉绉的,学生听了半天,味同嚼蜡,不知所云。你看老舍的小说,每个角色都生活在自身的特定情景中,说出的话活灵活现,就好像一个真实的人在与你说话。在学校里,要玩"雅话",进入社会,也要会讲"俗话"。能雅能俗,方为通人。

41. 加拿大的路和巴黎的墙带来的启示

金：在加拿大的高速公路上，常发生因超速而造成悲剧的事情，加拿大政府为了避免此类事件，采用了限制超速的措施，在关键路口加装摄像头强化监控，一旦发现超速等违规行为即加严惩。但发现效果不佳，用罚单来限制超速似乎不管用。于是后来在设计高速公路时增添了某项新功能，即当实际发生超速行为的时候，超速车辆会因新功能的作用而不能行使。这样的道路设计理念付诸实践后，加拿大的高速公路就出现了新面貌，果然交通事故就减少了。

就好像我们的大学校园里，校方规定汽车进入校园驾驶，时速不得超过十五公里，但有些人就是不自觉遵守校规，你有什么办法？所以就采用如下措施，隔一段距离就设置一个减速带，自然而然你就开不快了，稍快些自己首先就不舒服，这也是通过设计来达到降速的目的。还有禁止车辆在学校或小区内鸣笛。我现在最讨厌的就是鸣喇叭，你在道旁走，莫名其妙的，喇叭声吓你一跳。前不久就有报道，某小区一位老人被汽车喇叭惊得倒地，送医院急救。

防止这类不文明甚至直接造成生命威胁的事情，固然要靠自觉，也需要相应的设计来控制。比如，设计汽车的时候，就不能安装大音量的喇叭；或者在某些特殊的区域或路段，不能有汽车喇叭声。当汽车驶入这样的区域，就有对应的电子设备，使汽车喇叭不再能鸣响。如果车主把低分贝喇叭改装成高分贝的喇叭，一旦发现就是重罚。通过严格执法、加强教育和改善设计，三管齐下，使空气污染、水质污染、土壤污染、噪声污染、食品污染、植被污染、光线污染等现代社会的各类通病得到有效的遏制。

说到加拿大高速公路设计思路的完善，就联想到巴黎墙的设计。尽管巴黎是全世界观光客人数首屈一指的现代化大都市，实际上这个城市中随地小便的"囧"事也频频发生，据说巴黎因此荣获了一个"小便池之都"的雅号。统计表明，全世界游客人数最多的首推法国，其次是美国，中国目前居第三位。为什么巴黎能够吸引这么多游客？这与巴黎市政府营造良好文明的旅游环境，解决随地小便的不良现象大概也有关系。原来采用的方式是侦察队每天不间断地巡逻，一旦发现随地小便的不文明举止，立即施以重罚。但是实际效果也不佳，反而激化了人的情绪，使这种行为有蔓延的趋势。

后来相关的建筑师了解到这一情况后，就设计了"反随地小便墙"。将最容易引发随地小便的若干道路旁的墙体，改造成"发射"式墙体，于是当有人随地小便时会反弹，这样就会把肇事者自己的裤子弄脏。这样一来，大家都不随地小便了，此类不文明的行为因而就明显减少了。

再说我居住的小区，本来也是个高雅之地。小区便利店旁有个小花坛，管理员发现有路人入坛小便，就很生气，在花坛里树一小牌："此地请勿小便"，结果没用。过了一周，改为"此处严禁小便"，仍然没用。再改牌子，"再在此处小便，罚款！"哪知道还是没用，因为现在中国人不差钱。到了第四个星期，小牌上的字变成："再在此地小便者，全家死光光！"结果呢，狗都不在那个地方拉屎了。

看来国人不文明的行为还是管得住，不过需要用发毒誓的方法，当然这也是不文明了。好像是谁说的，对流氓就得要流氓；你狠，我比你更狠。在"全家死光光"的咒语下，收到了成效；用文明、高雅的方式，又不见效。这让人很无奈。从加拿大的"限速路"到巴黎的"反射墙"，再反观中国当下转型期的种种怪异现象，我们除了推进法治、强化德育外，在很多方面还需要借鉴这种设计的智慧，来驱邪扶正，美化风俗。

L：刚刚老师说小区管理员为了治理随地小便者，竖了块"全家死光光"的牌子，其实这就是抓住了人们的特殊心理。因为现代人有钱，即使罚款他也不怕，但他还是很看重自己家里人的生命安全,怕出意外。所以一说这个,他就害怕,有所顾忌,不良行为也收敛了。联想到之前我在某校实习,教师一般都会规定,学生在课堂上先举手再回答问题,然而比较普遍的现象是,很多孩子一旦知道答案,不举手就直接嚷嚷。有的老师善于抓住学生的心理特点,知道他不举手直接说答案,其实就是想引起老师和同学的关注,于是老师既不批评,也不理会,只请那些举手的同学回答问题,答对后给予表扬。我发现这种做法非常有效,绝大多数学生以后回答问题时都会按要求举手。任何事都有共通之处,应对之道就是要抓住人的心理特点,采取针对性的措施。

金:制度要抓住人性的弱点去设计,看来有理。前段时间看上海的新闻晨报,有篇报道,某区9路公交车上竟然张贴这样的标语:"垃圾丢垃圾,丢在车厢里;人渣丢残渣,丢脸丢到家。你缺爹少娘没教养!"记者看到了,感觉很不是味道,怎么公交车上出现如此不文明的标语,尤其是在上海这个文明城市?司机黄师傅解释:我也没法子,我说亲爱的乘客朋友们,你们不要乱扔纸屑果皮。结果他们把垃圾塞入车窗玻璃缝,蟑螂苍蝇爬进爬出,手都取不了这些垃圾。我更生气了,就贴了这个标语,效果特好,现在没人扔垃圾了!记者问,但是你这种方式文明吗?他说也不文明,我把这个标语揭掉。记者又问,那以后车上再出现乱扔垃圾现象你怎么办?黄师傅说,我要以文明的方式跟不文明的方式继续作斗争!

这个报道很有意思:黄师傅本来是用文明的方式去阻止不文明的行为,结果无效;他用不文明的方式与不文明的行为作斗争,取得了实效,但遭到了舆论的批评;现在他又要继续用文明的方式与不文明的行为抗争,不知效果将如何?

M:我觉得可以采取一种更理性的方式来解决。比如巴黎墙的产生就是因为很多人随地小便,但也没有人会当着公众的面去小便吧?常说人有"三急",不到万不得已,人也不会做出下三烂的事。那是不是巴黎城的公共厕所设置本身还有不合理之处呢?这或许是管理部门需检讨的原因之一。假设市政部门不认真考虑大众上厕所的便利,那么就算你把墙设计成这个样子了,人情急之下想上厕所又找不到,总还是要想其他办法的,说不定就把人逼得当众小便了,总不能把人憋死吧?

金:这个也是设计上需要考虑的一个问题。厕所应该有一个人性化的布局和设计,从正面的角度去帮助人把这个日常必须的方便问题解决了,那么人也不至于会去做随地小便的鄙事。现在不少公交车门边,有一个固定垃圾桶,这样乘客也不至于再把垃圾扔在车里或塞进窗缝里了。公交车的玻璃窗户旁还挂着一个安全锤,发生意外时方便逃生。这些都是鉴于以往的教训而采取的人性化的设计。

M：就像老师说的，现在一些小区的门卫室旁贴有"禁止小便"的标语。其实，换种方式提示会更好。比如贴出提示"往前50米左拐，100米内有公共厕所"，这类指示牌的效果，显然比"禁止小便"更好一点。但是，有些人确实是养成了坏习惯。我见过公共厕所就在街对面，还有人竟然直接在街道边小便的。对于这种缺乏基本公德乃至没有基本廉耻的人，还是需要处罚并给予公民教育。

金：我常常想，在万物互联的时代，每个人的行为意义和作用也空前放大了。物理学上有作用和反作用，你释放的是正能量还是负能量，就有相应的能量回到你自身。中国传统文化是以世俗的善恶伦理道德为价值取向的，强调因果报应，现世报应的主体可能就是自身，也可能是家人，而前世或来世的报应，除了行为者本人，也会延祸或福泽家庭和子孙后代。如：《尚书》说"惟上帝无常，作善降之百祥，作不善降之百殃"；《易传》说"积善之家必有余庆，积不善之家必有余殃"；《国语》说"天道赏善而罚淫"；《韩非子》说"祸福随善恶"等等。《涅槃经》讲："业有三报，一现报，现作善恶之报，现受苦乐之报；二生报，或前生作业今生报，或今生作业来生报；三速报，眼前作业，目下受报。"《太上感应篇》也讲：祸福无门，唯人所召。俗话说：善有善报，恶有恶报，不是不报，时候未到，时候一到，一切全报。

比如一个人犯了偷窃的罪，立马烂手，就属"现世报"；"来世报"是你做了坏事，后世或后代有不好的报应。传统文化或宗教观念就此形成一种社会制约，对人心产生一种威慑，让他知道：伦理规范的底线不能突破，如果作孽，这世不报，后世要报的。你说这是迷信也好，信念也好，它还是有助于人心向善嘛。人在做，天在看，种瓜得瓜，种豆得豆，既然宇宙有天道循环的大规律，人世祸福的规律想来也是有的吧。不然古人何以强调：天作孽尤可违，自作孽不可活？

卓别林曾演了一部电影《摩登时代》，除了反映工业时代机器流水线生产异化人心外，也折射出因果报应的奇妙现象。他在流水线上缝西服的纽扣，按理应该缝三针的，结果他两针一晃就过去了，等他去参加晚会时，穿在身上的恰恰是他自己缝的衣库，结果扣子掉了，裤子滑下去了，闹了很多笑话。这就是现世报了，报在自己身上。

H：现在的问题是，我们一方面努力进行道德宣传，另一方面很多公众却依然我行我素，好像有铜墙铁壁似的。他把自己围在里面，不受外界任何事物的影响，他不愿倾听来自外面的声音，也不想去改变自己。这种人缺乏基本的道德意识和反省能力，社会也缺乏有效的方法去改善这种状况。

金：以吸烟为例。在中国抽烟现象是相当普遍的，不少人置身于公共场合，却认为抽烟是理所当然，甚至是天经地义的。如果你想对他们说，这里有女士，还有小孩，况且这是公共场所，请不要抽烟！你敢开口吗？你一开口，有的人如是友善的，会说抱歉，把烟给掐了；有的人张口骂你，这是你的家吗？你"嗲"啊，你要"发嗲"你回家去……他们说上一堆特难听的话，好像是你触了众怒，犯了罪一样。正不压邪的怪事就这样出现了。

说到抽烟，我曾在英国度假，宾馆房间内的书桌上立着标牌：如果客人抽烟，经由仪器测量到烟雾，将被罚款300或500欧元，罚款多少，视宾馆的档次有所不同。看来宾馆的这个要求是很严格的，它不在乎你是否因此不愿意住下，你可以选择离开，但必须遵循入住的规则。如果你在客房内抽烟了，为了后来的客人的身体健康，宾馆要去消除烟味，罚款是为了补偿消除烟雾要花费的资金。一支烟让你花掉那么多钱，我看也没有多少人敢抽烟了。

如此环境下的抽烟行为就相当于犯罪。大庭广众之下的公共场所绝对禁烟，一些地方规定抽烟者必须离开公共建筑二十公尺，你不能站在宾馆门口吸烟。所以搞得英国的烟民像做鬼似的，躲在很偏僻的地方吸烟，行为鬼鬼祟祟，仿佛黑社会的小混混一样。也有在公共汽车站边树个铁杆，上面挂四个小铁盒子，专门供抽烟者弹烟灰或掐烟头用的，也算是人性化的设计，给烟鬼一点出路，但吸烟者只能站在铁杆旁。上海近年来也有相应的禁烟令，惜乎执行不严，给上海形象抹分不少。

X：新加坡作为以旅游为经济支柱的国家，很多人愿意去那里旅游，这得益于其城市的干净整洁。在政府没有花大力气整治之前，也有不少人在大街上随地吐痰，政府为此也苦恼了很久。后来组建了监察小组上街督查，只要发现随地吐痰者，一律课以严罚，还发动公众举报，举报者可获一定的奖金。如此不出两年，街上随地吐痰的现象终于得到抑制。这是一个通过处罚达到立竿见影效果的案例。

还有一例，台湾的"垃圾分类"做得很好，全民自觉地做垃圾分类，特别是老一辈的人坚持教育其下一代，这个好传统就延续下来了。反观大陆，虽一直在提倡垃圾分类，可总是达不到好的效果。街上所见垃圾箱的设立，也仅分为可回收垃圾和不可回收垃圾两类，一般的人不清楚什么垃圾是可回收的，什么是不可回收的。如此一来，两个垃圾桶也就形同虚设。在这方面，不妨向台湾借鉴学习。当然台湾地方小，践行起来相对容易。大陆人多，区域也大，加之儒学传统的断裂，公民意识和公德心的淡薄，以及公共设施的短缺等，使公众在社会秩序和公共环境方面的知识及觉悟特别匮乏,这需要引起高度的关注。

L:说到垃圾分类,华东师大旁边的长风景畔广场,附近的垃圾箱设计得就很有创意。它不像一般的垃圾箱,一个写:可回收,另一个写:不可回收,而是把可回收的垃圾具体包含什么,都写在上面。比如:纸、金属、木头、玻璃,属于可回收物;烟头、果核等,属于不可回收物。而且它的外形还设计成报纸的形状,格调雅致,吸引人的注意力,让人易生兴趣。我偶然从那里走过,立马就注意到它。这样一种垃圾箱的设计,更有助于公众做好垃圾分类吧?

金:说得对。假如垃圾箱设计得更引人注目,其形状更能传递垃圾分类的环保理念,就会收到更好的效果。有些老人确实也搞不明白什么垃圾可回收,什么不可回收。文字或图像如果表达得清清楚楚,他也就知道应该如何分类了。这些细节表达的就是对人的尊重,但恰恰被城管部门忽略了。

H:还有相应的配套教育及科普宣传未跟进。说到垃圾分类,连我们自己有时也弄不清楚具体所指。如果只是一味空喊口号,不脚踏实地进行具体的知识宣传和社区教育,也是没有多少意义的。我们现在所谈论的公德意识,在农村是严重匮乏的。我回乡经常看到一些让人无奈的情景,村里有的人根本没有公德心,如让他们不随地吐痰,不乱扔垃圾,公交车上给老弱病残让座,他们根本就不会在意。想怎么着就怎么着,既不顾及他人的感受,自己也毫无羞耻心。不仅仅是农村,城市里也有不少这样的人,没有丝毫反思意识。对自身不文明的举止言谈缺乏省察是其根本的问题。

金:梁漱溟曾说,中国农村的瓦解,除了小农经济基础的瓦解,更可怕的是道德人心的瓦解。传统农村社会的维系,主要靠儒家文化的影响、宗族血缘关系的纽带链接,乡贤代表着儒家文化对农村生活进行的约束和指导。西方资本主义的发展和社会生活的稳定,与其宗教文化有着内在关联。欧美发达国家,教堂遍地都是,成为维系当地人心的重要力量。一到周末,父母纷纷带着孩子来到教堂,或祷告或忏悔,或演讲或唱诗,净化心灵,宣泄情绪,彼此交流,寻求慰藉。孩子在教堂里获取知识,接受熏陶,这也是一种信念教育。社会日常生活的习俗也慢慢培养起来了,人们心灵上印着这种文化符号,也形成了社会共识。这些都是相互关联、彼此交融的。

我们现在缺乏这个文化的根基。社会流行的是什么"不要输在零岁的起跑线上"等功利性的口号,要培养神童也就是培养高智能的机器人、会赚钱的超级聪明人。日常生活中最基本的做人的ABC全部瓦解了,"狼道"精神疯长,"成功学"铺天盖地,乃至良风美俗荡然无存。这是最大的祸害!从辛亥革命,到五四新文化运动,在破旧立新的过程中,我们过分夸大了"声光化电"的作用,迷信政治和武力的作用,特别是遭遇"文革"十年的浩劫,所有的礼义廉耻全部被扫荡,痞子和流氓作风横行。社会上流行比丑,你流氓我比你更流氓,看谁横得过谁?这样的社会是很糟糕的社会。要针对道德和文化的衰疲现象,着力夯实文化基础,将社会主义核心价值观,润物无声地普及到社会生活的方方面面,这确实是大难题,也是一篇大文章。培育人心不容易,要做转化和积累的功夫,要梳理承继中华优秀传统文化,接上近现代以来外国文化的精髓,在实践中推动中外文化的交融。

这个文化基础得从零岁抓起,在早期教育阶段夯实人伦道德的根基。教师要通过学生,将先进的文化理念反哺家庭,就像《学会生存》所指出的,人类社会正进入"后喻时代",即通过后人教前人,通过"小手牵大手",通过让小学生、中学生、大学生回到家庭去,回到乡村去,引领家庭新风尚,重塑乡村新文化。要教育长辈:不要随地吐痰,不要随地大小便,不要遛狗时让狗屎"到处开花",不要肆意停车碾坏小区绿化……孩子的话往往比居委会主任、村委会主任的话管用。儿女们对长辈说,爸爸妈妈,你们的行为让儿女羞愧。父母为了不给儿女丢脸,就会收敛不文明的行为,这也是亲子共同成长。

要凝聚各种力量、采用各类方式,改善和提升公众的公德心。教师和学生能起到特殊的作用,我们可以利用讲堂,通过家校合作及学校与社区合作等方式,持之以恒地传导真善美的观念。如果社会的文化生态不改善的话,自然的环境生态也将继续恶化。经济发展了,物质水平提高了,人们为什么感受不到幸福和快乐指数的同步提升?现在有的人,人际关系淡薄冷漠,甚至邻里关系紧张,自己家里搞得赛过五星级酒店,却把楼下当作垃圾场,纸屑、烟蒂、避孕套乃至残羹剩菜,如天女散花,不期而至。有一次,我和太太到岳母家所在的小区去,看到某栋楼的围墙上霍然刷着大字标语:楼上谁再把垃圾扔下来,就是猪狗,畜生不如,全家死绝……令人毛骨悚然。

怎么弄成这样了,这个社区居民也太不雅了。但是我想,写下如此毒誓的人,也许已忍无可忍了。用这样的方法去治理社区,行吗?现在各大城市的高档楼盘如雨后春笋,欣欣向荣,但文明社区怎么创建,还是一个未解的难题。良好的社区贵在自治,政府不是全能的,无法包办一切。曾有两个高档的小区,比邻,却为大妈舞的噪音问题争议不休,两个业委会差不多要打起来了,暴戾之气弥漫。是非公正到底在哪?都是屁股决定脑袋,仅从自己利益出发,不能将心比心,换位思考。己所不欲,勿施于人,这么高端的楼盘,住在里面的人按理文化程度都不是很低,怎么连自己小区的基本秩序都治理不好?可想而知,一个国家,一个民族,其间的问题更错综复杂,剪不断,理还乱。民主社会的质量是由民族文化、民众素养决定的,说到底还是鸡生蛋或蛋生鸡的问题。可见社会乱象的责任,棍子还不能完全打在政府的屁股上,老百姓也得扪心自问。

H:就像老师说的,人的公正观和是非观在哪里?现在很多人的是非观和公正观都是以自己为中心的:什么对我有利,就是对的。您刚才说,可以通过学校教育,让孩子来监督家长。但现在的孩子,自身行为习惯也有问题。作为见习老师,我也了解了一些上海学校及我家乡学校的情况,整体都不甚乐观。其实,对于孩子来说,行为习惯的培养,特别是性格、情感方面的塑造,比学习成绩更重要。但是现实中,学生的学习习惯、行为习惯乏善可陈,学校的一些不文明的细节举动处处可见。作为老师,却没有时间也没有精力去纠正,所有的学校都要求出成绩,考分上来才是硬道理。家长也是以考试分数来衡量孩子的优劣的,甚至有家长对儿女如此要求:"我只需要你考到多少分!我不求你其他咋样。"

很多父母甚至不知道孩子存在行为习惯的问题,他们不认为这是问题,因为自身也是这个样子,孩子的坏习惯就是从父母身上学来的。德育,或者说行为教育,应该比学习成绩重要,但家长都没有意识到这一点,或者意识到了,但在大环境的逼迫下,没有采取措施加以改善。这样代代相传,孩子长大后人格会扭曲。这是现存的一个大问题,无论上海还是其他地方都普遍存在。

金:这个确实是最难的问题。教育是个慢性活,但是要毁坏它却相当快。比如拆掉一座房子很简单,不要一个月;但是把一栋楼建起来,需要一年、两年。毁坏人的教育可能不需一年两年,但是要恢复它,要花甚至不止十年二十年的功夫。百年树人的艰难,尽在于此。所谓五代才出贵族,一代就出暴发户,讲的也是这个道理。

42. 法国让·蒂诺尔获诺奖说明什么？

金：最近看了点材料，关于法国让·蒂诺尔获2014年诺贝尔经济学奖的情况，我认为，这是国际经济学界一个新的价值转向。十多年来，一直由美国经济学家垄断的诺贝尔奖转入法国，法国总统说这是国家的崇高荣誉。作为世界著名的经济学大师，他在1990—2000年世界经济学家中排名第二，现担任法国图卢兹大学产业经济研究所科研所长，同时在巴黎大学、麻省理工学院担任兼职教授，并先后在哈佛大学、斯坦福大学担任客座教授。他是一个非常具有影响力的经济学家，出版了很多高质量的论文和专著。这次获奖的主要课题是《"驯服巨兽型企业"——如何监督垄断型国有企业服从市场监督和规范》，其研究的重点是在"个人对道德价值的追求如何改变经济行为"上。

这事也让我想起了马克思·韦伯有关西方资本主义发展的研究思路，他是从宗教的文化视野去研究人的经济行为的，我觉得这与让·蒂诺尔有异曲同工之妙。让·蒂诺尔认为，面对世界下一个经济增长，寻求下一轮经济驱动的关键是在个人的投资、个人的消费、个人的创新及个人的再培训等，从而能塑造整体的新经济行为，这也是未来发展的新动力。他为何反复强调"个人"？这值得我们高度关注。在近期的研究中，让·蒂诺尔指出，相当部分的人看重物质商品的价值，以此体现个人的社会地位并带来满意度，其实道德行为所带来的高质量人际关系和家庭关系往往给生活带来更高的满意度。他把新的个人经济行为定义为个人身份投资。假如一个人相信物质身份决定社会地位，那就会影响到他投资个人的物质消费，如奢侈品等，就会使他纵容自己更多地追求享乐主义，忽略能够带来更高回报的活动，如教育、再培训等。反之，人们会更注重对个人尊严的投资，如生活质量、宗教信仰、自由、爱情、生命的方向感、自律感、自我尊重等等。这样一种精神上的消费，也意味着对自我命运的主动控制。他认为，个人尊严的投资，会刺激教育发展并形成新的投资方向。

我觉得这样一种新的经济学动向，与我们研究教育的专业人士有直接的关联，需要引起关注。世界经济疲软的态势下，怎样救活全球经济？如何推动经济更好地发展？除了体现个人身份的、物质的消费享受之外，还有精神的发展需求，这是未来经济更强劲、更具活力、更有发展前景的增长极，也反映了经济学未来新的动向。经济学新的发展趋势及随之而来的经济的新增长方向，可能对教育提出一些什么问题？

我们不妨追踪一下近些年来经济学的诺贝尔奖得主，各自的贡献是什么。为什么此前十五年基本是美国籍经济学家垄断了这个奖项，这次为什么法国人破例得了奖？法国作为欧洲大陆国家，其学术背景跟英、美国家确乎有所不同。英、美国家相当注重实证的研究，经济学引入数学、模型等分析工具，对消费行为做大数据的统计分析，对经济发展做长时段的增长预测。作为大陆国家典型的法国的经济学界，其研究范式及价值取向与英、美的差异是什么？这次把经济学诺奖赋予法国人，是否意味着经济学领域研究风向的某种转变？

Y：这几年欧美的经济不景气，中国动不动就去签上百亿美元的大单，给其经济增长注入活力，有人戏称中国的社会主义正在挽救欧美的资本主义。近来希腊引起的欧洲经济危机波及意大利，意大利为此不是还换了总理嘛。自从陷入经济危机以来，意大利的经济一直乏力。从2011年至今不满三年，意大利已换了3个总理。新上台的总理认为，前总理贝卢斯科尼、蒙蒂及莱塔，他们前进的步伐还不够，给民众的希望也不够。意大利的经济这几年相当糟糕，于是一个学者型新总理应运而出，试图来拯救本国经济。

M：我看到一篇报道，认为诺贝尔经济学奖经常颁给主张干预主义的经济学家。经济学通常有两种观点，一种主张自由发展经济，另一种就是干预主义。这个法国人的理论被概括为"市场势力"，如果大企业在市场上形成了垄断，政府就要去干预它。

H：我了解的让·蒂诺尔的经济理论与老师刚才解读的重点似乎不太一样。有关评论说他主张对现在尚未发生的、未知的、未来的市场风险进行预测,就是预测经济发展中的风险,然后让相关公司提前采取措施,有效地规避这些危害。

金:让·蒂诺尔对经济学的研究,不同时段的重点有差别,媒体报道的重点也可能不一样。我着眼于他最新的经济学思想的发展。

H:是的。经济学的预测功能加强了学界及企业界对未来的研究倾向,而教育的未来发展、趋势,与经济方面的趋势是有关联的。经济学家就是以过去的经验为基础,分析现在的状况,探索期间的规律并预测未来可能的走向,从而规避风险。这种预测未来趋势的经济学研究现象与"教育是未来经济的新增长方向"恰恰是吻合的。

金:经济学的发展取向不同,对社会的价值导向就会产生不一样的作用。比如30多年来,中国以低成本要素、高投入和生态环境为代价形成了高速增长的生产能力。大量成本较低的剩余劳动力从农村和农业向城市和东部制造业形成转移型增长;便宜的土地和其他矿产及能源等资源进入生产和建设领域,推动了经济增长;境外直接投资和技术的进入,扩大和增强了国内制造业的生产能力;几乎无节制地消耗生态和环境,实际却透支了下一代人的福利,并且将成本转嫁给未来,从而形成今天的利润和GDP。可见,这是一种政府主导推动、劳力土地及其他资源大规模投入、消耗生态环境、出口导向依赖、投资建设拉动的经济增长模式。净出口、投资和消费这三个方面,是凯恩斯框架下的经济增长的三驾马车,目前在中国的操作余地已非常有限了,传统的经济增长模式已不再具备可持续的动力点。

经济无限增长的传统模式,主要是不断地满足人的物质需求,其特征就是量的扩张。但量的扩张是有限的,一个人能吃多少饭?住多少房子?无限扩张是不可能的,总有一个限量,过量的扩张对消费者的身体也带来不良影响。所以到一定的阶段,经济学自然会转向寻求"质"的超越和突破。

经济发展的"质"用什么标尺来衡量呢?用消费者的眼光来解读,也许就是奢侈品,也就是极致的商品。比如说手表,你只能戴一块吧,谁会同时戴十块手表呢?那么有可能你戴的是一款普通的上海牌手表,我戴的是限量版的、甚至是唯一版的欧米伽手表。因为这块表是为我量身定制的,它被打造到极致,而且贴一个标签,附加一份有设计师签名的质量保证书,证明是全球唯一的超级奢侈品,其价格就非常昂贵。因为是唯一,定价可达数百万,甚至数千万,而且是美元。这样的产品能满足消费者的差异化需求。当这个奢侈品以唯一性、排他性面目出现时,它的发展也可以是无极限的。这就是经济发展的一条新路,即定制化、个性化经济时代的到来。

再一条路呢,就是经济的有限增长,达到一种新的动态平衡,或者说经济供给侧的改革或开发满足了社会新的需求,使消费转向到更高的层面。也就是由物质消费转为教育、文化和精神的消费。比如,我们刚才说到的奢侈品,它实际上也已经转化为一种特殊的文化?叫奢侈文化。具体的物质产品只是一个载体,实际上赋予这个载体的主要价值是文化的内涵。因为就这个产品本身来说,它消耗的物质是十克黄金还是五克拉的钻石?能值多少钱?但由于这个黄金或钻石被赋予了特殊奢侈品的内涵,依附于这种文化,产品的身价就大大提升了。当然,你们也可以质疑,这种新的经济发展的路径对不对?我们去消费文化,文化也变成了奢侈品,那么什么样的人能够享受这样的文化?至少比起物质的无限追求,它消耗的能源和物质更少,对地球资源的保护起到积极的作用,也为经济和社会提供了新的发展动力。

新经济增长方式将超越物质的比拼,深化到文化和精神领域。特别是随着移动智能终端设备的不断升级,在互联网时代,人们去拓展这个载体的空间,它是无限量的。新经济发展的前景是,人们将比试精神产品的创新,人们欣赏的是文化、教育的消费。也许以后,对青年人来说,高级的享受不是开一辆大功率的奔驰车、宝马车,而是走入上海音乐厅,置身于世界上最高端的艺术家的盛会。一堂音乐晚会甚至就是一辆豪车的价格,一张入场券是高端奢侈品。那么两相比较,这样的文化奢侈品是不是比纯粹物质意义上的奢侈品更好一点,更代表人类发展的方向?经济社会的发展确实需要人类的手去推动,你要把握住发展方向。社会经济往哪个方向去转型发展更有出路?

我想,此次诺贝尔经济学奖的评选,有没有一种价值的新动向?我感觉让·蒂诺尔的研究好像提出了这样一种经济学发展的新动向,这是否要引起教育界人士的关注?付惠则从另外一个角度,解读他的研究成果对经济预测的重要意义,而媒体的解读也各有其兴奋点。当然,让·蒂诺尔的经济思想还需要更全面的解读,我们今天是一个初步的探讨,而且主要是基于其理论观点对教育发展的启示来谈的。

美国经济目前也有新发展,一些高端的精密设备制造业现在也要回归。美国人玩第三产业特别是金融产业有些过头,导致实体经济空心化了。它把制造产业都转移到劳动力成本更低的其他国家,搞品牌的输出,比如乔布斯的苹果机,它是一个创意和品牌,具体的零部件生产分散到其他国家,比如在日本和韩国生产零部件,在中国装配。但是它的创意、设计理念是在美国诞生的,最后贴的标签是美国的公司,赚钱最多的还是美国公司。

但是美国的公司收回了一点精密制造产业,不然实体经济有空心化的危机。美国影响世界的两个产业,一个是金融产业,用金融工具去调节世界经济特别是美国经济,因为美国是金元帝国嘛,美元是强势货币,二战后形成了以美元为中心的国际货币体系;再一个是创意产业,它囊括了好莱坞电影、乡村音乐、各类艺术品市场等,乔布斯的苹果机实际也属于大创意产业。一个苹果机损耗的物质材料有多少?它主要是个创意产品,赋予苹果机创意、功能,令全世界年轻人为之癫狂。美国人玩的是创意,而创意是无价的,因为它无形,所以无价,这个定价权掌握在发明人的手里。苹果机为什么卖到六七千块?实际成本到底是多少呢?装配工也许仅挣了10美金,韩国和日本的零件生产商可能赚100美金,那么900多美金都是美国人拿去了。因为创意是他们的,你有什么办法?创意能卖这么高的价钱吗?你喜欢嘛,你只能买他的嘛,人家还用知识产权压着你——不许仿制。

X:老师,您先前的描述,让我想到这里涉及一个让·蒂诺尔的观点,就是个人的经济行为对经济有影响,特别是对个体的创新行为、个体的身份投资、个人的尊严投资等方面有影响,他强调的是"个人"。这是不是他的价值导向?现在人们越来越关注个体生命,凸显人文的关怀,强化个人的价值。西方社会,尤其是法国,有着深厚的自由传统,尤其注重个人价值。经济发展的新导向是否越来越趋于这一价值链?即通过分析个人行为来解读整个社会现象发生的原因,从个人的某些经济行为来透视其对社会经济的重大影响。

金:法国的人文价值一直推崇自由,但其政府管理因属于中央集权国家,相比英美的自由主义经济传统恐怕还不尽相同。

X:您刚才说到开发奢侈品,以满足个人的不同需求,奢侈品的开发就需要自由的文化氛围,可以让享受得起这类贵族化服务的人们自由地享受。

L:老师您刚才说现代经济的发展往往是人操纵着转向路径,那么是谁在操纵呢?谁有操纵的主导权?是美国人吗?

金:当然,美国在话语上的影响力会更大一点。比如这个诺贝尔奖,它也是体现影响力的一个指标,对吧?一个国家如果有很多人能够获得诺贝尔奖,就说明这个国家的人才多。你一旦拿了诺贝尔奖,你的话语影响又更大了。所以话语权不可能绝对平等。中国和美国,你说谁话语权大?肯定是美国大。在联合国开会,美国政府的提案,附和的国家肯定多;中国政府要反对,附和的国家就比较少。中国搞个提案,谁来附和你?估计美国第一个就反对。这个你也没办法。所以中国还须在硬实力和软实力上持续提升。

刚才说到经济行为的转向,比如现在大学开始高收费,社会上又在议论了,穷人家的孩子交不起学费等。我有时想,这也许是个伪问题。人们怎么不讨论穷人家的孩子为什么买不起最新的苹果机呢?市场流行的iPhone6,价格很高,你为什么不埋怨:又涨价了?换个型号,改个零部件,价格又上了一大截,穷人更买不起了,应该降价!这类问题似乎从来都不讨论,好像是天经地义的。为什么涉及教育就要讨论?因为高等教育它确实不是义务教育,它也是奢侈品。

教育究竟是什么?今天的义务教育曾经也是奢侈品,因为以前没有学校。中国最初的学校是"庠序之教"。辟雍和泮宫属于吃饱了饭没事做,找点事情来做做的贵族学校,就是达官贵人的子弟陪着尊贵的长者消遣时间、增长智慧的地方。也就是说,初期的学校教育属于贵族的特权。现在的义务教育呢,都普及了。教育权作为五权之一(其他四种重要的权利是生存权、知情权、表达权、选择权),是人不可被剥夺的神圣权利。但是有限的高等教育资源,国家目前的财力还不能保障所有的人都可普遍享受,从这个角度观察,高等教育特别是优质高等教育目前还是奢侈品。所以高校就是要收取高学费,你愿意付出相应的代价,才可以去享受。当然学校也有竞争,价太高了呢,没人去,只能降低,那就是市场调节,各取所需嘛。现在民办高校已经做到了这一点,公办高校由于历史上的原因,变成国家包揽的对象,原则上所有公民都可享用,现在采用的是类似科举制的方式,考试面前人人平等。当然学费并不全免(除了极少数出类拔萃者),而且不菲。

这个问题原本不需要讨论,为什么引起争议呢?高校调整收费标准,民众就嚷嚷教育不公平,说最高端的大学贫困子弟大都进不去。于是这就成了社会热点问题。贫民子弟从品牌大学毕业就有社会地位了?那么一般的高校毕业生就没有地位吗?那是一个社会用人标准的问题,无关乎学校啊。实际上人们的骨子里还是有万般皆下品,惟有读书高的观念,名校毕业生容易做公务员,坐写字间,这样的人,方算进入了上层社会。觉得穷人家子弟不进顶尖大学,就成了阻断社会成员流动的大问题,这真是荒唐可笑。难怪中国的职业教育一直以来没有地位,就是人们陷入如此观念误区不能自拔。试问,一旦官场风气厘正,公务员的薪水收入并不占据社会的优势地位,而技术能手的薪水反超公务员,届时又会不会出现反向的教育不公平?

我认为,今后高校的收费完全可以放开。学费要涨就涨,反正就是一个高端消费品。

就如同选择花多少钱去旅游一般，花十万元去欧洲旅游一个月，还是花十万元来华东师大读教育史的研究生？你自己选择啊。你选择后者，人家就很羡慕啊，说花十万元读教育史很厉害啊，是奢侈享受。怎么没有这种价值导向呢？你说花十万元到南极洲或冰岛上玩了一圈，人家会说这个人很富啊。今后也可导向这样的评价：这个人很贵啊，花十万元读了教育史的研究生呢！

  以前讨论教育能否成为拉动经济消费的新增长点，反对声很大，说价值导向不对，教育产业化是误区。我认为教育成为个体自我投资的新经济行动的指向与把高校办成挣钱的特殊企业是两个完全不同的概念，不能混为一谈。其实，把经济领域里追求的物质产品转化到文化教育领域里的精神产品，是经济社会发展的正道。只要看看世界各国尤其是发展中国家面临的环保压力，再看看发达国家纷纷抢滩各国的教育市场，这个答案不言自明。这就回到《论语》里颜渊的人生境界了，颜渊"一箪食，一瓢饮，在陋巷，人不堪其忧，回也不改其乐"，他坚守的是一个最高的价值。什么金钱、官位，与我无关。他就喜欢跟随夫子求道，人生的价值、理想舍此无他。这也可以嘛，有什么不可以的？假设要一个人花钱去买个官，他不干；现在孔子学院招生了，也收学费，人家还愿意来读书，这有什么不好呢？关键是不要强迫，来去自愿嘛。孔子也是收学费的，他有教无类，为了生活，也要收"束脩"。

  讲到经济学思想转向的路径，讨论到教育、培训及文化领域成为个体自我投资的新选择的问题，我认为这是发达国家经济发展到一定阶段后的必然出路。因为现在的西方社会面临传统经济发展模式增长的极限，西方经济普遍不景气啊。西方社会的物质经济发展到这样的程度，它再在原路追求增长目标已经没有出路了，找不到出路，它必须转型。我们现在为了 GDP 增长拼命追追追，追到西方社会的物质高度，人家的经济学已经转型了，我们又要跟着人家的屁股去追了。这是否真的太可悲了？我们要从人家的发展路径中，提前获得领悟和参透力，看到人家的经济危机。我们怎样借鉴？能不能抄近路，发展得更好，不必再去重复人家的老路？

  M：现在全球化嘛，2008 年美国次贷危机爆发时，因为很多美国人向银行贷款买了房子，后来还不起了，坏账很多，于是有人讲笑话，说美国人的房钱全是中国人出的，因为中国买了巨量的美国国债。还有一个说法是，现在欧美发达国家属于低税收、高福利型社会，而中国与之相反，是高税收低福利型。虽然我们的国家很大，但是内需不足。就像老师刚才讲的，精神文化的消费市场甚至尚未启动，让人去听一场音乐会或看一场话剧、音乐剧什么的，普通老百姓会想，岂非浪费金钱？他会觉得房子还没买呢，更要紧的事情还没做，哪有闲情逸致去搞这个东西？说到苹果手机，别人开发挣的是大头，而我们加工挣的只是一个小头，因为我们处于劣势状态。虽然看似美国人买房子的钱都由中国人出，但我们还不得不受人家的"剥削"。假如这个加工厂关闭，或者我们拒绝被剥削，可能马上就有很多人要失业。可见，这是很复杂的一个状况。

Y：像苹果手机这类产品的定位就是比较高端的，而且它的理念在市场获得良好反响。人家拿走利润的大部分也属自然。但如果我有十万美金，我不会拿它来投资自身的教育。

M：先把房子买了！

Y：对，我会先去投资或做其他更重要的事情，而不会将之用来接受教育。而且如果某些学校的教育只是为了满足十万美金身价者的需要，未免将教育狭窄化了，也就是太小众化了。这样的教育也不会有很大的社会需求，因而走不远，它也会面临转型。我认为学校教育还是应满足绝大部分人的需求。

金：实际上个体面对教育消费市场也有一个认知的发展过程。比如说众多财富和坚贞爱情的象征是钻石，"钻石恒久远，一颗永流传"，这话就把人的心给抓住了。它首先是一个虚幻的意象，是商人营造和包装的结果，通过电视媒体，以各种玄妙的手段不断刺激你的眼球。然后，男友向女友求婚就会说：为证明我对你的爱是永恒的，请戴上这枚钻戒吧！钻石是物以稀为贵，高品级的钻石只产于南非。商品的珍贵程度取决于它的稀少，越稀少越珍贵，也就越值钱。其实这东西对你来说有什么用呢？既不能吃，又不能穿。我们穿衣服是为了保暖，不让身体生病；我们吃东西是为了维系生命的存在。钻石既不能吃，也不能穿，用来干嘛？它不就是一个奢侈品的象征符号嘛，人借此获得了一种特殊的满足。

那么我们现在换一套价值系统。钻石又算什么呢？当你说到华东师大读过书了，到北大读过书了，到哈佛读过书了，这才是最高的评论。就一个人一辈子的追求，相比较而言，钻石太低档了，到名牌大学读书太高端了。于是，社会的价值和风气慢慢转向了。当然，既要钻石，也要大学读书的经历，自然更好。但是当鱼和熊掌不能兼得的时候，你可以舍弃钻石选择读书啊，这是人的经济行为的新标准。

我强调的是，我们选择什么？我们营造什么？教育作为风向标，是引领社会价值的，不要追着社会的尾巴。以往都是教育为经济服务，新的转向是经济为教育服务，教育引领经济向新的方向走。比如你现在有钱了，愿意买车，还是愿意盖房？我看中国的农村，农民不缺房子,缺房子的是上海、北京,"北上广深"等一线城市。弹丸之地嘛,盖不了很多房子,所以房子就值钱。在荒凉的戈壁滩上盖个皇宫,你去住吗?送你皇宫都不要,对不对?稀缺的是房子下的土地,并非土地上的砖头。

你现在到农村去看看,走出上海市区,在上海的远郊金山、崇明,农民三层楼、四层楼的新房比比皆是,里面仅两个老人,就是一个老太一个老头守在祖祖辈辈生活的地方,对着空房子发呆啊。儿女都在城里,挣了钱回来就盖个房子,盖了楼房在乡邻面前觉得光荣,不然抬不起头。中国的农村不漂亮,不好看。你看欧美国家的乡村,干干净净的都是小平房、小矮房,最多两层,绝大部分是一层。两个人一层就够了,五十平方米,最多一百平方米足够了。小房子掩在大树下,立在花丛中。上海农村三、五百平方米的大楼,农民还觉得不够气派,砍了树又盖个屋,光秃秃的大楼房空关几十年又没用了。

这种现象很值得玩味,也是一种价值追求。外国的年轻人,有钱了首先就去潇洒,在旅途中把钱都撒出去了。中国人恐怕不会,有钱了赶快投资,回到农村去盖房子。本来是两层楼,拆掉,盖成三层楼;本来是三层楼,扒掉,盖四层的楼房,于是感觉自己有出息啦。这个价值观真的是,你说它是虚的吧,作用还真的挺大。比如元义,已经是研究生了,有钱了首先想的还是买车、盖房。当然我不反对这样的投资方式,你买车买房也是可以的。

M:传统的高等教育是精英教育,但随着大学扩招,高等教育也在逐渐平民化。如果说高等教育是一种特殊商品的话,现在大家都消费得起了。但是,一所学校要录取学生,拿什么标准作为选择的依据呢?具体而言应该是知识水平的高低了,大学录取新生时并不会调查家里有多少钱。以前有个口号:让能考上大学的人都上得起学!就是说考不上也就算了,你再有钱也没办法;一旦考上了,绝不会因为你家里穷而不让你上大学。

金:这个当然是对的,涉及的还是一个标尺的问题。不要说大学了,即使是中学,你如果真的是考试成绩好,你就不要担心上不起学。现在有些名牌中学,包括一些私立贵族学校,它也希望招到这样的学生啊:你是给我长脸的。所以,如果你是状元,你到我这所学校来,校长奖励你五十万甚至一百万。前不久某省有个高考状元,香港一所大学就奖励了一百万。这个学生读了一年书,说这个一百万还是不要了,仍然要到北大去念书。所以他在香港呆了一年,又考回北大了。

解决这个问题的关键,就是真的成为出类拔萃的学生,这样的人才根本不需要担心缴不起学费。怕的是什么?你说他不聪明嘛,考的成绩还算不错;你说他聪明嘛,也就这个样。那就比较难弄了,因为它的基数比较大,谁来满足你的要求?你说我是人才,为什么人才一大把?要满足如此多的对象,学校也没钱。如果你真的是高端人才,那么根本不用发愁,美国人都会抛出橄榄枝,你来吧,美国都要。

其实,美国最厉害的产业恐怕是大学。现在世界各国的大学都成了留美预备学校,最聪明的大脑都被集聚于美国大学的实验室和研究室,成了美国源源不断的、庞大的高智能打工仔人力资源库。美国大学也是这样,每年名牌大学有少量的全额奖学金,中国留学生也能拿到,不仅免你的学费,生活费都给你了。一年好几万美金,读书、吃饭、游乐,什么问题都不用担心。有些学校给你免学费,生活费还得自己掏。为什么呢?一是学校钱不够多,二是你还没有达到极致,学校不是说非你不可。依据不同层次的学生,决定不同层级的奖金额度,所有的高校,不分中外,基本如此。

那么你也可以提出,极致的标准又是什么?这就是另外一个问题了。或大学能否选拔到所谓"极致"的人才?那么我们还需要另作研究。

X:刚才老师说农民有钱后,首先满足的都是房子、车子等物质上的需求,其实这个再正常不过了。根据马斯洛的需要层次理论,经济学家让·蒂诺尔之所以提出这个观点,很可能是基于目前欧洲的经济形势,即西方经济已发展到了一定的高位层次,人们就要追求个人的尊严,提升个人的精神。其实这正是人类高层次的发展需求。

当下中国,就有您说的那种现象,富起来的农民在村里盖大房子,有钱了再盖更大的房子,这种现象可以理解。因为中国的经济发展,正经历着西方曾经的历程,在初期发展的漫长过程中,人们追求物质享受无可厚非。但是我们面临的一个矛盾是什么呢?就是接受高等教育已属稀松平常,虽然接受了高位的精神熏陶,但我们仍是平民百姓。大部分学生在物质上并未获得满足,物质上的低位现实与精神上的高位理想,纠结于大学毕业生的身体与灵魂。

就我们自己来说,毕业后的前景并没有之前描述的那么美好,也没有获得优厚的物质条件。大学教育给我们画了一个大大的饼,它给予了你很多对未来的幻想,而毕业生的现实处境却刺破了美丽的肥皂泡。一个人正常的需求,首先是吃饱饭。只有当物质条件达到一定的水准之后,才开始去思考关于人生意义的问题,才开始去追求精神上的满足,这也是人之常理。

金:中国是发展中国家,在竞争的年代,人人都存在本能的恐慌,有一种不安全感。比如现在积攒了一些钱，就要让这些钱在通胀时期安全，不贬值，如缺乏其他有效的投资手段，那它就变成砖头了，放在地上还比较可靠。人寻求这样一种安全感，也是对的。当大学毕业生面临就业困难，个人的投资并未换来体面的收入，就会焦虑不安。西方语境下的个人尊严的教育投资与中国语境下的个人生存的教育投资也不在同一层次，显然不具可比性。古人谓家有良田万顷，不如薄技在身，强调的也是谋生本领胜过具体财富。当大学生的谋生本领换不来真金白银时，为求保险，他还得把真金白银换成房票。实际上资本主义的福利社会也有其可议之处。如北欧一些国家的福利条件相当好，就是不干活的懒汉，或者找个理由说身体不好，或者犯罪进了监狱，享受的生活还是中产阶级的水准，吃、住、穿都维系着人的体面和尊严。

当然被监禁者失去的是自由，无工作者失去的是自尊。不自由又无自尊，则不像个人了，所以他宁可干活，去追求生命的自由，至于吃住是个不需担心的问题。我们现在为吃住问题担心，还有子女教育、医疗、养老等，老是担心这些事情，所以有钱也不敢消费。由于存在这些短板，大学毕业生确有点恐慌感。

X：其实这也是中国传统文化的特点，中国人喜欢相对稳定、和平的生存环境。但国外的青年人热衷于追求个人的价值，喜欢冒险，乐于开拓更广阔的天地。我们更多考虑的不是自己，一举一动都要顾及所属的家庭或集体。中国特有的历史文化传统也让大学生缺乏个性色彩。

金：当然，传统文化的影响是存在的。美国人不太会发愁没钱消费，青年人喜欢透支消费。中国人就会觉得怎么可以这样呢？你有钱全用完还不对呢，你还上有老下有小呢，你的未来呢，你怎么可以这样不负责任？如果是透支消费，就更让人瞧不起了，寅吃卯粮，岂非成了无赖！美国人不这样看，他没钱，先透支把钱提前用，相信自己经过教育投资，有了挣钱本领，未来有还贷的能力。美国人的做法也有合理性的一面，当然另一方面是美国的社会保障做得比较好，再加上消费观、文化观与中国也有所不同，这些因素是互相影响、彼此牵连的。

经济学家让·蒂诺尔关于个人教育投资的新经济行为的未来趋势，对我们有所启发，这一理论可供参考借鉴，当然无须照搬。舒尔茨的人力资本理论认为，教育投资会带来个人的经济回报，让·蒂诺尔则将之提升到个体尊严的高度。我们可以反思这个问题，讨论中国人有钱为什么不敢花。今后如果有钱，就该花、敢花。你花到什么地方去？可以去旅游,可以去接受高等教育,也可以去接受个性化的教育——未必入大学。比如喜欢绘画,就拜个师傅,专门教你绘画。至于说我愿去盖个楼,买个车,这也是你的选择。当然我乐见年轻人将钱更多地投资于提升个人尊严的文化教育,这不仅因我身处教育界,更因我期待中国的经济发展达到更高的层次。

43. "赴美生子"为何十年翻百倍？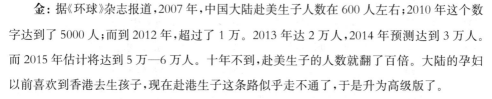

金：据《环球》杂志报道，2007年，中国大陆赴美生子人数在600人左右；2010年这个数字达到了5000人；而到2012年，超过了1万。2013年达2万人，2014年预测达到3万人。而2015年估计将达到5万—6万人。十年不到，赴美生子的人数就翻了百倍。大陆的孕妇以前喜欢到香港去生孩子，现在赴港生子这条路似乎走不通了，于是升为高级版了。

到美国去生孩子最大的诱惑，是将来可望获得美国的优质教育资源，据说回报值很高。所以中介机构打出的广告是："给我10万，还你一个价值980万的美国宝宝！"意思是这真正是一桩"一本万利"的好生意。

养育一个孩子须花相当高的成本，尤其是独生子女的时代。据预测，依不同地区、不同家庭的具体情况，费用从几十万至几百万不等，里边很大一块就是教育成本。而美国学生的教育成本更高，如果你将来要送孩子到美国去读书，可能花的成本还要高得多。但如果孩子具有美国国籍，自然就能享受美国公民的待遇，义务教育阶段的相关教育费用不仅全免，而且公立高等教育的优质资源也便于享受。所以有很多中国公民便抄捷径了，自己到美国去不现实，移民投资不合算，那么到美国去生个孩子最简单，花费仅十万，未来的回报丰厚。于是,"赴美生子"现在就变成一个产业了。我的一个堂侄女,也是华东师大毕业的,学的是金融专业,目前在上海陆家嘴的金融机构就职。她结婚时,我因为忙没去参加婚礼,但她孩子满月时请我去吃满月酒。宴席上,她怀里就抱了个"美国娃"。

我就问她:怎么把孩子生到美国去了?她说现在流行这个做法,她所处的社交小圈子都这么做,她也觉得挺好玩,十万元也花得起,好像觉得也是个投资机会,等于将980万提前存入美国银行了。可见,现在年轻人的处事方式跟我这一代的人是有点不一样,新潮,且敢想敢干。我的亲友圈就有这样的例子,所以看到上述材料时就颇有感触。你们以后是否也会这样做?

M:我也看了一个材料,全球各国的落户政策是不一样的。像美国是属于地缘原则,只要是在美国领土上诞生的孩子,就可以加入美国籍。德国、法国是依据血缘原则,如果父母是德国人或法国人,孩子就可随父母入相应的国籍。而中国则结合两个原则,即血缘和地缘因素都要考虑。

前几年赴港生子很热,这几年为什么淡下去了呢?是因为反对声音很大,有些香港人的话说得很不好听,比如说大陆人是蝗虫啊,到香港来抢占了资源。现在美国有些州也提出,要限制这种行为。因为赴美生子实际上牵涉到一个非法移民的问题,比如母亲可能是偷渡过去的,但是孩子取得了美国籍。我觉得中国人要到美国去生孩子,可能跟国内的环境也有关,也许目前国内的环境让他们不满或者没有安全感,所以才会跨出这一步。无非是给自己孩子的未来、给自己的整个家庭投资,或者预留一条后路,多一分安全的感觉。

Y:我觉得"赴美生子"可能只是一个潮流。特别是有钱人,都愿意自己的孩子出生在美国。如果中国经济持续向好,文化软实力同步提升,加上环境治理明显收效,估计有一天,其他国籍的人会纷纷赴大陆生子。这样的事情也有可能发生。

金:有可能。

Y:很多留学生不是都已经回来了嘛。我觉得中产阶级之所以选择赴美生子,其原因可能还在于美国国籍带来的便利。

M:就像广告语,"给我10万,还你一个价值980万的美国宝宝"。拥有美国国籍的人在美国上学的费用和非美国人到美国留学的费用是有很大差别的。所以这就变成一项投资了,回报高达几十倍甚至几百倍,那么大家当然会趋之若鹜了。此外,大家要追求美国梦。因为美国的经济发达,文化有魅力,大家都想去享受发达国家的生活吧。

可是这样做也存在很大风险。有人选择到美国去生孩子,是因为国内原有的计划生育政策。二胎政策是最近才放开的。既定国策只允许一对夫妇生一个孩子(不含少数区域或少数民族),你要生第二个孩子,也只能选择到美国生了。如果孩子只是入了美国户籍,还是要在中国生活,尽管中国政府目前对这种事情并没有表示反对,只是公民自己的一个选择,但你将外籍孩子带回来,各地的政策也不一样,有些地方或单位可能还是要给予处罚的。此外,既然孩子入了美国籍,他就不能享受国内免费的义务教育。要在国内上学,因为户籍的关系,办相关手续还要两头跑,也是很麻烦的。之前有一个电影,汤唯主演的《北京遇上西雅图》,讲述的就是主人翁要到美国去生孩子,也遭遇了有问题的中介公司。此类事情,一旦产生纠纷或利益受损,在中国法律上也没有相应的保障。

金:更大的风险还不是中介公司多收些钱的事,而是美籍孩子在中国日常生活将遭遇的多重考验和尴尬。法律规定未成年人是不能离开监护人的,爸爸妈妈既然是中国人,原则上美籍孩子就是在中国生活,那么你的生活成本是很高的,尤其是中国的消费水准还在水涨船高。作为一个外国孩子,就不能享受中国公民的待遇了,以后到底会怎样,其实是很难预测的。当年觉得一本万利的投资,实际上未必是一本万利,所谓"股市有风险,入市需谨慎",这话移用于"赴美生子"的投资事项同样适用。所以从个人选择的角度而言,仅基于投资收益的未来风险考量,也是需要谨慎思考的。

从国家层面来看,中国目前没有明确的说法,美国大概也没有一个明确的应对之法。美国人也知道,一些中国人钻法律的空隙,以各种理由到美国生子。此事对美国的国家利益造成的影响还不是特别大,再说美国人做事也不是很着急的。法律规定的,出生在美国就是美国公民,要修改这一法律则需要繁杂的程序和充分且重大的理由。

X:美国修宪是特别不容易的。

金:特别不容易。这就是我们需要研究和学习的美国强项。因为宪法是集中了多少贤人智士的智慧,经过相当繁杂和严密的程序才通过的,你要破它同样需要付出相应的代价。所以宪法的修订过程是一个博弈的过程,是一个不断聚焦民意的过程,是一个汇集智慧的过程,也是一个实践检验、时间考量的过程。等到形成修订共识的时候,修订的内容也水到渠成了。要么不动,要动就要动到位;因为到位,所以稳定,不会来回折腾。这就是"治大国如烹小鲜",宪法这条小鱼可不是那么好伺候的,需要大智慧。

当然对美国来说,这也未必是坏事。能够到美国生孩子的中国家庭也不是一般的家庭，首先是能拿出一点钱的，而且是具有相当文化程度的。这些人到美国生孩子，美国的医疗机构、宾馆服务业先赚了第一桶金，而这些美籍孩子至少在十八岁以前是美国政府不用管的，就是说美国纳税人不必担心肥水流了外人田。这些美国小公民是由他们的中国爸爸和妈妈在养，说不定等到十八岁，该到去美国的时候了，美国的法律修订了，或者教育的政策改变了。这时候，你还是享受不到美国的优质教育资源，你能咋样？美国政策的改或不改，主动权还是在人家手里。

其实对美国而言，这又何乐而不为？现在的美国不也正步入老龄化社会吗？"赴美生子"的中国父母，含辛茹苦，把美籍孩子拉扯到十八岁，成年后到美国来，成为美国人才库的生力军，为美国社会的经济发展注入活力，有什么不好？而且可想而知，最终踏上美国国土的这些人，都是有些办法，有些头脑，有点创意，有点技术，也有点资金的人，不然他也来不了。

但是中国的父母也要想清楚，美国也不是一个天上掉馅饼的"伊甸园"。生了个美国孩子你就应有尽有吗？这仅是万里长征走出了第一步。一有美国孩子，就开始做虚无缥缈的梦，幻想着未来有多少好处，你说可能吗？你到美国去享受，钱从哪里来？你享受美国社会的一万美金，你自己要带过去五万美金，孩子在美国，爸爸妈妈也要去吧？中国的爸爸妈妈，美国人不可能养你的，你是陪读去了，也为美国贡献了GDP。政府给你一万元的"蛋糕"，你自己还增配了五万元的"蛋糕"，美国政府又不会做亏本的买卖。如果孩子或父母都不去美国呢，那么"美国孩子"的所谓福利就是"空心馅饼"，你免费培养了美国公民，岂不是对美国更好？所以左右都是便宜美国人。现在人家看着中国人想方设法"来美生子"也不着急，甚至还乐观其成吧？

M：倒是"赴港生子"的成本相对低一点。

X：我觉得这里还存在一个问题：为什么要让你的孩子入美国籍呢？你本来就是中国血统。柴静到美国生孩子就惹来众多网友的争议。

金：柴静也到美国生孩子？

X：有的网友认为，要有爱国心，要先承认自己的国籍才好，为什么要如此向往国外呢？向往国外也无可厚非，但非要让你那流着中华民族血液的孩子出生在别的国家，入别国的国籍吗？是否要有一点国家的荣辱观？此外，话又说回来，像刚才讨论的那样，去了之后才发现，这并非是一个特别划算的投资。

M：这有点类似买学区房，父母买房子的时候，就要考虑孩子今后的上学问题。虽然以后孩子也不一定会出国，但是留了一条后路，多了一种选择，也多了一重保障。有人说你在中国生活，为什么把大笔的钱拿到美国去消费了，似乎这就是不爱国。其实说到底，这还是一种个人选择，他也不违法，他自己挣钱自己花钱，如何花是他自己的事。就好像潘石屹代表SOHO中国基金会及夫人张欣，向美国名校耶鲁大学捐赠金额为1000万美元的"SOHO中国助学金"，用于资助留学生在世界一流大学攻读本科课程，你也不能责问他为何不捐清华、北大。

X：现在"赴美生子"的行为处于法律的灰色地带。美国和中国在法律上都没有对这种行为作明确说明，所以才会有很多中介公司来挣这个钱。

M：我觉得中介公司之所以能挣这钱，是因为存在着语言和法律等一系列相关的复杂问题。想要到美国生孩子的部分人所拥有的资本也只是足够的钱，但到那边去之后，言语不通，情况不明，跟医院的沟通及办理相关的手续等，还需要熟悉的人帮忙，这就滋生了一条产业链。

金：也成了"一条龙服务"。你只要花钱，什么都给你搞定。刚才你们说的情况倒是很有意思，好像中国人梦寐以求的就是要到美国走一遭，最好是在美国的名牌大学镀镀金。所以达官贵人要去，中国留学生要去，现在连即将出生的孩子都带过去了。所以我经常说，美国牛在哪里？不是飞机大炮，不是乡村音乐、好莱坞大片，也不是可口可乐、麦当娜走遍天下。美国的成功在于，你在美国街头看到一个黑头发、黄面孔的人，你问：朋友，你从哪里来？答：我从北京、上海来。你为什么要到美国来？他说不知道为什么，我就是要到美国来。这美国就成功了！所以再过三十年，像元义说的，有没有可能，我们在上海看到黄头发、蓝眼睛的人，问：朋友，你从哪里来？答：我从纽约、洛杉矶来。你为什么到中国来？他说不知道为什么，我就是要到中国来。咱中国就真正成功了！就是孔夫子当年说的"近悦远来"。"近悦"是什么？当地人生活得开心，不走。"远来"是什么？远方的人都要来，来了也不走。中国的唐朝大概有点这样的味道，叫"万邦来朝"，真正的大国风采。

现在我们就缺少这样一个东西，所以提出了"中国梦"。中国现在的GDP在世界上排名老二，快要追上老大的美国了。当然依人均GDP计算，中国就差得远了。什么时候"中国梦"能牛到像"美国梦"一样，全世界最聪明的大脑都喜欢到这里来，都要把孩子生到中国来，都要到中国的名牌大学镀镀金，那中国就真的牛了。

Y：这里还存在一个文化不自信的问题。

金：对。所以现在提出文化自信、模式自信、道路自信。人的不自信也是历史积淀下来的，再加上对现实尚不满意，是双重作用的结果。历史的积怨，现实的不满，怎么让人去自信呢？所以一方面要消除国人对现实的不满，让他对现实越来越满意，另一方面要医治历史的创伤，让新的历史成为他留下来的坚定意念。这就需要我们认真、努力、踏实、勤奋，兢兢业业尽好自己的本分，共同打造让人对未来充满希望的理想环境。从高的宏观层面讲，是国家的大政英明、法治完善、管理高效、政府廉洁；从低的微观层面讲，就是：怎样尽公民的责任义务，老师怎样上好一堂课，医生怎样做好一台手术，驾驶员如何开好车，工人如何做好工，农民如何种好地，商场服务员如何展露美丽的笑颜……大大小小，上上下下，从宏观到微观，齐心协力，360度整合。

我们也是这样，一方面可以坐而论道，从国家的教育政策如何制定，到学校教育的改革如何推进，无所不言；另一方面更需要聚焦当下，联系自我——核心素养如何奠定，一篇文章如何打磨，一堂课如何精雕？

套句老话：放眼世界，脚踏实地。

Y：我还想到一个问题，除了中国人"赴美生子"，为美国输送优质公民外，中国实际上还承担了另一个角色，就是美国人的"养老院"。在体育领域这一点体现得特别明显，如那些NBA退役的美国运动员就会到CBA圈钱。

金：这个恐怕还得细细思量。一个NBA退役的美国运动员到中国圈钱，其实还是要靠本事的，尽管他退休了，但退休的美国球员比中国不退休的专职体育工作者还强一点，所以才把他请过来，对不对？他来中国固然有挣钱的意图，不会纯粹为中国人民服务，但也为中国体育事业注进了活力和动力。再说这也是个市场行为，一个愿挨，一个愿打，两厢情愿的事情，没有人强迫你。当然你说的也是一个复杂的问题，我们毕竟是让退役的美国运动员"老有所为"了。

再说中国的物价比较低。我看有些香港人年纪大了，来深圳买个房子，退休后，他拿着香港的退休金，到大陆消费。包括我们一些当年留学到美国、英国去的人，现在岁数大了，他也回来了，拿着英美国家的退休金，到大陆来生活，也挺滋润的。所以中国进入老龄化社会后，负担会越来越重。即使现在想方设法出生在美国的中国孩子，他的爸妈估计还是留在中国养老。我有一位朋友在美国戴了博士帽，也拿了绿卡，就把自己的父母请去见证荣耀了。住了两个月,爸爸受不了,语言不通,生活太紧张,结果感冒生病了,花了不少钱。总算稳定病情,一稳定,立马买张机票飞回大陆。一回大陆,心里的石头就落地了,因为爸爸在大陆有医保。可见社会主义还真有优越性,孩子出国留学了,成博士拿绿卡了,爸爸妈妈也见证荣耀了。一旦生病,还得赶快回大陆。为什么?社会主义的优越性啊!

  当然这位美国人的爸爸还没有美国国籍,如果入了美国国籍,美国政府也给你承担医疗费。美国的医疗费那才真是贵啊,所以赶快回来,不然他要倾家荡产啊。于是,社会主义还真的救美国了:最好的人才,输入美国;人才的负担,大陆承担。这些都是实际存在或将来会慢慢形成的问题。所以中国要做的事情太多太多,我们还要继续思考:怎样让自己的制度更健全完善,更具有竞争力?

44. "医教文游一体化"的新乐业

金：这是个"四合一"的概念，就是把旅游产业嫁接到医疗、教育、文化上，赋予其新的内涵和意义。这个新概念使旅游的内容更加丰富。旅游不仅是一个娱乐的产业，又是一个商业的行为，还是一个健康及教育的事业。把传统旅游产业嫁接到更多的不同领域，也会产生更多的社会价值及经济价值。

根据媒体报道，国际上的医疗旅游产业，呈现蓬勃发展的趋势。这里提供一些数据：2006年全球医疗旅游游客数量为2000万人次，到2012年，增长到4000万人次，六年间翻了一倍。医疗旅游的年产值达到1000亿美元，年增速在20%左右。它这个增速是惊人的，是全球增速最快的新产业之一。目前在中国大陆，北上广等特大城市对医疗旅游表现出了极大的热情。北戴河、杭州、三亚等地也相继推出了医疗旅游服务。2013年的博鳌亚洲论坛上，海南也宣称将在博鳌乐城建立国际医疗旅行先行区。

上海市在2010年推出了医疗旅游开发和推广的平台，迈出了中国进军国际医疗旅游业的步伐。平台运用国际广泛采用的TPI模式（Total Productive Innovation，即全员生产革新），帮助企业消除一切无效劳动和浪费，把目标确定在尽善尽美上，通过不断地降低成本、提高质量、增强生产灵活性,通过不间断的小集团改善活动、激活工作团队的士气等手段,确保企业在市场竞争中的核心优势。TPI 活动把责任下放到组织结构的各个层次,采用小组工作法,充分调动全体职工的积极性和聪明才智,把缺陷和浪费及时地消灭在每一个岗位。TPI 的优越性不仅体现在生产制造系统,同样也体现在产品开发、协作配套、营销网络以及经营管理等各个方面,它被称为二十一世纪标准的全球生产体系。

北京旅游文化局则联合北京中医药管理局向海内外游客推出了七条中医养生的旅游线路,游客在游览长城、故宫、颐和园等旅游景点之后,还可以去逛中医药博物馆,参观中草药种植基地,走进京城的名医馆,品尝养生茶,感受针灸、按摩等中医养生方法。而且,北京市旅游文化局还配套推出了针对不同游客的产品,比如:针对都市职场族,主推减压类产品,以放松度假为主要目的;针对中老年群体,主打养生类产品,介绍膳食结构;针对爱美女士,则向她们推荐中医美容产品等。

世界各国目前的医疗旅游业发展得也很快。比如,印度的医疗水平很高,各种私人医院、先进的医疗设备都是世界一流的。印度的三大法宝,第一宝是世界一流的医疗技术。印度的医疗设施都很齐全,价格比较低廉。再一个优势是医护人员大都会讲英语,便于和世界接轨。韩国在这方面也颇有特色,很多外国旅游者到韩国去寻求医疗旅游服务,包括整形外科、牙医以及全身健康检查等。首尔在 2012 年启动了方便外国游客到韩进行整容旅游的联系服务,开设整容内容的资源中心,进一步吸引世界游客。马来西亚政府则整合了 44 家私人医院、7000 多张病床,参与医疗旅游计划,把健康和旅游结合起来,开发深度医疗旅游产业,提出的医疗旅游口号是:"放松的时候,就是做健康检查最好的时候!"正常情况下获得马来西亚的旅游签证的时限是一个月,但如果获得了马来西亚相关医院的医疗检查信函,可以将医疗签证延长至六个月。可见马来西亚政府与医疗市场间的配合工作做得很好。

泰国的医疗旅游始自 1997 年,到了 2004 年,泰国实施了一个五年计划,由泰国卫生部牵头,整合卫生服务、医疗保健服务以及传统草药服务等三个板块,力求使泰国成为亚洲健康旅游中心。新加坡被世界卫生组织列为亚洲医疗系统最佳国家,其提供的精密的医疗服务吸引了周边地区众多的富人。新加坡现在发展医疗度假旅游的新平台,2006 年就有 40 万旅游者来新加坡接受医疗服务,包括 X 光检查、心脏大脑和癌症等一系列治疗,这为其带来了巨大的经济收益。还有匈牙利、瑞士等国家都力推相关的医疗旅游服务。

刚才我主要介绍了医疗和旅游产业的结合。其实,还有一些产业也可以结合进来,比如教育。记得我女儿高一时,她所在的学校就推出了中学生的游学计划。在上海的示范性高级中学就读的孩子,出国的很多。现在很多家庭的独生子女,父母没有时间带孩子出国旅游。当孩子放寒暑假的时候,父母还是要工作的,不可能跟着孩子一起放假。如果学校有组织学生出国修学兼旅游的活动,父母也愿意让孩子参加。尽管花费不菲,但只有一个孩子,父母也乐意花。所以一些高中生,已经有了出国游学的经历。

游学一边是旅游,一边是文化交流,同时接受学校的暑期课程训练,即把文化、旅游和学校的教育结合起来。我也在想,中国的学生纷纷出去,为什么中国不能吸引外国的学生到我们这儿修学呢?比如孔子学院,就是中国文化走出去交流的平台。如果能够把传统文化与旅游资源结合起来,就能既扩大文化的影响,也提升旅游的魅力。当然,旅游产业仅靠自然资源是不够的,最好的旅游资源是人文和自然的结合。你看世界著名的旅游景点,既是独特的自然景观,也是特有的人文景观。中国人文与自然交汇一处的景观非常多,也许是世界上最丰富的国家。

美国和加拿大的地域虽然辽阔,但不少区域无人居住。俄罗斯国土广袤,但它的历史不能跟中国比。中国的陆地面积虽是世界第三,但东西、南北所跨的经纬度很大,其地貌景观具有相当的典型性、独特性。此外,中国有五千年的文明史,四大文明中唯一没有中断、流传至今的中华文明,孕育了独特的人文旅游资源。如果这一宝贵资源没有被充分挖掘和利用的话,将十分可惜。

国内外比较流行的医疗和旅游结合的产业也是一个大健康产业,要实现这一产业的健康发展,可能还要建立健全行业发展体制和管理机构,促进相关资源的有效整合。实际上,把文化、教育、医疗和旅游结合起来,不仅会产生经济效益,也有重大的社会效益。我们一起来思考、探讨:这个业态为什么会发生?它和社会及政府的关系如何?它的未来走向及前景如何?它提供的机会对我们有何意义?我们如何集聚本土资源,参照国际经验,共同做好这一新兴产业?

X: 谈到医疗和旅游相结合的那些国家,也是医疗水平相当发达或有特色的国家,人们都愿意到那些医疗资源丰富、质量可靠的地方去。可能也只有这类国家,才有条件把旅游和医疗、养生等结合起来。至于教育,中国学生到西方欧美国家进行短期游学或参与暑期交流、课程培训,归根结底是对方具有丰富的课程资源和优良的教学质量。反观中国,虽然您提到我们的人文、自然景观独具魅力,但是真要把教育、医疗及旅游结合起来的话,我觉得还是挺困难的。因为与欧美等发达国家相比,中国自身的教育、医疗等的水平还是处于低位。聚合教育、医疗和旅游资源的前提是,中国需大力提高教育和医疗水平。壮大了自身的实力,自然而然就能吸引别人前来。

L:我觉得关键还是特色的问题,毕竟新中国建立才这么些年。其实我们的发展速度已经很快了,特别是改革开放以来,取得的成就举世瞩目。当然目前在某些地方还是比不过英、美等发达国家,经济发展和社会建设也都存在不少短板。但是我们可以扬长避短,像韩国就是一个例证,它是以整形为特色,依靠整形产业在世界上占据了一席之地。可谓人无我有,人有我精。美国医疗水平虽然高,但整形不如韩国。现在中国很多明星都会选择去韩国整形,欧美国家的人士也对韩国的整形业交相赞誉,韩国确实把整形做成了旅游和医疗结合的特色项目。

当然,我并不推崇整形,人还是自然美更好,整形一定会破坏一些自然的元素。但它毕竟成为了韩国的一个特色、一项品牌,这是中国可以学习的地方。不妨看看自己有什么特色,如何发扬光大。我们不需要拿自己的弱项与欧美国家的强项比较,只要坚守并发扬自己的特色,就能在世界的某个领域彰显声誉。

M:说到特色,我们也有,那就是中医。但是中医的科学性或者说它的疗效目前还存在争议。中国目前的旅游业,存在过度商业化的问题,比如凤凰古镇,已失去了中国最美小城昔日的宁静和风韵。现在的中医养生也有很多人在做,但不少人是冲着钱去做的,没有真正地发扬中医文化,呈现中医的独特疗效,这会损害中医的声誉。我认为,当务之急是健全行业规则。如果先给别人留下了不好的印象,之后再想获得别人的认同就比较难了。

H:政府现在还没有意识到将医疗旅游作为旅游产业比较有前景的一个项目来开发,目前的旅游业也只是把重心放在自然、人文景观的展示上。这个行业发展较好的国家大都由卫生部牵头,以国家行为来推动整个产业的发展。而我们还没有这个意识,特别是整体的规划及配套服务的措施都还没有系统地思考和构建。

金:刚才你们四位分别从四个方面谈了想法。付惠提出要把四个产业整合好,就离不开国家层面的政策导向,比如顶层设计、制度构造、平台搭建等。如果缺乏系统的整合,有可能把这个新业态的牌子给砸了。

晓梅强调了中医。中医是最具中国文化特色的本土医学,它的科学性确实存有争议。

我认为,中医本身就不能用传统的科学性概念去分析,因为科学性基于在分门别类的静止状态下对事物做分析等实验性研究,这是经典的西方自然科学的研究路径。而中医恰恰是反其道而行之,它是在一个整体、运动的过程中进行的人体康复研究。所以这是两个不同的话语系统。我们无需争议高下,衡量的标准只有一条,看实效。可通过中医旅游养生的实践,看最后对人的健康到底有什么帮助,这就需要案例的积累、数据的统计及时间的证明。

中医有点像教育,是个慢活,你不能太急了。但是它真实的效果,恰恰就体现于慢的特点。中医首先强调的是医未病,人体病变是一个慢的累积过程,中医以慢对慢,将疾病消除于萌芽状态。病急乱投医,一药治百病,这恰恰违背了中医原理。西医是头痛医头、脚痛医脚的部分医治法,是治已病。人的最大弱点是隐病不求医,显病急投医,最好是药到病除,这就对上了西医的特点。以西医的特点去攻击中医的特点,这就完全错了位。要正确认识中医的作用和疗效,首先是要治疗人的心态,澄清近代以来中医的污名现象,循中医的正确医治理念和健康的养生之道。其实,对某些病症,中医疗效也并不比西医慢,医治的效果反而更好。

说到"慢",这恰恰又符合旅游产业的特点。我们到阿尔卑斯山去旅游,道旁竖着标牌:"慢慢走,欣赏啊。"现在中国式的旅游是:"匆匆走,拍照啊。""上车睡觉,下车撒尿,到处拍照",这种旅游背离了休闲的真谛,沦为暴发户的夸耀和攀比:老子现在有钱了,能到世界各地去闯一闯了!于是摆一个夸张的"V"手势,立此存照,证明成功。这类胜利者姿态的照片比比皆是,与休闲、欣赏无关。

休闲就是慢慢来,悠着点,这和中医的特色、教育的特点倒是一致的。前面提到,希腊语中学校的本义是休闲,这与中国"庠序之教"的字义高度吻合。所以中医学、教育学和旅游学是天然的盟友,这正是业态整合的生长点。中国近代以来的一个重大社会问题是我们在追赶现代化目标的过程中犯了急躁病,在比学赶帮超的工业化进程中,想以一天等于二十年的豪气和速度,浓缩西方列强数百年的现代化之路,乃至用军事学、工程学的思维和举措作为建设强国的基本理念,导致某些不恰当的话语泛滥成灾、积非成是,如把"教育"与"战线"固定为专用词语,相沿至今,难以改变。甚至形成"概念假相"和"词语崇拜",一旦改变,惊诧莫名。以百米冲刺或短兵相接的心态,又如何办得好学校呢?又怎么会真正体验中医的精髓呢?今天怎样开发、利用好中国文化的特色,需要反思历史,汲取教训。有人说中医是中国的第五大发明。中国的四大发明闻名世界，为什么说第五大发明是中医呢？就是肯定中医学及中医文化的独特贡献、独到魅力和世界影响力。

丽丽说要凸显我们的优势。优势是相比较而存在的，中国不具备全面的优势，但确有自身的特色。韩国的医疗呢，整形就是它的特色。有人认为，韩国的整形尽管有特色，但也有它的弱点。弱点就是一个自然的人在整形广告面前不以自己的自然为美，而要按照流行明星或者所谓的国际标准来重新塑造自己的外形。这当然也可以，人有自己的选择权，但我们可能无法认同这样的审美观、价值观，因为确实自然的才是最好的。所以韩国的整形旅游目前虽然欣欣向荣，但其审美观、价值观内隐着致命伤。中医与旅游结合真是中国最大的优势了，中国的医疗机构也不可能提供像美国那样的心脏搭桥等高难度的诊疗技术，不妨突出中国本土有优势且价格相对低廉的医疗服务，比如针灸，针灸现在各国都承认。

越星说到中国文化教育目前无法与美国媲美，如何彰显优势？其实中国文化和教育还是有优势的，至少最具中国特色的文字、书法、文学、艺术、历史、伦理及儒学、道学、中医等等，还数不尽数。挖掘一下，可圈可道的就更多了。就像华东师大，也许无法与清华北大媲美，但通过错位竞争，比如发挥教育的强项优势，就能开辟独特的发展和竞争之路。

我们目前的教育、医疗优质资源还不够多，中国很多留学生纷纷跑到美国去，遑论把外国人搞到中国来接受教育。这还得看外国人对何种中国教育感兴趣。我想，关键还是发挥中国教育的特色，比如书法、绘画、历史、哲学，包括文字、中医等等，这些都是文化特色。外国人特别是发达国家的年轻人到中国来，未必是来学高科技，学的是"大东方学"吧？我们也不要妄自菲薄，自贬身价，小瞧了自己的宝贝。实际上现在中国的老年大学在教什么知识内容？不是传授数理化，老年人还追什么数理化！他们热衷的课程就是养生、烹饪、书法、历史、文学、绘画、唱歌、跳舞、弹琴、下棋等等，都是这些修身养性、怡情悦心的科目。为什么退休之后，进入老年大学后，喜欢学这些课程呢？国家没有规定必须去读这类课程，但有些老人进入老年大学之后，一年两年赖着不走。校长说："老先生啊，你读了五年了，可以毕业了，让新的刚退休的老人进来。"他说："我到死才毕业呢，我一辈子赖在你这个地方了。我回不去啦，因为这里就是我的生命，我的家！"

这就是回到了教育的真谛！我一再跟你们讲的，教育是什么？教育就是吃饱了饭没事干，弄点事干干。中国的"庠序之教"，一座房子里有羊：有房子住，安居；有羊吃，乐活。剩下的时间很无聊，怎么办？有经验的智慧长者与达官贵人的孩子，都是不用去从事艰辛的体力劳动的,也就是吃饱了饭没事干。这两群人,长者与孩子一起玩玩,把人生知识和智慧经验传递下去。这就是学校,正规的学校就是这么产生的。就像马克思说的,物质财富达到一定的层面,吃饭问题解决了,有休闲时间了,文化就开始发展起来了。不然,古希腊语的学校一词为何就是"休闲"之意呢?

今天,当全球迎来休闲的时代,全面彰显和弘扬中华文化优势的时代也开启了。中华文化的这个优势,可能还是人类发展的新方向。休闲的教育旅游的优势值得大大挖掘。可以这样讲,今后想入学校接受教育的人中,越来越多的将是吃饱了饭没事干的人。

首先是有钱。没钱你就不会来旅游。然后是有闲,无闲你也不会来接受学校教育。这个当然是好事啦。晓梅刚才讲,不能把新业态弄成搞钱的项目。开发打造新业态的首要目的,当然不是搞钱,但是他要送钱,不也是好事吗?美国的中产阶层、富人阶层,有的是钱,他到中国来参加健康、医疗、文化、教育、旅游一体化的综合活动,当然要带钱进来了。就好像中国的学生到美国哈佛大学去读书,现在学费都涨价了,对不对?一年五万美金的学费,中国的父母不是照样送过去?我们还是发展中国家呢,教育消费者就把这么多的钱送过去,发达国家的游乐者不送钱来行吗?

当然还须指出这一点:他送钱来是心甘情愿的,他觉得值,他还想继续来。这就需要研究,怎样把这个产业整合起来搞好,不能搞成短期行为,抓把钱来,然后把这个产业搞砸了,这是死路。所以这也就需要政府的引导和牵头组织。新业态的发展会带来新问题,逼迫我们不断地思考,迎接挑战,把这个产业做得更好。

元义,你还没说?

Y:我觉得你们提及的都是城市里的旅游,实际上农村也可以发展自己的特色文化旅游。有这样一例:有个村里有棵大树,这棵树已有数百年的时间了,这样的树在其他村庄也会有。但这个村庄在开发本村旅游资源的时候,就把这棵树的文化以及历史内涵整合进去了。比如说,男女双方同时抱这棵树的话,就会百年好合,这是其一。其二,村里有个做煎饼的老奶奶,她当年支援前线时给战士们送的粮食是煎饼,于是以老奶奶为名,创办了一家"支前煎饼公司",叙述当年送煎饼给解放军战士的故事,当然今天的煎饼也非常好吃。其三,村庄里还有一个池塘,为了吸引城市游客,村民将其开发为鱼塘,可供游客垂钓。可见,农村也可以因地制宜,发展出自己的旅游文化特色。现在人们对旅游的需求,已经不再满足于走走看看、拍照留念的模式了,更倾向于文化享受和精神满足。

金：你这个想法很好，这是新农村建设的一个抓手。把农业、旅游业、健康产业、医疗产业、教育产业、文化产业全部整合起来，思路拓展得更宽了。当然，这首先需要敢想，然后要敢干。你看张贤亮，前不久他刚刚去世，作为宁夏的文联主席，他创建了镇北堡，一个原来十分荒凉的地方。张贤亮曾是个右派，他的作品后来都改编成了电影，比如《牧马人》。张贤亮就在这个小小的镇北堡里，创办了摄影基地"西部影城"。这个摄影基地很吸引人，许多摄影师、导演都要到这个地方取景。张贤亮长年流放当地，对周边环境熟悉，他又是个文化人，有独特的审美眼光。张贤亮搭建了这样一个平台，需要拍摄具有西部特色的电影的导演就被吸引到这个地方来，吃住游都给安排好。它就成了一个旅游景点了，慢慢就带动了当地的旅游业。

张贤亮卖的特色是什么呢？镇北堡这个地方特荒凉，什么东西也没有。但荒凉恰恰就是它的资源，他卖的就是荒凉。城里人看惯了繁华，荒凉的东西独具魅力。像我到新疆去，一见无边无际的戈壁滩、寸草不生的大沙漠，就觉得震撼人心。我就喜欢看那种自然的苍茫，那种广袤、粗粝、荒凉。

所以元义说的可行。那种刚刚退休的城里人，身体还不是很差，或者还能够自食其力，不妨组成临时的农村合作旅游组，一边玩，一边做善事。梁漱溟先生当年搞乡村运动，就提倡医教文卫一体化。说到此时，新时代的新业态仿佛又回到历史原点了。我们可以开展新业态进农村的新试验，继承先贤未竟的事业，开辟新路径，登上时代的新高峰。

45. 穿戴医疗真能戴入新时代吗？

金：现代医疗器材的设计和生产已进入了一个智慧期，出现了穿戴医疗这类高科技设备。家电行业有个预测，2015年，愿意购买可穿戴设备的消费者要比2012年翻10倍，穿戴的医疗设备未来可能像智能手机一样普及。我想不明白，什么叫像智能手机一样普及？无非就是在智能手机里加上了医疗检测的功能，因为手机就是穿戴的，放在你口袋里，挂在你脖子上，与你形影不离的嘛，对不对？我看发展的前景是手机升级，就像一个变形金刚，体态百变，成为你喜欢的任何模样，依附着你身体的某个部位，感知你身体的一切信息，随时告诉你或警示你，也就是穿戴设备和智能手机的高度一体化。

当然，这样的一体机尚待未来的发明。目前推向市场的还是初级阶段的穿戴设备，有手上套的、脚上套的、腰里面绑的，可以用苹果手机，与这些玩意儿的功能对接。我看到女儿手上套了个东西，故意问她："这是什么装饰品啊？"她说是医疗监视器，可测量心脏、血压还有走路步伐等。我也不太懂，它却在年轻人中盛行。两年前，我的一位朋友，也是位新潮人士，手上就套了这个东西。我说人家是黄金手镯，你咋戴个黑色的塑料手镯啊？他解下来给我看："金老师，这是一个穿戴的医疗监测仪。"我知道，我已经落伍了。

今天这个日新月异、花样无穷的时代，走来一些不开口的医生，与你形影不离，包括腕式电子血压计、心脏检测仪、血糖仪、脉搏监测器、环境污染监测口罩等医疗类产品，以及儿童定位跟踪手环、老人紧急呼叫器等安全类产品。实际上这类新潮的穿戴式医疗设备，又是从美国、德国、日本等国家引进的。美国医务界早就推出了这种可穿戴设备，帮助病人监测自己日常活动是否健康有规律、睡眠是否良好、血压是否稳定、心跳是否正常等等。由于市场巨大，前景可观，所以现在很多国际企业界的巨头，包括英特尔、百度、Google等，对这类东西都非常感兴趣。

可穿戴设备不仅仅适用于医疗和运动领域，它涉及的范围相当广泛。国内也有公司在研究这类产品，专家认为医疗的可穿戴设备与移动医疗的云技术结合，可建立起病人的信息资源库，帮助患者在疾病初期发现病因，或及时治疗或提醒患者改变不良生活习惯，从而变治病为防病。

我最近与几位朋友交流，他们在担心，说现代医疗设备太先进也带来新麻烦，比如人的身体里不健康的因子是有的，以前不知道，一辈子也相安无事，自然地尽其天年了，九十岁、一百岁的长寿健康老人也不少。现在用先进的医疗设备一透视，发现身体里有什么不可测的因子，像一个定时炸弹，什么时候爆炸也不知道，所以你自己要时刻警惕。结果弄得你杯弓蛇影、忧心忡忡，反而送了命。

这种担心确实也是个问题。有人说过度医疗检查，本身就有弊病，时不时地到医院去检查，跑得这么勤干嘛？两三个月检查一次，是不是太频繁了？现在穿戴式医疗设备上身，等于天天在医疗检查，那岂非更过度了？有时人不是被病折磨死的，是被自己吓死的——不查倒没关系，一查吓一跳，这一跳就把命给吓没了。这是穿戴式医疗设备的悖论。

你们年轻人是否不太关注医疗方面的新动向？因为你们很健康。现在市面上又出现了一些针对正常人群的医疗设备，比如蓝牙运动追踪器、蓝牙心率表等，是帮助人进行体育锻炼的，可对个人健康起到管理和提醒的作用。人在健康上面总是愿意投资的。中国人在几项投资上是不惜工本的，一个是孩子的教育，一个是身体的健康，再一个可能是住房。涉及我们自身生命存在的就是医疗，涉及我们未来生命发展的就是孩子的教育，这两个问题也是关乎两代人生命传承的问题。现在商界人士预测，如果中国有两亿人需要穿戴医疗设备，那么拉动的市场消费就不得了。

但是反过来说，一个巨大的穿戴医疗市场，又会牵涉到个人健康的大数据。这个大数

45. 穿戴医疗真能戴入新时代吗？

据的采集,一方面是保护和推动了健康生活方式,另一方面又会暴露个人的健康隐私,此外还包含前面论及的负面影响,即过多的医疗信息反而引起过度的担心。接下来我想听听你们的想法。

L:现在很多年轻人在健康方面确实是有问题的。前两年,就有一个88年出生的女孩子,年仅二十多岁,做淘宝网的生意,生活作息日夜颠倒,突然心脏病发作猝死了。这个女孩子就是因长时间疲劳过度,不注意自己的健康状况,才导致了最后的悲剧。

金:你说的这个问题,我们学校前不久就有类似的事件发生,一个教育文化专业的研究生也突发急病去世。我们身边就有这种情况。青年知识分子的身体状况需要引起重视。上次讲课我提到北大冯友兰教授,他晚年身体不好,两只眼睛看不见了,但使命在身,修订七卷本《中国哲学史》的事还没完成,冯先生要求系里给派学术秘书,系领导很为难,现在的大学哪有什么学术秘书啊?都没有助教了。博士毕业、博士后出站,都是讲师。谁来给老先生做助教?领导只能特事特办,请冯老先生九十高龄之年,再破例招个博士生,实际就是变相给老先生配了个学术秘书。

老先生没办法,只能再招一个博士生。学生跟他四年,主要是帮助冯先生把多卷本《中国哲学史》修订好。结果书修订好了,老先生也安然去了,他带的这个博士也真是邪了,睡在研究生宿舍楼的上铺,半夜一个翻身摔下来,也跟着老先生去了。可能这个学生搞得太累了,也有人说学生与先生的情感太深了,完成了共同的使命就一起走了吧。这也是个奇谈,真是怪了,太有缘分了。我们的物质生活水平大大提升了,但现代人的身体素质却在普遍下降。

L:前些天在微博上看到一个网友,也属白领阶层,她说一天中不吃早餐等于慢性自杀、晚上超过十二点睡觉等于慢性自杀、二十四小时不关手机也等于慢性自杀,于是看下来她一天到晚没干别的,就是在"慢性自杀"了!我想,她虽然说了这一番感慨的话,似乎在自我警告,可她第二天会怎么做呢?很可能还是继续重复以往那种不健康的"慢性自杀"的生活方式。

我觉得对于我们年轻人来说,更重要的是真正树立起一种健康的意识。现代智慧医疗的穿戴设备是想让人们关注健康,但它也只能在短时内吸引人们的注意力,时间一长,就未必管用了。关键还是需要人在观念和行动上来一个彻底的转变。

金:这点说得好。

X：我认为电子医疗离不开电子设备，一切电子的产品包括电脑、手机或其他新潮的电子产品，其实对人体都有辐射作用，在它与人体亲密接触时，总有一些副作用。有可能你的身体很健康没有什么问题，但是你长时间佩戴电子医疗设备，反而对身体造成局部的不良影响。医院检查时，医生也会告诉你，若非必要的体检，则尽量少照X光、CT、B超等，因为它们对人体有一定的负面影响。

也许青年人就是图一个新鲜劲儿，而生产医疗穿戴设备的厂商就抓住了人们普遍关心自己的身体健康、怕得什么病的焦虑心理，开发出提前预测身体病变信号的电子仪器，并巧妙地发动了销售攻势，引发了市场上的时髦潮流。但是过了一段时间后，人们可能还是觉得真要健康就得加强锻炼、合理饮食。最根本的问题是大家太忙，从早忙到晚，也没有时间去关心自己的身体。尤其是现在的年轻人，无论学生，还是白领，为了学习或工作，甚至透支自己的生命。过度的社会化、功利化，让我们忘记了肉体的自然属性，违背了养生规律。

金：我们也论及了五"Mang"的问题，对吧？

X：可能是社会化过度了。如果说人是属于动物的话，动物都很关心自己的身体，它们只关心生存和繁衍。人由于进化的结果，可能过多地关注和追求社会的功利价值，却牺牲了自身的健康。不过我觉得丽丽的生活状态挺健康的。

金：那你说说她是怎么健康的？

X：就是每天晚上11点之前必定睡觉，一日三餐按时按量。现在我们受她的熏陶，作息也比较有规律了。

L：不少人士，尤其是一些男性，养成了抽烟、喝酒等不良生活习惯，又缺乏恒心和毅力，不想戒或戒不掉，直到有一天诱发了严重的疾病，才下定决心戒除这些生活恶习，可为时已晚。所以人们常说，医生的话最管用，当医生说根据你的病况，必须不抽烟、不喝酒才有助于病情恢复的时候，他才能痛下决心，真正戒除陋习。很多人只有在得病后，才会有一些健康的意识。

H：智慧医疗穿戴设备这类概念产品，最先是在富有阶层产生的需求，当他们拥有了财富以后，就开始为自己的健康考虑。他要问自己：是否有足够长的时间去享受已创造的财富。这样的想法就刺激了社会的需求，于是厂商就开发出了这种可穿戴的医疗设备。但是它也只可能在富人阶层普及，普通人是不会去玩这种可穿戴医疗设备的。

X：但是现在它确实很热，成为潮流，因为它价格不是很贵，并非只有有钱人才买得起，

45. 穿戴医疗真能戴入新时代吗？

平常的上班族，其实也消费得起。应该说，它的市场还是很广的。

H：市场确实很大，可初期还是会从富裕阶层开始，然后逐步下移，渐渐普及。中国现在还是有一些很贫困的人，可能没有办法穿戴医疗设备吧。我认为，关键是树立全民的健康意识。因为绝大多数的人不会关注尚未发生的事，等病魔缠身才会去考虑如何加强监测身体信息。其实年轻人，首先要树立每年体检的意识。现在似乎要到四五十岁甚至五六十岁时，才会有每年体检的意识，但这是不科学的，很多病都是年轻时种下的因。今天大部分的年轻人都处于亚健康状态，却缺乏维护身体健康的正确观念。用怎样的方式，才能唤醒人们关于健康的自觉意识？

X：估计也没用。记得我们系里那个女孩去世时，大家当时都很震惊，然后都说以后要特别关注自己的健康。那一阵子，我们注意不让自己过分累，学着放松，然后彼此提醒，说不能为了获得学历，就把自己的健康给出卖了。接下来一段时期，大家确实比较关注自己的身体健康，但仅维持了大约一两个月，我们又回复到原本的那种生活状态了。这真是人性的弱点，非要得了病，才会意识到健康有多重要！

H：就自己的经验来说，我前两天心脏不舒服，于是去医院检查了。那时就觉得健康好重要啊，但这两天好像又忘记了。

金：其实我跟你们是一样的。前几天肚子不舒服，情绪不佳，什么事情都不想干了。过了一天，好像没事了，现在又忙得不亦乐乎。

H：我们总是不注意健康或不注意休息。即使生了病，一旦病愈，还是不注意。日常生活中忙忙碌碌的琐碎事情，你说它重要吧，比起自己的健康来，也真的不那么重要。但是你又不可能每时每刻都把自己的健康放在首位，把其他事情都往后推，因为我们毕竟是人，不仅仅是为了生命的存在而全力地维护健康。

Y：不一定每年都要去体检，有些人也挺怕体检的。我认为最重要的是养成良好的健身习惯，至少每周给自己一点时间去运动、锻炼，既可到健身房训练，也可因陋就简在家门口走走路，这可能比穿戴式医疗设备更管用。这些可穿戴的智慧医疗设备是升级版的电子智能产品，一开始肯定是有钱人的玩物，最初是军用的比较多，现在已经普及到民用，因为它已做到了廉价，也非常实用，且能跟智能手机在一起联合使用。此外，我觉得作为一种医疗方面的工具，谷歌眼镜发挥了很大的作用。新闻联播报道，通过谷歌眼镜，可帮助医生在做心脏手术时，把整个过程反映到电脑上，再进行分析。

作为工具，这种智慧的医疗设备还是有它的参考价值，但我们也不能马首是瞻，整天围着它转。我在实习的学校里，就看到一个人手上戴着这种设备，是小米手环，其实很便宜，仅79元人民币。我看他时不时地瞅它几眼，还整天监测自己走的步数，算算每天早餐的卡路里。女性似乎对这类新潮产品更情有独钟，喜欢在手机上下载相关软件，用以监测每天跑步的状态，特别是减肥目标下所消耗的卡路里。这个智慧医疗的穿戴设备在生活中的应用已引发了很多有趣的社会学现象。

X：我觉得这种穿戴设备可能测到的是一些基本的人体信息，比如说脉搏、血压或走路的步数，这些易于外化的简单数据，可以通过这个内部构造并不怎么复杂的仪器来获得，但复杂的医疗检测，靠它肯定是不行的，需要到专业医院借助更精密的系列化设备来进行。至于有些复杂的病象，还必须由医学专家凭经验诊断，中医说的望、闻、问、切还是少不了的。

H：这种医疗穿戴设备是西方整个科学研究数字化的反映。

Y：对，这些设备一方面是数字化，另一方面它规定的人体健康标准，普通人也不明就里，因为每个软件测量人体健康与否的标准其实不完全一样，目前主要依据的是厂商自己研发的大数据系统，就是把正常人群的健康指标数据综合起来，进行平均化分析。达到或超过平均数，则显示健康状态；如果未达到平均值，就会显示危机或警示的状态。由于正常人之间显示的健康数据有着较大的个体差异度，所以用平均值提供给你的数据或结果，可能只是一种有限的参考吧。

H：数字毕竟是一个固定的冰冷的形态，但是我们的身体状况无时无刻不是动态的显示。谈到智慧医疗，其范围应该更加宽泛，还应涉及个人的健康档案，即把整个医疗信息纳入无线网络，用数据化来表示。医生的诊断信息应在网上永久保存，病人初步问诊也可通过互联网来进行。这种形式，有利于缓解现在看病难、好医生难找、医生花时间少而病人等待时间多等问题。智慧医疗借助互联网，可及时整合信息，帮助医生判断病情，也较好地解决了医患信息不对称的矛盾。

中国现在有的医院已开始这方面的探索，比如医生的在线咨询。但是真正要全面铺开、系统规划实施的话，还是有相当的难度。因为看病问诊也不是医生在网上听患者描述就可以下判断的，除了传统的望、闻、问、切，还要进行现代化的医疗器械的辅助检测。而且大数据可以反映一定的问题，但不能反映全部问题。

金：还须关注一个医学伦理问题。智慧医疗穿戴的系统化装置，以后能够监测到每个人的前生后世，对个体的身体信息甚至家族的健康及疾病信息了如指掌，它就是一把双刃剑啊。解读生理基因，给你判定基因标示的可能性及限度，描绘出个体生老病死的轮廓图，人的生命也许就此索然寡味了吧？以前说人的命运仿佛是上帝在玩的一场赌博游戏，充满了不确定性，人生的无奈和精彩也在于此。但透过可穿戴的医疗设备，设定了一生的健康路线，也等于上帝提前就告知了每个人其预期生命是多少年，或者预先察知某个器官的异变，以便你及时置换来保障你的生命再延续多少年。这就使人的一生变得井然有序，按部就班，丝丝入扣。人的寿命固然有所延长，而人生的趣味又在哪里？这就牵涉到医学伦理的复杂性。

M：这种穿戴式智慧医疗仪器对于某些特殊人群还是很有必要的，比如心脏病患者需要时时警惕心率，不能过于激动，那么仪器就可以不间断地帮助他检测并及时提醒他注意。高血压患者和糖尿病患者也会有这种特殊需要。我曾看到相关报道，据说可以训练一种狗，使它对血糖有敏感性，如果糖尿病患者在家里养一条这样的狗，一旦血糖升高，狗就会给他提示。

至于刚才说学校里女生靠看智慧表带记录的卡路里来减肥，也就是图一时新鲜吧。或者说现代人已离不开数字化的感觉，一看表，今天的运动指数这么高了，很不错啊！也就是起一点自我激励或安慰的作用而已。其实，可穿戴医疗设备如此热销乃至成为新潮，是与商家不遗余力的大肆宣传分不开的。普通人也无能力去分辨它到底实效如何，只要商家说好，消费者可能也会觉得好了。但这个市场还是有点良莠不齐的，你也无法检测它到底有没有用。所以政府的有关管理部门是否需要来规范一下。目前的医院也没有采购或向患者推广这类产品吧，主要是普通民众感兴趣或追时髦玩一下。

金：你说的这个情况确实存在。现在的这些穿戴式智慧医疗设备，一方面是正常的高科技物品，人们也需要它；一方面商家是否也在炒作，夸大了它的功效？作为凡人，缺少专业智慧，如何辨识连医务专业人才都难以选择的良莠不齐的各式产品。现在不要说穿戴式智慧医疗设备的消费者信赖指数了，进而摸排一下病人对医生的信任度，也可发现问题之严重。前两天我在一所学校调研，有个老师就对我说："金老师，我在学校也是半个医生啊！"我说："你怎么对医学这么感兴趣啊？"他回答："因为我这几年身体不好，求医过程中也碰到一些情况，我现在对很多事情都有自己的研究，我确实对医疗行业比较熟悉了，所以一般的医生他忽悠不了我。"

你看,他就是对目前医院里的专业人士不太相信啊。古语谓,诚则信,信则灵。就医的前提是医患之间的彼此真诚信赖,如果藏着掖着,病人的信息医生都云里雾里,他怎么给你对症下药?所以说大医如神,古人不为良相即为良医,悬壶济世,替天行道,医生在病人面前有绝对的权威。但在中国特殊的医卫条件下,加之处在社会转型期,很多改革事项处于摸索试验的过程中,就流行起了一种"以药养医"的行医方式,就是药价奇高无比,医生的专业服务其廉无比。在美国等发达国家最体面、收入最高也最神圣的行业,在中国竟沦为最危险、最艰难、回报却最低的行业,这让从医者寒心,也让医院管理者无奈,有些医院的院长徒叹此乃"逼良为娼"。

这就导致医生蒙羞,医院信誉下降,于是也出现了医院的诚信问题。现在某些医院也确实存在过度医疗现象,可见这里面的问题错综复杂。在医生这个专业团队的诚信和患者对医生及医院的信任均下降时,医患关系不免趋于紧张,病人对医生的话也就处于可信可疑的朦胧状态了。有人说你尽信医生的话,都没法活了,因为医生眼中人的身体状况都有问题。那么你再看医生自己呢,他建议你不抽烟,有的医生自己也香烟缭绕,你叫病人如何信任你?但医生又说,超负荷的工作,力不能支,不靠烟(也有的靠咖啡和浓茶)提神如何招架。还有医生学跆拳道、藏水果刀以备不测、加强自卫。凡此种种,暴露了医卫界深层次的复杂问题,需要进一步地去研究。

在此社会环境下,商家更可能利用各种因素,过度推销电子医疗设备,又进一步推动设备过度使用,使医院和社会都加剧过度医疗、奢侈医疗、超前消费医疗等,从而引发更多的问题。我前阵子在某开发区考查国家级的现代高科技智慧医疗中心,它冠以一个专用的医学术语,我还不清楚其确切的内涵,也许它也不想让你真正搞明白。那种豪华的阵容和气势是我从未见过的,据说安置的进口专业医疗设备都动辄几千万、几个亿,有的设备在国内都是屈指可数,然后介绍说这类设备怎样的先进,能够预测人体的什么毛病,这些疑难杂症用什么疗法能够有效化解。

我看医疗休养区内的房间和设施堪比七星级酒店,还有着高级宾馆所没有的专业高端设备及医务尖端人才。七星级宾馆的安保算得上严了,它却更严,里外三道门,入住者享受的是超级名人的待遇,有高度的监控、多重的安保,有相对独立的家属陪护区、病人休养区,还有医生监控区,彼此又连为一体,整个一层楼都是为你的特殊需要服务,等同于具有医疗性质的总统套房。

如此高级别的专用医疗中心，有几个人能消费啊？也就是比尔·盖茨那样的成功人士吧。为什么搞得如此高档呢？还是有这个市场啊。如果你不弄这个东西，中国的一些超级富豪就跑到美国、英国、德国、日本去医疗高消费了，但我们自己搞起了现代化的高端医疗中心，至少就不让中国人的肥水流了外人田，还能够把发达国家，以及第三世界国家富豪们的钱也圈到中国来。所以这又是一个奇怪的现象：建设超前的高端医疗中心，满足特殊的高端医疗需求。其间的悖论是：富人凭借健康的身体和高超的智慧拼命弄钱，弄到足够富了，身体却垮了。最后让你用这种方式，"躺在最高端的病床上，把一辈子积攒的钱用掉"。这真是不说不知道，世界真奇妙。

一个小小的穿戴式智慧医疗设备，倘若真的深入钻研，可以牵涉很多方面。除了医疗本身，还有社会、人生的诸多复杂问题。我同意你们刚才的见解，无论现代化的医疗技术手段多么先进，都是外在的。而疾病能入侵人体，除了外在原因，今天很大程度上是源自人的内心。

现代人的身体不健康，可能真的是源于我们内心世界的不健康。所以解铃还得系铃人，医生要治病，先得治心，而心病又得心药治。归根究底、追本溯源，只有树立健康的理念及健康的人生观、价值观并付诸行动，才能从根源上解决问题。

这又回到了教育的根基，看来确实是医教不分家。我看西医理论真的还需要中医理论的互补和滋养，反之，中医理论也需要西医这块他山之石的参照。未来的世界医学，将展现东西方智慧的高度交融，这也是我们聚谈这一话题的意义所在。

46. 网购热潮与"马云帝国"

金：刚刚过去的"光棍节",引发了网上购物的狂欢和热潮。这显示出马云确乎是电商时代的中国第一牛人,出尽了风头。阿里巴巴在美国上市了,马云的身价立马就上去了,他就牛得不行了。面对记者采访,他说以考进杭州师范学院为荣,因为他的母校,在他看来是全世界最好的大学。

牛人就是牛人。当你是一个北大或清华的普通毕业生,谅你不敢说北大清华是全世界最好的学校;但不管母校究竟如何,只要我足够牛,就敢说我的母校是全世界最好的学校!所以真的印证了那句话:今天我以母校为荣,明天母校以我为荣。出了一个马云,就相当于给杭州师院也就是今天的杭州师大做了一个超级的广告。

马云的电商能否成为一个帝国?电商炙手可热,以后会不会持续热下去?网购的热潮,与现在相当多的实体店的"哀鸿遍地"有什么关联?我想,这是一个开放的话题。

M：昨天看到的一条新闻还挺有意思,说的是"双十一"成交量有多少个亿,但仅过一周,退货率高达百分之四十多。"双十一"时,大家看到网上物品全是半价,觉得便宜才慷慨解囊。但是网购最大的一个缺点是看不到实物,容易被照片欺骗。当货物运达的时候,实物和预期总有一定差距,加上网购又有七天无理由退货期,所以退货率是很高的。

金:相当于之前的近一半交易额折损掉了。

H:其实"双十一"的那些网上商品,看似打了对折,便宜了不少,其实有部分商家是提前上调价格再打折的,并不比原来便宜。由于心理的错觉,加之尚有部分商品还真是打了折,就导致大家疯抢。电商实际上是抓住了人们爱贪小便宜的心理状态,由于网上提供的商品应有尽有,适应每个年龄阶段的群体需求,中国人多,每人网购一次,哪怕只买几块或几十块钱的东西,营业额也会直线飙升。

L:最近,大家都在网络上晒淘宝十年的账单。我看到有个女生也在分享账单,十年间,她在淘宝网上花了一百多万,有人给她评论:"你尽管花了一百多万,今天我看到的最大数值是五百多万!"我想,大家一般在淘宝网购买的还是衣服、日用品等,但积少成多,数值相当可观。当时我看了就很震惊,她一个人在淘宝上就花了这么多钱,这个数目在上海至少已达到购房的首付了,但是她心甘情愿把这么多钱"献"给淘宝。其实,她虽然花了一百多万,但网购来的每一件物品也未必都是满意的。网购相对于实体店来讲,确实有许多看不清、摸不着的商品,有使人成为"冤大头"的弊端。我们都有这种经验,一看照片和标价,就有了购买的冲动。网购来的商品和之前的视象存在差异,看着还有点用,退货又麻烦,就先扔一旁了。从这个角度看,网购在表面繁荣的同时,似乎也隐含着一些资源的浪费。

网购最大的优势,还是在于方便和快捷。淘宝网也一直在完善,在与时俱进。比如现在手机、电费充值,也可以在支付宝上进行了,这确实方便多了,在快节奏的社会里,为人们节省了很多时间。

X:说到晒支付宝账单,我的一个同学昨天在微信里也晒出了账单,显示的数据是二十四万多,但是他压根儿就没有花那么多钱。因为支付宝里面可以转账,或者别人往你的支付宝里打钱,一来二往,这些交易的数值一起加起来,最后显示的额度才那么大。其实有一些虚高。可能马云是为了给支付宝造势,让大家看到现在网购多么热,给自己打个广告。可能你给别人转了两千块钱,但是你没有用它来买东西,这个记录也会算在你支出的交易细额里。

M:这些人为什么花这么多钱,继续乐此不疲地网购呢?我看了一条新闻,某人一见支付宝几年累积的花费后,自己也颇感吃惊:如果这么多钱没有花在网购上,自己也算是个小富翁了。很多人患上了网购依赖症,相当一部分女生买完之后总会发誓:"再也不买了,再买就剁手!"但是还会接着买,大家都调侃自己是"剁手党"。

H:尽管网购被炒得火热,但它还是存在漏洞,需要加强规范。譬如你第一次网上购物,很可能就会上当受骗,你买的东西面临退货的麻烦,还有一些店铺的产品则属于假冒伪劣。

X:说到网上退货这个问题,如果淘宝在这方面加以完善,让买家免除购物的后顾之忧,那人们还是愿意上网买东西,因为确实方便。在天猫上购物,只要在购物下单时再花几毛钱买个运费险,如果你收到货物后不满意的话,七天内就可以无理由退货的,仅需自己先垫付邮费,至于运费险可以让你获得相应的运费补贴,你基本上也不会损失什么。

金:网上购物会收取额外的手续费吗?

H:仅需要买一个运费的保险。

金:这个钱花费不多是吗?

H:几毛钱。

Y:而且是自己决定买不买。

M:就是付款时你可以选择是否购买运费险,也就几毛钱。

X:反正在网上购物的成本不是很大。

H:像我就不愿意退货,我懒得去和商家讨论退货之类的事,程序有些麻烦。可能不是只有我一个人这样,也有一部分人的心理与我一样。

金:一些小商品价值不高,退来退去也烦得很。

H:货都已到了,不如就买下了。网购的群体以青年白领为主,既有一定的消费能力,也比较理性通达。虽说购物时有点冲动,但还是有这方面的需求的,也不会故意捣乱、网购后轻易退货,除非是价格和物品真的相差甚远。

X:网上购物真的太方便了,当你积累一些经验后,还真能买到物美价廉的东西。记得我刚入大学时,网购就已开始风靡了。我头几次在网上买东西就上过当,当时想退货,但是对网购的退换货相关政策不太了解,而且那时候的店铺也没有现在规范,卖家通常也不会给消费者七天无理由退货期。现在我网上购物通常会上天猫商城上的官方旗舰店,以及比较大型的网店,像京东商城、一号店等,感觉不仅便捷而且踏实,有比较好的保障。尤其是如果你平时工作比较忙的话,上网购物确实省时省心还省力。

H:现在网上的官方旗舰店和你在店里买到的东西有时是不一样的,网上特供的商品,与实体店的品质也有一些差别。

M：有些大学生、研究生，无经济收入，想要省一点钱，就会选择先去实体店看好具体商品，然后再上网购买。

H：这种方式就比较靠谱，上当的机会比较小。

X：网购兴起的时间短，这个行业需要规范之处确有不少，因为网店是虚拟的，你压根儿就看不见、摸不着，真要规范管理，也是相当困难的。马云要在互联网上对如此之多的网店同时实施管理，面临相当大的挑战。

M：其实网店的准入门槛是相当低的，只需交一定的保证金，之后也没有人真正对其规范管理。

金：保证金是当卖家出现欺诈行为或有违网购规范时，管理方用于赔偿的，真的能落实吗？

Y：也许我们了解的都还是表面现象。"马云帝国"现在板块很大，最主要的是三大支柱，淘宝网、天猫和支付宝。

金：淘宝就是网上购物，那天猫是什么？天猫是不是更高档的商品网购？

Y：淘宝现在饱受诟病的地方就是假货、劣货比较多，产品质量得不到保证。天猫就是高档一些的商品，而且是有实体店支撑的，是线上线下同时进行的。在天猫上开店，你一定是需要注册公司的。

金：那就是进驻天猫的要求更高了。如果淘宝是下里巴人，那么天猫就是阳春白雪了，可以这样说吗？

Y：其实马云一直想把淘宝做成一个高质量的板块，这也是他的一个战略方向。像京东商城也是，性质跟天猫是一样的。但是京东的差异处是它做的业务体验更好一点，而且它的物流是自己掌握的，配货与物流结合在一起。但是天猫还是依托于其他快递公司，像"三通"之类的。现在阿里巴巴也在做自己的物流，叫菜鸟网络，只是还没有做好。

当然，"马云帝国"还有其他的板块，如进军房地产和足球。现在也有人说，马云是中国最大的流氓，也是最有钱的流氓。因为淘宝网现在的平台很大，而且很硬。他一开始是给中小企业搭建一个平台，让他们实现创业的梦想，这是他理想的初衷。但是当淘宝网做大之后，他又运用很多技术性的操作加以控制，特别是流量的控制。因为阿里的后台能控制它的流量导向。当我们在搜索淘宝网店的时候，后台会给那些店铺排名，如果客户浏览你的店铺页面的次数多，流量就大，你的店铺排名就会靠前。其实这个流量，阿里巴巴后台是可以操控的。比如什么节日做什么折扣活动，阿里巴巴的工作人员会直接与店主电话联系，说某个时期，我们要做什么活动，你赶紧拿些货物出来打一点折扣。阿里巴巴的硬性规定或潜规则，你不服不行。如果你不愿照此办理，它就在后台控制你店铺的流量，你店铺的排名就会拉后了。如此事当真，则马云确实是最大的流氓。

金：它有点类似超市，你要把产品打入超市，就要付一笔铺货钱。马云是否也这样，要做什么促销活动，就让商家打折扣。如果你不提供折扣货，就控制你的流量，让你生意难做；你要是配合我，就有一定的好处，甚至弄一些虚假的数据，来炒作你，让你把东西卖出去。是这个意思吗？其实商业领域肯定存在某种欺诈现象，电商这个新行业也不例外。你完全相信他是你的幼稚，这就需要政府加强监管。

Y：刚注册的一些小店，会得到一些好处，让你的店铺过几个月排名就会提高；但是过一段时间，又会把你控制起来。现在阿里巴巴的总部在杭州，它没有什么分部，其他地方也不愿意接收它。之前好像说马云想在上海建立一个分部，但是上海不允许他进驻。

金：这件事你或许还没有调研，所以不太明白。其实，马云当年太想在上海创业了，但是"魔都"的门槛太高了，他不得已，退而求其次，才选择了家乡杭州。这在他的自传里曾提过的，心里还是有点"怨"上海的。反过来也证明，杭州包括整个浙江的经商环境，确实比上海宽松，有利于企业家的创业。在这件事情上面，上海也是很揪心的，痛失了这样一个有巨大影响力的企业家。所以上海市政府有关部门的领导也在反省，上海经济发展的短板究竟在哪里。其实，上海要率先建设四个中心的国际大都市，商贸中心、金融中心特别需要马云的阿里巴巴这样的电商企业来先行先试，它是没有污染的新型企业，代表着第三产业特别是商贸行业的方向，上海错失了这么好的商机。马云还需要在各地铺设分店吗？可能电商不需要很多分部，他可以在杭州来遥控。

Y：它主要是做平台。

金：马云这个人，脑袋是聪明的。他最初怎么起步的？就是到美国去旅游，看到宾馆里有黄页簿，也就是电话簿。这个东西当时的中国还没有，于是他回国后开发中国的黄页，又成立翻译社，将懂外语的知识分子与部分外语不太好，但需要与外国交流的人串起来，给他们牵线搭桥。比如付惠你写的论文，英文提要不太完善，就给你请个外语方面的专家比如丽丽，帮你修改，或者帮助你将中文的科研论文直接翻译成外文。那么你们两个就通过我的中介彼此熟悉，合作成功的双方都付给我一定的中介费用。他就做这样的事情，因为他是外语老师，有这方面的人脉资源。

但是这个事情做不大，效益不行。所以他又在小门市部兼卖一些小礼品，靠此挣钱来养这个店铺，经营得很艰难。后来他的思维打开了：与其给两种人做翻译的信息对接，守株待兔卖些小商品，为何不给商品牵线搭桥，利用互联网这一技术手段，做物流的信息对接呢？因为全世界的厂商都在寻找客户，客户也在找他需要的商品，如果利用互联网将受阻碍双方的隔离墙打通，这样的生意岂非与互联网一样不可限量吗？他这么一想，就弄了这个淘宝网，结果就将这件事情做成了。实际上他的公司的核心竞争力，就是解决了一个消费者与商品信息不对称的难题。现代信息技术能在最短的时间内，利用大数据的信息配对，将两个线索，一个是卖出、一个是买进，直接联系起来了，从而大大节省了商品的交易成本。

传统商业的交易成本很高啊，比如你要买个商品，又不知道哪里有，于是一家家逛店铺，货比三家，然后决定是否购买，十分费时费力。但是淘宝网能在最短的时间里，让你瞬间就找到需要的商品，又以最快的速度给你送货上门。而且淘宝网上的商品，相对而言是便宜的，因为它为成交双方节省了交易成本。凭借马云提供的电子商务平台，商品不需要实体店铺，销售员工的工资及店铺租金也节省了，顾客乘公交车挤来挤去挑选商品的交通成本及时间成本也节省了，整个商业流通环节的成本都节省了，这个商品自然是便宜了。

其实现代商业里的核心问题，就是交易成本的问题。马云他厉害在哪里呢？他最初创造的物流网，现正在向金融网发展。他有个支付宝。因为支付宝里是存钱的，而且关键是使用支付宝的人数之多，决定了支付宝里积淀的资金数量之大，全中国数亿网民都放一笔钱在支付宝里，这个数字就不得了。这个是中国的几大银行都比不上的，起码在开卡人数的规模上就不及他了。如果消费者愿意在支付宝里放入更多的预备资金的话，则相当于马云开了一个超级银行了。这些资金相当于留在了他的账户里，那么他是不是可以将这笔巨大的资金利用起来？他可以测算出几亿网民的消费常态，比如一百块钱，可能有三十块是近日要消费的，剩下的七十块并不会使用，放在支付宝里的时间大约有多长……这部分钱，马云就可能用来做其他投资。

M：但是这笔钱是在谁的账户上，没有支付的时候不是还在顾客自己的账户上吗？

金：你现在去银行，定期存款也好，活期存款也好，这个钱虽然在你的账户上，但实际上是银行在托管。比如我有一个定期账户,是五年期限的,但需要时我可随时支取。银行也不知道你哪一天突然需要提款,一旦经济萧条,钱不值钱,老百姓会恐慌,立马要把钱取出,这就是挤兑了,严重的话银行会倒闭。那么银行有一个测算,在常态的社会条件下,根据长时段存款客户的总体情况,算出银行有多少资金是客户不会取走的。这钱就拿去做投资了,投资有了收益,银行才能来付你的利息。银行是按照金融资本的规律运筹客户的存款的,可以保证相当一部分资金用于投资,支付宝里的钱,自然也要遵循金融资本的运行规律;钱既然在马云的公司里,就可以拿来做投资。实际上,这个新业态导致了一个特殊银行业,其管控处于真空地带。它似乎不是银行,但实际上具有了私人银行的性质。为什么前不久银行业相当恐慌呢?因为银行凭着其职业敏感,觉察到这一新生事物对其构成的强大挑战,于是有了工农中建四大国有银行的联手反击。也可能是因为迫于巨大的压力,在国务院举行的一次经济发展座谈会上,马云就将这个问题向李克强总理反映了,说支付宝是一个新兴事物,但面临发展的瓶颈,现在国有大银行好像要联手用政策封杀他。总理一听就很生气,说要调查此事。其实国有银行靠垄断经营,效益不佳,且问题不少。如果银行业的垄断经营能打开一条裂缝,也未尝不是件好事。有总理给撑腰,看来互联网金融的探索有望松绑。

X: 还有,现在大家都愿意将钱存入支付宝,因为也有收益,其实跟存银行一样,是有利息的。

金: 大概多高的利息?

X: 百分之零点三五或百分之零点五,比银行稍高或者和银行持平。

H: 反正五百块钱放进去,几个月几毛钱的样子。

X: 实际上与银行利息相差无几。

金: 对啊,肯定与存银行的收益差不多,支付又很方便,于是本来要存入银行的钱,都存到卡上去了,是不是?

X: 而且它转账是不花钱的。如果使用手机支付宝转账的话是不花钱的,电脑上转的话,一笔账也仅五毛钱。

M: 这样不是存在很大风险吗?银行是有准备金的,还有国家银监会管控,那支付宝是受谁监控呢?万一马云的公司投资失败了,谁为持卡人担责呢?

金: 你说的正是一个大问题。从理论上来说呢,银行是需要也被允许去投资的,因为它要付你利息。投资失败的话，就会把你的本金也打水漂了。严格讲，银行和保险公司都不是绝对安全的，也有可能破产。但因为是国有银行，有国家信誉担保，也有严格的金融监管体系，所以客户特别信赖。至于支付宝账面上的钱，为了安全，从理论上讲，应该是不允许它投资的，所以支付宝里的钱是永远存在的，是不能挪用的。因为钱是网民的，不是马云公司的。一旦用于投资失败，支付宝上就没钱了，如何对客户交代？支付宝只是一个存钱的平台，相当于客户的信誉保证金一样。但钱永远在上面，也许连客户自己也不能动用，除非你不在淘宝上交易了。本着对各方利益的负责，所有的人，包括马云公司，都不能动用这笔信誉保证金，或者至少有个资金底线，永远在卡上。假如是这样的话，这么多的钱进入支付宝，对马云的公司到底会有什么好处呢？它还得支付与银行相仿的利息？其中的收益从哪来？

L：支付宝原本是想给顾客提供一种信任感，从买卖双方的角度来看，有了这个支付宝，会觉得网络交易多了一分保障。因为网购活动是有一些虚拟因素在内的，支付宝让人心里更踏实了，淘宝最初应该是出于这个考虑。

Y：支付宝是一个第三方平台。

金：就是说，我买你的产品，你不用担心我的卡上没钱，因为我的钱已被支付宝控制住了。现在支付宝上最低存款金额是多少？有没有底线要求？

H：没有要求的，不往里面存钱也是可以的。

金：那如果我要买的产品是几万块钱，但是我的卡上又没有那么多钱怎么办？卖家会先发货给你吗？支付宝又怎么去扣你买家的钱？

M：可以使用银行卡支付的，我就没有用支付宝。

H：对，我一般也是用银行卡的网银支付。

金：银行卡和支付宝是绑定的两个东西吗？

H：可以绑定也可以不绑定。在付款的时候，系统会提示你，是用支付宝支付或银行卡支付，还是信用卡支付。

金：那他为什么还要弄一个支付宝出来？

L：就是淘宝上可能会有无良的商家，信誉不是很好的，如果没有支付宝，顾客直接把银行卡里的钱支付给他，他一旦收到钱，接下来的交易行为就没有任何保障了。但是有了支付宝，钱会先打到支付宝里，这样就成了一个安全屏障。如果你对买到的物品不满意，还可以继续维护消费者的权益,因为支付宝给商家支付货款也有一个时间差。

Y:即使用网银支付,也是付到第三方支付宝里,在客户收到货之后,要点击确认收货,支付宝才会把钱打到卖家的账户里去。

金:是否有这种情况,客户的银行卡上也没有钱……现在网上骗子也多。

H:不给支付宝打钱,不给发货的啊!

金:所以说,不管你用什么样的方式,首先把钱打进马云公司的账户了,然后这笔钱就存在这个系统里面,这个系统就叫支付宝,那么这笔钱就是被管控在里面了。这是很厉害的了,也就是说,你现在网购的产品,值两万块,在拿到产品之前,你已把两万块打进支付宝了。那么这两万块,在谁的手里?其实就是在马云手上,他既不给卖家,而买家的钱已经打入了。这两万块钱放在马云手上做什么呢?说要等卖家先发货,买家一个月之内退货或确认收货,就是这么一个月的时间,全中国有多少人的钱,存在支付宝也就是马云公司的账户里。这笔钱在这个时间差内,就是他可以利用的。尽管一个客户的时间有限,但众多客户累积起来的巨大金额,却构成了长时段内可动用的现金流。马云就可利用这笔钱做大文章了。

当马云利用这个时间差和这笔钱的时候,确实隐含着风险。这段时间,若他将这笔钱挪作他用,钱没有了,他就没办法付给卖家了,也存在这种可能性。所以怎么监控,这确实是新业态带来的一个漏洞。网上资金流动,确实有不安全因素,银行担心这个事,也有其合理性。它看清了,马云的支付宝实际上就是一个银行,发展起来可了不得。在这场博弈中,银行以资金安全为名,监管部门以大局稳定为名,马云则以亿万网民权利为名,彼此折冲樽俎。四大国有银行在马云口中被指为垄断与权力的代言人,马云在传统金融机构眼中则打着亿万网民权利的招牌,避开金融安全的关键问题。其实,企业间的博弈,无关乎道德,只关乎利益。

现在实际上还有一个东西,也成了淘宝网发展的瓶颈,就是刚才说到的物流。马云正在着力打造属于自己的物流链条,等整个的物流网络建立之后,他的支付宝、淘宝网平台都配备了坚实的基础。不然总依靠其他物流公司,一旦人家不给你运货的话,你就崩溃了,整个网络也要毁掉了。

一旦物流与其他部分配套,马云的公司就更厉害了。因为网上的东西,毕竟是虚的,但物流是实的。如果在全世界,把物流的网络连起来的话,其他的效益不用说,单这个房地产的规模就十分可观。物流的布局，类似地铁站的网络，500米之内要有一个地铁站，保证乘客出行方便。那么马云是否想在人口集聚的区域，按五公里之内或十公里的范围，构建物流配送点，来保证半天时间内就可将产品直送到客户的家门口？这个配送系统要是建立起来，那更是不得了，也是一张商业帝国的实体网啊。

X：我估计等马云自己的物流做起来之后，其他一些物流公司都要歇业了，他们现在也是相当于巴结着马云混口饭吃呢。

H：他们现在是相互依靠。

金：现在物流做得最好的是哪一家？是"顺丰"吗？

M："顺丰"虽然快，但是价格相对较贵。

H：其次就是"三通"了。

金：对，顺丰是比较贵。它一开始就定位于高端客户。

Y：淘宝网确实改变了生活，现在它被称为万能的淘宝。有很多人们需要的小批量产品，淘宝网上都可定制。假如你要制作少量的日历、扑克牌等，你找实体公司，它们不会帮你做，因为你的需求量太窄，它不能盈利。但是在淘宝网上，就有提供此类服务的专业店。

金：淘宝网打通了产销不对称的信息，它解决了这个关键问题。比如你们五位，现在已到找工作的时期了，但是你们也不知道全世界有多少工作在找你们，这两种信息也是不对称。求职的汪洋大海中，怎么捞取有效信息呢？没办法捞。也许互联网能给你个千里眼或顺风耳，你就此一看或一听，靠谱的信息就那么十条，立马就针对这十条，跟对方接洽，成功的可能性就大了。最困扰你们的就业问题，无非也是个信息不对称的问题。如何解决这个问题？

X：现在求职的网站不是很多吗？

金：智联招聘网也是吧？

H：但就是没有一个网，可以把所有的信息都包揽进去。所以你还是很难找到与你对应的信息。

金：既然说到这里，我就想能否弄一个人才的淘宝网？当今时代最大的宝就是人才啊！现在我们淘的都是物质商品的宝，不妨也弄一个类似于淘宝的网，叫淘才网。你们谁去创业，建一个淘才网？这个问题你要是给解决了，那你比马云还厉害了！马云搞了个商品的淘宝网，你们建一个人才的淘宝网，又有什么不可以的呢？我建议你们今年就不必去找工作了,想办法把这个淘才网的网站给建起来,那就是我们这门课最大的收获了! 你们创建了淘才网,胜过马云! 有没有可能?

Y:可能性不大。

金:怎么就不可能了?

H:因为现在的就业网已经不少了,求职招聘网已比较普遍了。

金:还没有做调查就封闭了自己,打了退堂鼓。既然已有了,你们为什么还找不到岗位? 我这个笨人是死脑筋:如果求职网站已做好了,那你一上网站就能匹配供需信息,很容易找到工作了,就像你上淘宝买东西,有何难的? 既然找工作如此难,就说明网站还没做到位,就有你创造的空间。如果你做好了,你的作用将胜过淘宝。

当年马云头脑里的淘宝网概念,可能全世界不止他一个人想到而且实践了,为什么只有他成功了? 人家因何陷入了盲区,他哪个点弄对了,从而一鸣惊人? 你们先不要自我封闭,一听就摇头。

Y:老师的想法是:现在的就业网是人才在找企业,我们要创建的网站,是帮企业找人才。是这个意思吗?

金:我们看马云的作用:消费者在找商品,厂商在找消费者,他帮助二者对号入座。这不是一样的问题吗? 企业在找人才,人才也在找企业,道理是相通的。马云是"卖东西",我们是"卖人"。

X:可我认为,人和商品最大的区别是,商品的信息我可以360度来展示,信息都可以数据化,比如,这个保温杯,它的大小规格、颜色及性能,可以通过图片和买家的评论,来了解得比较详细。而且商品可以大规模地重复生产,其他买家的评论,可能直接影响你购买这个商品的欲望。

但是,人不一样。首先,个人信息不可能像商品那样,可以通过网页展示得那么全面,个人也不可能放心地将所有信息都抛到网上,毕竟网上有太多不安全因素;其次,每一个人是独一无二的,也不可能通过雇主对员工的评价来对人才进行二次"销售"。况且,淘宝网上的商品有七天无理由退货期,那么,如果用人单位对人才不满意呢? 多少天能退呢?

Y:现在有很多网站都是线上招聘,线下面试的。

M:网络只是提供招聘信息,具体的面试环节,一般还是在线下进行的。

金:这个问题也不是不能解决的。就像我们买一件商品,为什么要有七天乃至半个月的退货期？人才可以有三个月的退回期，如果试用三个月不成功，用人单位至少给你最低生活费吧？如果三个月下来，用人单位表示满意，那就签约，至少先签一年，这也相当于用人单位和人才之间的信息完全匹配了，这一笔交易就算是成功了。这不是和商品交易是一回事情吗？有什么不行的？无非是考察的时间长一点，因为人毕竟比物质商品复杂得多。

Y：在就业市场上找人才，其实是由猎头公司来承担的，有的人才就直接找猎头公司。

金：猎头公司是做高端的人才与用人单位之间的匹配。我有个学生就在猎头公司做高管，我们说的这事呢，猎头公司也可以做，但我们是做大宗产品。就像马云先做淘宝，再升级成高端的天猫商城。我们可以先将人才的"淘宝"构建起来，再升级成人才的"天猫"。我现在觉得这个想法还比较靠谱。你们再琢磨琢磨，为什么商品能在网上买卖，而人才就不能这么弄？

L：我觉得一些口碑好的企事业单位，目前还不太认可通过网络渠道招聘人才。比如教师行业，几乎看不到那些好学校在网上招揽人才，可能觉得这种渠道不太可靠，一般还是会通过招聘会这种传统的形式。这是用人单位在招聘理念上的短板。

金：我举个案例，谷歌如何找到它需要的人才：有个大学生看到食堂边招贴栏有个小广告，上书三个"W"，还有一个数学公式，他很好奇，将其记下。饭后回宿舍，将这个网址输入电脑，跳出一道数学难题。他觉得这道题很有趣味，就将其解开了，不料跳出一张谷歌公司的照片，附有一张招聘表格。他就填了这张表，结果成了谷歌的员工。谷歌就用此法，招到了它所需要的人才。这个人才必须具备几个条件：一是好奇心，善于观察。二是良好的记忆力，过目不忘。三是有尝试新事物的信念和动力。四是聪明，能解开难题。集合这几个要素的人才，就是谷歌所需要的人才。谷歌不花一分钱，就找到了它需要的员工，用创意淘选到符合公司标准的人才。

华东师大中文系有个学生，曾做过学生会的主席、诗歌社的社长。企业在暑期有产品推广活动，请学生会干部帮忙，让大学生志愿者发一发小广告之类的。作为学生会主席，这类事往往由他负责安排，给企业和学生牵线搭桥，帮助学生找到合适的兼职岗位。弄了一段时间，他发现了其中的商机。毕业后，他就入职广告公司。在熟悉业务、积累客户后，他发现，自己也可以开一家广告公司，他就勇敢地实践了。

有一次在商务楼乘电梯，他想，在这里等电梯的人都是高端人才，此刻他们需要什么样的信息呢？于是他就设想在电梯里安装电子屏幕，播放适合专业白领阶层的广告信息。这个创意一出，他就做调研，又勇敢地实践了，这就创造了一块细分的高端广告市场，业务量爆发式增长，实现了广告企业的超常规发展，很快到美国上市了。我说的就是分众传媒的董事长江南春，他的故事是你们应该都熟悉的创业故事，就是你们身边的案例。

有很多事，大家觉得不可能，也有勇士将一闪念化为现实。现在的独生子女都是父母的掌上明珠，还流行什么"女孩富养、男孩穷养"，所以对女孩，我也不敢多要求了。像我女儿，也是做事前常说不可能，打退堂鼓。我呢，想着退休之年是否还能创业。当然开个玩笑啊，但也不是不可能，抱一个玩创业的心态，有什么不可能？

我看浙江人啊，与其他省份的人有些不一样。前不久，乌镇开了一个全世界的互联网大会。省长讲话，说他有两个敬佩，即敬佩腾讯的马化腾和百度的李彦宏，还有一个自豪，为浙江能够诞生阿里巴巴这样伟大的企业而自豪，就是指马云。说到浙江，它是七山二水一分田，田很少，人很多，国家也没有给浙江大的投资项目。但是改革开放以来，浙江人敢为天下先，全中国经济发展最具活力的，恐怕首推浙江。浙江有什么资源？它的自然资源与有些省份比，根本不具备优势。为什么发展得这么快？浙江具备的是人才优势，观念优势。

浙江人有一种经商的务实基因。历史上的永嘉学派被称为事功学派，其学风南宋以来流韵不绝，既脚踏实地，又勇于开拓。市场经济的细胞渗入骨髓，浸润血液，所以浙江人是不愿意打工的，骨子里是要做老板的。当然我不是说打工不好，要你们都去做老板。我想说的是，历史传承、文化基因及地域经济，都是彼此互动、相互交融的。浙江人为什么将那么多的"不可能"变成了"可能"？你说这是偶然的，但偶然背后有无必然？也许真的是文化塑造性格，性格决定命运。

Y：上海的七浦路服装城一开始是温州人做的，上海的很多批发商城大都与浙江人有关。像义乌的小商品市场，不都是他们创造的品牌吗？浙江人经商遍天下，全世界都知道浙江人。我们出去旅游，发现很多旅游点的饭店都是浙江人开的。一个人出去闯，再带动一群人，全都涌出去了。我们青年人还是要有点创业的冲动。"马云帝国"当年只是个体户啊。

金：从零起步，抓住时机；勇敢探索，持续奋斗——这就是"马云帝国"的奥秘。

47. 创业新浪潮，你准备好了吗？

金：2014年夏季达沃斯论坛主题是"推动创新，创造价值"，李克强总理在开幕式上的讲话指出，"创新是人类社会的永恒话题，也是经济社会发展的不熄引擎"。总理强调，创新不单是技术创新，更包括体制机制创新、管理创新、模式创新，如果13亿人口中多达8、9亿的劳动者都动起来，将成为创业、创新和创造的巨大力量！

关键是进一步解放思想，打破一切体制机制的障碍，让每个有创业愿望的人都拥有自主创业的空间，让创新创造的血液在全社会自由流动，让自主发展的精神在全体人民中蔚然成风，掀起"大众创业"、"草根创业"的新浪潮，形成"万众创新"、"人人创新"的新形态。李克强总理又举例说，仅2014年的1—8月，就有新登记注册市场主体800多万户，其中3—8月工商登记制度改革后，新登记注册企业同比增长61%，出现了"井喷式"增长，带动了千万人以上的就业。

大众创业的态势正在中国形成，创业的浪潮在城镇弥漫，乃至渗入乡村。为促进青年人创业创新，国务院出台了关于高校毕业生就业创业的相关措施，拓展了促进就业创业的税收优惠政策，启动了大学生创业引领计划，确保大学生就业到位。新注册企业起步时可能就是几个人的微小力量,但是你不要小瞧它,马云创业时,也就十八人的团队,创业一开始人都很少的。

关于大学生创业,我以前也写过相关的政协提案。有人认为,不要轻易鼓励大学生创业,应先让大学生到基层单位去干上几年,积累一些经验,再来创业效果更好。因为大学生毕业即创业,最后成功的不多。对此问题我也犯愁,但反过来想,为什么没有经验容易失败,就不应该去创业?失败了就失败了,怕什么?年轻人失败了爬起来再干,失败两年,等于在大学多读两年书而已。而且我认为,失败是最好的学校,摔过跟头以后,可能学到的更多。你真的到一个企业里去干两年,可能就没有创业的冲动了,说不定更是坏事了。

凡事都有利有弊,创业时太谨慎了,想得太多,要有个万全之策才敢下海,那就不是创业,是投资保险公司。当然大学应该加强创业指导,尽力为大学生成功创业创造条件。但不能因为是大学毕业生,所以一定要保证他创业成功。温室里的花朵经不起风雨,创业不一定会成功,十个大学生创业,也许九个是失败的,一个成功就了不得了。但一个成功者可以带动九个人甚至更多人的就业,而九个失败者中日后又可能涌现两个真正的成功者。因为经历失败,吸取经验教训,更有助于其在商海中搏击,在创业中创新,在创新中创业。

提升就业率是一个全球性的难题。通过大学生创业创新,可以更好地促进公平正义、社会和谐,也可为世界提供中国经验。改革开放前期,中国提出了科教兴国战略,现在能不能提出一个创业兴国战略?如果这个战略能提出来,将激发全社会的公民极大的创新能量。可仿照上海自贸区经验,先列出一张负面清单,标明不能触碰的底线,清单内的经营领域你不要去触摸。其他没有提到的,既然法无禁止,你都可以去尝试,而且法律还要保护你的创业行为。从国家的政策层面看,现在是大学生创业的好时机。作为研究生,应更具专业优势,思考问题也更成熟、富于理性,这是你们的强项;但是否也降低了创业的冲动?可谈谈你们的想法。

H: 我现在还不想立即创业,但是也思考过这个问题,打算有了一定的资金积累后,再根据自己的兴趣去创业。创业时要考量自身的性格和行业特点,将二者结合起来。我有个同学就在创业,联合了三个志同道合者一起干,做的就是网店销售,在淘宝和天猫上开店铺,最初是在淘宝上经营,现在又加入了天猫。我的很多同学都去考公务员或从事其他的行业,但这三个人的性格,给我的感觉就是会选择创业的人。他们都不愿考公务员坐办公室,或选择一个安稳的职业,骨子里有不安分的基因在搅动。可见,个人的性格是创业的重要因素。创业的关键是选对一个高成长性的行业,要有一个长远的发展眼光,才能有比较大的成功几率。当然,找准商机、敢于冒险又踏实奋斗也很重要。我现在还没有勇气去创业。

金:说到创业,记得我大学刚毕业在上海七宝中学教书的时候,带教的高一年级有个学生叫李学东,高三时他被保送到华东师大教育学系的学前教育专业读书。这个专业的学生毕业后若不搞研究,通常要去幼儿园做老师的。一个高高大大的男孩子,读了一年书,想着未来的就业前景,心里不安定,申请转学其他专业也不成功。

有一起进入师大的学生说:金老师,你知道李学东在学校做什么吗?我问:做什么?答:他经常逃课,背着书包去敲女生宿舍的门,掏出袜子,问要不要买?这个学生二年级时就退学了,做了很多尝试,也算是创业,都失败了,但他最后还是成功了。我曾去深圳出差,在机场书店看到一本商务管理类的书,就是他写的。他在一家台资房产销售公司做营销代表,干得不错,也符合他的性格。他积累了经验和客户,也发现了商机,就自己独立创设了类似的房产销售公司,现在做得非常好,也是有相当成就的老板了,是董事长,都出书了嘛,也不叫李学东了,改了个名字,我还能从照片上辨出其高中时的模样。他也吃过苦,辍学经商,历经波折,总算是成功了。创业还是要有所准备的。

Y:我觉得作为年轻人,每个人都有创业的梦想,谁愿意给别人干活?不如给自己干。而且现在真是创业的好时候,我从来没有觉得创业离我们这么近。像互联网创业,自媒体创业,很平凡的人都能找到自己创业的途径,这是一个好现象。我们看到的还仅仅是互联网,属于"虚体"的创业,而做"实体"更难。首先是要有勇气,但光有勇气远远不够,统筹力、执行力更为重要,还要有部分资金,至少你能融来一部分资金,这样至少能让你的公司存活一段时间。但作为普通学生,人脉比较少,资金也匮乏,很难创业。所以我建议,是不是在单位里先混几年,然后再慢慢创业。

金:你这一混下去,就不想出来了。

H:还是有部分人在单位待几年,然后又出来创业的。现在微信发展快,所以出现了很多微商,就是借助于微信的朋友圈来促销。

Y:这就是自媒体创业了,现在每个人都可以申请微信公众号。

H:我的朋友圈里,有很多是推销产品的,因为周围的朋友不少在做这个,彼此影响。再说微信不需要实体店,成本几乎为零。我有同学开了一家实体店,他说开实体店要经历各管理部门的各种审批,非常繁琐。在朋友微信圈里,少了很多麻烦,这就变成了一个私下交易的平台。但是政府管理部门现在对微商是禁止的,因为它不规范。如果聊天涉及金额、支付宝等明显的交易内容的话,可能会被微信平台屏蔽。

Y:现在的微信,它不只是推销具体商品,更多是扩张思想,卖信息内容。

金:那思想和信息是怎么卖的?就是分享吧?我给你发一条信息,你要给我付钱吗?

Y:它不是那样的,但如果你的内容有吸引力,上面会显示阅读量和点击量,量越大,说明用户转载越多,广告商就会找这些微信公众号,接下来就有产品的推广,做广告。

金:广告商来付他钱是吧?通过阅读量,广告信息也大量扩散。实际上赚的是广告商的钱。

H:元义也弄了一个微信公众号。

金:有广告商来找你吗?

Y:还没有达到一定的用户数量。

金:这钱也不是那么好弄的,对吧?

Y:微信推广比微博推广更难,因为它需要人主动去关注那个微信公共号,还有几个步骤需要操作,不像微博直接点击一下就可以了。

金:现在有很多奇奇怪怪的机构都会邀你参与,最近就有一个叫"领英"的服务网,朋友圈发的,让我关注。我看是一个类似于高端人才的服务网,说通过平台,可以认识很多高端人士,还有信息分享等。我现在看到这种信息一概不回,因为加入后会有许多繁杂的信息骚扰,自己的事都弄不完,不想再增烦恼。

H:老师可以加一下元义的公众号,他是创业,应该鼓励一下。

金:你这是创业,我是支持的,应另当别论。

Y:我是做着好玩的,也想了解一下新兴事物。因为每个人都可以申请微信公众号,申请的条件也不是很苛刻。

金:如果加入,会有什么好处呢?人家会定期发一些信息给你看?我现在想了解什么信息,就主动搜索了,不需要别人给我发。传来的信息也多是不靠谱的,都是互相转发。很多信息过来了,你看也不是,不看也不是,弄得心烦,还浪费时间。

Y:微信主要是针对移动智能终端,如手机之类,方便人家在地铁上浏览。

H:这个时代流行碎片化阅读。

金：对啊，碎片化阅读，逼着你去看许多你实际上不想看的东西，不看又好像少了什么，看了又没有什么意思。就是古人说的鸡肋，食之无味，弃之可惜。信息时代有时也需要主动屏蔽掉信息。刚才你谈到创业的第一桶金，确实是创业的障碍。创业总是需要资金的，马云也如此。他比较幸运，孙正义看好他，投资两千万美金，成就了马云的创业计划。现在阿里巴巴到美国上市，最大的股东是孙正义，所以他的回报也最多。马云其实也辛苦，瘦得像猴，他要经营的，累啊。孙正义不累，轻松赚了大头。

所以元义啊，你也要学会游说，说不定投资家就在哪个角落关注着你。你现在也是信息不对称，市场不缺钱，缺的是创意。人家有钱不知投给谁，关键是你的想法要打动他。创意是关键，还要把它转化成语言、文字和操作计划。谁能看见你脑袋里的东西？但是一看文字和计划，再听你讲，与你沟通，就动心了，愿意掏钱投资了。

新东方合伙投资人的三驾马车，其中的徐小平和王强近来又合作经营"一起作业网"，他俩从俞敏洪那里出来，想另开辟一块领地。徐小平出了五万块美金，他又拉王强加入，说前景怎么好，搞得王强热血沸腾，把家当全部投进去了，所以王强现在就成董事长了。这下好了，徐小平的五万块肯定要翻身获利，因为王强拼命也要把这个网站弄成功。如不成功，他所有的钱就没了。

Y：创业还需要有一个精诚合作的团队，像乔布斯要是没有他的伙伴沃兹尼亚克，他也做不成苹果机。

金：没错，本来乔布斯创业也可能失败，他有创意，但动手能力不如他的伙伴，所以第一次差点就失败了。到关键的时候，产品没做出来，于是他就找朋友帮忙，是个操作的能人，三下五除二，就把它弄成功了。乔布斯给了点小钱，自己拿大头，因为订货单是他签的，创意也是他的。然后他们两个人就合伙，乔布斯是接订单，出创意的，这个小伙子是干活的，也可谓珠联璧合。两人配合得很好，成就了一个公司。

可见创业这件事，既要有胆量，敢于去做，也要寻求合作伙伴，形成互补性。每人各有优势，恰好互补。让人家与你互补，你要有能耐和魅力，要有合作的诚意。为什么新课改强调培养学生的合作能力、领导能力？因为创业不能缺少这些要素。大学生创业难，除了缺资金、少技术，从小没有领导潜力和管理能力的培训，也是一个重要原因。

L：创业者的个人心理素质也得强一点，刚才说到王强，他为了"一起作业网"把所有资本都投进去了，最坏的结果就是血本无归。投资时要做好心里准备，能承受这个最坏的结果。心理素质不强的人面临投资失败,精神很可能就崩溃了。所以创业开始,必须做好失败的准备。虽然大家都希望成功,但万一失败了,从哪里跌倒就从哪里爬起来,要有这种承担能力和笑对失败的勇气。

金:对,创业者心理素质确实需要增强。在创业初期,投入资金时,先做好最坏的打算,投进去打水漂了,能否承受?能承受,那就勇敢坚定地投进去。如果资金收不回来,会家破人亡的,那你就不要做。设定基本的资本安全线,才会无后顾之忧。

另外,投资者和创业者的内心要有远大的追求,这也相当重要。有的人血液里就流淌着创业的天性,如西安外事学院创办人黄藤,他是从社会民办教育机构起家的,类似新东方的老板俞敏洪。俞敏洪当年是北大英语系的老师,一心要出国留学,他的朋友徐小平、王强都出国了,他出不去,其实他的英语也不是很好,因为他是农村考生,英语基础差。在办理出国签证的同时,他就搞社会培训班教人外语。他在北京街头电线杆上刷小广告,利用北大教师身份招一些学生,被北大管理层发现了,要开除他。没办法,干脆出来创业。也是因祸得福,做不成北大教师又出不了国,反而成就了他。不仅挣了大把银子,还得享民办教育家大名。

黄藤当初在西安一所大学的高等教育研究所工作,学校也不怎么重视他。他发挥不了作用,就办社会培训班,结果把事业弄大了,挣了很多钱,一辈子都用不完。于是移民到新加坡去了。到国外又感觉无聊,情牵乡土,年纪又轻,看到国内邓小平南巡讲话后,觉得改革开放形势大好,所以又有些心动,再回国创业,办了西安外事学院,在校生已达数万人。

他的事业还算成功,当然也很辛苦。实际上不回来,海外生活也很安逸。我看他如今一头白发,就是操劳过度的缘故吧?办一所学校谈何容易,只有骨子里喜欢创业,信念坚不可摧,舍命干事业,才可能把事情做成功。看来元义在毅力方面还有待加强,抱着"混他几年再说"的心态,与创业者的精神有不小的距离。你表现出来的就是小公务员的心态。

M:师兄是想要先积累一些资本。

Y:企业存活就需要创新。但是创新也不能凭空产生,怎样在一个已趋于饱和的行业更新开拓,做第二代产品,是创业者必需思考的。像中国的手机行业,在华为这么强大的手机企业之外,出了一个小米。

金:小米为什么会成功?苹果本身已经很成熟了,怎么又有一个小米冒出来,它的优势是什么?

47. 创业新浪潮,你准备好了吗?

Y：小米是雷军创办的公司。他之前开发了很多软件，像迅雷、金山软件都是他做的，他还做过米聊，是一直浸润于互联网行业的技术专家。小米的诞生也运用了互联网思维，它的营销手段比较新奇，就是饥饿营销，每周二中午十二点，才能在小米官方网站上抢购小米手机。

金：小米手机跟苹果手机有什么不一样？优势在哪里？

Y：性价比高。

L：价格便宜，配置比较高。

金：这说明苹果手机的利润是非常高的，小米破解并掌握了苹果的核心技术，做出的产品质量不比苹果差，其价格也具有优势，消费者自然就愿意用了。小米手机实惠啊，苹果手机卖五千，小米手机卖两千，买小米的人肯定多，这是它的价格优势。技术优势转化为价格优势，这就是雷军的绝活，他掌控了核心技术。所以创业者要有自己的核心竞争力。

Y：苹果手机是暴利，一般成本仅几十美元，却能卖到数百美元。

金：它的利润确实非常之高。

H：它做的是高端市场，大家明知它是高利润，但还是一窝蜂地去买。

Y：都是些苹果发烧友做的事情。

金：创业、创意和创新往往是三位一体的。你头脑里有好的想法，通过技术造出一个新的产品，还能依托企业走向市场，你才是一个真正的企业家。性能相仿的产品，贴的标签也可能不一样，也就是象征符号不一样。许多人认同代表"高端、大气、上档次"的符号，消费者乐意为"高大上"花钱。

M：创业的含义也挺广的。比如开店，或大学生回农村开设家庭农场等，都算创业，形态也多种多样。昨天看新闻，说明年的大学毕业生预计又有七百多万。在空前的就业压力下，政府鼓励大学生创业，表示会为自主创业的大学生提供资金和制度上的支持，比如办理营业执照或涉及报税等相关的事情时，都会给予指导或提供优惠，并倡导全社会支持大学生创业。

金：政府为大学生创造良好的创业环境，提供政策支持及税收优惠，还让相应的社会组织机构帮忙咨询，也有财政上的创业基金支持。大学毕业生要充分了解相关信息，用足政策空间。

M：目前大学生毕业后还是更愿意留在城市，甚至涌向北、上、广这样的一线大城市。

统计表明,上海高校毕业生留沪比例一直居高不下。目前全国各地都在搞城镇化建设,而农村建设同样需要专业人才,这就提供了很多创业的机遇,青年人应志在四方,勇于开拓。

金:对创业的理解,除了贵在"创",还要探究"业"。人们对创业的理解有些偏窄,好像就是去办一个企业,能挣钱。其实办事业,也是创业,只要是新鲜的事物,都要鼓励其发展,不必老想着盈利。比如社会组织也是需要培育的一种业态,对吧?社会组织不盈利,自身也无法存活,但生存与盈利是两个概念。社会公益组织也需要有一个造血的功能,需要给工作人员提供基本的生活条件,如何用创新的思维开拓社会组织的发展空间,多鼓励人们创办公益性组织,这方面的社会需求更大,青年人发挥才干的舞台也更大。

M:老师是说,创业不仅仅是创造财富,更是要做出一番事业来。

金:从社会有什么需求的角度、从人生更高的志向去看创业的新浪潮,有助于我们更好更准确地把握机遇。一个人找一份工作,有一个就业岗位也不是没有出息,只要把它做到极致,本身也是一个平台,可能就有人愿意来给你投资,助你发展。这里有很大的想象空间,也有宽广的回旋余地。要善于运用一双慧眼寻求社会的需求点、兴奋点。创业的关键问题是什么?把这些诊断清楚了,就要去勇敢地尝试、践行。那些成功的创业者,其实都是回应了时代的需求,发现了大众的兴奋点,无论是IT行业,还是教育领域,莫不如此。

X:创业迎合社会需求是一个方面,还有另一个方面,你还可以去创造需求,让人们意识到你所创造的东西是他所需要的。如之前的手机是按键的,后来变成触屏的。现在大家几乎都用触屏了,按键手机即将成古董了。可见,触屏手机就是一个被创造出来的需求。

金:这恰恰是最高端的一种创业。想想看,我们能创造出什么需求来?

L:我觉得淘宝网把双十一演变成一个购物狂欢节,就是它创造的需求。本来这个双十一,一开始大家是当"光棍节"来过的,是很平常的一天。但近几年演变成一个购物狂欢节了,很大程度上是淘宝一直在做广告进行宣传。这几天淘宝在做双十二的广告了,特别吸引人的眼球,估计又有不少人要在这个被创造出来的节日里狂欢一把了。

M:"双十一"是为了安慰光棍们,"双十二"又是为了什么?

L:在双十一上衍生出来的促进消费的新点子而已。

48. 慈善心与慈善秀

金：改革开放后，中国人的财富日益增多，据说中国的富豪人数已达到世界第二位。除了美国，最多的就是中国了，这也符合中国 GDP 世界第二的地位。一方面，富豪人数在增加；另一方面，社会的贫富差距也在拉大。要解决这一社会问题，鼓励富豪做慈善是一个趋势。

说到中国的富豪呢，现在又流行一个词叫"土豪"。"土豪"是用来形容那些暴富者有钱却不知如何花费，于是以奢侈、炫耀的消费方式来证明自己成功的人生，这个词就更容易引起老百姓的"仇富心理"。当然也有一些富人比较关注慈善事业，如美国的沃伦·巴菲特、比尔·盖茨等，像巴菲特还把自己的几乎所有家产托付给比尔·盖茨打理，全部用于医疗健康、教育科学方面的慈善事业。那么中国的富豪也应思考：怎样才能使自己的财富用得更有意义？现在的胡润富豪榜前十名中，只有五人进入了慈善贡献榜单的前五十名内。显然，富裕阶层的慈善贡献程度与其拥有的财富是不成正比的。怎样去推动社会的慈善事业？这是一个有意义的话题。

现在的慈善事业也存在问题，一方面是慈善家不够，社会上慈善行为也不够普遍；另一方面慈善的方式也未必恰当,如有媒体逼迫富人来做慈善,社会上也形成一种舆论压力,认为富豪必须捐钱。但慈善行为端赖人的道德自觉,并非社会舆论压力下的产物,更不是道德绑架下的"杀鸡宰牛"运动。政府也不可能制定一个政策,规定富豪必须按照财富的多少比例捐款。毕竟,慈善不是纳税,如此做是不可以也不可取的。

有人探讨一个问题:为什么中国富豪不愿意做慈善?说是中国的慈善文化本身就不太健康。比如一个企业家去做慈善,大家就知道他钱很多。就有老百姓说,你的钱既然这么多,为什么不资助我一点呢?之前看到一个报道,哇哈哈集团的老总宗后庆,作为曾经的中国首富,他钱多是家喻户晓,某一天,有一个人在他住的小区里晃来晃去,等宗后庆出家门散步,此人就上前说自己大学毕业就业无望,能否给介绍个工作,或给些钱?宗后庆就拒绝了,说我不能随随便便就答应给你什么。结果这个小年轻就很愤怒,说大富豪怎么像"铁公鸡",拔出刀来把宗后庆刺伤了。可见,现在社会上仇富心理严重,也有一些暴戾气。企业家们也恐慌,担心自身的生命安全和财富安全。

又有人说了,我们不能这样去逼迫企业家,企业家毕竟不是慈善家。作为一个企业家,只需做到下列五条:一、他组织生产的产品是合格的;二、他对厂里的职工是仁慈的;三、他对股东即投资人的利益是确保的;四、他的企业对生态环境是负责任的;五、他的企业是依法纳税的。符合上述五条,实际上就是一个企业家对国家、对社会尽了最大的慈善。至于企业家访贫问寒、到经济落后地区捐钱捐物,或见到天灾人祸慷慨解囊、雪中送炭,那是他的"锦上添花"的应然之事,人们无权视之为"必须如此"的实然之理。

这五条,国内的企业家,包括那些所谓的慈善家是否都做到了?恐怕还未必。现在一些企业家做一些作秀式的慈善,国内实实在在的慈善事业无暇充分尽力,却跑到国外做慈善博人眼球。也有的企业家或社会名流在某些重大的慈善活动场合公开表态,要捐几千万,最后呢,只是一个口头承诺,给慈善机构吃个空心汤圆,让媒体给做个免费广告。人家找他了,他说当时环境所迫,似乎是被逼着表态,那我就起个舆论引导、明星表率的作用吧,实际上我也没这么多钱捐。这等于搞了个假新闻,相关媒体都十分恼火。

另一个问题是,一些企业家捐了钱,就上媒体报道,社会上某些人对此很反感,感觉你这是作秀,做好事应不留名。你为什么要大张旗鼓、广而告之呢?搞得企业家也很窝火,说这也不是我要上电视、报纸,是媒体要宣传,我有什么办法?再说了,我出了这么多钱,就算宣传一下又咋的?

48. 慈善心与慈善秀

慈善作为一种普及善良、彰显温情的大众文化，虽然目前的力量还不够大，但具有广阔的发展前景，也是人人乐见其成的良风美俗。普通民众财富不多，有的生活还相当拮据，但本着自愿，适当地捐一点，表个心意，也令人感动。现在为什么大家做慈善的积极性不够高呢？自从郭美美事件出来后，慈善机构面临严重的信誉危机。各类各级慈善基金会的管理是否透明、合理、高效？如何引入第三方监督，捐款人是否有权利知道善款的流向及使用的程序，可否核查？等等。如果慈善管理机构制度不健全，甚至曝出丑闻，这就挫伤了捐款者的善心和热情。

这些都是慈善带出来的问题或事件，请你们议论一下。

H：我觉得陈光标是最符合"慈善秀"这三个字的。他做一切慈善活动都会昭告天下，广为人知。这可以理解为是为了接受大众监督，因为中国的很多慈善机构，比如有的红十字会都不公开自己的收支明细账目，所以陈光标采取这种公开的方式做慈善，反而显示其勇气可嘉，即使有点"作秀"的成分，影响是正面的。但还有一些人做"慈善秀"，就是为了给自己的企业做广告，或者为自我做包装，带有急功近利的色彩。

另外，之所以出现像中国红十字会所涉及的郭美美丑闻这样的漏洞，其原因还在于中国慈善机制还不够完善。虽然也有相关规定，但是相应的监督和惩罚机制并不健全。既然如此，那我们还要向慈善机构捐献吗？答案是肯定的，我们还是要捐的。尽管慈善机构内部存在贪污腐败等现象，慈善制度也亟待完善，但毕竟有相当部分的捐款确实发挥了很大的作用。

比如唐山大地震后，尽管限于当时国内外现状，我们拒绝了外援，但来自国内的各类捐助，就已经为唐山的灾后重建发挥了巨大作用。唐山市的重建如此顺利又建得那么好，与慈善是分不开的，虽然这个词汇当年还未流行，媒体的宣传话语多是"一方有难，八方支援"。汶川地震后，受灾地区的重建也特别好，而且在中国兴起了慈善热，人人都献出一份爱的赤心真情，可谓蔚然成风。

L：我认为慈善心是每个人都有的，就像孟子说的恻隐之心人皆有之。看到周边人遭遇困境，自己也有能力，自然就会出手相助。但平时一提到"慈善"，首先想到的还是那些大富翁、企业家或者明星。当有地方发生灾害时，他们就会带头捐很多钱，然后媒体也大肆报道，在我脑海中，最先刻下的往往就是富人、名人的慈善形象。

长久以来一提做好事，我们马上就会想到雷锋。有人对雷锋的先进事迹也有疑虑：既然雷锋做好事不留名,他为什么还要把好事如此详尽地一一载入日记呢?好像就等着日后有记者来发掘似的。真不想留名,就无需写字,有写日记的闲情雅意,不如腾出时间做更多的好事。由此推论那些富翁,无雷锋的崇高境界,而又捐那么多钱,固然证明发扬慈善心乃人之常情,也毫无疑问想借此提高自己的美誉度和企业的影响力,对于企业及个人,这算是打了一次"隐性广告"吧。

M:通过慈善塑造自我形象也可以理解。就像有人说的,与其花那么多钱做广告,还不如去做慈善,自然有人替我宣传,还能达到更好的广告效果。因为就算斥巨资做广告,如缺乏创意,别人也未必会留下深刻印象;假如广告创意不佳,可能弄巧成拙,成为"反广告"。所以聪明的老板现在都乐意通过慈善,巧妙地植入广告意象。如一旦出现了大的灾害,各路英豪就会纷纷登台亮相,大家会互相比较,这个公司老板捐了多少,那个歌星影星又捐了多少,为何这个明星不吱声,那个老板不表态。但汶川地震时,章子怡曾承诺要捐多少钱,后来被爆出根本没捐。

金:章子怡那件事情闹得沸沸扬扬,这个演员被搞得狼狈不堪,"压力山大"。

M:舆论会对这些富豪、明星形成一种压迫力。作为一个名人,他/她要么选择默默地捐款,不告诉别人,要么就必须晒出来。即使选择隐名,媒体还是会追问他/她:你为什么没捐呢?这就有点逼迫感了。

金:当年汶川地震时,余秋雨也说要给某所小学捐款,后来被媒体爆出并未兑现。又后来澄清说,已通过秋雨公司捐了五十万元的书。捐款在中国社会的特定时期所展露的形态也比较复杂。曾看到万科的老总王石说,公司的员工每人捐十块钱就行,主要是表达一下心意,当然老板可以多捐。这话被传上网,媒体一炒作,引起网民的公愤,说你王石也太吝啬了。王石就解释说,本意是不要给员工形成捐款压力。但王石自己就扛不住铺天盖地的舆论压力,立马承诺说以公司的名义再捐一个亿。

又看到有些单位的领导带头做慈善,还发动员工一起捐款。捐完之后呢,大家觉得很奇怪,说以往都是公布的,这一次怎么没公布呢?有人就去问,一问反而遭到领导的埋怨:还不都是你,你捐了500块,我才捐300块,还问为何不公布,你这不是存心让领导我难堪吗?他一下又被吓得诚惶诚恐:我又不知道领导捐多少,我怕自己捐得太少,领导不高兴。你看,这捐多捐少都成了难题,搞得捐款人左右为难。所以现在有的单位就规定了:总经理捐1000块,副总经理800,办公室主任500,以此类推,办公室的员工每人捐200就可以了。

48. 慈善心与慈善秀

你不能说,总经理捐 1000,你要捐 1500,那你比总经理还牛啊?你还要做人不?

这也是中国的奇谈怪事,做善事也要遵循潜规则,也要按照中国官场的礼数。就好像以前"八项规定"未下达,官场宴请成风,酒席上领导未举杯敬酒,谁敢先张嘴?或轮到敬酒时,谁敢错一个位次?西方社会的捐款行善就没这么多清规戒律,哪怕是个乞丐,讨来的 2000 块钱,愿捐就捐,跟他人无关。没有人追着、压着、挤着、说着、笑着、哭着非得让你捐不可,然后还要让你心中明白,你捐的钱不多不少、不前不后,与左邻右舍、上下官员相比,捐款的数额和时间恰到好处,即处于看齐与不看齐的适当位置。我的天啊,真是太搞笑了。这是近来中国的慈善百像图,也蛮好玩的。

Y:我倒觉得中国人还是挺有慈善心的。中国古代有义塾、义舍,以及施粥等等,不过都是有钱人家的专利。像《红楼梦》里,贾府也有自己的义塾。慈善发展到今天,人们对它的要求增多了,不仅注重善款的救急性,更注重善款的持续效用。人们对慈善事业的疑虑主要是:钱用到哪里去了,效果怎么样?公众更希望了解接受捐助者的发展状况,但慈善机构鲜有主动披露这类信息,媒体对于这方面的报道也很少,更多的是一些慈善秀,或谓隐性广告,变成了一种品牌营销策略。

X:师兄疑惑我们捐的钱不知花哪去了?这个问题真的需要引起高度关注。看美国一些慈善机构的介绍,它们的账目就做得特别细致,每一分钱花到哪里都会让捐献者知道,大家对它的数据都特别信服。只有这样,那些富豪才愿意把自己的钱捐出来。

另外捐钱只是慈善的外显行为之一。我们讨论慈善,应追究慈善的意义何在。我认为慈善更多的是一种基于人道主义的关怀。一说起慈善,人们往往更容易想到一些企业家的捐钱行为,为弱势群体提供物质上的帮助。其实也有很多普通人的慈善案例。如一个拾荒老人,将自己攒下的二十多万,全部捐给了贫寒的学子。这就是基于善心的自发行为,不在乎捐的钱有多少,也不考虑有无政府表彰或媒体宣传。一个企业家捐的钱也许远远超过拾荒老人的区区二十来万,但是否企业家捐钱多就意味着他的慈善心比老人更甚吗?就一个普通人而言,只要抱有一颗慈善的心并尽自己最大的力去做,就值得大家尊重了。

金:说得对。

X:更重要的是去思考:慈善背后的意义是什么?每一个人基于一颗善良的心,去关注普通民众的生活疾苦,帮助改善生活状况更不如我们的人,这本身就是慈善行为。古人云"上善若水,泽披万物",我们应相信善良的力量。

金：以水比喻慈善很贴切。

Y：要做好慈善，首先需要制度上的引导：其一，对于民间慈善组织的引导；其二，对于企业慈善行为的引导。现在这两方面都比较缺乏。比如国外的企业把钱捐给慈善组织时，政府就有相应的税收减免等政策，这就起到了引导激励作用。我们还缺少第三方的监督组织。现在很多非盈利组织的账目都没有经过会计事务所的审计，如果引入第三方的监督组织，公众对其的信任度会大大提升。

其次，要培育良好的慈善心态。现在公众对于做慈善的人，仿佛是在以一种圣人的标准来要求他们，还将其做的善事与他个人的私生活相联系，好像慈善者必须吃得清淡，住得简陋，乃至成为颜渊一般的道德高标。老师刚刚提到王石在舆论压力下的无奈之举，就是名人做善事难的经典案例。这使得有人听到慈善，就会有做好事比做坏事还难的感觉。

金：做好事有时比做坏事还难，这话说得沉痛也耐人寻味。

Y：刚才提到一个老人将二十多万全部捐出去，好像是一个骑三轮车捡破烂的吧，我也看过这个例子。但我觉得在现今的社会，这种例子值得鼓励，却不应过分推崇，更不可推而广之，要求到每个人。因为对于普通人而言，不可能都做到这般大公无私。一般的人可能都得先为自己的事业奋斗，面对慈善，也会捐钱，但还会考虑捐的钱到哪里去了、怎么用的、起了什么样的作用。他也许不会有那种圣人的胸怀，不管捐的钱能起多大作用，都愿捐出自己的所有。政府还是应该完善慈善制度和机制，让更多的人在自立自强的工作和生活之余，拿出十分之一或者百分之一的少量财产来做慈善，并使之成为一种常态，而不是要让大家全身心都投入慈善。那样的案例值得敬重，但不应过分推崇。

金：有关慈善事业，可以有多维度的思考。首先是一个"why"的问题，追问为什么要去做慈善。确如孟子说的"恻隐之心，人皆有之"，就是发扬同情心，这事值得做。其次是"what"的问题：什么是慈善？不仅物质上的捐献是慈善，精神上的弘扬也是慈善。发扬善念、暖语温心，有钱出钱，有力尽力，这些都可以，慈善不仅仅局限在钱上。再次是"how"的问题：怎么做慈善？元义刚才讲的，就是一个方法的问题，用智慧的手段和方式，才可以把慈善做得更好。比如需要建立透明、公正的运作程序，加强监督机制等。

我认为，透明是做好慈善的最核心的要素。我有时看报道，说某某慈善机构该年度的账目已公开。我不是财务专家，看的也是表象：收入多少，支出多少，相关人员费用大概占多少。它的账目也比较粗。当然媒体的版面也是有限的，不可能拿出几十个页面给你报流

48. 慈善心与慈善秀

水账。但是所有的明细账目,可以在机构的官方网站上公布。任何人,比如说你元义,曾给某机构捐过500块,你想了解这笔小钱究竟派了什么用处,即可上网查阅,每一笔流水账都可以查。如果慈善机构敢于将信息公开到如此程度,它的公信力立马上升。

现在有些慈善机构是官方的,左口袋转到右口袋,政府拿钱成立慈善基金会。其实,慈善基金会怎么能用纳税人的钱呢?这是不可以的。纳税人的钱是要进国库的,遇到紧急灾况时,政府可以拿国库的钱去救济灾民,但是不能用来建慈善基金会。基金会本质上属于民间的自发行为。现在政府的审批制度甚严,压制了民间的创业创新行为,慈善领域也如此。有人发善心,想成立一个慈善基金会,自己投入的钱有限,因为不是富翁,但想通过基金会更好地践行慈善理念,但很难得到民政局批准。它担心这么点资金也想成立基金会,是不是骗子啊?

政府部门规定,全国性公募基金会的原始基金不低于800万元人民币,地方性公募基金会的原始基金不低于400万元人民币,非公募基金会的原始基金不低于200万元人民币。而在美国,相应的限制几乎没有,自然人皆可注册广泛的行业组织,如基金会、联合会、促进会、协会、学会、商会、研究会、中心、旅行社、出版社、商社、集团、企业、设计院、研究所等等;且政策稳定,公司按时年检续费,即可保证自身的合法存在,并可无限期延续经营。

自柏拉图将土地遗赠给自己的学生以继承其学术事业始,"Foundation"渐从中世纪的方言进化为通行欧洲的财富增益方式之一,即富人将大量财富捐赠给教会,对大学、修道院、医院和贫困阶层进行资助和救济。1601年,伊丽莎白女王颁布了《慈善使用方法法案》,初步缔造了基金会的理念:私人基金会必须为公众谋福利。随后,这一理念又被英国清教徒带到了北美大陆。

据美国国家慈善统计中心数据,2012年时,各类非营利组织发出的工资和福利占全美的9.2%,其年收入占美国GDP的5.5%。非营利性的慈善组织被视作上个世纪美国社会渐进改良的三大力量之一(另两大力量是政府和商业部门)。在美国,只要以公益为目的且在法律范围内,谁都可以注册设立基金会,十分简单方便。

非营利性的慈善基金会根据相关法律,可享受免税资格。为防止基金会以欺诈行为骗取免税资格或公众捐赠,各私营基金会每年都要填写并上报统一制定的表格,详细汇报经费来源和支出情况等内容,甚至包括基金会最高席位的5名领导人的全年收入。还会严查基金会的免税申请,并对其财务状况进行抽查和突击检查,如经查实有问题,则取消其免税资格。基金会还必须向社会公开财务状况和活动情况，任何人都有权查看基金会的原始申请文件及相关的详细资料。鉴于美国的非营利组织数量庞大，无论是国税局还是州司法部门都不可能全面顾及，公众和新闻媒体就成了基金会日常经营的实际监管人。而且美国的基金会都会将年度财务情况发布在网上供公众查询。正是公众无时不刻的审视监管及社会舆论和大众传媒的监督，促使美国慈善组织的活动趋于规范，而每年因为传媒曝光而垮掉的基金会也不在少数。

当然在中国社会转型的过程中，各种纷繁复杂的现象都会出现。比如有人成立慈善基金会，但"醉翁之意不在酒"，实际上是打着基金会的幌子招摇撞骗，圈钱自利。中国太大，区域经济发展严重不平衡，各地的情况千差万别，所以管理者对基金会这类组织的审批和监管就特别严格。在"how"即怎么办的层面上，目前似乎问题最多，尚需在实践过程中慢慢化解。

分别从为什么、是什么及怎么办三个维度上展开探讨，你会发现慈善事业尽管在中国发展很快，也面临瓶颈和障碍。现在政府的力量太强，所以学界提出要建弱势政府、服务政府，政府要从很多领域退出，去做市场做不了也没人做的事。但政府一旦退出，社会还缺少相应准备，社会组织的细胞还未发育完整，包括慈善组织也是如此，社会就会出乱子。

现在中国的慈善事业，大致还处在低级的状态。从政府层面而言，慈善组织解决了老百姓的一些困难，国家就可以少掏钱，自然乐观其成。从个人层面来说，掏钱支助善行，既积阴德，也做了广告，宣传了公司，美化了自己，也是一箭"数"雕的好事。这属于功利境界的慈善，是第一层境界。高一点的是道德境界的慈善。如越星举的例子，捐款二十多万的乞丐，他追求什么功利啊？他是圣人，如清末的武训，人称"武圣人"，一生行乞，就为办校，舍身造福乡里，甚至牺牲个人尊严亦在所不惜。这是第二层境界，即道德境界的行善。第三层境界是好玩的境界，把慈善做到艺术秀的境界。我看陈光标有点这个味道。他钱多得已不需要再去做"免费广告"，也没有崇高到要去做"道德圣人"，他觉得这个事情很好玩，把慈善做成了广播剧或脱口秀。他到美国去发布信息，请美国的乞丐吃顿饭，然后每人发三百美金。饭吃了，钱没发，弄得美国乞丐骂他是骗子。陈光标说，我把钱给了他，他又去吸毒了。我把每人的三百美金给了当地的慈善组织，由它把控监管，慢慢花，对乞丐更有好处。

陈光标这个人有意思，像个顽童一样，把慈善搞得赛过嘉年华。我觉得也不错，做慈善一天到晚苦着个脸就没意思了。如果科研工作者把科研也玩成了游戏,那可就厉害了,说不定十个屠呦呦早就冒出来了。现在的孩子为什么痴迷于移动智能终端啊,因为他玩得高兴啊。如果玩玩竟然把学习也搞上去了,这个孩子的境界可了不得了。就像乔布斯,他真正喜欢的不是科技,而是艺术,乔布斯把艺术元素渗透并玩到了苹果手机,成就了一个发明家的艺术人生。

慈善的最高境界确是"上善若水"啊,也就是第四层的天地境界了:你这个地方干旱了,老天爷就给下雨了。水在上位,下位无水,水就流下去了。造化的力量,冥冥之中像上帝的手,"劫富济贫",把富人多余的用不了的钱,漂漂亮亮、从从容容地引向洼地,流入一个更需要它的地方。行善事者有福了,你代表了"上善若水",不仅功德无量,且将流芳百世啊!

X: 我想回应一下师兄,不要对我刚才的话有误解。我之所以举老人竭其所有,捐款二十余万的例子,意在表明不只企业家可以做慈善,普通人同样可为。至于个人的能力,当然有大有小。自己保有一颗慈善的心去行善,这就可以了。我无意倡导不顾全家老小的生活,把自己的钱全部捐出来。

金: 我也来回应一下。你回应元义,说可能误解你了。其实我们就对这误解的话有兴趣。人能不能完全互相理解?肯定不能,不然世人为何徒叹"人生得一知己足矣"。因为彼此的知识背景不一样,如果完全理解对方,那也就完全无话可说了,因为你们两个已经同质、同化了。

误解也没关系,我可能误解你们的话,你们听我的话也有误解。误听、误读、误解,自有其价值和意义。由着你的误解,才可展开新思路、新想法。他未必反对你的观点,故意误解你的意思,就是为了张开想象的翅膀,开辟创意的空间。当然,你解释澄清一下也无妨,也是对话、讨论的趣味所在。

不理解你,才有异质成分。这个异质呢,可能还造成误解。这正属于接下来要探讨的"误读、正读与反读"话题。

49. 理念的误读、正读与反读

金：中国流传一种说法：德国禁止学前教育入法。实际上这不是事实。中国青年报曾载文指出，德国宪法没有禁止学前教育。其实中国与德国对于早期教育的理解差异很大。德国早期教育的范畴更广泛，着重于学习礼貌举止、社会公德、交通常识、生活常识，培养自理能力、动手能力及阅读习惯等。其学习方式不是课堂灌输式，而是在游戏活动中自由进行。德国幼儿园教育还包括了解社会机构职能，如：参观警察局、消防局，学习如何报警，了解如何进行救助；参观图书馆，学习怎样借书、还书及保持安静的阅读规则；参观政府办公室，了解市长职务的功能等。上述内容，在德国都属于早期教育范畴。中国进行教育改革时，借鉴他山之石是应有之义。但需结合实际，对某些经验还须实地考察、深入了解，不能人云亦云或鹦鹉学舌。

为证明某些说法的重要或观点的正确，不加分辨地引入外国理论或实例，以示依据确凿有力，有时不免陷入拉大旗作虎皮的尴尬。其实，无论观点正确与否，至少要存在讨论问题的前提，如果连讨论的前提即事实都不存在，就不免让人陷入唐吉诃德与风车作战的荒唐。以前国内也流传某美国名牌大学的校训，结果有留学生在该校找了半天，才发现那是好事者子虚乌有的想象之词。那些莫名其妙的话,由一个并不权威的网上机构发布出来,一下子就变成流行语了。时间一久,辗转互引,习非成是,谎话成了真言。

某些流行观点根本就是误读,因为信息来源就不正确,这种情况下误读是必然的。就像历史研究的基础建立在材料的真实可靠上,后续的研究才有意义。如果材料是二手的、曲解的,甚至是伪造的、莫须有的,那么越研究,越偏离历史真相。现在教育界这类问题多多,当然不限于教育界,其他领域都存在这个问题。

华东师大60周年校庆期间,教育学系和教育部重点研究基地基础教育改革与发展研究所联合举办了一个关于新基础教育的大型学术研讨会,我是最后一个发言的。上台前见到钟山老师正在为叶澜老师摄影,钟老师开玩笑说,你是最后一个讲,应该与众不同。实际上我提交了论文,大纲也已印发,再照本宣科念几条干巴巴的结论,感觉没啥意思。所以钟老师这句话呢,正中下怀。

借着钟老师这句话壮胆,上台后我就讲,反正文稿大纲,你们都看到了。我就把钟老师那句话重复一遍,然后就脱稿,谈些随感。那次是教育学系主任杜成宪老师主持,我就问杜老师行不行,搞得杜老师也尴尬,反问我讲什么。我就用调侃的语气说,刚才发言的两位专家参加了相关课题研究,也算叶老师的著录弟子,但听下来,似乎二者的观点也在"打架"嘛!我就想到德国诗人海涅的名言:播下的是龙种,收获的是跳蚤。叶老师可能也要说:我种下的是玫瑰花,收获的是茉莉花了。台下就哄堂大笑。中午用餐时,同事们嘲笑我不守规矩,有人说:你今天讲话是拍叶老师的马屁。叶澜老师说,他就是拍我马屁,也没用啊。因为我做校长时他从来不拍,现在不做官了,再来拍也晚了。

人和人之间的理解是很难的。我不在意别人说我拍马屁,因为这是误解,或者说是善意的、取乐的曲解。如果我发言,听众死水一潭,又有什么意思。我随意一说,他人说我马屁精,大家都很快乐,我也觉得很好。其实我这人最不擅长的就是溜须拍马,我讲话都是随心所欲的,有的场合则保持沉默。说我拍马屁也好,或责怪我老是喜欢讲一些不讨人喜欢的话也好,都随你便。因为你这样讲,你心里高兴;你心里高兴,也是我最大的高兴。

所以说,误读、正读和反读是饶有意味的人生问题。

Y:理念的误读,日常生活中可能更多一点。误读不仅源于两个人知识背景的差异,信息在传递的过程中,经过个人加工后的再传播也会产生误读,这是信息增减造成的结果。正读和反读我认为都是必须的,一个理念需要从不同的角度来理解它。正读倾向于理解其价值,反读则找出它存在的弱点,从哲学上讲就是否定之否定。

金:理念有正、反、合,所以必须要正读、反读、误读。"误读"也可理解为创造性、颠覆性的艺术智慧,经由这个过程,又回到更高的正读。因为"误"是形声字,从言从吴,吴亦声。"吴"意为"街头说唱的杂耍艺人"。"言"、"吴"联示,即"说唱杂耍人用言语引导观众'上当',从而取得戏剧性效果"。本义:故意引导他人犯错。所以智者往往用"误读"法,使人自省谬误,苏格拉底的对话堪为经典。

M:有时候对于理念的误读是有目的的。比如老师刚举的例子,所谓"德国对于学前教育是禁止的",想表达什么意思呢?也许就是反对国内要把学前教育纳入义务教育的声音,他觉得这是不合理的。但如果他直接反对,可能就没人理他了,举出发达国家的例子,是为自己增加砝码。再如哈佛图书馆的励志名言,当时在网上流传甚广,有人实地看了,说一条都没看见。当初宣传励志名言的人,意图是什么呢?就是想强调哈佛作为世界一流名校,具有怎样的校园文化氛围。这种"误读"或"编读"(编造内容骗取读者),实际上是在表达某种对现实的不满。但是观众似乎对于这种误读或编读信以为真。

金:晓梅说的是一种话语策略的问题。以前看郭沫若自传,他说演讲时就得"老子天下第一",即使说的是歪理,但是一上讲台,就要把歪理变成正理,气势要出来。他讲"伟大的莎士比亚曾教导我们说……"说什么呢?他忘记了,于是就把自己的话给莎士比亚加上去了,下面却掌声雷动。有人问他,你引的话,在莎翁哪本书里呢?因为考证无果。郭老说,我讲的不是莎士比亚的原话,是他的精神。精神那还会错吗?

实际上不仅教师上课会这样,历史上很多大事发生时,也有人会编造一个神话,祭起一面大旗,使之变成天理,方可替天行道。以前领导干部讲话、写文章,喜欢用马列语录来穿靴戴帽,现在学术界、教育界及科学界,都喜欢引美国大牌教授的语录。看着洋气,就有说服力,于是就开始了创造性传谣。《东海夜话》就有这么一个话题——托马斯教授的价值。其实根本不存在托马斯、托牛斯这类教授,但他们的经典语录已经流行了。这些都是转型期的趣事。

H:这是一个误读的视角:出于自己的某种目的。

金:也有基于个人目的的误读或编读,却推动了社会走向和谐,也符合大众的利益,是吧?

H:对。还有通常是基于自己知识背景的专业性阅读。比如教育史专业的同学习惯于从历史角度观察事物的演变,而教育原理专业的同学习惯于从问题的角度思考。角度不一样,对阅读材料的理解就不一样。这时候,阅读者也未必出于自觉的目的来解读,而是一种不自觉的阅读反映。

金:原理嘛,也喜欢从本本出发,习惯于找一些大师的理论观点……

H:特别是西方的理论大师。

金:哎,西方的。

H:这就不存在误读,是自觉追求。误读就是理解错误。既然每个人的理解存在差异,这是客观存在的必然事实,那就没有什么误读可言。不能因他人跟我的理解不同,就说他是错的。

金:付惠,你提了个很有意思的问题。存不存在误读?实际上问题本身就可能不存在。或谓不存在,或谓普遍存在,普遍存在相当于不存在。既然每个人都在误读,有谁能说我在正读?谁有权力说你理解的就是正读?从本本出发,或从某种实用目的出发解读的理论是真实又正确的吗?位高权重,解读就可靠吗?谁地位高,谁就是正读吗?

正读的标准究竟在哪里?实践是检验真理的唯一标准,但每个人的实践也是千差万别的。个人会受认知水平、局部利益的限制,包括历史的限制、群体的限制。如教育家站在教育家的群体,政治家站在政治家的群体,企业家站在企业家的群体,群体不同,话语系统不同,思考的路径、解题的方法都是不一样的。人人都受制于时空的局限,我们不是万能的上帝,你说谁对?

史学界一个较流行的看法:历史和历史现象的意义不是给定的和一成不变的,而是被建构和表述(representation)出来的。客观主义史学的"求真"理想已衰落。以贞德为例,其形象在人们的记忆及历史文献的表述中并非始终如一,贞德形象的变迁,基于具体政治和思想发展的需要,处于被不断想象和表述的过程中。她的故事已变得不重要了,重要的是怎样表述和利用其形象。

所以误读是永远存在的,每个人都在误读。问题是在众声喧哗的误读中间,我们自己解读的意义是什么?怎么对待众声喧哗的误读?

L:真的有误读,那还是件好事。就像您说的,一直以来,所谓的"正读"都被位高权重的人垄断。但是如果真有误读,恰体现出我们有一种质疑权威的精神,有自己独立的思考。中国的学校教育,似乎一直以来并不太鼓励学生有质疑精神。比如中小学语文教材上某首古诗,课本会给出权威解释。其实古人说得好,诗无达诂;但学生在考试时真按照自己的理解,没有按照课本的标准答题,老师就会判你不合格。中国教育缺乏质疑批判的精神,特别是对权威的质疑,这正是中国创新意识薄弱和创新行动匮乏的症结所在。学生长年浸润于"标准文化"中,习惯成自然,就不会对"正确"的理念去进行"误读"。

上学期课堂上,您提及《学会生存》这本书,也有老师说书名的翻译与内容不是很相符。尽管有学者建议译为"学会成人",但现在教育界视《学会生存》书名是理所应当的,大约不会真的试图去改变它。

金:它的英文原文是什么?

L:*Learning To Be*。

金:To Be 不完全是"存在"的意思吧?

H:To Be 就是怎样去做人。

Y:莎士比亚不是有句名言,生存还是死亡。

H:To be or not to be.

金:存在还是死亡的问题。

M:它是 79 年翻译过来的,当时大家的危机意识很强。

金:生还是死的问题,不完全是一个物质的问题,它有着更丰富的内涵。人不仅是物质存在,还是精神存在。我为什么老拿这本书来说事呢? 因为与我的经历有关。我在大学中文系读书第一年就转向了,对教育学感兴趣,有几个关键的因素,其中一个是我看了这本书。当时有电光石火、醍醐灌顶的感觉。有时候一本书对一个人就会产生命运转折般的重大作用。如果今天我来翻译这本书名,我会把书名确定为"教育平衡学",这是全书的精神所在,也是我多年研究教育问题把握的关键所在。平衡与和谐是所有教育的核心指向,又是中国文化的最高智慧。我觉得中外教育的核心素养在当代社会正趋于一致,即怎么达到教育平衡的境界。我认为此书就这个问题做了精彩的阐述。我在校长班、名师班经常提问,请学员按自己读书后的理解改一下书名。他们改不出来,也不敢改,其实还是不得要领。

X:对于外来的理念,往往缺少具体的考证,这可能不是理念的误读,而是事实本身就非如此。国外的实情也许就不是这样的,或者说某本书根本就不存在,是一本伪书。曾有个案例在教育界广为流传,说日本的小孩冬季穿短裤,在雪地锻炼,然后说中国的孩子娇生惯养,受到过多的保护,今后怎么与日本人竞争。其实我们没有亲历现场,也不知描述的真假,听风就是雨,看问题总是隔了一层。心理学上有一种"贱近贵远"的误区,总觉得别人拥有的才是好的,如美国的教育就是"高大上",中国的教育就是"矮穷矬"。然后又说人家的孩子上学好轻松啊,每天都是快乐的,我们的教育就都是痛苦的。我们总是对自己不满。就像钱钟书说的,我们的生活总是在别处,就把自己的东西都丢掉了,以至于根本就不知道自己曾拥有什么。

我们尚未搞清现实的问题是什么,就急着从问题出发,去探求解决问题的途径。我们只看到了别人提出的一个表面的问题,还没有理解问题的深层含义,就想提出答案。我们光顾着把别人的东西移植进来,却未弄清脚下的土壤,以致"南橘北枳",甚至"事理背反"。西方超前的教育理念脱离了中国的实际,显得苍白乏力。

比如现在为什么高考制度依然存在,就是因为有它存在的理由。存在的就是合理的,它的存在就是合理的,目前只能去完善它,无法取代它。而且高考改革也不能太折腾,没有充分论证或来自可靠实践的依据,轻易不要动。要么不改,要改即到位,否则造成的问题更麻烦。又如我们对引进的理论自然会有不同的理解,甚至有某种冲突,这就需要进一步的讨论探索,切忌意气用事,或舆论造势,或权势打压,这不利于理论的发展和思想的创新。

中国教育现存的问题不少,我们需要借鉴他山之石。但是真正深入了解西方理论和社会实际的人士并不多,有些人尽管在国外呆的时间不短,但主要时间还是泡在书本和实验室中,对西方社会及文化缺少浸润式的体察了解,也未真正把握发达国家教育机制运行的实情,同时出国日久,对国内的情况也有了隔膜,不清楚问题的症结,反而处于一个迷茫的状态。

Y: 我觉得应该分两个层面探讨。一个是事实层面。在阅读之前就应该了解对象本身的真伪。如果对象是真的,那就不存在反读或误读,因为事实本身就是事实。面对常识,比如说"人要吃饭",你偏说"人不要吃饭",这固然是你说话的自由,但如此违反常识,人们也不屑与之理论。

另一个是理论层面。面对阅读材料,包括经典著作,读者的知识结构、家庭背景有差异,解读时难免局限于个人的视野和经验背景,因此需要自我警惕。不要割裂完整的语境,孤立地理解一句话,而要了解作者的全部文本,进而了解其个人经历、时代背景等。可以分为这两个层次,以批判的眼光去阅读。即使有一些反读或误读,也是可以理解的。

金：一部《红楼梦》,年轻人看到的都是爱情,一般的老百姓感兴趣的是贾府的饭局,经济学家读出了经营和理财,曾经的时代将之归为阶级斗争的问题。同样的一部书,却见仁见智。元义说,首先要分辨阅读材料的真伪,《红楼梦》考证至今,连个作者都还有疑点,可见此事也不易。历史研究,首要的一点,史料必须是真的,但问题是这本身也难以确认。有没有所谓纯客观的真实史料？一说史料,只要经过人手,就难说客观性。比如会议亲历者的口述会否失真？回忆者信誓旦旦,因为在他的记忆中这是真实,但人在不断强化的自我选择性记忆过程中,会凸显想记住的,筛掉不想记住的,这是记忆的选择性失真。另一个亲历者的口述与你的不一样,但他也是亲历者。两个人为此打起来了,有这种可能吗？

说到真实,你举个例子,是真实,我举个反例,也是真实,我们甚至可以不断地信手拈来。那么,究竟谁说的是真实？真实仅凭案例是不够的,大数据时代研究真实状况的抓手是掌握数据的能力,就是取样。你不能穷尽调查对象,但可以做百分比的样本分析,虽然达不到绝对真实,但庶几近之。比如13亿老百姓,89%说这样,那你就不能说那样。当然你还可以说,"真理也许在少数人手里"。人多一定是对的？一定代表真理吗？科学史及人类文明史确实证明,真理一开始往往在少数人手中。所以要防止以势压人,警惕民主形态下的多数人专制乃至暴政。

看来这个问题本身是比较复杂的。这么多复杂的个体,一旦组合成人类社会,更是复杂无比。在复杂性社会中生活,我们需养成复杂性思维的习惯。理念与事实总有出入,理念又是人提出来的,人不是全能的上帝,不代表真理,其言其行我们常常需要打上问号。谁也不能垄断"正读",谁都可以进行"反读",至于"误读"呢,更是常态。

Y：有的理念,被人刻意切掉了一些字句来解读。如老师特爱引用的爱迪生名言——"天才是99%的汗水加1%的灵感",就是半截句,其实后边还有一句……

金："1%的灵感才是最重要的。"

Y：对啊。我们从小一直接受的,大都是"半句式教育"。

金：这也是一种误读,故意把后半段话省去,强调读书要勤奋。

X："吾生也有涯,学也无涯"也是半句,老师也特爱引用,其实后边还有……

金："以有涯随无涯,殆矣。"

X：还有上次我们讨论的"情商",进入中国语境就变成"搞关系"。

金：所谓经营人脉,到处打点,甚至"潜规则"。

X：理念可能是在不断生长的。在西方的语境下，是那样的一种概念；但是到了中国，换了一个环境，就得在新的环境下不断适应甚至变异，才能存活。这背后存在着无奈的适应性动力。

金：西方人为什么用"情商"概念呢？商是数学术语，数字化意味着科学化。玩数字化的东西，觉得有了科学的依据，他就理直气壮了。中国人的表达方式是反过来的，中国是人情社会，情感是模糊的、粘合的，说不清道不明的。你说情感值多少钱？他本身就不是数字，也不是钱的问题嘛。我昨天跟某进出口公司的董事长聊天，他负责的一个方面是医药的进出口。他说现在的药品是进来的多，出去的极少。

我女儿是中医大毕业的。我就问他，为什么中医不能走向世界？他说，金老师，日本人也研究中医，但日本人是仿照西方，将中药的各种成分提炼出来，什么性质，含量多少，标准怎样，都弄得清清楚楚，西方人就信服。中国人呢，玩阴阳五行、相生相克的东西，人家听不懂。也没有数字，外国人就觉得不科学。数字都没有，我怎么相信你呢？所以中医、中药就是走不出去。

非数字化，恰恰就是由中医的本质决定的。因为中医研究的人体是一个动态的过程，你学习西方的实验科学，人体一静止，就是死了。所以中医、西医就有点鸡同鸭讲的难堪。你越讲，他越不明白，讲到他明白了，这已不是中医了，鸡变成鸭了。

所以我觉得，一方面我们要走向国际，与世界接轨；另一方面也不必太着急，非得要让别人理解了。人家不理解就不理解吧，他真的需要理解你的时候，鸭子就变成鸡了。开放学习是当然之理、必然之路，但不能情急之下，舍己之长，效人之短。与其不明就里地试图将中医西医化，不如踏踏实实地研究互补之道。当务之急，还是把自己的事情做好。中医真的在13亿中国人中间发挥了实实在在的效应，中国人身体健康了，寿命延长了，乃至在世界上首屈一指了，人家也乐意来与中医接轨。

我看中国人现在还是缺少自信，弄得大家心急火燎。学术界也是这样，学术论文的样式全部美国化，因为美国化也就是国际化、标准化。论文和专著的风格是言必有据，甚至通篇是注。其实真正的学术性，一是言必有据，站在前人的肩膀上；二是比前人看得远，超越前人，有创新点。现在光顾了前一点，忘记了后一点，学术性异化为形式主义，学会了美国人的注解，丢掉了美国人的创新。一篇论文，通篇是注，最好还是英文原注。最厉害的论文，最好要像钱钟书的《管锥编》一样，有八国文字的注疏。一看有八国文字，就觉得是最好的论文。我不否认这类论文的学术性及价值,但你真能做成钱钟书那样的学问吗?如果学术性就是注释多,那么中国清代乾嘉学派的学术性也许是最高的,考据学派可以做到"无一字无来历"。

中国传统的古文经学即汉学,怎么弄?把经书上的所有内容的来历都弄清楚,最后变成"博士卖驴","书券三张,不见驴字",学问从解决问题的工具,成了制造问题的利器。现在开始流行披着国际标准外衣的"新经学"治学风格,可谓古今中外的结合。其实,纯粹用西方的学术话语系统指导中国的科学研究,那你永远也玩不过人家。人家是游戏规则的制定者,你怎么与他玩?首先,你的文章一定要拿到西方的杂志去发表,你肯定是亏了。他玩的是母语,你玩的是第二语言。设想西方人跑到中国来发表文章,难度有多大?仅此一条,你永远追不上他。所以这是一个最大的误区。

我认为与其花这么多力气来搞这个,还不如把西方顶级的杂志,原原本本翻译过来,这也要不了多少时间和成本,专业翻译家就是吃的这碗饭嘛,完全能做到。然后,把中国学术界最好的成果也定期翻译成不同的语种,送到不同的国家去。这起到的作用,我看好得多。现在全民"炼文",劳民伤财,轰轰烈烈搭花架子,最终还是搞不过人家。从策略上来讲,这是需要认真反省的大问题。

50. 拍桌子比不拍桌子好

金：习近平总书记20世纪80年代在福建宁德任地委书记。因为经济落后，宁德当地人将盖房、修坟、娶媳妇称为人生三件大事，党政干部盖私房成风。他到任后，决心清除"摆在马路边的腐败"，确定把"敢于碰硬，敢攻难点，抓反面典型，拔钉子户"作为查处的突破口，刹住不良风气。清房可能会涉及二、三千名干部，但习近平下决心解决此问题，"要干就干成，义无反顾，开弓没有回头的箭"。

当时有人认为，这样做会得罪当地党员干部。他在地委工作会议上说："这里有一个谁得罪谁的问题，你违纪违法占地盖房，为一己之私破坏了党的权威和形象，是你得罪了党，得罪了人民，得罪了党纪国法，而不是代表党和人民利益查处你的干部得罪了你。"后来，在一次采访中他提到："有时候拍桌子是必要的，拍桌子比不拍桌子好。不拍不足以震慑，不拍不足以引起重视。我问当时的一个纪委副书记，300万人该得罪，还是这两三千人该得罪？他说那当然宁肯得罪这两三千人。"

这样做，其实就是体现了党的群众路线，让领导干部敢于碰硬，为党的事业和人民的利益敢作敢为。

有的人首先考虑怕得罪干部,那就做老好人了。你怎么没有考虑得罪了党,得罪了老百姓,得罪了党纪国法呢?讲到拍桌子,关键是看为什么拍,针对谁拍,拍桌子的具体事情是什么。做不负责任的好好先生是今天官场的通病,有时面对损害群众利益的混账事,甚至拍一下桌子都不敢。

朱镕基总理当年在上海任市长时,甚至到北京做了总理时,还是不改正义耿直的秉性,有时见了极端不负责任的干部,忍无可忍就拍了桌子。有一次,香港记者问他:朱总理,听说您脾气很大?您经常拍桌子不算,竟然还拿板凳打部长的屁股?总理被问得有些恼火,说你这个记者怎么也不调查清楚就听风是雨,尽管我这个人脾气比较大,拍桌子是有,但说我拿板凳拍部长的屁股,这个事情我郑重声明,是绝对没有的。如果我真这么做了,那部长的屁股也很疼。说得记者们都笑了。朱镕基讲话很幽默,当然他是以严厉著称的,有个"铁面宰相"的称号。

上海当时的干部见到朱市长有点怕,背后称他为"朱老板"、"朱老总"。有些干部看到会议是朱镕基主持,就不敢迟到。朱镕基不仅是严厉而已,他对情况的了解非常到位,对问题的判断直指要害。会议上,他还要询问部门的领导具体问题和相关数据,你说不出来,他倒是比你还清楚。所有干部都小心翼翼,不敢糊弄这个市长,因为他对经济发展的指数连小数点后边的位数都一清二楚。他的严厉也是非常出名的。他要上海监察部门的领导眼睛牢牢盯住2000个市管局级干部,来促进党风、政风的好转。任总理时还说,准备好100口棺材,99口为别人准备,最后1口为自己准备。就算前面是万丈深渊、地雷战,也准备去趟。可见改革之艰难,也显示了总理为国家为人民敢于担责、义无反顾的铁骨忠心。这种干部,现在难得见到了。

从习近平主席当年主政宁德时曾说的"有时候拍桌子是必要的,拍桌子比不拍桌子好",到曾经的总理朱镕基有时还真对着领导干部拍了桌子,大家来议论议论吧。你们还不是领导干部,可能都没有拍过桌子吧?

M:朱镕基总理拍桌子,为什么?是不是他想做一件事,但是下边的阻力太大,他只有通过拍桌子来震慑那些反对者?或者因领导干部偷懒度日、尸位素餐,引得总理大动肝火?我认为,更重要的,是要有一套办法来监督任上的领导干部。朱镕基总理有这个能力和魄力拍桌子,如果换一个领导不敢或不想拍了,那就任这个情况烂下去吗?我们不能把希望总是寄托在包青天式的清官身上,这样的人可遇不可求。关键是应该在制度建设上多下一

50. 拍桌子比不拍桌子好

点工夫,对握有权力的人进行事先监督、事中监督、事后监督。一个好人处在权力高位,好的制度可保证他把好事做得更多;一个不那么好的人侥幸爬到了高位,一套好的制度也会让他慢慢变得好起来。

金:你说的是一个很重要的问题,即人治还是法治的问题。当然,在中国特殊的国情环境下,人治也少不了,但更重要的还是法治。拍桌子的人治味重一些,实际上是有伤干部身体的,一下子拍重了手要痛的,且肝火太旺不利于健康。还有一点,万一对方不经吓,倒下去了又怎么办? 还真有这样的情况。最近某省教育部门的一个科长骂一个门卫室执勤的是"看门狗",科长当时一定要进去,急着办事,哪知看门的秉公执法硬是不让她进去,她一生气,就骂人家是"看门狗"。这个看门的老头有60多岁了,人家是退休后贡献余热,一下子急火上身,倒地不起。现在科长的麻烦上身了,当地已经把她的职务停止了,将来可能还有官司。科长还没拍桌子呢,如果一拍桌子,人吓死了,那麻烦更大了。

X:拍桌子只是一种形式,更多体现了一种官位或领导的气势。像晓梅说的,他能震慑住下边的人,能起到这样一个辅助的作用。我认为,中国具有悠久的人治社会的传统,上到天子,下到管理各个地方的大小官员,搞的都是基于人的统治。法律、制度也不能说它是虚设,它们确实存在,但是一直和人治处于博弈的状态,而且人治通常是占据上风的。古代官员的威势越大,老百姓就越信服,下级更能俯首称臣。就目前中国的状况而言,我觉习主席讲的"拍桌子"当然是好的。因为中国现在正处于这样一个制度还不太健全的时期,法治建设也在完善中,所以现在差不多就是法治和人治势均力敌的状况,两者是互相渗透的。

由于中国的传统人治影响深远,不可能一下子改变,这种官本位、官作风肯定在特定的时期还是存在的。而且中国的老百姓,天生对官员是仰畏的,气场强的官员往那一站,老百姓就很信服。如果再加上一些辅助性的动作,比如说"拍桌子",或者像朱镕基总理那样一脸严肃,人们就会觉得你是代表着正义的力量,是不可撼动的。如果领导是秉公办事的、特别坚定的、气场强大的,下面的人就会很认真地去做事,执行的力度也会比较到位。我觉得这个办法在中国当前是可行的。

M:关键的是,因为朱镕基是一个有担当、有能力、有远见的人,他做的决定是对的,所以下面的执行力就强了,工作自然就做好了。但是也有官员,比如说南京的季建业,私下里大家都骂他"季挖挖",他也算有魄力了,所有的反对声音都不听,执行力也到位了,但是老百姓怨声载道。所以当人们是把希望寄托在人的身上时,则前提必须是:这是个好人,他拍桌子是为了做好事。

L：我也看了人民网的报道。习近平总书记当年在福建宁德主政时说的"拍桌子"，是对谁拍？"拍桌子"肯定不是对老百姓拍，并非把为官者的不当决策，强加在百姓身；而是站在百姓的立场上，对那些不负责任、甚至损害群众利益的人拍桌子。所以说，对谁拍桌子、对什么事情拍桌子，这个一定要界定清楚。

金：对谁拍桌子确实很重要，因为干部也不敢对自己的上级领导拍桌子。即使是朱镕基在上海做市长，他对下属严，对上面更高的领导干部他也是非常尊重的。这也是可以理解的。他能够对上面拍桌子吗？这是不可能的。领导干部对着不负责任或胡作非为的下属拍桌子，已经难能可贵了：一要让上级领导理解支持你，二要让普通百姓体谅拥护你，三要让挨了"拍桌子"待遇的下级干部心服口服，愿意继续跟着你做好事情。今天的干部能达到这样的境界，实属不易了！

H：老师，我对这个问题发生了误读。我思考这个问题的时候，没有想到官。我想到普通人，情绪起伏时，或拍桌子发泄，或不拍桌子忍着。我把它泛化了，仅考虑拍桌子是表达一种不满或愤怒的情绪。

金：普通人思考这个问题，也是"拍桌子比不拍桌子好"。有情绪，老是压着，对身体不利。当然，拍桌子也要把握节度。延伸出去，老师可不可以拍桌子？老百姓对官员不满，可不可以拍桌子？有时还得瞻前顾后，不能鲁莽行事。当然，哪天老百姓站在官员面前敢拍桌子了，我看民主社会大概也就建立起来了。

必须注意的是，"拍桌子"毕竟是极端行为，不宜轻率为之。更不能火气上升，拍桌子升级为打人，打人就触犯法律了。你说办事，为什么要拍桌子呢，也太蛮横了吧？他是到了忍无可忍才会拍桌子的，拍桌子无异于打自己的手啊，拍得越重，他自己越疼。他打自己干嘛呢？他已经到了没有办法忍受的地步了。普通人需要发泄，官员需要震慑。

讲一个我亲身经历的事例。有一次，我去小区居委会反映一个如何维护绿化的问题。我对书记说，小区的管理现在越来越乱了，刚入住时说是花园小区，环境还比较好。现在呢，东挖一块，西挖一块，这里停个车，那里停个车，弄得都不像样子。我说你们居委会、业委会是怎么联合管理的？这位书记不屑又冷漠地瞟我一眼说，你来反映问题，那么我先问你个问题，你有没有车？我一听，就拍了桌子，我说你是混账话。你的问题是挖个坑，让我跳进去，我怎么回答你？如果说我有车，那你会说：你有车也有车位了，人家现在买车你不让人家停？你对吗？假如我说没车，你会说：没车你就是狐狸吃不到葡萄，就说葡萄是酸的，你没有车你就嫉妒人家，你不让人家停车，对吗？我无论怎么回答都是不对的，那你这个问题提得合适吗？

旁边的主任就说，金老师，你不要火气大，你是个大学老师，怎么这样呢。我说，你这个话也混账，我火气大是因为前面这个问题引出来的。你不来劝说、解释或安抚，倒用大帽子来压我！大学老师又怎么样？他说，你作为大学老师不应该拍桌子。书记接着又问，你是共产党员吗？我说你就更混账了，我是又怎样，不是又怎样？我又拍了桌子。后来我太太也说我，你这个人怎么火气这么大？我说，他们说的那个话太气人了。太太说，人家也没有办法。我说，没有办法也要想办法，谁叫你处在那个位置上？你一上来就抛了个荒唐问题惹我生气，我还跟你怎么谈？

其实，我也是到了忍耐的极点了。一个还挂着绿化模范铜牌的样板绿化小区，已经糟蹋得不成样子了，管理部门只管收停车费，电话、当面沟通根本不起作用。怒极而拍了桌子，果然比不拍桌子好。现在他俩看到我倒是很客气，金老师长金老师短，但小区绿化还在被蚕食、被破坏，并无丝毫改观。只是我家门口那一块绿地，他们终究不敢挖。

我与小区居民讲，我这个人是个傻子。你们都不去反映，都愿意做老好人，现在你们住的门前绿地都被挖光了；倒是我这个"恶人"，家门口的绿地，他们现在还不敢来挖，就是源于我拍了两次桌子。不过在自家门口保留一块小小的绿地，又有多大意义呢？我又不是天天做警察的，有时到了深夜，小车没地方停了，硬停草坪上了，你也不可能一天到晚去吵架。我现在也懒得去沟通了，只是内心担忧，再这么下去，生活品质日趋下降，绿地与停车的矛盾终无可解，和谐社会又从何谈起？

现代城市小区都在提倡自治，那你怎么自治？连我居住的这么一个小小社区，管理都很不容易。如果你们毕业后去做公务员，可能就会去做个居委会主任，你们不要小看这个居委会主任，要做好也是不简单的！两个群体，停车的群体和维护绿化的群体要找到平衡点，这需要高超的协调智慧，更需要教育和引领。小区管理和自治，一要面对现实，二要展望将来，不能头痛医头、脚痛医脚，更不可拆东墙补西墙，违背规律。首先要尊重事实和既定规划，没车位就来挖绿地，那以后家家买车，绿地全挖完，剩下的车子停到屋顶上去？这是不可能的啊！只能严守原先的绿地规划面积，除了可售的室内停车位，小区有限的路面车位要实行有限期的拍卖，舍此别无他路。

只能找到这样一个平衡点。这少量的车位呢,不能因为先来的,就永远占住资源。每年实施拍卖,价高者得,获得的钱就反馈给小区做绿化养护。如果我做居委会、业委会主任,我就动员说服业主形成这一共识,这个方法方可把中国城市老大难的问题给解决了。也许只有生产汽车的厂商不乐意,因为他的车销量上不去了。当然,我要推广这个理念也有压力,既得利益者会与我过不去。所以做件事情是很难的。

H: 放在普通人身上,"拍桌子比不拍桌子好"还可以引申出其他含义。比如在公共事务的表达上,公众出头好还是不出头好?

金: 对,你说的是个问题。

H: 现在不少人的思维方式……

金: 多一事不如少一事,对吧?

H: 对。面对公共事务,大家都不说。在表面上不愿得罪人,问题就会一直存在,对大家的生活质量都有负面影响。

金: 公共事务要不要管,该不该管?我太太就反对我,说你什么事都要去管。我看到小区内还有个不好的现象,一些贵妇人肆意遛狗。其实哪有贵妇人啊,中国还没有。什么是贵妇人呢?上层贵族或至少中产阶级,首先有闲,然后有钱、有房,因为不需要工作了,很寂寞,养条狗。大学里一位教授,太太也想养条狗,与先生商量,但先生反对:家里住房不大,书柜还不够放,哪来的地方养狗呢,又买不起花园别墅。太太无奈,只得放弃养狗的希望。谁知不久太太竟在看电视时心脏病突发去世了。先生那个自责内疚呀,如果养了狗,常常去遛狗,太太身体也许不会出大毛病吧?结果一天到晚窝在客厅看肥皂剧,看出病来了。这也是普通人的无奈。

现在呢,家里也不富,一个退休大妈,住房也就三、五十平方米,自己住都不够,还要养条狗,弄个狗窝。最不像样的是遛狗时狗屎到处拉,像个贵妇人的仪态吗?有一次,我居住的小区里有人牵的狗当着我的面拉屎,我挺生气地看着她,哪知她眼睛瞪得比我还大。我想算了,秀才碰到兵,有理说不清,只能提着包,灰溜溜地走了。等我走出小区大门时,见她俯身捡狗屎了。我想,还好,也许是我的不对,人家本来就是要捡狗屎的,那你瞪眼看着我,难道我怕你吗,我偏不捡,你能咋样?我走了,结果回头一看呢,她倒是把狗屎捡起来了。她一边捡,一边还恶狠狠地看着我,我倒还怕她把狗屎扔过来呢。

我太太也反对我,她说你什么事情都要管,这样惹人讨厌,对自己身体也不利。我也反对她,我对她最大的意见就是:人人都像你这样,这个社会还会好吗?她说,都像你这样,社会就会好了?你多伟大了!所以我也无奈,连太太与我的想法也不一样。

M:中国有句话叫"枪打出头鸟",别的人不是不想管,但是他不想出这个头。你出了这个头,他就搭个便车。

金:对,就是这个现状。

51. 常识的矛盾：你以为你是谁？

金：西方国家是契约社会，中国是人情社会，这是不一样的。契约社会的常识，可能还不是我们习惯性的用语。那么，在中国的社会，人情是不是常识？

比如某人到医院去看病，医生首先问你："你为什么到我这里来看病？你是不是有什么关系？"如果他觉得你没有特别的关系的话，他好像没有时间来给你看病。大城市中的大医院，大医院中的名牌医师，是当今中国社会最稀缺的医疗资源。有人说，现在看病也是分亲疏，办事也是分亲疏。如果你是个重量级的人物，那马上就给你办；你是一般性的小人物，就可以拖着不办。办事、治病先看身份、看亲疏，而不是看事情或疾病本身的轻重缓急，或者先来后到的规则顺序。

常识到底是什么？中国的熟人社会、人情社会能否成为常识？还是说应该按照社会明确的规则意识来办事，这才是常识？究竟"零规则"是常识，"明规则"是常识，还是"潜规则"是常识？这个问题也值得议论一番。因为我们自己有的时候，也会碰到这些困惑：要办什么事，首先想有没有关系，能不能去托人，自己觉得不按照规则办，显得有点违背常理。假如按正常的办事顺序，该排队的排队，该走流程的就走流程，那么事情能否办成呢？是否有违"常识"致使一事难成乃至"坏事"呢？似乎不打招呼不托人，这个事情永远就办不成了，于是就打招呼吧。结果人人打招呼，也就等于人人没打招呼。但如果真的是"潜规则"已成为心照不宣的"常识"，不打招呼的人就更傻了，因为你已违反了"常识"。就是说打了招呼未必给你办，不打招呼肯定不给办。所以人们处世办事，确实比较难。所谓做人难、难做人、人难做，现在又加上做事难、难做事、事难做。

拿教育界说事，现在的中小学老师，逢年过节也焦虑。比如教师节流行送礼，送礼弄得孩子的家长没方向：怎么送、送多少、送还是不送？教师则为收还是不收苦恼。一个哈姆雷特似的问题出来了：如果大家都送，等于大家都没送；而大家都送，就你没送，你是否对我有意见？把送礼也搞成了悖论，师生关系也显得俗气了。本来对老师表达敬意嘛，你送张贺卡也挺好，礼不在重，就像古人说的"千里鹅毛"，这是佳话，主要是一点心意。古代的天鹅未必值多少钱，现在天鹅已成国家珍稀动物了。那咱就送根鸡毛吧，心意到了就成，老师也喜欢。

上次我们探讨过科学家的智商、情商问题。科学家的职责就是在其专业领域搞研究嘛，现在为什么又弄出智商、情商啊，纠缠不休？这些东西是常识还是非常识？所谓的情商，在中国又变成搞关系、搭人脉了。其实情商就是与人为善、品行端正、做人像人，那么他情商高，事业就容易成功。这实际就是儒家"仁者爱人"的情感原则，"恻隐之心"人皆有之的体谅助人原则，人之"所以异于禽兽者"的"仁义礼智信"原则。那现在作为流行语的情商呢，说这个人很有能耐啊，"能耐"就变成会搞关系了，又变成了一种称为"做人的学问"的搞关系学问。

本来做人的学问很简单，情商也简单，就是修身养性，己正正人。修齐治平的首要功夫即检束自己的身心。现在变成察言观色，左右奉迎，会钻门路，善留后路，搞了这一整套东西，作为成功学的精髓到处兜售。这就把简单问题复杂化了，所以人也越活越累。

H："常识的矛盾"其实揭示了现实的真相，生活在现代社会中就是要十分灵活，对不同的事情宜随机应变，不能以惯常的思维径直对待每一件事，不然吃亏的就是你自己。比如中小学学生家长给老师送礼这种现象，他们认为送礼会让老师对孩子特别关照，但如果你碰到的老师是正直的，你越送礼，他反而对你的印象越差，于是送礼起到了反效果。可见送礼前也需要具体情况具体分析。

为人处世方面，我自己现在的感触也比较深吧，并非坚持以一条准则来面对所有状况，就能处理好一切事情,而是需要面对复杂情况,学会适当地调整。现代社会的发展是快速多变的,应对法则也应随时调整,二者并不是矛盾的,变通也是正常的为人处世吧。因为现在确实没有传统社会那样单纯的人际关系了,或者说没有单纯的社会环境让你可以坚持一条准则。

比如传统的做学问,讲究"两耳不闻窗外事,一心专读圣贤书",踏踏实实,按部就班。但信息社会是瞬息万变的,数字化时代要求你灵活地应对变化了的科研情境。如果我还是老老实实、按部就班,翻找搜寻纸质文本资料,则效率肯定低下。为何不利用方便的互联网电子文库呢?这不是"常识的矛盾",并不会有人指责你,说你使用互联网就不认真了。我认为,"常识"也是依随环境的变化而改变的。

金:你说的也是,做学问,一个是网上检索,一个是翻阅书籍,前者肯定高效。网上检索呢,也会面对信息良莠不齐的困扰,但网上电子文库如果是由专业书局及高端开发商联合打造的平台,比如说四库全书数字化文库,是由负责任的专业机构建设的,精确率很高,差错率仅万分之零点几,那它的质量甚至就已超过正式的印刷物了。那么,我们为什么不从网上文库中去阅读查找,还非得上图书馆翻纸质书呢?纸质书如果是珍本,则翻阅的成本也很高,这就更不聪明了。做学问的"常识"确实也发生了变化,网上查找的资料也未必不严谨、不科学,新的治学方式也不意味着不踏实。

H:其实网上有很多数据库,可以通过搜索不同的、多样的数据库来弥补单个数据库的不足。

金:这也是一种方法,用多元参照来发现问题,来充实资料。

Y:"你以为你是谁?"这句话是现在很多人的口头禅。

金:这是为了抓眼球而用的句子,强迫你的视觉为之停留。比如你来办事了,按照常理,你第一个到,应该先给你办事。但是我跟你不熟,就没有给你及时办。你说,怎么还没有给我办啊?我说,"你以为你是谁啦?你又不是习大大"。这是个调侃的说法。

Y:尤其是在个人情绪比较激动的时候,他会说:"你以为你是谁?"费孝通把中国社会称为"差序格局"的社会,就像石子丢进池塘里引起的波纹,呈现发散的那种状态。中国农村社会的乡土文化,即以血缘的亲疏关系作为维系社会稳定的基本关系。现代人的"心意"是存在的,特别在乡土文化中,"心意"也是很重要的。但问题是,今天的心意已不仅仅是心意了,它还承载着许多附加的东西,比如变成了一种奉承的方式。而且心意还被人拿来比

51. 常识的矛盾:你以为你是谁?

较,你的心意比他人有一点优势,你托人家办事才有可能成功,这就使"心意"变质了。

确实,你托人家办事要感谢人家嘛,有的是送锦旗,有的可能是请吃饭。但感谢似乎也变成了交际手段,成为能够带来预期收入的筹码。于是,"心意"在现代社会已经不纯粹是一种情感的表达了,而是物质符号及派生的价值。

L:我看了梁文道"关于常识"的文章,说到中国存在阶层不平等的状况。比如去医院看病,就存在排等级现象。但是,无论中外,为什么军队中存在的等级就被视为正常、合理?大家对军队里的等级就没有什么非议,而军队的等级制度是特别鲜明的。梁文道的文章提及中国社会的阶层不平等现象可追溯到延安时期,以后这种排等级的现象就被延续下来了。

我想,是否因为长期战争的历史过程,形成了现代中国社会的特殊性?看看美国建国时期的历史:当华盛顿带领人民打完独立战争后,就主动把军权交出来了,再通过民众自由选举的方式成为了美国总统。但是中国没有这样的历程,当时军队里打江山的领袖建立国家政权后,"支部建在连上"的党军一体模式就扩展至全社会,一直延续到现在。中国等级制度的鲜明和严格或与此相关吧。

金:你说得对!延安时期就是分等有序的待遇,吃饭有大灶、中灶、小灶之分,延安的干部吃饭是分档次的。

H:军队的军衔、等级制度,大多数人是认同的,但对社会上区分的贫富阶层,大家通常在价值理念上是不认同的。

L:感觉军队就好像是处在"真空"之中的,军队里的意识观念、行为规范及等级制度等,似乎千百年来都没怎么发生变化,与社会的价值变化好像没有交集。

金:军人就是绝对服从。没有等级的话,谁来下达命令,谁来执行?

H:军队的等级制度比较受人认可吧,因为军人往上升级都是靠军功,尽管现代军队也有学历的要求,但主要靠实战、靠贡献,这可以让人心悦诚服。但社会的分等分层,将人标为三六九等,就让人很不舒服。都是共和国的公民,凭什么说你有钱,就自认为高人一等?

金:你说的富和贵,这是两个概念。富,就是钱多;贵,就是贡献大,有身份,有权势,它是有一套程序来决定你在这个社会上的等级地位。像英国的勋衔可分三大类:一是皇族勋位;二是贵族勋位;三是功绩勋位,可赐予有重大贡献的人士。其中,皇族与贵族的勋衔共分五大级,即公爵、侯爵、伯爵、子爵、男爵。通常,英国贵族爵位和封号不可随意转让、出售。某要人一旦获得某种爵位,并非固定不变。若新获显赫军功、政绩卓著或格外受到国王欣赏,可以晋升至更高级的爵位,或兼领新爵位等。此外,贵族联姻也是获取、增添或提高爵位的机会和方式。有的人因爵位、封地显赫尊贵,为众人所仰慕。

中国古代的贵族政治,主要出现在秦朝统一全国前。其后,"上品无寒士,下品无庶民"仅在晋朝短时出现。自秦始皇建立中央集权制度后,长期的中国历史都凸显皇权的统治,个人身份的尊卑来自皇帝授权。隋唐科考制确立后,普通民众身份的垂直上升主要靠读书应考,所谓"朝为田舍郎,暮登天子堂",表述的就是贫寒子弟一步登天,光耀门楣的情景。按照中国"士农工商"的社会身份,钱多未必能导致身份的尊贵。

但在现代中国呢,价值系统正处于重构过程中,传统皇权和仕官的威权似乎已瓦解,同时又以某种方式被强化。如当今中国社会的等级制与军队有关系,因为新中国是打出来的江山嘛,所以军队里的一整套价值影响到社会,也影响到教育了。教育话语系统充满作"战"意念,至今"教育战线"一词频频出现,积久难改。而传统儒家的义利观深入民间,为富不仁者为民所憎恨,百姓骨子里还是"崇贵贱富",发明一概念,曰"土豪"。

X:有留学生到美国大学,上的第一堂课是:老师给每人发一张白纸,然后把一个废纸篓放在教室前方,让学生把手中的纸揉成团,扔到废纸篓里。废纸篓代表上流社会,坐在不同位置的学生代表不同的阶层,阶层是可以流动的,但只有将手中的废纸扔入废纸篓,才有向上流动的资格。

就有学生立马反对,因为这对坐在后排位置的学生来说,显然是不公平的。他们把纸团投进纸篓的机会是十分渺茫的,这意味着其进入上流社会的机会与前排学生不可同日而语。这位美国老师以此例来说明:现代社会中的个人,就像这个课堂里的学生一样,有前后之分。前者进入上流社会轻而易举,而后者则须奋斗终身,或凭借偶然的机遇才可能获得上流社会的入场券。所以每个人都渴望着前者的特权,那是通往上流社会的捷径。

这个特权怎么解释呢?出身就是某一种特权,比如你出身于名门望族,生来含着金钥匙;或如那个美国老师所说,你们在大学享受的接受教育的权利,其实也是一个特权,因为它不是义务教育。作为普通人,接受高等教育的这个特权,你务必要抓住,而且你要努力奋斗来实现目标,等你进入上层社会后,再为那些"缺乏特权"的下层人发声,替他们争取特权。那么,接受高等教育真的是一个特权吗?

现在高等教育已经普及了,寒门学子的上升通道却愈加狭窄了。之前贫民子弟可通过

51. 常识的矛盾:你以为你是谁?

教育,实现阶层流动,可以通过埋头苦学、努力奋斗,不断地往上走,达到中层乃至上层社会。但现实是处于上层或中层的子弟,才有更多机会获得更好的教育,和普通家庭相比,二者受教育的质量显然不一样。比如富人可以给孩子提供更丰富的教育资源,普通家庭的孩子却没有;而更优质的教育机会,往往也为把持了更多社会资源的上层社会所有。我们如何能够拿到机会的通行证,来促进阶层的流动呢?

L:现实中,如果真有贫寒子弟一朝成功进入上层社会,他又会成为上层社会的一员,也未必再为贫寒阶层发声或服务了。

金:地位和思想都会变化的。

L:对,这些人成功后,他的思想观念和自身利益都与原来的阶层脱离了,已成为上流社会的代言人了,自然不会再为底层的人发声。

Y:从学校教育的发展过程来看,它一开始就是一种特权,不是任何人都能享受的。

金:学校最初属于吃饱了饭没事干的达官贵人的特权。

Y:对,一开始是这样的。

金:慢慢就普惠了。

H:现在就处在普惠的过程中。

X:但现在中国的阶层在逐渐固化,富者恒富,穷者恒穷,阶层之间的流动如何实现呢?

Y:而且更主要的问题是贫富差距还在扩大,寒门还有奢望出"巨子"吗?你这个巨子是名人?还是富豪?寒门即使出了一个大学生吧,又有什么用?现在大学生太多了,乃至毕业就是失业。

金:说到固化的问题,传统社会的流动,是依靠科考制,它维系了中国社会长期的阶层流动,保持了社会运转的稳定。近代,科举的废除,造成大的动荡,知识分子失去出路,改投革命去了。当今社会能够促进阶层流动的,当然是教育制度的安排了。但优质的高等教育资源还是相对有限的,现在高等教育普及了,读大学不难了,但是你要读"985"、"211"这类大学还是有点难度的。而"211"、"985"高校的毕业生,还具备就业优势。所以现代大学制度实际上还在发挥社会分层、分等的作用,大学本质上也成为分层的有力工具。

现在高校招生考试也在探索改革,也有政策倾斜,如向西部地区倾斜。以往北京大学招北京学生多,复旦大学招上海学生多,于是教育部要求此类大学增加西部地区的投放名额。结果一分析啊,多投放了五十个名额呢,也很少有寒门子弟来,都是当地的官员、富豪们瓜分了,最小的官衔也是个乡干部,是科级干部以上的权力阶层,真正的寒门子弟,还是抓不到这个机会。

以前的科举考试呢,主要是考书本知识了。考生读的是圣贤书,你只要青灯黄卷,吃苦耐劳便可。现在的考试则五花八门,高考原先不管文理科,基本是考六科,后不断改革,形成"3加X"模式,这"X"考的是综合运用,考是否见多识广啊,又考什么操作能力啦,贫家子弟在这些方面更不具备优势。他本来考试成绩好,但属于死记硬背的功夫,进入高校死知识没用,而能力是否出众、情商是否高妙,这玩意儿也难测定,于是变成校长推荐、学校鉴定。在法治薄弱、监控乏力的当下,加之身处人情社会、权势社会的中国特色文化中,由此造成的弊端或腐败将更严重。所以这里的问题确实复杂,改还是不改,又成了一个哈姆雷特式的问题。

怎样才能让底层民众的孩子向上流动?首先,什么叫"上"?"上"这个概念也是需要界定的。因为"固化"就是说的"上流"不了嘛。那么社会有无上下层之分?"上"这个阶层指的是什么?是不是公务员?

X:之前有学者对中国作了十大阶层的划分。

金:也有分九大阶层的。影响力较大的好像是梁晓声的《中国社会各阶层分析》,分了七大阶层。中国传统社会是"士农工商",四民分业,也可看成四大阶层。世界上社会分层最严最细的,恐怕首推印度了。其种姓制度以婆罗门为中心,划分出许多以职业为基础的内婚制群体,即种姓。各种姓依所居地区不同而划分成许多次种姓,这些次种姓内部再依所居聚落不同分成许多聚落种姓……如此层层相扣,构成一套散布于整个印度次大陆的社会体系。

印度的种姓制度为了政权需要经历了调整,并在英属印度时期为符合殖民者需要,被固定、僵化为森严的阶序体系。由于该体系中的不平等与近代西方兴起的民主制度与人权思想大相径庭,因此常被批评为反现代化的落后制度。1947年印度脱离殖民体系独立后,种姓制度的法律地位正式被废除,然而在实际社会中,影响依然存在。印度的最高等级是婆罗门,最低等级是首陀罗,人自出生始,社会阶层就已命定,就是固化。中国传统的"士农工商"社会,其实还是可以流动的。

中国爵位随朝代更替有所变化,大致有公、侯、伯、子、男五等爵位。爵位制度也是帝制的一部分。清朝灭亡后,该制度亦被废除。西方国家贵族制度以英法为代表,汉语将其依中国爵位亦分为公、侯、伯、子、男五个等级。现代中国还有没有上流社会啊？像英国是有上流社会的，它保留了贵族制度。那么当今中国的"上层社会"指什么？

H：国外阶层是外显的，有上流社会，或贵族、皇族阶层。中国没有外显的阶层划分。

金：但是隐含着特权阶层。

H：对，现实中有这种特权阶层。

M：特权阶层又只是一种潜规则，不会明摆着说：我是有特权的。

H：它在行事过程中处处体现特权，又不外显为明确的特权阶层。这就是争议的原因。

X：我们建设的是中国特色的社会主义社会，所谓特权阶层至少在主流话语层面上是不允许存在的，但事实上特权现象肯定是存在的，大家都看得见，有切实的体验。

H：西方社会有阶层的划分，国家政策对不同阶层也有相应的政策，比如对豪门望族和富裕阶层的税收比对平民阶层的高得多。但是在中国，表面都是一个等级，似乎人人平等，实际上权贵和富豪私下享有某种特权，才会产生众多社会问题，引发种种争议。

X：特权在哪里都能产生，在中国、在西方都一样。西方社会有钱、有权的人掌握了大量的财富和资源，甚至比中国更甚，他们也会使用特权，只不过国家层面的契约制度要比中国更完善一些。

H：就是因为它的特权是外显的，所以才需契约去规范，而中国特权是被掩盖着的，所以也没有相关的法律或契约去规范它。

金：美国的贫富悬殊问题也很严重，同样是富者益富，穷者益穷。美国也会时不时爆出像乔布斯这样的另类，即平民英雄，奥巴马也是。那中国也有啊，马云不也是互联网时代的平民英雄？中国的高层领导中平民出身的也不乏其人，如胡锦涛、朱镕基、温家宝等。当然，社会政治、经济资源丰富的家庭呢，他的孩子更容易成功，机会多，这也是没办法的事情，客观存在的。

说到起点公正，涉及出身公平、教育公平、程序正义、实质正义等，展开来讨论也是复杂的问题。纯粹意义上的公平正义是否存在？其实老天也是不公正的，为什么我是女的，他是男的，这公正吗？你在公元某年某月的某个时候出生，为什么我比他晚生一天，这公正吗？一天之差，即差之毫厘谬以千里，这公正吗？这是否影响了我的命运？为什么一个爸爸妈妈养的，两人的遗传因子也不一样……

人未出生就已处于不公正状态了。生出来以后，为什么要让我就近入读"差学校"？

"好学校"为什么办在他家门口？这样提问是无解的。你要如此追究,除了痛苦,没有其他意义。一个良性的、合理的社会,应该整合相当的资源去做适度的补偿、倾斜、调节。一个健康的国家,其政策总在适时微调,去集聚各种社会力量,帮助弱势群体。舍此之外,别无他法。

我认为,信息公开化、透明化是建设健康社会、消弭阶层对峙的重要抓手。比如优质学校资源分配的公正问题,怎么解决呢？就是决策过程、执行过程的信息全透明：我这所学校有多少招生名额,教育局向社会公布,比如上海某实验小学今年招几个班——四个班,多少人——两百人,这个地区的适龄学生有多少——六百人,六百人中怎么产生两百个——随机摇号。在哪摇、谁来摇、怎么摇、谁监督等等,全部昭告天下。摇出来以后的二百人名单,全部在网上公示。信息公开的规矩或制度一立,谁还敢藐视制度,破坏规矩？既然是信息时代了,手机都普及了,公开的成本已低到可以忽略不计了,为什么很多信息还是不公开啊？

H: 因为在操作程序上,可能还不是那么公平、公正。

金: 对了,一公开就不能够暗箱操作了。所以问题并非无解,关键是究竟想不想做？说到餐桌腐败,八项规定以来的公开曝光,使这个老大难问题就基本破解了。又如财务公开,每年的公款消费有多少,出国几次,花钱多少,去了几天？只要你想了解,信息全在网上挂着,以后赶他出国,他都不愿意去了。他也担心,也不好意思了。为什么经常满天飞,钱用了这么多？老出国干什么？为什么出去？达成了什么目的？做成了什么事？这样一公开,如此一追问,就把很多难题给解决了。

管理者的智慧是蛮重要的。我们前面讨论过美国航空公司的"倒奖励",倒奖励的方式也可用在信息公开上,发现信息公开中的问题并解决者,给予奖励。每年人大开会,财政部门公开的信息有时繁杂得让你读不懂,以后还要研究,如何让老百姓读得懂,这就对公开信息的水平提出了更高的要求。老百姓读不懂,公开它有什么意义？

据说两百多年来,美国总统的演讲词是从最高的博士水平才能够听懂,下降到现在连小学生都听得懂了。有人做过统计,二百多年来,美国总统的演讲词有六百多篇,最高级别的词汇量是二十一级,属博士水平,最低级别是小学六年级。要听懂华盛顿总统的演讲内容,需要具备二十一级的博士水平；今天奥巴马总统的讲话,具有小学六年级的词汇水平都听得懂了。为什么总统的演讲词不断地往平民路线走啊？因为要让更多的选民真正了解他的施政纲领。总统千方百计地走雅俗共赏的路，将阳春白雪变成下里巴人，就是在乎选民手上的选票啊！

我们有些领导讲话不接地气，老百姓听不懂，那么怎么跟着你去干事业啊？现在的领导干部要贯彻群众路线，一要解决"心"的问题，心要贴着群众，二要解决"话"的问题，要说群众听得懂的话。老师也是这样，不要总是责怪学生不聪明、不长进，你也要讲一些学生听得懂的话，雅俗共赏，教育界叫"深入浅出"，意思是一样的。你看总统被选民一逼，把词汇水平降低了。水平降低是好事还是坏事呢？贵族未必认为是坏事，他能体会俗中之雅；平民自然认为是好事，他听明白了。

当然干部还要有这样的水平：面对博士的二十一级词汇水平，你讲话就像个博士；面对小学生水平的普通大众，你讲话就像小学生。这是两套功夫，少哪一套都不行。干部能对博士"说书"，也能对老农"说猪"，还要能把握两套功夫的平衡点，这是更高的要求。解决问题不是没有方法，方法还是有的，就看你是不是痛下决心去做。因为方法一旦贯彻到底，对于制定方法的人，也是一种制约，也要受方法、规矩的约束。

化解矛盾、解决问题，还要讲究策略。啃改革的硬骨头，反弹力不会小，所以要讲究智慧，切中要害，落一子而活全盘，不然改革没有成功，你已经中枪，倒地死了，"出师未捷身先死，长使英雄泪满襟"，甚至怎么死的还不明就里呢，那就更遗憾了。朱镕基总理本事这么大，当年要搞改革反腐败，如此显示决心：对老虎绝不能姑息养奸，准备好一百口棺材，也有我的一口，无非是个同归于尽，却换来国家的长久稳定发展和老百姓对我们事业的信心。有人说朱镕基总理也是个说大话的人，因为这个问题似乎解决得还不够好。当然这里涉及改革策略的考量、复杂情景的评估和反腐智慧的把握等。

现在的评价体系和制度还是一次性的，评过就封存了，还说要保密。评价为什么要保密？因为评价人怕别人来打击报复，还怕你碍于情面难以秉公评判，所以要保密，让你不知道谁评的，被评的是谁，这是对双方的保护。那么，公开是不是也是一种保护？现在不公开，未来是不是要公开？未来公开就是让评价者经受历史检验。今天的评，写下的评语，到底是否客观公正？让历史再来一次检验吧。这可谓评价的终身负责制。

我现在是胡思乱想，先把想法提出来，请你们批判。也有人说，"金老师，你这想法是好，可十年以后的人，谁会关心十年前陈芝麻烂谷子的事啊。再说钱都花掉了，你还能追回来吗？"我说，追不回来是另外一回事，通过历史检验增强责任意识，还是有好处的，至少让后来人知道，今天的言论文章、评判得失，都是明天的历史记载。人要对自己负责，对他人负责，更要对历史负责。

我们吃的是教育饭啊！现在太急功近利了，各种问题就出来了。但想想若干年后，我还要经受历史的考验，今天做的事，后来人也会存档，你就会心存警惕。后代看到前辈这么多年后还要经受历史的评判，他就会收敛身心，检束行为。评价过去，实质是为进益未来：盖棺还不能定论，未来将不断地重评历史。那就让当代人也不断地思考这个问题——怎样才不枉一生，无愧于前人，对得起后人，不争一时名利，敢为春秋定标！

中华民族是特别具有历史感的民族，人的价值实际上就蕴含着历史感，贯穿过去、现在和未来。动物是朝生暮死，人是活在历史中间，身在当下，心活在未来的想象中。个体生命是人类历史的一环。

我们推崇历史评判意识，是为激发校长和教师的终身责任意识，追寻教育永恒的价值坐标。

52. 对话意识与实践

金：对话是民主的最好实践。有本书《被压迫者教育学》你们都看过，这是一部很有影响力的当代名著。巴西教育家保罗·弗莱雷的这本书翻译出版时，华东师大出版社的责任编辑把译稿给我审读，让我写份评阅意见书，说明此书是否适合正式出版。

我仔细阅读后，认为可以出。该书通篇强调的是对话精神，这不是很好吗？当代社会就是缺少对话的路径、智慧和平台，我们也不懂得对话，缺少对话的体验和能力。所以当社会问题引发紧张现象的时候，我们难以形成共识，找不到解决问题的合适方式，有时甚至会发生激烈的冲突，这个社会就不稳定。这书正当其时，有助于激发正能量。

我说这书是好的，可以出版。编辑说，那你就写个正式的审读意见书，最后写上"同意出版"的结论。我就写了，之后他还寄给《中国教育报》，也发表了。后来他告诉我，还有位专家也写了同意出版的审读意见书，就是当时华东师大副校长江铭教授。江老师曾是我的硕士导师，也是教育史学界的前辈。我说江老师认为可以出版，你还来找我干什么？他是老师，我是学生。如果我说不能出版，不是与老师唱反调了？你不应找我了，应找另外一位学者审读。他说没关系，反正你们的意见是一致的，都建议出版。

这是一个案例，出版界有不少出版花絮，记载下来也挺有趣。这本书的出版我还起了点小小作用。其实我看《被压迫者教育学》，作者有关对话的探讨，不仅深入到不同的教育层面，而且延伸到建设民主社会的更广阔的领域。该书提倡一种大对话的精神，旨在建立一种理想的对话机制，指出缺乏常态化的对话机制，社会的发展将陷入比较危险的境地。

现在我们正着力把中国建设成为富强、民主、文明、和谐的社会主义现代化国家。教育界推进新课改，深化素质教育，聚焦核心素养，也提倡师生对话、校长和教师对话、校长和行政主管部门对话。对话的精神在不断地扩展和延伸，公民的民主素养也在此过程中逐渐提升。《衡山夜话》《东海夜话》之所以引发读者特别是教育界人士的强烈兴趣，是因为作者践行了对话方式，凸显了问题意识，营造了独特的对话氛围。

有人说，金老师，你的时间很宝贵啊，去写这种书干嘛呢？言下之意是没有学术性。我不知道什么叫学术性，学术性就是在一本书里附了很多的注，书末列出一大堆参考文献吗？有一次，我参与某个学术研讨会，一位专家举着手中的一本书说，这倒是有点学术性了，二百多页的书，四十来页是参考文献。我笑着说，还不够分量，我家里有本英文原版书，三分之一的篇幅是参考文献。

衡量一本书或一项研究的价值标尺是什么？汉代的章句之学，清朝的朴学，是最有学术性的吗？为卖弄学问，"无一字无来历"，通篇文章掉书袋，这叫学术性么？《颜氏家训·勉学》有云："邺下谚曰：博士买驴，书券三纸，未有驴字。"这样的荒唐现象，古已有之，于今为烈！美国人讲究知识产权，遵循学术规范，科研领域不能乱说话，不能说不着边际、无根无据的话，这是学术性的出发点。做研究离不开文献综述，看参考文献，把握学术前沿，站在前人肩膀上，不搞重复劳动，这是科研工作者的入门 ABC。

在此基础上，真正的学术性指向是创新，是解决问题。书后洋洋洒洒列如此多的参考文献，眉毛胡子一把抓，不分青红皂白，拉到篮里就是菜，这也是学术性吗？有一次参加研究生答辩，问作者为何列这几本书为参考文献？答，没看过。没看过，为何列进来？答，看某书后面有此参考书，就把它列入了。我说，你就是做形式主义的文章吗？参考文献越多，就说明学术性越高吗？真正的研究者不是傻子，吃这碗饭的人，谁掂不出书的分量？何苦自欺欺人。

学术性的最高点是创新性，所有的参考文献都是为站在巨人肩膀上的突破做铺垫，这是要害。离开解决问题的创新，排列的所有资料有无价值？也有，这叫资料汇编。文献综述,它能起索引的作用。索引也是有价值的,你就老老实实地做好索引工作,不要把资料汇编等同于学术性。没有学术创新,其实就不是真正的学术论文。我喜欢玩创新性的学术论文,也喜欢在对话中体验教学的快乐。人生要丰富多彩,各种学术样态或教学情境都值得玩一玩。

我这个人是比较喜欢玩的,曾玩过两个对话(《东海夜话》、《衡山夜话》)。既然提倡对话,就应自我实践。怎么对话?对话也不是那么容易搞的!有位朋友说,"夜话"好,就像凤凰台的《锵锵三人行》。我们也不是看了《锵锵三人行》才去搞的"夜话",当时还不知道凤凰卫视的这档节目。有位电视台的朋友看了"夜话"三人谈,打电话约我做电视三人谈。我没时间,他说另约人做,至今也不见对话节目播出。还有一次,看某电视台直播节目,也找了三个人,大概也想模仿这个形式。一个作曲家,一个节目主持人,还有一个音乐评论家,也是三人对话。音乐评论家能言会道、歪理正说,作曲家张嘴结舌、面红耳赤,最后拂袖而去,三人谈变成两人谈了。

真正三人谈的书不好弄。迄今为止,也就《东海夜话》和《衡山夜话》两本。你们也去找一找,看有没有。我现在要把有限的时间花在刀刃上。人家能做的事,我就未必做;人家不屑做或做不了的事,我来做。两本"夜话"是学者三人谈,我们今天是师生六人谈的对话课,实际上还是我讲得比较多。我喜欢对话。现在的领导、老师,都提倡对话,但实践中真正喜欢对话的有几人?老师或领导讲完,问大家有无不同意见?真有人站起来提问、对话了,他的脸由白转红,由红变青,甚至气得发抖了:你是存心给我捣乱吗?对话?不那么好对啊!

真正的有质量的对话,首先要搭建平台,然后要讲究程序规则,三要聚焦合适的问题。我现在的课堂对话,也有点不严守程序规则。比如我们六人对谈,每次三个小时,那么平等的对话,就是每人半个小时,你不能占太多时间。当然,因为是课堂教学嘛,毕竟是老师引领嘛,把学生一扔,任其闲聊扯淡,教师就没有尽到责任,放弃了主导性。实际上,作为对话、讨论课,教师少讲、多讲都是可以的,要根据具体情景调节。

在六人谈的过程中,我总会多说几句,多占些时间。你们也许要求我多说一点,因为题目大都是你出的,你既是对话者,又兼主持人,还要起些引领作用。所以我就多说了一点。其实真正的对话,每人半小时,首先要遵循形式公正,没有形式公正,哪有实质公正啊。话都不给人讲,还有什么公正可言啊?

对话不是比分贝高低。嗓门大，没用；嗓门小，未必没用。大者小之，轻者重之，我不调节，录音效果就不佳，这也是游戏规则，对不对？朱熹曰：旧学商量加邃密，新知涵养转深沉。公元1175年，朱熹、陆九渊、陆九龄讲学论辩于鹅湖书院，史称"鹅湖之会"，亦称"千古一辩"。朱熹就此赋诗一首《过分水岭有感》："地势无南北，水流有西东。欲识分时异，应知合处同。"以水流分合的情景，表达"求同存异"的哲理。对话过程重在打开视野，聚焦共识，良好的对话心态、合理的对话程序，这些都是对话的ABC。

X：您刚刚谈到对话的几个因素，包括对话的途径、平台、能力、精神、程序、时间等。我觉得对话的能力挺重要。比如说您是老师，我们是学生，您的学术、思想要比我们广阔深刻，我们的对话也不在一个层次上。在不同层次、不同能力的人之间，怎样更好地进行对话呢？如在官场上，一些下属或普通的百姓，可能就是因为你的地位高、能力强，他们不敢跟你对话啊，他们的对话也可能确实含金量不高啊。所以我觉得"对话"本身就内含矛盾。

金：你这话说得好。对话者本身存在不对等性的矛盾。比如某某要与我对话，我说，对不起朋友，你还没有资格和我对话。举个例子，我是恢复高考后，全国统一命题考试录取的第一届学生，史称七八级大学生（七七级是由地方命题），在上海师范大学中文系读书。那时教授开课，文史不分家，我选读了程应镠先生有关魏晋南北朝历史的课程。当时他刚摘去右派帽子，落实政策，做了历史系的主任。程先生上课很有意思，上了讲堂先东拉西扯，说最近啊，一个学生，叫刘昶（当时是上海师大历史系78级学生，现在是华东师范大学思勉高等研究院的历史学教授），有篇文章在学报上发表了。程先生是学报历史版的主编，他把学报寄给在《历史研究》编辑部主事的庞朴先生，庞先生就来电说《历史研究》下一期要头版重点转载。这篇《试论中国封建社会长期延续的原因》被转载于《历史研究》1981年第2期，但不是头条，好像是第二篇论文。但本科入读不久的学生所写的文章已经引起社会震动了，而且"中国封建社会为什么这么漫长"的话题与当时的社会思潮切合，媒体一时间高度关注，纷纷介绍评论。

又有一些记者去采访其他高校的教授，借刘昶的论文探讨"中国封建社会为什么这么漫长"的原因。20世纪80年代初期学术界非常活跃，教授们的观点也不尽相同。加之开放初期，很多学术禁区还未打开，也有专家学者对论文的主要观点表示异议，说西方史学界早有运用地理学、心理学研究历史的尝试，此文并非创新之举，且与马克思主义关于历史发展动因和基本规律的观点不符云云。媒体又给报道了。80年代思想开放，新潮迭起，媒体也有很多观点互异的报道。

看到报纸上不同观点的报道，我在课后向程先生请教。课毕，他夹着皮包要走了，我说，"程先生，有问题要请教"。我就把报纸上的不同见解略说一二，问程先生怎么看？他说，我已看了这些报道。我说，那您有什么看法吗？他说，我没有什么看法。一边说，一边大步流星往前走。我也赶忙趋上前，他回头说，你有看法也可写出来，写得好，我也推荐发表。我呆呆地看着他，愈走愈远了。

我还傻立在道旁，心里说，好吧，程先生，我就写篇文章给你。文章是那么好写的吗？脑子这么过一过，再也没有动笔。那是历史系教授终身探究的大课题，藐予小子，何敢置一言！我是中文系的学生，蹭历史系教授的课，本已不务正业，还写什么文章啊。人家大教授吃饱了撑的，与你无聊地对话呢。什么请教问题啊，ABC还没摸到，先写篇争论综述吧，再看看有无对话的资格。不要说本科中文系学生了，就算你是历史系教授，程先生大约也不屑对话的。学术界更高级、更正式的对话，就是写成专业论文发表，我看了以后，再以同样的方式回应你。

对话确实不容易。越星，我是在回应你的困惑。虽然现代教育理念倡导学生与老师对话，其实是激励学生，用一种特殊的方式来提升自己的能力。程先生也不是真的不愿与大学生对话，让我把文章写出来，促使我认真思考研究这个问题，这也是对话，是更高级的学术对话。所以怎样提升对话质量，怎样准备对话内容，如何训练对话能力，如何采用对话策略？这些都不是那么简单的。一定要让老师站在你面前，才是对话？有时还不妨用程先生的这个方法，目前你还达不到与老师直接对话的层面，你先回去准备准备，有点储备了再来，这个对话才有质量。

对话前，你们要有准备，准备就是为保证对话的质量。同样的一句话，在老年人和年轻人的嘴里说出来，内涵是不一样的。同样的一本书，一个富有阅历、训练有素的人和一个缺乏经验的年轻人，他们看的文字是一样的，但对内容的理解或许大相径庭。所以对话能力确实需要提升，不然有些场合就对不上话。

实际上，这方面的教训很多。中国的学生对话能力非常薄弱，参与某些社会活动，基本上停留于喊口号的水准。大陆学生有很多经验教训可以反省。像现在香港的学生参与"占中"活动，我很担心。为什么香港年轻人的思想和举动也趋于极端？长此以往，恐非香港之福。

反映民情的途径是多种多样的，并非游行占路一种。中国近代以来，解决社会问题时有一种趋于暴力的倾向，掌握不好节奏的话，游行就发展成为暴力冲突了。看有的大学生与别人的对话，我是惭愧的。学生根本就不会对话，讲话都不得要领，姿态语言都不得体。我们要学会"有话好说"、"有话善说"。如中小学生，教师给每人五分钟时间发表建议，就班规为何要完善、完善什么、怎么完善，能说上"一二三"，五分钟内讲得清清楚楚、明明白白；或者让大学生就自己居住的小区及宿舍的自治问题谈几点看法，你在五分钟内做到要言不烦，分析透彻。这样的训练，可能要比摇旗呐喊凑热闹更不简单，也更有意义。

大学生可先考虑怎样夯实民主素质、提升对话能力，再注重积累社会实践和小区管理的经验，然后从底层公务员做起，直至有能力、有条件或有机会了，再选择做职业政治家。现在连话都不会讲，讲不清、道不明，还搞什么政治？政治没搞成，谋生的饭碗都保不住。这话也许讲得极端了，你们听了不要生气。如果基本的对话能力都没有，不要说从政，就是做个小学教师都不合格。

你要搞政治，道德修养、人格品性、奉献精神暂且不提，先第一条，话要讲得清清楚楚、条理分明、温婉感人。你看美国的政治家，他要当选总统，得经过多长的苦难历程：发表街头政治演说，谁来听你的，等于放屁啊！慢慢有几个人听出点道理，最后听的人越来越多。于是更多人来听，踊跃募捐，支持你做总统候选人，帮助你到更大的舞台去演讲、上电视台辩论。他越讲越像未来的总统了，越讲越讲到选民的心坎上了。政治家是这么熬出来的，对话能力是这么炼出来的，万事哪有侥幸成功之理？

对话能力不是从天上掉下来的，可能从幼儿园就要开始准备了，一直到研究生毕业，走上就业岗位，还得继续操练。当企业里的工人要求加工资，要求推选自己的代表，要求代表去跟企业主对话时，你知道对话的关键是什么，知道妥协的边界在哪里吗？你把握了，你就是一个合格的代表，一个智慧的对话者。如果你做了领导，也会知道怎么跟下属对话。越星，你这点提得非常好。对话能力要培养，要在对话实践中逐步提升。

建议大家去找一些关于对话的书来看看。弗莱雷的书偏于教育方面的内容，还可找些关于政治学、哲学、法学方面的资料。至于对话程序、议事法则方面，也有相关参考书目，都可以去找来看一看，打开自己的思路。这个话题，你们可能准备的资料还少了一点，实际上有很多向度可以展开讨论。今天的对话，有点像独白，向你们表示歉意！

53. "中国梦"和"美国梦"

金：我们讨论最后一个话题：中国梦和美国梦。现在就让我们在最后一堂课上，一起来做梦。中国梦已成为当今中国主旋律中的核心范畴了，习近平总书记与第五代领导集体执政不久，就提出了一个鲜明的"中国梦"的理想。

中国梦的提出是恰逢其时的，现在中国的经济总量已经达到了世界第二；同时，中国的文化软实力也在不断提升。以美国为参照对象，美国人最牛的地方在哪里？我经常给你们说，美国不仅是强在兵舰导弹、宇宙飞船举世无双，也不仅是可口可乐、汉堡遍布世界大街小巷，甚至还不仅是好莱坞大片、乡村音乐、迪斯尼乐园、篮球明星队让青少年为之疯狂，美国最牛的，就是一个"梦"字，叫"美国梦"。

不妨用一个故事来诠释：你在纽约第五大道溜达，见一黄皮肤、黑头发、黑眼睛同胞，你问，朋友从哪里来？答，我从清华大学来。你为什么来这里？我不知道为什么，但我就是要来。美国就成功在这个上面，叫"美国梦"。梦是虚无缥缈的，有看不清、道不明的意境，又是让你刻骨铭心、朝思暮想、奋斗终身的伟大力量。不可否认，当今美国作为综合国力最强大的国家，确实有着特殊的魅力，让世界各国的青年人魂牵梦绕，一辈子如果不去一次，那一辈子就等于白活，人生就不完整。

再过三十、五十年，在上海的大街上，你看到黄头发、蓝眼睛、高鼻子的老外，你问他，朋友从哪里来？答，我从美国哈佛大学来。你为什么来这里？我不知道为什么，但我就是要来。这样的话，中国也真正成功了，这就是"中国梦"的世界意义。全世界最聪明的大脑，包括美国最顶尖大学的学生，如果一辈子不到中国来，他一辈子就不完美，一辈子就白活。一个最美丽、最富饶、最具魅力的地方，名字叫中国，它是"近悦远来"的和谐福地，是所有人尤其是青年人魂牵梦绕的地方。

这才是一个国家、一个民族、一种文化最厉害的地方。所谓核心竞争力，似乎看不见摸不着，竟然有这样大的魔力。今天的美国梦确有魔力，它也不是一个完全虚的文化概念。物质的富饶、军事的强大、社会的稳定、文化的多元、宗教的聚力、科学的创新、法治的完善及教育的普及，整体组成了美国形象、美国精神，还包括那种从当年的东海岸向西海岸不断地开拓、挺进的牛仔风貌，横枪跨马闯天下的"美风豪气"。

当年的北美新大陆，有着巨大的腹地，让你尽情挥洒、不断挺进。现在的美国人向哪里去挺进啊？再开拓只有到太平洋去了。但是这个美国梦，延续下来了，从地域上的向新大陆挺进，到科学上的不断创新，再发展到今天不断向上的太空探索——向火星探索，向宇宙深处进发。到美国去，就变成了年轻人的梦想和热望，自由女神像与自由的精神高度重叠，成了美国的超级视觉符号。为什么可口可乐卖得这么好？青年人喝的是西部牛仔精神，是青春、气概、创新，是不断拓展的精神，这玩意儿能卖得不好吗？它卖的不是饮料，卖的是饮料下面的文化，叫美国梦，这才是美国的厉害之处。

如果说美国人"牛"的魂是"梦"，那么美国人"牛"的根在大学。中国纳税人的钱，投入了最好的清华、北大及一批"985"大学，实际上它们基本成了留美预备学校，而中国最牛的清华大学是当年用美国退回的庚子赔款建立的，本来就是留美预备学校。当全中国乃至全世界最聪慧的大脑，首先想到去美国留学，甚至在中小学阶段就为留学美国做准备时，美国怎么能不牛？"中国梦"要成为中国的魂，支撑着"梦"的大树的根也要扎入中国的大学。仅此一条，中国的大学可谓任重而道远。我们如何为之而奋斗？

H：虽然提出了中国梦，但目前来看，中国梦好像没有美国梦分量重。一方面，可能是由于中国近代以来积贫积弱，弱势者的一贯心理尚未转化，似乎到美国去方是人生最好的追求。外面的世界很精彩，而我们却忽略了中国改革开放以来，已经显示且更在显示的诸多精彩，甚至忘记了本土文化的精华所在，以美国之长比中国之短，总觉得处处不如人家。另一方面，美国梦往往基于崇尚个人自由及追求自我价值，在中国，从古到今彰显的是国家、民族、集体利益，但梦首先与个人的情感、渴望紧密相连。

Y：我觉得"中国梦"的提出，可能恰恰是因为我们不那么重视美国了。其实，中国梦与美国梦是有相同点的，也注重每个普通人的发展和追求。中国梦与美国梦不一样地方，就是中国人一直向往去最发达的地方，而不是向中西部不发达的地方去开疆拓土。美国人做梦，是到荒凉的地方去淘金，去开拓新领地；而中国人做梦，是去最富有的地方淘金。

H：中国人比较缺乏开拓、创业的精神。从古代到现在，大多数人趋于保守，贪图安逸稳定的生活，崇尚官本位，认为读书、做官是最高价值的体现。

金：传统的中国梦就是"金榜题名时"了，读书人一辈子就是为实现这个梦而奋斗。

H：像元义说的，社会主流价值观现在也开始鼓励个人奋斗，但实现梦想的现实条件相当匮乏，青年人很难实现自我抱负。

M：可能是社会给了美好的许诺，但还没有条件来使每个人真正实现自我价值。

H：就是相关的配套政策做得不是很到位。可能与中国的市场发育还不够自由也有一定关系。

金：说到政策、条件，政府把一切都创设好的话，那也不成其为追梦、圆梦了，因为梦就是不确定性。天上不会掉馅饼，如果政府给你资金支持，肯定要提出管控要求的，对吧？而个人要求的政策未必一样，关键是不要压制社会的自发创新行为，这就是最好的政策。上海自贸区为何提出政府的负面清单，实质就是划出一条不能碰的底线，法无禁止皆可为，以之促进社会各类主体的创业热情。

作为生命体，谁不会做梦？做梦基于人体的物理因素、生理因素和心理因素。梦从生理的虚幻意识变成稳定的心理自觉意识，成为激发人行动、奋斗的力量。把压制人的各种枷锁去掉，让十三亿人都把自己的梦发挥出来，一起汇聚成民族的梦、中国的梦，那就是不得了的创造性力量。现在最大的问题是如何去除种种抑制梦的因素，特别要警惕一种无形的束缚，自己在压制自己。让你做梦，你都不会做梦了！

Y：现在"北漂"、"海漂"倒成为了"中国梦"的一个代表。

金：这个倒也是，不少人做着"上海梦"和"北京梦"。

M：其实北漂、海漂也只是一种实现梦想的途径和方式，人们想通过这种方式达到理想的生活。如果新疆、西藏也能达到他的理想生活,他也会去。现实的状况是,可能他只有在北京、上海这种机会和资源非常充分的地方,才能实现他的理想。目前还是存在地域差异,资源的分配是不均匀的。

金:现在的梦,是否也存在一个误区?一说梦,就联系到成功的巅峰人物,如马云、雷军之类,都是产业界的大佬,上市公司的董事长等。梦是否有标准的模式?刚才说到创业,创的是企业还是事业?如果创的是事业,那么成功可否展现为另一种梦境呢?比如特蕾莎修女,是否在一生中也达成了她的梦?又如佛教的创始人释迦牟尼,他皇位都不要,是一个人苦苦修炼、悟道、证道,然后就开始传播他的思想,含辛茹苦,不离不弃,最终也实现了他的梦。美国的马丁·路德·金则喊出:我今天怀有一个梦,即人人享有不可让渡的生存权、自由权和追求幸福权。今天提倡的是多元的梦境,我也欣赏马云式的梦,但我更提倡开拓各种梦境的可能性。

M:提到美国梦的时候,我脑袋里浮现的第一个情景就是自由女神像,还有黑人领袖马丁·路德·金的演讲"I have a dream"。我在思考梦想和理想之间的区别,其实我个人更倾向于用理想这个词语。我认为理想是可以实现的目标,但是梦想,可能是白日做梦,有更多的文学色彩和浪漫主义情怀。我觉得美国梦隐含着一种积极向上的精神,就是经过历代人的努力,创造出更好的环境,从而让更多人梦想成真。

美国梦虽说是梦,但是它不是白日梦,是有很大可能会实现的梦想。有些人在自己的祖国感到受压制,想要移民美国,理由是美国很自由、很包容,可以提供给他们个人发展的空间。中国梦的提出,可能还需要经受未来的考验吧。我们现在是怀抱一个美好的希望,但能不能实现,还是需要我们为之奋斗和努力的。

金:圆梦呢,还是需要流汗水的,梦想的实现是需要付出的。当然,理想就是我们之前说的志向。我们习惯了共产主义远大理想的表述,如果说共产主义远大梦想,感觉就不对劲。其实概念是人造的,人可以赋予它特殊的语境和内涵,这个问题不大,重新做个界定,把两者做一个关联,这都是可以的。

为何词语发生了变化?以前我们说得更多的是理想,今天是不是理想淡薄,梦想浮现了,甚至国家领导人都说梦想了?其实,一个词语用久了之后,它就缺乏先前的激励性了,需要玩一个新的概念。外省人说,大家要学上海样,学来学去学不像,刚刚学得有点像,上海又变新花样,讲的就是上海人新潮、喜欢时髦,花花点子多,老是出奇翻新。

上海市教委主管基础教育的一位老领导说，为什么要出新花样呢？我也无奈。与校长们讨论教学科研，几年一过，心理疲惫了，就给他们玩一个"素质教育"；素质教育玩得有些厌倦了，再弄一个新课程改革。五年左右，给你玩一个新概念，烧一把火，让你的心又热起来。我这个主任，说得通俗一点，就是华东师大校门口卖炒栗子的农民工——栗子要趁热吃，冷了就不好吃了。我们干事业，贵在有一颗热气腾腾的心，这样事业才会干好。我老是玩新花样，刺激你的心理，给你加把火，让你内心燃烧起来，然后你就有动力去做好事情啊！

这也是领导独特的管理策略和智慧。人总是在理想和现实、梦境和实践中摆动。有的人思考当下的情景多一点，有的人沉浸在梦境中多一些，其实都正常，完全脱离现实或决然排斥梦想的个人，大概不存在吧？人类最初的祖先梦想什么？就是树上的果子！手不够长，梦想果子能入嘴巴，有什么办法？这么一想，他就产生了一个思想的飞跃，从动物变成了人！

他折断树枝去摆弄，拿起石块去敲打，这就是最初的劳动工具。这个最初的工具，就使得人的手臂延长，帮助人实现了梦想。于是，从梦想到行动的经脉就打通了，我们的祖先实现了从动物到人类的飞跃。现在的宇宙飞船似乎"牛"得不得了，其实就是石块的变形而已；没有原始人的石块在手和梦想在脑，哪有今天的人造卫星和飞船？梦想正是人类了不得的大本领，如果不敢想，那就是万念俱灰了，人类就走不出动物界。

L：是不是中国梦就像老师说的，玩了一个新花样，本质上提倡的还是国家富强、和谐社会啊，这其实和之前提的都差不多，只不过又出现了一个新名词——中国梦。说到"美国梦"，我觉得比较而言更实在，因为美国梦就是个人奋斗，从贫穷变为富有，获取了社会地位，就实现了自己的梦。但中国梦追求的是集体大目标，感觉总是比较虚幻的，要达到这样的层次，似乎还有很长的一段路要走。

金：社会主义核心价值观二十四个字是：富强、民主、文明、和谐，是国家层面的价值目标；自由、平等、公正、法治，是社会层面的价值取向；爱国、敬业、诚信、友善，是公民个人层面的价值准则。它的包容度确实很大，传统、现实，中国、外国，整合为一体。现在社会处于转型期，把传统的精华转为现代话语系统，既保留了传统因子，又吸收了现代元素。也有人说，二十四个字呢，好像多了一点，记不住。那么，最核心的要素是什么？

社会主义现代化建设中，"和谐"是个体和社会的理想目标，"法治"是最重要的现实保障，"自由"是人类生命的最高渴求，这三个词、六个字，或许就是中国梦的内核。

至于中国梦的抽象宏大，国家主席习近平在上海考察时指出，"培育和践行社会主义核心价值观，贵在坚持知行合一、坚持行胜于言，在落细、落小、落实上下功夫。要注意把社会主义核心价值观日常化、具体化、形象化、生活化，使每个人都能感知它、领悟它，内化为精神追求、外化为实际行动"。这就明确了实践路径，提示了基本准则。古人云，"天下难事，必作于易；天下大事，必作于细"。坚持不懈，深耕细作，中国梦终将花繁叶茂、硕果累累。

H： 健康有序的社会环境是很重要的，比如个体对自由的追求，在某些时候可能与社会产生冲突。举个例子，一些流浪者晚上睡在上海地铁站，工作人员去驱赶他们，媒体采访被驱赶者，有说身份证遗失，旅馆不给登记，无奈借宿车站的，有说没有钱住旅店，只能呆在地铁站的，可谓五花八门，其实也未必是真实的理由。那么美国针对流浪汉现象又是如何处理的呢？

金： 美国的流浪汉生活是他自己的自由选择啊，我在纽约街头和地铁站也见到流浪汉乞讨或留宿，只要不妨碍行人或交通，一般也无人去干扰他们。日本有一种浪人，本有工作及体面的收入，但是他不愿意如此过一生，觉得不自由，就选择了流浪。我看到东京的街心花园，搭着仅容一人入睡的硬纸盒，导游告诉我流浪汉就在里面过夜。他们倒很自觉，白天把纸盒折叠靠在铁栏杆边，占地很小，弄得也干净，到了晚上又搭起，钻进去过夜。也不知吃饭是怎么解决的，据说要求不高，就像颜渊一样，一瓢水，一箪食，在闹市，尽管有碍观瞻，城市管理者也没有办法。民主社会只要不违法，也不能取缔打击这类现象。

H： 国内的城市管理者会压制这种行为方式，不让流浪汉去那些公共场所；同时，乞讨者、流浪汉也确实造成了公共环境的卫生、安全等方面的困扰。

金： 上海这样中外闻名的国际化都市，某些街道小摊小贩杂居期间，一条路污水横流、脏物满地、无法插足，与大上海某些区域的光鲜亮丽相比迥然是两个世界。我曾到捷克旅游，早晨逛一个小镇上的农贸市场，干净的街市中心广场井井有条，也没有什么豪华的商铺，就是一个个简陋的临时小摊，卖蔬菜、水果、工艺品、杂货，什么都有。也就是摆两个半小时，从早上七点钟到九点多，然后摊位都撤走了，街道恢复安静。鸽子也飞来了，广场上干干净净，没有留下菜皮烂叶等脏物。

这就是人的素质。无论是卖的人，还是买的人，都非常爱护环境。这个自发的集市，我是把它作为一道风景线去看的，很美很漂亮，早上溜达一圈，是一种享受。我们的有些农贸市场就不对劲了，脏水污物，一塌糊涂，然后环卫工人来了，扫得尘土飞扬。

H：人的素质还是要靠教育啊。

金：没错，教育元素浸润社会各个角落，这种文明教养、卫生习惯，是渗透到公众骨髓的自觉，真是己所不欲，勿施于人，设身处地，推己及人。集市场所的地面整理得干干净净，买卖双方打包整理，垃圾分类，这种高度的自觉自律的意识，与"化梦成真"的脚踏实地、一丝不苟又是相辅相成的。

H：与其泛说中国梦，还不如提倡每个人从自身做起，做一个高度自觉的文明人。如果真的做到了，社会上的很多问题就迎刃而解了，最后国家的和谐、民主、法治、自由，不都一起实现了吗？

金：如果说抽象的梦境是上天，那么俯身奋斗就是落地。不全面把握概念，就会偏离正道。说到自由，有多少罪恶挟汝而行；又如革命，同样如此。一个神圣的名词，最后就走了样。所以培根告诫人们：警惕词语假象和词语崇拜。自由的背后就是自制，如孪生姐妹分不开。一个成熟的人，在追求自由时，他有高度的自律和自制。不懂自我节度，缺乏自制能力，他就不配享有自由。教育所造就的文化教养，渗透于三代以上的人，才会真正出现文明的自由人。

H：现在还是任重而道远。从当前的教育状况来看，尽管大家已经意识到需要培养人的文化自觉意识，但事实上，学校教育还是受考试分数（知识教育）的影响。上海的学校发展已属上乘，但在学生的核心素养及道德人格方面的培养仍有短板，其他地区的学校教育，此类问题更严重。

金：现在连义务教育的问题都尚未很好解决，说是已普及九年义务教育，但就我近年因各类国培、省培项目向骨干老师和校长所了解的情况看，实际上各地区的义务教育差别很大。有些地方的经费投入都不能保证，老师实际上是在最低的生存线上挣扎。说实话，这些老师的心思大概也很难真正用在教书育人上面。

政府现在不差钱，但教育经费的投入特别是基础教育的投入似乎仍然差钱。而基础教育的投入好像又是个无底洞，也不知投入的效果究竟如何。况且执政者需要的是显性政绩，也就不愿意投入。目前中小学普遍大班化，一个班五六十个人，甚至更多，这让老师累得不行。这样的大班授课制，怎么来保证教育质量，哪来的因材施教？老师没有职业尊严感，就是赶着鸭子上架，维系班级常态，给学生灌输一些知识的条条框框。

只有推行小班化，才谈得到精致的教育。班级人数都没法控制，老师怎么个别辅导？

国民的基础教育仍然薄弱,尽管统计数据已说明义务教育得以普及,但其中水分不少。我认为,当年的义务教育目标可能定得太高。假如政府确实没钱,就不必打肿脸充胖子,干脆退回去,货真价实地将小学六年义务教育夯实。其实小学六年,学生的核心素养和基础知识真正垒实了,质量未必比拔高的九年义务教育差。有些所谓的初中生、高中生乃至大学生,文凭不低,水平不高,都是水分太多。

素质教育的高调已弹唱多年,学生素质照样不如人意。把小学六年的教育经费稀释成九年,尽管时间拉长了,质量未得提升,又有什么意义呢?现在烧成了夹生饭,又不能退回去,弄得捉襟见肘,左右为难。当年德国和日本下大力气首先搞国民的小学义务教育,乡村里最漂亮的房子就是校舍,校长、老师在地方上都是有尊严的人,有文化且生活体面。这样,小孩子才信服你,老师讲的话才会有影响力啊。

现在老师弄得不像老师,为五斗米折腰,都没有职业的尊严感。校长被乡镇部门的科长支配来支配去,没有什么地位,学校教育怎么搞得好?传统社会的乡贤在地方上都是有头有脸的人物,自身有一定的物质基础,热心公益,乐施好善,在百姓中有声望,乡村的治理也弄得井井有条。现在某些地方的村长、支书呢?文化不高,德行不修,一个个土豪似的,乃至渔利乡民,矛盾尖锐,问题成堆。

H:真不知道国家投入基础教育的资金都去哪里了?乡村老师的工资都特别低。

金:我想起当年陶行知提倡的百万知识分子下乡运动,今天我们能否给一百万大学毕业生光荣地戴上新乡村建设带头人的帽子,给他们配上公务员的身份?未必有最高的待遇,但至少有体面的收入,让他有职业尊严感、自豪感,下沉到乡村去做村长、做书记或做校长,也可又是小学校长、又是村长、又是书记,三位一体,一肩挑。我们可采用自愿报名、组织考察、专业培训、按期委派、定时评价的方式,造就一支庞大的乡村青年干部队伍,从基层管理的根部、从农村经济文化的土壤,夯实现代化社会的基础。

M:之前教师似乎属于公务员行列,但考公务员是将教师排除在外的,教师具有相应公务员的待遇,由国家发工资,也有编制。但最近出台了一个取消事业单位编制的政策,打破事业单位铁饭碗的局面,希望有进有出。可能以后的新进老师就没有编制了。

H:未来事业单位都是采用合同聘用制,没有固定编制了。

M:如此,则教师职业的吸引力就更弱了,现在已有很多人不愿意去做老师了。而且老师的工作压力挺大的,日常工作繁多,同时还要监理学生的早晚自习,上好几个班的课,兼做班主任;学校还要求搞教学科研等,教育经费的投入却杯水车薪。

金:一方面,教育投入远远不够;另一方面,投入的有限经费也没有花在刀刃上。教育行政部门不太愿意将资金化在软件建设上,如增长教师收入、提升教师专业素养等,同时又在大兴土木,或挥霍滥用,总之效果不佳。

H:说到国培计划,我入读的本科学校也有承担。其实就是中小学骨干教师到相应省市的师范学校去接受一段时间的培训,无非是听几个讲座,然后到该地旅游景点逛一圈,反正餐饮费、培训费、差旅费都是公款报销。听说"国培计划"投入了好多亿,但是真正的效果如何?

有一次旁听关于培训的高端研讨会,参会者都是基础教育改革的专家。其间有老师提问:现在问题这么多,比如超大规模的大班教学、"增负减效"现象(减负增效的反面)及拖欠教师工资等,为何新课改经过这么多年,基础教育界问题似乎越改越多?还有老师要求主持会议的某大学老师回应,怎么评价基础教育的改革?当时主持人没有正面回答,打圆场过去了。其实,老师们或多或少都存在类似的疑惑,自己也很寒心,职业幸福感、职业满意度普遍不高。不少教师甚至校长已患有职业倦怠症。

M:我之前入读的初、高中学校,老师们的工作强度非常大。我们五点半就起床,然后晨跑,班主任老师要跟我们一起跑,他要监班。学校的训练模式就像河北衡水中学那样,老师特别辛苦。

H:我们那里的高中也是这样。早上五点钟开始,一直到晚上十点,班主任要陪着上晚自习。晚自习后,还要陪着到学生宿舍,还要查寝巡视,直到学生入睡。但教师一个月的工资真可怜,只有一千多块钱。

Y:前不久新闻报道说黑龙江某地的老师,几千人一起罢工,就是因为工资发不出来。

金:现在这个事情怎样了?

Y:由于措施采取得及时,暂且压下去了。

H:以前我所在的高中学校,还有的老师一个月工资仅四百二十块钱。

M:而且还会拖欠工资,有的老师反映好几个月都不发工资。再比如,植树节本来是一个很好的活动,但上级部门会直接从老师卡里扣钱,说支援绿化建设,事先也未征求意见就直接扣,把志愿变成了强迫,其实这是违法的,老师们敢怒不敢言。我初中阶段的老师要监督早自习课,先把自己的小孩带到办公室,让小孩趴着睡觉,她再去教室,看着令人心酸。

Y：其实不是青年人不愿做教师，是付出与回报、奉献与获取太不成比例了。

金：你们现在想做教师还不得呢，至少在上海谋个中小学教师的岗位还相当不容易。

H：即使在上海当老师，付出与回报也难成正比。政府应该高度关注这个问题了，现在关于这方面的诉求数量特别多，问题具有普遍性。为什么没有办法解决？是否国家经济条件还是有限，顾及不了老师们的收入？而且中国教师也确实是一个数量十分庞大的集体。

金：现在中小学老师规模大概是一千两百万左右。

M：老师有一个基本工资，再加课时费，或有些住房补贴。有些学校工资还分为两个部分，一个是国家发的工资，一个是地方发的工资。

金：由于是地方统筹，区域之间的差异很大。现在各地教育经费，基本遵循"中央转移支付，省级保证均衡，区县争取优质"的模式。国家政策为体现公平，须向中西部地区倾斜，但以县为单位的统筹，因为区域经济不平衡，所以差异很大。我问从江西来师大培训的校长，他们说相邻的两个县就是不一样的。一个县因经济发展快，教育经费增长也快；另一个是穷县，教育经费经常无着落。教育局长老是找县政府要钱，还是解决不了。

X：教师这个行业，以前准入门槛比较很低，之前的教师资格证也较容易取得，所以各种层次、各种学历的教师都有，能力也参差不齐，不免鱼龙混杂。但现在国家正逐步推行教师资格证考试改革，提高教师行业的准入门槛，提高从业者的素质，可以预料后续的政策也会出台，如提高老师工资及社会地位等，将老师职业逐渐变成一个高素质、高质量、高门槛，因而有较高社会地位的职业。这就发出了一个明确的信号，以后不是什么人都可以当老师了。

金：对的，现在国家不差钱，为什么老师的工资还迟迟不提上来？经济学家曾向领导建议，由于当年教师从业门槛太低，目前在岗的人良莠不齐，如果普惠式地涨工资，教师待遇如此吸引人，则现任教师更不愿意流动了，教育的负担，国家将越背越重。所以先不忙涨工资，要把门槛提高，把不适合的老人逐渐消化掉，让新人一点点水涨船高，这样的思路也有合理性。

问题是在转型时期，无论是国家、社会还是个人，都要承受一定的改革代价，就个人而言，种种的阴差阳错可能就蹉跎一生了。但孩子的教育拖不得，又不可能大范围地换掉老师。即使是被换掉的人，还得给出路吧，况且替代他们的优秀教师，这类人才又在哪里？这不是修路盖楼，钱一投，立马见效。因为教育难见效，所以拖；越拖，问题越严重，越难解决。

积重难返，此其谓也！

这个问题的根源是路子不清，不明白"越是慢性活，越须早早干"的平实道理。执政者大都急功好利，绕着难题走，积淀下不少硬骨头，要把它们啃掉，任务是艰巨的。好像煮饭一样，如果路子不清，加多少水、多少米没有搞清楚，煮了个夹生饭，要把夹生饭一点一点地消化，需假以时日，付出的代价可能更大，成本也许更高。所以"治大国如烹小鲜"，必须瞻前顾后，思索周详，先不急着出台政策，把关键问题诊断清楚了，方一剑封喉。

X：说到中国梦，以九年义务教育目标为例，每个五年计划都会提出一个特别宏伟的目标，可惜没有后续措施去跟进、实施，最终是否达成了目标，似乎也无人检测。给我们画了一个大大的饼，慰藉我们心灵的饥渴，但如果不去行动，不去一点一滴地做起来，终究还是虚幻的形象。所以必须脚踏实地，从我做起，我们才会离梦想更近一步。

M：可能梦想总是难以触手可及，梦想成真总是一种美好的期待。

H：当然现在也在全力推进，如农村医疗改革、养老保险等，这对百姓来说是实际的切身利益，是好事。老百姓的梦可能也很朴实，得到这样点点滴滴的满足应该也不是太难的事吧。我对中国梦还是充满了憧憬。

金：中国梦，看似有些虚幻，但我们可以让它具体而充实起来。我们确实要"从我做起"。1932年11月1日，创刊近三十年、久负盛名的《东方杂志》，向全国各界知名人物发出征稿信，请大家"于1933年新年做一回好梦"，并征求两个问题的答案：一、梦想中的未来中国是怎样的？二、个人生活中有什么梦想？由此引发了一场规模空前的"新年的梦想"的讨论。

近代很多著名人物纷纷应征，如柳亚子、徐悲鸿、郑振铎、巴金、茅盾、俞平伯、郁达夫、张申府、陈翰笙、金仲华、张君劢、邹韬奋、周谷城、宋云彬、李圣五、陶孟和、顾颉刚、章乃器、周作人、杨杏佛、马相伯、林语堂、夏丏尊、叶圣陶、俞颂华等等。我印象中周谷城先生的梦很特别也很有趣，他希望未来的中国——"家家有个抽水马桶"。

八十多年过去了，中国"家家有个抽水马桶"的梦，部分已实现，离完全实现还有很长一段路。而中国在更多领域的辉煌成就，也是当年做梦者连在梦里都不敢想象的。所以我们不要自卑，当然更不可自满，要接过前人的"梦文"，写下新的篇章。

每个人做个小小的梦，今天的梦当下就践行，叫做"即梦即行"。我们也一起来做个梦，把我们的课堂对话做成文集，使之梦想成真！

附录

超越评价异化
——抓好教育发展的牛鼻子

朱益明教授（教育学系系主任）：各位同学，各位老师：我们开始今天下午的活动。请教育学系的金忠明教授给大家来作一个专题报告，题目是：超越评价异化——抓好教育发展的牛鼻子。"牛鼻子"到底是什么样子的，我也不知道，待会儿听金老师说。金老师也许有的学生不太熟悉，尤其是教育原理和教育政策方向的同学，他主要给教育史专业的同学上课。

金老师是我们华东师大第一讲，经常在全国各地讲课，今天义务给大家来作一次报告。金老师也写了很多东西，特别近些年发表了几十篇论文，还出版了九种书。另外，金老师也是上海市政协委员，有很多社会工作，他可能更多地会从宏观的、历史的角度来和大家讨论教育问题。

下面我们以热烈的掌声欢迎金老师作报告。

（正文）

谢谢益明主任热情洋溢的介绍！也谢谢同学和老师们今天下午到这儿来听我唠叨。春天不是读书天，这样好的天，你们放弃休闲，来看我这张并不漂亮的脸，这让我比较感动啊。华东师大教育学系有着良好的学风，大家比较喜欢探讨学问。我们的系领导推出了两个活动，一个是教师沙龙，一个是教授论坛。我在上海呢，通常都来参加，是配合领导，营造一点学术的氛围。所以朱老师说，这期的教授论坛轮到你来讲了，我也乐意来献丑，这是第一个想法。

那么第二个想法呢，除了感谢领导给我这样一个表现机会外，还要澄清领导的美言。刚才朱主任说，我是华东师大第一讲，这个"第一讲"我是不敢当啊，"胡说第一"可能还站得住。当然主任的意思我也听明白了，在褒的里面，实际上是带着一点批评的，就是：你不要光顾着外面去风风火火啦，自己系里的工作也要多关心啊。那么以往的领导不安排我讲，是见我确实在外面讲得比较多，实在太忙，我理解这是爱护我。那么现在的领导让我来说，也是爱护我，因为我即将退休了，再不讲的话呢，就没机会讲了。这不是说你们有遗憾，而是我有遗憾啦。

所以我要感谢领导的一番美意，第一个要感谢他们。第二个要感谢的呢，是我们办公室的丁老师。他如此热情，为我这个讲座前后张罗，甚至还为出海报的事受了一点小小的委屈，所以我要特别感谢他。今天来的人这么多，可能跟丁老师有关系，我原来的讲座题目不是这样写的，丁老师要写海报，说这题目不行，估计没人来听。他说题目一定要响亮，于是我即刻改了现在这个名。朱老师一看也笑：牛鼻子，显然是要抓眼球啊。这就涉及评价的问题了。我不知道老丁这个建议是对还是错，如果今天会场爆满，那你的建议是对的，但我看今天还没有爆满，估计你的建议是错的。你以为我们的学生这么好糊弄吗？一个"牛鼻子"就把他们牵过来了？我现在还不是很清楚，他是出了金点子还是出了馊点子。但这是没法检验、没法评价的啊，所以我还是要感谢他。

这个题目下要讲什么？我是打个比方，就是抓关键。我刚才电梯里碰到杜老师，他说你要讲"牛鼻子"了，就是用教育评价来倒逼教育改革。不愧是研究教育的专家，一下子就明白我的用意了。

一、生活中处处有评价

大家都知道，教育和生活中，处处有评价。同学们可以看到社会上一些流行的概念，比如"学区房"。我前几天在北京,碰到中国教育学会的一位朋友。他说,金老师,我住在北京三环内,当时买这个房子是无意的举动,但今天它值八百万,一个平方米是八万元,我这个是学区房。我说还不够高,上海内环静安区的学区房,一平米十五万。当然北京西城区的学区房创造了天价,每平米居然高达四十八万,真是匪夷所思啊!为什么你的房子这么值钱,是人家的两倍甚至三倍?因为我们做了一个估价,因这套房子,具有进某所学校的权利,所以它的价格就这么高,而且今后预期会更高。这就是一种评价啊。

我们到超市去购物,营销员说这个食品很好,请你免费品尝。我一般不敢品尝,因为尝了以后不买,会觉得对不起人家。品尝里含有困扰,即买还是不买的问题。品尝,是让你的舌头对食品做一个评价。上海的高校流行一个调侃的说法:吃在同济,学在复旦,玩在交大,爱在师大。我对其他大学的老师说,谢谢把最好的评价给了华东师大。有次对交大的一位领导也说到此流行语,他说,可能有一句您说错了,应该是学在交大,玩在复旦。我说是这样吗?他说就是这样。我想领导这话大概是对的,但也可能不了解我说的"玩在交大"的意思是什么。在我看来,"玩"是一个最高的境界,他以为我是说交大学风不好。不好,为什么在全国高校学科评估中,交大能成为上海地区获第一的二级学科最多的高校?那么流行语和高校学科评价似乎也发生了联系。

说一个案例。医疗上也需要评价:你到哪家医院去,请哪个医生来动手术?我的父亲,在他八十六岁的时候,需要动一个心脏搭桥手术,因为我哥哥正在国外,我作为次子要承担责任,医院让我签字。医生说,手术材料用美国公司生产的是两万多块,用德国的是五万多块,你作个选择,看用哪一个?他给我出了一个难题啊。我问为什么一个两万多,一个五万多呢?他说一分价钱一分货嘛。我说您的意思是美国这个两万多元的产品是不行的,对不对?他说也不能这样说,这个产品也是行的,差别是美国的产品至少保证15年内没有问题,德国的产品30年内也没有问题啦。我想了一下,对医生说,我很难作决定,要不这样,您换位思考,假设这就是您的父亲,您就是他的儿子,这个决定我请您来作。他想了一下说,我建议你用美国的吧。我父亲是九十高龄去世的,回想此事,我至今有些忐忑不安,不知道当年的处置是否对。这也是评价的苦恼。

昨天我碰到一位朋友,在上海金融系统工作的,聊天时我说你很潇洒啊,他说实际上压力很大。我说你年收入一百万没有问题吧?他说这倒不是问题,问题是开销也大,每年要花去一半。我说你怎么开销这么大,他说你是不可能明白的啊。我说你真的很牛,他反问我的年薪,先猜个数字,我说你是痴人说梦,你也不可能明白大学的情况。我又跟他讲,其实你的待遇还不算太高。因为他是在金融系统嘛,职位已达到某某保险总公司的业务总监,是非常重要的角色。他说确是这样啊。

因为我的两个学生,现在分别是美国和德国猎头公司驻上海办事处的负责人,有次请我吃饭,席间也谈起收入。我说不敏感的话,也想了解一下,你们做这项业务很挣钱吧?一年有没有一百万?两人听后哈哈大笑,说金老师对这方面真的一无所知,我说真的不懂行啊。他们说,这样的问题,是开玩笑了,如果年收入没有几百万,就不会做这个行当。给我朋友说了这件事,我问有这个可能吗?他说,真的有可能,猎头公司的老板待遇是怎么定的?挖了一个高端人才,与某公司谈判决定聘用他了,比如说定为年收入五百万,猎头公司提成百分之二十。所以一年只要谈成几个最顶尖的人才,收入就明放在这里了。高端人才的价值究竟怎么评价?

再说一个案例,茅以升是中国的桥梁专家,59年建国十周年庆典,北京搞了十大建设,其中有人民大会堂,当时周总理请茅以升先生就设计的安全性签字负责,茅先生自述签字后没有睡过安稳觉,直至76年唐山发生大地震时人民大会堂安然无恙。从此以后他就睡得着了。专家签字的责任重于泰山,他知道要经受未来的考验和历史的评价。

二、教育及社会种种问题的症结在于评价

教育涉及的很多问题,症结是评价,比如择校的现象,高考的现象,学校排行榜的现象,学术期刊分类现象等。你们生在这个时代,大概逃不了评价的苦恼。发篇论文还要看级别,以前没有这种意识,现在考评标准的意识越来越强。大学有排行榜,中小学都有排行榜。最近美国长青藤大学联盟底下有个评价机构,给中国的中小学排座位,叫做"中学三百强"、"小学五百强"。中学的前十位你们知道是哪些学校?华东师大二附中、上海中学都不是。前十位里,上海有一所中学,是上海外国语大学附中,好像居第6位。五百强小学榜单,前3强里,上海有一所小学,是上海世界外国语小学,均瑶集团收购的一所民办小学。

这个学校排行榜,同学们看了当作何想?我一看就笑起来了,美国人的价值导向太明显了。评价标准分了五类,每类都是20分。比如第一类,教师水平,怎么衡量?评价大学时就看师资,出国留学比例多少,院士有多少,博士多少,这都是数据。那么小学教师评价靠什么?无非是学历高低或科研成果多少,加上任教学科学生的考试成绩。这所小学我比

较熟悉,老校长曾请我去作过读书报告,报告中我做了个读书调查,就调查一本书《学会生存》的读者量。我跟踪18年了,以之管窥中国老师的教育专业素养。到今天,读者人数最多的,竟然是一所区区民办小学,教师中举起八只手,这是十八年中的最高数字,我戏称打破了吉尼斯世界大全记录,这一记录保持至今。近二十年来,我累计讲演近两千场了,这个跟踪调查一直未断,遗憾的是连国培校长班、名师班都未破此记录。

美国的这个中国中小学排行榜有无道理?我认为它有点道理,如果我来评价一所学校的水准,第一指标也是教师。我未必看学历或考分,就看教师的专业阅读。我不知道美国评价机构具体的评价标准是什么,但它的评价结果与我的方法和印象高度吻合,我的一个案例、一个细节印证了美国评价还真有点道理。当然它也有自己的价值导向,它的第五项标准是学生,看其占世界名校特别是美国名校的比率高低,也就是毕业生去世界名校越多,学校越牛。那么中学、小学都是外国语的学校占上风,自然没有疑义了。这也是美国排行榜的良苦用心,我们心中也要明白。这就是评价的复杂性。高校的课题申报离不开评价,学科排名是评价,从大学的"985"到专科层次的职业技术学校,高校分了五等。有人说,这是五类学校,不是五等学校。实际上地球人都知道,在中国的语境下,这就是高校分了五层,社会用的是如此的评价眼光。

我们怎么来评价一部电影水平的高下?艺术性、探索性的电影,专家评价很高,大众不买账,没有票房价值。图书也是这样,书的价值由学术性、创新性或获奖与否来界定?还是由图书的销售码洋来决定?电影界有金鸡奖、百花奖,金鸡奖是高端路线的标准,百花奖是平民百姓的口味。评价学校或老师,有无不同的分类标准?学生很苦恼,老师同样也苦恼。

转基因食品为什么引起这么大的争议?崔永元与方舟子彼此掐架甚至要打官司?转基因食品是否安全,说到底是个评价问题。但谁敢作评价,一锤定音?中国人为什么喜欢山寨版的产品?便宜!而且质量不错,我为什么不买它?现在中国的制造业空心化,金融业泡沫化,就是学美国,玩第三产业中的高端行业。制造业辛苦不挣钱,金融业轻松又赚钱,傻子做制造业啊。美国金融危机后,又回归尖端的制造业。经济界的波诡云谲,也离不开评价标尺问题。

农民包干,给他十年的承包期,十年之后你去收回这块地,发现地是光的,没有一棵树。为什么?树是我栽的,干嘛要留给他人呢?就把它砍了。过度地榨取,竭泽而渔,十年后这块土地贫瘠了,没有肥力。这是管理部门短视造成的结果,农民也不笨。现在的企业评价也在转向,腐败的风险首次纳入了评价体系,如中国工经联的一个星级评价行动,要评价企业的社会责任,设计89个定量指标,其中之一即是否有利于促进提质增效,其实就是结构的转型、向绿色工业的转型,这对企业评价提出了新标准、新要求。

再来看政界,我们怎样来评价政府?既要求城市建设的GDP上升,又要让雾霾天减少。民以食为天,现在新鲜空气都成了奢侈品,这当然是大问题啦。以前评价政府工作是看"铁公机",即铁路、公路、机场,现在要看"教医养",即教育、医疗、养老,这两者孰重孰轻,这也是一个评价。干部考核也要绿色评价,不仅考评经济指标GDP,还看市民幸福指数,这是新的政府工作评价机制。

凡此种种,评价依随时代发展,正在发生重大而深刻的变化。

三、评价是分配教育资源的公平抓手

评价是实现公平的重要保障之一。"评",左"言"右"平"。"平"字是"秤"的简写,本意是称重。当"言"与称重的"平"组合为一,就是报出所称的重量。"评"的本意是古代官吏对农民缴纳的公粮称重,或目验后报出它的品级及重量,便于记录,所以评衡者(官吏)有无水平、水平高下及是否秉公办事就成了关键。水者,准也;准者,平(评)也。古代匠人盖房子时,首要之事是拿一把水平尺来衡量地基,水平尺就是一个估量的标准。中国儒家为何向往"天下平"的理想社会?因为理想社会的"平",就是一个公平的社会。评价就是让你觉得这个社会秩序或游戏规则是可以接受的。

中国文学史上有一本文学评论的专著叫《诗品》,作者是钟嵘。《南史》的钟嵘传说他"品古今诗为评,言其优劣"。评诗就是区分等级,给诗歌列个排行榜。品评连缀,演为习语。评又衍生一系列词汇,如评估、评审、评理、评改等等,相对应的词语都沿着"评"字生发出来了。那么评的对象千变万化,实质就是估量价格,价格是商品所值的钱数,而价格反映的是商品所花的劳动时间,劳动的价值化为具体的价格。评价本质上是衡量事、物、人的价值。

评价是非常重要的。为什么近40年前,"文革"刚结束,邓小平主政的第一招就是恢复高考?在百废待兴的时候,从人才培养着眼,抓住了改革的关键,扭转了整个社会的风气。所以说"文革"是从教育界发端,开启新时代也是从教育界开始。当时的高考用一种制度安排,分配稀缺的大学资源,也是社会公认的最公正的方式。那么我们今天看高考存在的弊

端,原因是时代发生了巨大变化,这个方式也要与时俱进,加以完善。迄今为止,我们还没有任何一种手段在分配优质高等教育资源上能完全替代高考。它确实不是最好的方法,但也不是最糟的方法,是成本相对低廉、公众普遍接受、形式也算公正的评价遴选的方法。

今年上海市教委发布的八个重大的攻关课题,其中有五个题目都指向评价,并非偶然。可见领导层也高度关注评价问题,它确实是牵动教育发展的"牛鼻子"。观察现实,追溯传统,中国人为什么对于评价情有独钟?评价背后的文化价值何在?我认为是中国传统社会的礼文化和官本位主导下的人生价值观的集中展现。你们读过教育史,都知道中国的科考制从隋朝开始一直延续下来,到清末尽管已废除,但它的实际影响还非常大。比如说唐朝选官时考核内容是什么?是考"身言书判"。所谓"身",是指外貌长相,要求"体貌丰伟";所谓"言",是指语言能力,要求"言辞辩证";所谓"书",是指书法水平,要求"楷法遒美";所谓"判",是指判决书,要求"文理优长"。四者考察合格,再依据所能,确定候补官资格。这也可以说是一个比较全面的人才衡量标准。符合标准,才可能进入吏部,作为官员的选择对象。

今天用人单位招人才,不还是这几条?只是把"书"变成了"电脑"而已。招录公务员也需要"文理优长",干部的基本条件之一是能说会道、能写会做,不然怎么服务大众,带领百姓建设美好家园?再说大学毕业生为了增加就业优势,追求"高颜值",不惜花费巨资冒险去韩国整形,不也是"身"的流风余韵?如此评价甄别人才,可谓古已有之,于今为烈。科举筛选的社会分层、合理分配的需要,凸显了衡量人才标准的重要性,至今还是如此。

说到当今社会的分层,大概有这样三个阶层:一个是金领阶层,它又由两类阶层组成,即权力的阶层和财力的阶层,指的是官员和企业家,他们在社会上的影响最有分量。一个是白领阶层,主要是脑力劳动者,从事知识产业或知识密集型行业,包括教师、医生、媒体从业人员、高端技术人才等,也就是在座的诸位了,你们以后更多的可能属于这个阶层。还有一个是蓝领阶层,就是普通的劳动者,包括众多第三产业各类服务人员、一般技术工人等。我们所说的要培育中产阶级,主要是指白领阶层。

传统社会的分层呢?从柏拉图开始的治国理念,对于一个国家、社会结构的分层,是分三类,金质的人、银质的人、铜质的人。他认为金质的人品行优秀,知识渊博,智慧高超,因而适宜城邦的管理者,用他的话来说就是"哲学王"。银质的人,可成为保卫城邦的军人。至于铜铁性质的人,那就是普通百姓,可从事百业。亚里士多德说的理想社会是什么?是富裕阶级、中等阶级和平民阶级这三者的组合,而中等阶级是最重要的,因为它是安稳和中庸的象征,作为一个稳定社会的载体,它的人数应该最多,起的作用应该最大。至于传统中国有"士农工商"的分层位序,今天已演变成仕(官)、商(企业家)、士(知识劳动者)、工、农的新层序了。

四、评价为何出现了异化

评价作为资源分配的公平的抓手,实际上从古到今,社会都离不开它,教育更是如此。但是,今天这个公平的抓手为什么引出了越来越多的乱象?再进一问,评价为什么出现了如此的异化?

现在的评价陷入了误区,尤其反映在以下四个方面。

(一)评价主体的缺位

什么叫评价主体的缺位?

比如,一个商品好不好,到底靠谁来评?是靠厂家质检科的质检员来评,还是政府部门的管理者来评,还是消费者来评?这就是一个问题。

有的同学说,应该让消费者来评,他花了钱,又是他在用(消费),他心中最清楚商品的实际价值。但往往消费者的话语权是最弱的。

有的同学说,应该由专业人士来评,他有专业知识,掌握评鉴标准,这样评价结果才真实可靠。但是专家就没有专业的盲点?再说今天的专家有的成了"砖家",教授也有的成了"叫兽"。作为评价专业户的教授、专家吃了人家的嘴软、拿了人家的手软,讲话签字还有公信力吗?

又有同学说,还得政府官员来评,他职责所关,必须秉公判断。但官员也是人,也有人的弱点,他也不是专业人士,难道比专家更靠谱?专家的弱点,官员同样存在。

还有的同学说,看来还得用"三结合"的评价方式,消费者、专家、行政官员组成评价主体。但评价主体既由三方构成,视点肯定不一样,以谁为准,如何统一?不同权重,如何裁量?

你们看,面对商品的评价主体,就变得复杂化了。那么面对特殊商品的人才评价主体,无疑更复杂。况且多主体的结局,往往是无主体。这就是评价的第一重困惑,也是主体缺位的误区。

(二)评价时段的短视

一个商品到你手上,用了三个月,出问题了,怎么办?已经过保质期了,它只保你三个月。也要视产品类型而定,耐用消费品,负责任的企业可能会保三五年,有的保八年,甚至终身保修。所以有些企业的广告是:买产品就是买放心!终身可靠啊,它不是短期行为,捞一把跑路。这是企业对自身产品的评价和信心,也是给消费者的信誉担保。

教育是百年树人的事业,人才怎么评价?也许更得有长期观念。传统社会鼓励"吃得苦中苦,方为人上人"。读书是苦的,不要侈谈幸福,先苦后甜嘛。"先苦后甜"也是评价,以"后甜"印证"先苦"是有价值的,你现在吃苦,将来享福啊。人的重要标志在于我们是有时间感的,有预期、有等待。人是有忍耐力的,今天的苦是为了来日的幸福。猴子"朝三暮四",因为它没有预期意识,不像农民,春耕的动力来自秋收的预期和希望。

但问题是,人类也没有确定性的把握。以前学历史,按照马克思的文明社会史观,社会沿着由低到高的线性进程展开。随着科学发展和社会演进日趋复杂,一元论的单线发展史观正在经受新时代的挑战,人类面临不确定性的风险加剧,现代人对个人命运把握的焦虑感上升。

我给有些老师说,你不要去骗学生好不好?你骗自己骗了一辈子,现在又何苦去骗学生呢?当年拼命考大学,以为入大学就幸福了,现在身为老师的自己,有苦说不出,又不敢跟学生吐露真言,烂在自己肚里,真的叫"苦不堪言"。其实,"吃得苦中苦,方为人上人"的传统信条早就不管用了。不信?很简单,你就写一张保证书给学生:某某,听我的话,吃得苦中苦,方为人上人,从零岁起跑,到36岁获得"后后博士",然后尽享荣华富贵。

老师的这张保单能否生效?全世界哪家保险公司敢做这个保?众所周知,中国博士制度取自美国,美国为何又创个博士后制度呢?说得准确一点,当然也难听一点,就是博士太多了,博士毕业等于失业,找不到工作咋办?教授(老板)说,不妨在我的实验室继续打工吧,反正已"使用"习惯了,再做三年,无以名之,给个雅号,叫"博士后",到了中国再本土化,一跃变成超级博士了。哪知计划不如变化快,33岁顶着博士后桂冠出来,又找不到工作了。中国博士也许比美国博士失业的人还多啊。到那时,中国的创新能力也赶上美国了,中国教授也创造个"后后博士制度",这就三十六岁了。出来高枕无忧了?如果36岁又失业的"后后博士"来找老师还他青春的时候,你怎么办?

现在学生没有话语权,不敢跟老师叫板。如果他真的要叫板,他就跟你这么讲,你怎么回应他?(陶保平副教授插话:我要给这个学生说,你是没有按照我说的去做。)同学们可以向陶老师请教,他可以给你保险单。等会儿让陶老师来告诉你,怎么按照他的路子走啊。

超越评价异化

同学们，为什么学校会成为远离幸福的地方？我的一位朋友，也是教授，退休了，最近问我一个问题。他有个孙女儿，小学一年级，上了五天学，星期六到爷爷家，抱住爷爷，突然冒出这么一句话：爷爷你这么高兴，什么时候我也能像你一样退休了，享受快乐的人生？爷爷一下就傻掉！上小学仅五天，就提这么个问题。前不久见面他问我，你是研究教育的，当年读小学时，语文书上有篇课文，高玉宝写的，题目是"我要读书"！

这位教授的问题是：现在的孩子为什么不要读书？

这篇课文早年我也读过，但这个问题我很难回答。穷人家的孩子为什么也要读书？因为读书是人生最高级的享受，不能因为家里贫穷，就剥夺了儿童的上学权利。今天说受教育权是不可剥夺的人权之一，是义务教育法规定的。问题是，当学生享有法律规定的权利时，为何学校却正在成为或将要成为他逃离的地方？我这话再说下去，就会很难听了。当年的学校是幸福的乐园，今天已经转化为一个异化的名词，这个名词是什么？我还是不说为好，说了太伤心。

你说学校就是幸福园地吗？这里也有以教育史为专业的老师和同学，学校是历史的产物，学校之前也有教育，这些是教育史的ABC。那么学校怎么产生的，是人类物质产品丰富以后的产物，有一部分人无需从事艰苦的体力劳动，他养尊处优，当然一般是有身份、有地位的人，他也有丰富的人生经验和智慧，所谓头发白、胡子长的老者、尊者，他要将其智慧存留下来。留给谁？首先是达官贵人的子弟、富裕人家的子弟，他们有这个特权嘛。这两类人都是吃饱了饭没事干，就到学校里来找点事干，让生命不无聊，让自己找到乐趣。人生最大的乐趣，就是向下代（或上代）传授（或学习）人生智慧。

古代中国称学校为庠序之教，这个庠字怎么写？房子里面有羊，有住有吃，衣食无忧者的快乐之地。英文的school，词根是希腊语，本意是休闲。什么是休闲？中国人终于有钱了，于是满世界跑，到处拍照，上车睡觉，下车撒尿。中国式休闲是证明我有钱到此一游，所以中国大妈要到美国时代广场跳舞，用大分贝证明给美国人看，我们有钱了；中国小孩到埃及金字塔刻写"某某到此一游"，证明我们有钱了。中国人的休闲也异化了。

学校为什么远离了休闲，远离了幸福，远离了教育的本意？我们今天为什么要上学？包括在座的朋友，如果问你，回答是：要学点知识吧？华东师大教育专业的文凭还值钱吧？作为老师也是要对得起学生吧？最后就是：没有专业的核心竞争力，到哪里去吃饭？你绕了一个弯子，说出了"吃饭"两个字。这也没错，师范大学本来就叫吃饭大学，师范生吃饭不要钱,让贫苦家庭的子弟安心读书,学会本领献身教育事业,对不对? 现在还有免费师范生嘛。

同学们,为什么要上学读书? 学校的本意是休闲,不是为了吃饭。我们今天接受教育就是为吃饭做准备,它能不异化吗? 你问我:是否反对吃饭的教育? 我不反对。谁会反对吃饭? 功利、实用本是教育功能之一,也是最初的基本教育功能,但将之等同于教育尤其是等同于学校教育,这就变味了。因为学校主要是为人们吃饱了饭没事干而创设的嘛。

昨天我的这位金融界朋友还说,可否在华东师大读个博士? 我说你不要来,他问为什么? 你不欢迎? 我说你来,当然欢迎了。但教育史专业的博士学位,你来读它干什么呢? 它是不挣钱的啦。你也是吃饱了饭没事干,钱多得没地方花,那你可以来考。我们招的学生,幸福指数比你高,吃饭问题已经解决了。不要以为百万富翁就惬意了,我看他也焦虑得很,来读书就算修身养性吧。钱已经那么多了,不妨换种生活方式。可以考朱老师的博士,朱老师如果同意,这个学生我介绍给你,可多收点学费。

现在大家都迷茫,把握不住衡量人生的标尺。不要以为金钱是万能的,它也不能作为幸福人生的准绳。既然不确定性让未来的期待不可靠,那么长时段评价有何意义? 还不如享受当下人生,于是把"各领风骚二百年"的英雄志向,变成了"各领风骚两三天"的俗人安乐。

消费时代流行"过把瘾就死"。一次性消费品泛滥,甚至把人本身也作为一次性消费的对象,娱乐界明星穷奢极欲的消费方式中,还把"吸毒"作为自娱的最高境界。这种只顾眼前、不计后果的"及时乐"的荒唐可怕,连带着超级急功近利的"短视"评价现象,让良知尚存的教育工作者纠结不安。教育作为"自然人"导向"社会人"的重要手段应当何为? 百年树人的价值意义在哪个"时间测量点"得以证明? 超越评价的"短视",我们又该如何"长视"?

(三) 评价标准的片面

当今的教育界乱象种种,有一个非常大的影响因子,就是权力和金钱导向下的评价带来的弊端。我前面说到高校分五等,因为高校领导也分五等啊。985 的大学,党委书记和校长通常是副部级干部,华东师大作为 20 世纪 50 年代第一批 14 所重点大学之一,按理也是副部级单位。有一次,我傻乎乎地问了某领导,他说不是。我说不都是 985 高校吗? 他说,985 大学只有前 31 所的校领导由教育部确定为副部级,从 32 到 39 呢,不说是,也不说不是,就不再公布了。所以这件事比较麻烦,朱老师应该晓得,我们是否是副部级单位? (朱益明教授：不是不公布，只有 31 所，我们不在其列。）看来不是吧？

现在说到高等教育最大的弊端，就是官本位的管理体制。大学要自主办学，就要打破或去掉官本位的枷锁。也有的学校不同意，说本来校长出去办事啊，副省长、副市长都要接见，因为官阶是相同的，中国官场很讲究这一套礼仪。现在教育系统率先改变，自我缴械，教育又是弱势阶层，不像经济界、科技界啊，你再把官阶一破，以后校长出去，谁睬他啊？这就是高校改革将面临的新问题。在权力、金钱导向下，今天学校教育乱象丛生，我想同学们看了也不免觉得太搞笑。比如大学教授、副教授争做膳食科的科长、后勤处的处长，这不是故事新编，而是确有其事。

名师走穴，"圆桌学校"，又是中小学的多发现象。圆桌学校就是中小学名师家里，周末成为一所微型学校。星期六，三张圆桌，十多个学生，抬头聆听，埋头疾书，是名教师家的一道特殊景观。上海基础教育界的数学名师、物理名师、英语名师、语文名师等等，莫不如此。最热门的老师，还得"翻圆台面"，上下午各一场。多少年了，难以改变。它也是按照市场的逻辑发展的，只要有需求，自然野火烧不尽，春风吹又生。这老师也确实牛，去他家里经过培训，考分明显提升了。这是一种评价，社会认可他。

基础教育的评价，讲到底就是"升学为王"。上海市属的四所顶尖的高级中学，社会上称之为"四大牛校"。有一次，我问上海中学的唐盛昌校长，到底哪所学校是 number 1。他很有底气地告诉我：20 世纪 80 年代是华东师大二附中，90 年代是复旦大学附中；新世纪以来，上海中学稳居此位。唐校长的底气，大概也反映了硬指标，上海中学每年进清华、北大的人数可观啊，在上海是不是稳居第一？（朱益明教授插话：二附中今年第一，升北大清华52 人，上中 50 个。）朱主任毕竟是华东师大的教授啊，但二附中我也很熟悉，本科时的老同学李志聪书记，现在也是二附中副校长。有次搞调查研究，问他一个问题：上海中学做东道主的全国高中国际课程研讨会，见到交大附中校长了，怎么不见二附中和复旦附中的代表啊？他说这很正常，一般会议是难得见到二附中、复旦附中和上海中学的校长同台并坐的。

有人告诉我，上海市四大牛校的榜单刷新了，新四大牛校出来了，七宝中学晋升入围。七宝中学是我原来教书的地方，我怎么不知道，依据何在？他说金老师落伍了吧，基础教育界的民间英雄榜，自然是有些评价指标的。我说难不成七宝中学考上北大、清华的学生已超过了交大附中？他说这倒也未必，关键是北京大学曾给上海四所高级中学校长实名推荐制的权利，现在把交大附中换成了七宝中学。我说基础教育界就比玩这种东西？他说，金老师,不玩这种东西,我们还玩什么?

那次,我跟志聪校长说起这事,他哈哈大笑。交大附中的徐向东校长是唐校长任主持人的名校长基地班的学员,他们有师生之谊,相关的学术活动肯定会参与。另三所学校的校长谁买谁的账啊?且各自要称老大。二附中还是20世纪教育部列入名单的全国十二所重点中学之一,自然牛气冲天。这三所学校一旦有重要活动,各兄弟学校的领导纷纷前去捧场,但他们彼此不捧场。上中开会,二附中不会去;二附中开会,上中也不会来。这也是基础教育界的有趣现象啊,升学为王!谁厉害,谁就牛气。

高校当然是比拼"科研GDP",上海在这点上,似乎腰杆不挺。教育部学科评估中心近三次就有关高校学科整体水平进行评估,上海高校的整体实力似有下滑趋势。北京的高校学科第一的数量占了绝对优势,上海原本处于第二的位置,近来却被江苏、湖北超越。以上海建国以来在高教界的特殊影响力,至现在变成小四的地位,上海市的领导也不高兴。市教委就组织专家做研究了,发现上海高校的整体实力在全国还是老二。比如上海高校所有的学科,处前五位的总量,还是全国第二,但高原(第五以上的学科总量)上的高峰(第一的学科总量)确有必要加强建设。我就此也承担了一个教育决策咨询课题,赴北京、南京及武汉等地的高校做调研。当我与曾主管湖北教育现为湖北省人大副主任的周洪宇教授就此问题讨论时,他对上海方面的反映似有所不解,表示上海的高校定位,根本不是国内第一方阵中位次孰前孰后的问题,评价上海高校办学水准的标尺不在国内而在国外,上海高校的格局应该是到国际上寻求坐标。但我想,上海仅仅依据国际标准的追赶策略,还会面临新困境。上海教育的改革应该在评价标准上有所突破,提供富有中国意义的上海经验。

(四)评价方式的单一

目前的评价,基本是主管部门根据某些数据,如中小学的整体学业水平(以考试成绩为主要依据)、高校的整体办学质量(以科研成果为主要依据),做一个书面的统计分析。一组简单的评价数据,似乎就囊括了学校的一切,这样的评价方式几乎成了天经地义、不可动摇的绝对准绳。至于学校的学生、老师、校长的声音是沉寂的,更不可能听到家长的反馈,至于社会上纳税人的评价和建议,也没有通达的途径。

美籍历史学家黄仁宇倡导大历史观,却注重从细节处揭破关键事件,并指出传统中国缺乏"数目字管理"的缘由。以美国为代表的西方学者在研究社会经济史时,喜用计量经济学的方法,数字化方式也渗透于其他社会科学的研究倾向,试图用数据来说明一切问题。

黄仁宇在费正清研究室写作《十六世纪明代中国的财政与税收》时,有一位擅长计量经济学方法的经济史专家来帮助他,也想以此种方法来研究明代的财政问题。但黄仁宇认为中国古代各种相关数据或无统计,或严重失实,这套办法根本行不通。

黄仁宇认识到官僚主义是中国传统社会的特征。统治者在中央先构造一个理想的国家管理模式,由上级向下级逐层施压,达到中央给地方的各种任务指标,由此来完成国家的统治任务。不顾各地实际情形,仅靠政治压力施政,则时间愈久,愈脱离实际,问题也越多。数字化管理是工业化以来西方社会管理的特征,也是西方学者一直在践行的研究方法论。自然科学和技术自不待言,经济学家从微观的企业员工的绩效到宏观的国家管理,也都以对应的数学模型作分析。经济学如此重视定量分析,催生了"经济学帝国主义"的"实证至上"。自然科学的实验方法和数据影响力之大,连传统人文学科的学者,如今对此方法亦乐而忘返。

教育界也难逃此运。20世纪80年代,在第一波教育实验浪潮下,教育科研文章莫不打上了数字化烙印;物极必反,21世纪初前后,一波案例研究、口述研究、叙事研究、行动研究、田野研究的新浪又席卷而来;今天历史的钟摆,似乎又要往相反的方向摆动,为迎合数字考评需要及符合美国期刊学术口味的发表需要,中国教育界的各路大佬兴奋不已,正在摩拳擦掌,准备大显身手。

"正反合"的哲学逻辑并未在中国学界呈现,忽左忽右、偏东偏西、来回折腾,反成常态。更可怕的是,大跃进的学术研究和大兵团的作战方式珠联璧合,可能再一次催生学术泡沫或虚假数据,则原本数字管理提升效益的良好初衷亦将走向反面。这种一元独大的非良性学术生态,何来百花齐放、百家争鸣? 加上今天大数据的声浪更是甚嚣尘上,又何谈多元评价方式所应包含的其他尝试,更遑论探求评价的完整和真实。

我今天刚拿到的两份报纸,一份是《人民政协报》,一份是《东方教育时报》,各有相关报道。政协报的消息是关于华中科技大学的新任校长丁烈云的,他上任第一周的工作已被全部排满。但他提出来:一定要增加一项工作,要开一次学生座谈会,找30个学生来座谈。他强调,这是第一位的工作! 学生是老师的衣食父母,同样也是校长职业存在的前提,但往往校长第一位的工作,是对照红头文件,甚至忘记了学生的存在。

丁校长认为第一位的工作,不等于行政班子的共识,他原本被安排的开学第一周工作中,根本就没有学生的地位啊。这期报纸也有关于李希贵的文章,教育部在北京十一学校要开一个全国的综合改革现场会,李校长很紧张,希望等三年再开,让学校的教育改革经验获得更长一些时间的检验。但教育部也等不及了,今年第一位的重点工作是农村的综合改革,第二位的恐怕就是教育的综合改革了,政府希望有来自实践的鲜活经验,助推全国的教育发展。我看到李希贵的谈话,也强调学生是最重要的主体,认为学生的评价权是最高的。

今天的《东方教育时报》头版头条,又有关于PISA测试的报道。上海学生还有弱点及短板,在随机抽选三分之一的学生检测其计算机运用能力时,上海排名是第六。上海学生在获取知识方面表现不俗,在用计算机去解决问题方面,掉在澳门和香港地区的后面。又如上海学生虽然阅读成绩遥遥领先,但在具体阅读项目中的非连续性文本方面,上海学生的得分也比较低。所谓"非连续性文本",是相对于叙事性强、以句子和段落组成的"连续性文本"而言的阅读材料,多以统计图表、图画等形式呈现,其特点是直观、简明、概括性强、易于比较,在现代社会被广泛运用。这类阅读材料与人们的日常生活和工作须臾不离。实用性功能明显的文体,包括产品说明书、旅游地图等。从非连续文本中获取信息的能力,才是现代公民应具有的完整的阅读能力。还有,同样是经合组织测试的学生的想象力、创造力和动手能力,中国的学生就不行了。我们的学生计算能力世界第一,但想象力倒数第一,创造力倒数第五。所以看到上海成绩的同时,还要看到存在的问题及问题的源头。

中小学语文老师教书,喜欢"非连续性文本"的很少。我当年大学毕业前到上海师大附中实习,语文教研组长告知我,语文老师教课首选小说,其次散文,再次诗歌,最后议论文。他闻知我拟选说明文"机器人"来试教,不免喜形于色,他说你要教老师们最不喜欢教的说明文,他们再高兴不过了。中学生毕业,说明书看不懂,借条和契约书都不会写,处理使用文本的能力薄弱,这是从另一种方式的评价中,暴露了上海学生的弱项,也是语文教师的短板。

当然,上海在两次PISA测试中独占鳌头,也引起了一些质疑。美国有人怀疑中国抽样作假,而国际经合组织已严正辟谣。大陆也有人因不满应试教育的变本加厉,继而迁怒PISA,认为PISA测试高分不过是应试教育的结果。其实,除了2009年的芬兰,其他获高分的都是受儒家"筷子文化"影响的国家和地区:上海、中国香港、新加坡、韩国等。这种现象也引发了有关儒家文化的议论。香港学者程介明将上海的PISA测试成绩独占鳌头,归功于上海基础教育的教研体制,认为教研是一种中国特色,对提升老师专业素养的帮助作用甚大,这种教研制度在别的国家是难以想象的。程先生指出的教研组文化,恰恰又与中国特色特别是儒家文化中的仁爱、助人、团队合作意识等分不开。而且"万般皆下品,惟有读书高"的教育价值观,加上"天地君亲师"的教师权威和特殊影响力,也是学业成绩的强大推进剂。现在,中国教师已被邀约赴英伦做示范性实验了,但已面临水土不服的窘况。其实,上海的经验和中国的文化底蕴,也不是其他国家的教育能轻易模仿的。

即使对于上海教育界创造的 PISA 奇迹,从多元的评价方式或视角来看,也有着太多的见仁见智的争议。评价之难,某种程度上与"做人难,难做人,人难做"是一样的。

综上所言就是,评价之难,也是评价的误区所在,更有着评价异化的种种无奈。

无奈在何处,难在哪里?不是说真的难做人,是难在做人的标准拿捏不住,即评价标准的"不确定"带给师生包括校长困惑。我相信同学们大概都有自身的人生体验,这里就说老师吧,现在做老师的也苦恼。有个老师说:十年、二十年前,我的老师教我,兢兢业业地备好课、上好课、批改好作业,就是好的老师,今天的评价标准全变了,搞新课改,什么师生对话啊,课堂创新啊,问题导向啊,用新标准来衡量,我就是个不好的老师啊;不是我不想做、不会做,问题是你当年为什么不用这个标准?他现在已是"奔五"的人了,你们又来玩一个新花样,他也为之痛苦。

实际上,不仅是今天的人们,历朝历代的人都为标准的变迁而苦恼。说个故事,同学们知道秦皇汉武、唐宗宋祖,都是一代雄才。汉武帝会用人,也识人,有次经过郎署,看到一个郎官,年纪大,头发白,胡子长,这个年龄该是退休了。所以汉武帝问他:"公何时为郎,何其老也?"年纪这么大了,为何还是一个小小的郎官?老头答,"臣姓颜名驷,江都人,文帝时即为郎官"。问:"何其老也不遇也?"这么长的为官生涯,为什么没有好的机遇被提拔上来呢?机遇、机遇,有机方有遇啊。没有人赏识你,没有更高的官来提拔你,蹉跎一生为什么?颜驷答,我在文帝时做官呢,文帝好文,而臣好武,不符合文帝的标准,自然不会有提拔的机会。等文帝去了,景帝临朝时呢,他喜欢年长的人,我那时年纪不大,嘴上无毛办事不牢,提拔轮不到年轻人,又没有机遇。等到陛下您当政时,您又喜欢少年了,我年纪大了,又不符合您的标准了。所以很不幸,"三世不遇,老于郎署"。

这是《汉武故事》里的一个典故,教育史的老师上课喜欢引用的案例,说明成功需要"天时地利人和"。"人和"是我们能把握的,但是"天时地利"非人力能控制。天机、天遇,可望而不可求,我们只能"尽人事,待天命"。人生很无奈,不是我们不会做人,不努力,而是世道变化快,标准把不住。

再说个历史上的人物故事。中国儒家传统的用人标准是"德才兼备",就像学校评三好学生,须德智体全面发展,至少不能在品德上有大的瑕疵。但为什么到汉末三国时期,魏王曹操用人的标准是"唯才是举"?这四个字可不一般啊,撼动了整个社会价值观的基础,甚至有可能使儒家价值观崩溃。不管你品行如何,只要有本事,就用你了。当然,曹操以这样的标准遴选人才,也属无奈。因为他自己取汉皇的地位而代之,以天子自代,本身就违反了儒家的伦理观,即忠孝立国的思想。再坚持德才兼备的选人、用人原则,无异于自打嘴巴。所以他只能唯才是举了。

曹操鉴别人才的本领独特。他做了魏王后,匈奴的使节要来拜见他,估计曹操长得不漂亮,他"自惭形秽,不足以雄远国"。远方的使节来了,没有威仪,缺乏雍容华贵的气度,怎么办?就让手下名叫崔季珪的大臣代他作魏王,他自己呢,拿了一把刀站在边上做侍卫。使节被接见后就回去了,曹操派了一人前去问他,魏王接见你以后啊,你印象如何?使节说,魏王"雅望非常","雅望"即很漂亮,"非常",不一般啊,但"床头捉刀人",就是边上拿刀的卫士,"乃英雄也"。这个人回来告诉曹操,使节说了这话。曹超立马吩咐,赶快再前去,把使节的脑袋给砍了。

这就是曹操啊,一代枭雄:宁叫我负天下人,莫叫天下人负我。曹操是个人才,他知道人才的厉害啊!什么样的人才是最厉害的?还不是会打仗的人才,而是识人的人才,最关键的是被鉴别甄选后,又能为我所用的人才。一个小小的使节,识破英雄惊煞人,连拿把刀站立的卫士,你竟然能识别出他是真正的英雄,可见你智慧非凡,慧眼独具。但曹操用人的前提是什么?我不管你的品德怎么样,关键是能为我所用。你是敌对国的人才,今天纵虎归山,不砍你的脑袋,来日岂非让你来砍我的脑袋?不如先下手为强了。

我们现在不去评价曹操为人怎么样,问题是使节为何在不了解你的情况下,一眼洞悉了你的分量?这真是个人才啊。真是人才,为何被砍脑袋?同学们,做人难就难在这个地方。其实,曹操嘴上说"唯才是举",心里还是"德才兼备"啊,更准确地说,是曹操自定的"德才兼备"。而曹操的所谓"德",就是对他忠诚,能为他竭忠献智。也就是说,德的标准是依随权势者权势的大小来定的,是依随他的具体需要来定的。问题是你也搞不明白谁的权势大,或者说刚搞明白,权势者地位发生变化了;还有搞不清权势者的忽喜忽怒,符合今天的标准却违反了明天的标准。"德"本身是什么?"才"本身又是什么?社会流行"说你行就是行不行也行;说不行就不行行也不行",你说咋办?你说张三这个学生表现好,品德出众,人也老实；他认为此人品德很糟，纯属"乡愿"，孔老夫子说：乡愿，德之贼也！你说张三是好还是不好？我们听谁的？

可见，问题难在这个地方。同学们，评价最难就难在这个地方啊！

当今天的评价方式牵引出这么多问题的时候，我们不难发现，一个让社会各个领域，特别是教育领域能秉持公道，并能用于分配资源的最公平的抓手，走向了反面，形成了异化，产生了人生新的悖论。

这个悖论就是：学校为什么成为远离幸福的地方？

李希贵校长也在感叹，学校要怎样来做到让每一个学生感受到幸福？

他说，这是一个最难的问题！

同学们要把这些问题想一想，悟一悟学校的本质是什么？中国近代哲学家熊十力，作为新儒家重要的代表，与梁漱溟先生有所不同。梁先生讲心性之学，熊先生讲认知哲学。他著有《新唯识论》等书，其哲学观点以佛教唯识学重建儒家形而上道德本体，影响深远，在哲学界自成一体。就是这位熊先生，他说了一句令我印象非常深刻的话，他说"为学要有欢喜的意象"，做学问，在学校里面读书，你体会到欢喜的意象，这才是做学问的关键。如果"为学缺乏欢喜意象"，这是"亡国之象"。而梁漱溟先生对儒家思想的体悟也是"乐"字，可谓殊途同归。什么是亡国之象？青年人没有喜悦幸福的情怀，则国家之不祥啊！这个话说得很重，我觉得恰是我们需要深思的问题。

就说孔子啊，后人给他编《论语》，为什么"学而篇"第一句话就是"学而时习之，不亦说乎"？此话有深意存焉。宋儒常论：孔颜之乐，所乐何事？就是探讨为学之乐啊。

为学之乐，所乐何事，这是评价的前提。

五、超越异化的新评价系统的构建

接下来是怎么办的问题。解决问题的可选路径是什么？我想大约有下列几点值得思考。

（一）评价时段贵在延长

我近日在上海"两会"上提出的"超越评价误区的长时段教育评价"，《文汇报》《新民晚报》《东方教育时报》等都有记者的采访报道。我的这个想法不是突然冒出来的，也是长时间思考的结果。

为什么是长时段的评价？举个例子来说。比如，诺贝尔奖为什么具有权威性？它就是长时段评价。一般诺奖得主的成果要经过学界多年的验证，获得公认后，再经过瑞典皇家科学院的一系列相应程序的验证，因而较为公正。我们也可能认为未必公正，但只要循此程序，而程序又是评选的共识的话，其结果在此范围就是公正的。诺奖是一个科学家在其研究领域的终身成就奖，所以通常获奖者的年龄都较大。当然，例外也有，年纪很轻，像杨振宁、李政道三十几岁也有，但例外也是有客观依据的，即学界承认其发明或贡献具有原创性或突破性的价值。

从教育史、科学史的视角来看，价值需要放在长时段的历史中评价裁量，而历史评价方为终极评价。顺带说一下，史学界为何有"厚古薄今"的研究倾向？除了担忧（事实也如此）权势干扰等，还有一点，研究者身为当局人，是利益相关者，那么"当局者迷"也是其自身固有的局限。没有经过时间的积淀，不拉开一个时段，我们还看不清事物的真相，也难以评价它。

历史评价是终极评价，是"盖棺论定"。其实，"盖棺"也未必"论定"。因为有的评价基于个体一生的时间，恐怕还不能判断，还不能论定。历史评价的吊诡和艰难，使我们需要跨越个体生命的长度去观察一个更长的时段。林肯说得好：你可以在一段时间内欺骗一部分人，也可以在一段时间内欺骗所有的人，但你永远无法在所有的时间欺骗所有的人！为什么"长时段加大样本"的评价这样重要？因为历史老人毕竟有他的智慧，群众心中的秤，能掂出你真实的分量。

再举个例子。同学们知道医药是人命关天的，我女儿是做医生的，她说医学的实验啊非常严谨，所以医学院学生不太看得起教育学院的学生，我要承认这是实话啊，也许得罪了在座的诸位。现在"教师专业化"已成学界热门词汇并广为流行，其实教师专业化最重要的参照对象是医师。美国人为什么要研究教师专业化？它是跟医师、律师、工程师来比的，为什么人家有职业的权威度？为什么阿猫、阿狗都可以来评判教师的课？你的专业性不够嘛。美国的医师、律师挣钱多，那是人家的专业强。那我们为什么不学学人家？教师专业化的背景就是从这里出来的，首先是美国搞出来的，参照对象主要是医生，方法是做大量的案例研究。医师专业化的重要前提是"因病视诊"，即"一对一"；但是学校里迄今还是大班化的课堂讲学，即"一对多"，这恰与"因材施教"背道而驰，你让老师如何专业化起来？这方面的分析，若同学们感兴趣，可以参考我的讲演集《方圆之道》里的相关论述，今天时间有限不展开。

那么医生的专业化和医学的严谨在评价的科学性上得到了更严格的体现。众所周知，一个新药从发明到正式用于临床医治，要经过多少个图章？当然这类图章是有其合理性的，要盖全这些个图章，首先就是时间的保证：这个药什么时候发明的？经过多长时间的检验？药效如何？目前很好，五年以后呢？十年二十年以后呢？如果经过三十五十年，差不多盖棺论定了。一辈子也就那么几十年，人生七十古来稀，经过三五十年的验证，比较靠谱了。

（二）评价样本详实充分

还是以医学为例：此药能用于年轻人，就能用于老年人吗？能用于男性，就能用于女性吗？同样是女性，体质上的强弱、年龄上的长幼、饮食上的差异，对药效有无影响？当你做新药实验时，样本的采集和实际的运用有何依据？大样本、大数据分析的标准如何设立？而且你做的实验研究，人家也可以来复验。要如此一个关接着一个关地过，都过去了，你这个新药才可小批量生产上市，经受更广范围、更长时间的检验。原先中国药检局的局长郑筱萸不是被枪毙了吗？他贪污的钱数才几百万，为什么把他毙了？因为你是药物质检局的局长，人命关天的事啊！贪污的数字不是最大，但失职最严重，危害最大，罪不可恕。从中可见医药界已不是净土，药物检测、审批亦有问题，但司法界对此类现象惩办之严，也反证了医学的科学性。

再说个学校的事情。一位中学的教导主任在县城里，见一人迎面走来，说"老师好"！有些面熟却不认识，学生说，我是哪一届的谁谁谁。教导主任回想起，当年教历史的课堂上，这个捣蛋鬼，成绩也差。因为差，加之捣蛋，所以老师还有点印象。他从口袋里掏出一张名片，老师一看，某某公司总经理，他把名片送给老师啊，估计经营得还不错。大部分学生都是这个心理，看到老师了，感觉还对得起老师呢，就会亮身份，就会鞠躬感恩："老师好，谢谢当年的栽培！"如果看到老师躲着走，一般这个学生出息不大。是不是这样子啊？

又一位老师跟我说，有个学生见到老师躲着走，老师立马叫住他，问为什么？答，视力不好，没看清老师。不对，你明明看见老师了，你是故意躲着我走？这学生说，老师您真是慧眼一双啊，我的心理活动瞒不了您，到今天依然如此。那么，为什么要躲？学生说，讲心里话啊，当年您对我这么好，这么重视我，给我个别辅导，我觉得愧对您，至今混得没出息。

同学们，我常常想，老师许是最好的职业。倒不是因为我做老师，有些自恋。且不说古已有之的"天地君亲师"的价值定位和衡量标准,就说教过的学生呢,他发展得不错,首先会找老师,说您还记得这么个学生吧?"滴水之恩,涌泉相报"。我今天也是这样,年纪都一把了,还会想念母校,感恩老师。小学母校的百年校庆、一百一十年校庆我都去了,感恩见面的老师,怀念未见的老师,内心感动莫名。

这位教导主任,当年的历史老师,听到多年后来自学生的反馈:当我不被其他老师看好,大家都认为我没有出息的时候,在您的历史课堂,您曾经说过的这句话——我看你并不笨嘛,这个问题都能回答啊,你以后还是会有出息的,就是老师的这句话,让我铭记终身。他说:老师,我还真的没有辜负您的希望!

所以这位主任回家后,非常感慨,写了个案例,与我交流啊。我说,就是这样啊!学生有成就了,发展得很好,第一个就想到老师。如果自以为发展得不太理想,他就愧对老师、怕见老师。成功者,感恩老师;自认为不太成功者,埋怨自己。你说,全世界还有比老师更好的职业吗?我倒不是激励你们,确实是我自身的体验。

但也有些老师不认可。在一个校长培训班上,就此提问,不少校长笑称,还是老板好,假如全世界老师职业最好,为什么待遇不是最好的?我说校长,你们还真是提出了一个很好的问题,也是我苦恼至今的问题,我昨晚还为这个问题苦恼着,现在我终于想明白了。校长说,那你告知我们答案。我说,答案很简单啊,上帝已经把最好的职业放到您的手上,您还痴心妄想,要最好的待遇,于是上帝生气了,不仅不把最好的待遇给您,把最好的职业也拿走了。

校长们都笑了。这个当然是开玩笑啊。我曾经也为教师菲薄的收入愤愤不平,今天呢,可能年纪大了,也算想明白了。吃教师这碗饭,怎么评价自己?用金钱多寡、社会地位高低去跟他人比,你越比越气馁,人比人气死人嘛。鸡为什么要跟鸭子比?鸟在天上飞,靠的是翅膀;鸭在水里游,靠的是脚掌。你把鸭子的脚掌与鸟的翅膀比,你吃饱了饭撑的啊?做老师的,不去比那些东西。

现在不少高校都在做毕业生的跟踪调查,我觉得很好。曾去上海大学做调查,叶志明副校长告诉我,上大是做毕业生跟踪调查最典型的高校。但上大的跟踪评价也就三五年,还不完全是我说的长时段评价。一位负责教育评估的主任,也曾在他的办公室内跟我辩论,说我是个理想主义者,但那是不靠谱的,根本不可能。他是专门研究教育评价的,有专业的自信和自负。我笑而不语,心想十年二十年后,我们也许可以再见面,还可以继续探讨

超越评价异化

这个问题。

十年二十年就是长时段了,我们再见面,再来聊聊如何?我这个人呢,有点牛脾气啊,对人家说的定论不太买账。当然,我也不希望对方轻易地说我是对的。我们是可以切磋,彼此探讨的,不要太武断地说行还是不行,这本身是需要研究的。为什么需要研究?因为社会上一直嚷嚷"不要让孩子输在起跑线上",我也怀疑是早期教育从业者的广告策略已见效果。不过,现在又有越来越多的人说,起跑线没输,搞不好输在终点线上了。这倒有可能,因为你不输在起跑线上,往往就输在终点线上了。

长跑运动员都是有智慧的。他们都知道,长跑如果一开始就是领跑的第一名,最后肯定"死"定了。教练一般都会让他们保存实力,最好是处于前五名,然后到什么时候咬住第三名,到什么时候咬住第二名,最后就全力冲刺第一名了。一般都是这个策略。所以西方谚语说得好:谁笑到最后,谁笑得最好。人生的长时段,贵在"风物长宜放眼量"。古人云:"不谋万世者,不足谋一时;不谋全局者,不足谋一域。"

什么叫"不谋万世者,不足某一时"?长跑就是个最好的例证。什么叫"不谋全局者,不足谋一域",围棋又是个最好的例证。下围棋,你能斤斤计较一时一地之得失吗?围棋下的是战略思维啊。所以真正的高手,你不知道他的棋路是什么样子的,等到你看出棋路,你已经完蛋啦。人家比拼的是战略思维、全局思维、全程思维。长跑无须太早发力,即使起跑慢一点,着什么急啊?风物长宜放眼量,我们还有后期评价呢。

(三)评价程序凸显公正

评价程序是非常重要的。比如人大表决的程序,为什么要逐渐完善?以前都是:同志们,赞成的请举手!谁敢不举手?我们开个讨论会,完了之后主持人说,老师们,有反对的请举手!吃饱了撑的,谁举手反对?也可以反过来,赞成的请举手。这类表决仪式和征集意见的方式,都有妙义存焉,也能体现领导的水平。那么,投票时按表决器,就没有问题啦?为什么要按序入座?我们陶老师做过支部书记,按序就把我给查出来了,就是金忠明按了反对钮。

现在人大、政协也注意投票表决的细节问题了,比如弄个秘密写票室,只要你愿意,可以入室操作。谁愿意秘密写票,不做光明的共产党人,要做地下游击队?这也许还是问题。上海财大有位蒋洪教授,是全国的政协委员,他拿了三张选票:全同意,一张纸上画个圈,最简单了;不同意谁,在其名旁涂黑。主持人说,同志们,好了没有,好了我们就开始投票了。

蒋教授右手忙着涂,左手高举,示意未好。五分钟后主持人再问,蒋教授还没有好嘛。全场数千人就等他一个人。连续数次,终于好了,于是大家排队投票。

这位教授胆子够大的啊。他是要用这个方法去抓眼球吗,我可是绝对不敢啊。但蒋教授并非以此凸显英雄主义,他要切身体验政协的表决程序到底客观、科学、公正与否。仅对某个名字涂黑,也可能与他人重合。他干脆来个全单反对,这就是唯一的独特的选票,通过大屏幕的现场显示,他要目睹选举的客观、科学、公正。最后,他确切地体验到,程序是客观公正的。

同学们,我们要聪明啊。做任何事情都是有章法、有程序的。你聪明了,你做事有程序、有法则了,这事也许就办好了。你不聪明,没有程序,杂乱无章,事情就越搞越烂。烂在什么地方,问题出在哪里,你可能永远都不明白。

教育评价方案要怎么设定、怎么实施、怎么检验?同学们不妨细细思量。教育学系这次的研究生复试,领导再三关照,一定要对同学们负责,工作要细致,程序千万不能出错。程序包括7个或9个导师打分,分别去掉最高分和最低分;在复试时,教师不可出外接打电话,因你没有听完整个面试过程,也会影响打分,对当事人就会有失公允。这些细节都要注意,都与科学、公正的评价相关,程序要做到无可挑剔。

说个例证,1936年美国总统竞选预测为何失准?当时的竞选者是民主党的罗斯福和共和党的兰登,罗斯福是在任的总统。美国权威的《文学摘要》杂志社,为了预测总统候选人谁能当选,采用了大规模的模拟选举,以电话簿上的地址和俱乐部成员名单上的地址,发出1000万封信,收到回信200万封。在调查史上,如此大样本的容量是少见的,杂志社花费了大量的人力和物力,并深信其调查统计结果,即兰登将以57%对43%的比例获胜,于是大肆宣传了这一预测结果。最后,选举结果却是罗斯福以62%对38%的巨大优势获胜,连任总统。这个调查使《文学摘要》杂志社威信扫地,不久只得关门停刊。

失败的原因是:抽样方法不正确。样本不是从全体美国公民中随机抽取的。美国当年有私人电话和参加俱乐部的家庭,属于富裕的家庭。而1929—1933年的世界经济危机,使美国经济遭到沉重打击,"罗斯福新政"动用行政手段干预市场经济,损害了部分富人的利益,但广大的美国人民却从中得到了好处,因此到真正投票的时候,这个阶层就有决定性的力量。而从部分富人中抽取的样本,严重偏离了总体,导致样本不具有代表性。

可见,准确判断和评价的前提是取样的尽可能全面和样本的代表性如何。要重视数据,也不迷信数据,更要警惕前提失误下的数据误导,还要破除科学概念和专用术语的迷障。我在《中国近代科技教育思想研究》的序言结尾处,曾引用了一个案例:

美国的一个科学展览会上,一名高中生的方案获得了一等奖。这个方案力求人们能严格签署一份严格控制、销毁氢氧化物的文件,因为这个物质造成了流汗过多和呕吐。它是酸雨的主要成分,在气态时会导致严重的烫伤;它是腐蚀的帮凶,会降低汽车的刹车效率;更重要的是在癌症病人晚期癌症肿瘤细胞里面都发现了它。于是,有相当数量的人表决赞同这个高中生的方案,其中43个人表示支持,6个人没有表态,只有一个人反对,因为他知道,这物质就是水。

这个获奖方案的题目是:我们有多容易受骗!

不要以为数字就一定代表正确。当程序有问题时,当采样有问题时,当原始数据不真实时,数据推导出的结论就是最大的误导。这就是当年朱镕基总理为什么对国民经济统计基础的数据高度关注,堂堂总理给国家会计学院的题字是"不做假账"四个大字。你以为是总理小题大做吗?错了。当领导人拿到的是非科学的设计、不准确的统计,却自以为根据此设计和数据得到的是科学决策时,那么,说小一点,决策失误,说大一点,祸国殃民!

(四)评价标准体现多元

华东师大现在提倡教授关注原创,不要去盲目追求科研GDP,所以推出了"学术原创奖",已弄了两届,效果怎么样,我也不是很清楚。但至少,努力方向是正确的。"原创"就是一种高标准的评价,也体现了评价标准的多元。

我刚读大学时喜欢的一个当代思想家叫李泽厚,尽管现在的大学生、研究生说李泽厚老了,也有说要走出李泽厚甚至踢开李泽厚,我不这样认为。我在一次学术会议上说过,我们系的叶澜教授,她就在重读李泽厚。为什么拿李泽厚说事,因为有人说他治学有硬伤。有硬伤是一回事,他的著作确有引证错误的地方,他自己也承认,但他说一个人的经历是有限的,他主要在思考问题。当然,前提是这个硬伤不损害他的基本判断,如果因此而基本判断失误,这是不可以的。但出了个病句,有一个错别字,或许排版错了,或许引证抄写时遗漏了,这种错误确实有,再版时也需要改正,但他当时没有时间仔细校核,他的心思不花在这个上面。

我也跟学生讲,人在一个阶段里的用力,他关注的东西是有限的。我看研究生的学位论文,发现错字、病句、统计错误、事实出入、引言失真等硬伤了,一旦发现一个地方有问题,就会觉得后面也将出现类似问题,于是我的关注点就会集中关注到这些地方,对你文章的整体架构、主要论点、创新要素等就无暇顾及,因而降低标准。加上盲评论文的时间迫在眉睫,所以就急需先把知识类的硬伤问题解决了。这是个两难,就是一个人在有限的同一时间内做几件事情,他必定会分心,会受局限。

此次华东师大举办的全国原创奖评选,给了李泽厚先生一个哲学著作的原创奖,我认为是实至名归。不过李泽厚也太牛了一点,他或许忙或许也未将此奖放在心上,所以在颁奖仪式上缺位。前不久,李泽厚先生来华东师大作伦理哲学的研究报告和学术对话,可能顺便呈他奖金吧。

评价学者的研究成果需要多元参照,对学生的甄别遴选也是如此。现在复旦大学进行自主招生改革,我问复旦招办主任丁光宏教授,中国人大招生事件后,社会及媒体高度关注自主招考,复旦有无压力?他说,不会"一粒老鼠屎坏了一锅汤",复旦这方面没有问题。我说真的没有问题啊?丁教授说,其他不敢担保,此事是我管的,我至少敢说,复旦的招生标准毕竟有着程序的公正性和评价的多元参照性。比如面试的专家组,是随机搭配、五人一组,学生同样是随机的五人一组,按序进行。怎么随机?做了很多防范,进入专家库的800个教授,都有面试学生的资格,但今年抽取哪三百个人,我不知道,校长也不知道,是计算机随机抽出来的。考生可能把两个教授买通了,你能把其他老师都买通吗?

更绝的是,上午是这些人员组合,下午就不是了。教授不是有手机吗?上午面试时关机,中午开机,告诉你下午又换个组、换个教室面试。这种种细节上的设计防范,还确实有科学性、合理性。市长、省长再牛,也没有办法让复旦800个教授给你投赞成票。可见,复旦自主考程序还相当规范严密。至于教授面试的题目则五花八门,各显神通,个人凭自身的经验和智慧使评价结果又八九不离十。其中也有去掉最高和最低分的平衡。这样的面试,学生很难提前准备,更不可能死记硬背,这就打破了一张试卷定终身的传统考试法。

近期教育部学位与研究生教育发展中心按照教育部和国务院学位委员会颁布的《学位授予和人才培养学科目录》,对具有研究生培养和学位授予资格的全国高校一级学科进行整体水平评估,并进行聚类排名。此项工作从2002年起在全国高校展开,每两年评估一次,每次历时三年,即2002—2004年、2006—2008年、2010—2012年,已进行了三次。

该学科评估在一定程度上有助于促进高校学科的发展和人才培养质量的提高,有助于各高校重视学科建设,整合自身优势、学科资源,并在高校间展开合作与竞争,促进高教事业的发展。但也存在问题,如：现行评估标准的单一和僵化,严重限制了高校间的错位竞争与特色化发展,加重了高校的负担,甚至出现"为评估而评估"的异化现象,背离了评估的良好初衷。我的一份提案《运用"六分"策略破解高校学科评估的困境》曾被全国政协录用(后获得了分管教育的国务院领导的批示),提案建议学科评估宜实行科学合理的"分类、分层、分区、分型、分科、分时"的评估标准,也强调了评价标准的多元价值。

(五)评价指标适度稳定

前面说了评价标准的多元性,这里要讨论评价指标适度稳定的问题。如果评价指标老是变动,今年是这个标准,明年又换个标准,招生考试缺乏可比性,既会给高校招生造成困扰,也会让基础教育界的师生无所适从。大数据长时段评价是基于多元标准的相对稳定性而进行的,不管是小学生、中学生、大学生,还是研究生,我们要考虑,哪些是最重要的基质,比如学生的自学能力,发现问题的能力,解决问题的能力及动手能力、创新能力等,哪种素养和能力是不变的或相对稳定的?

一方面要与时俱进,因时代是不断发展的,你不变也不行,变是必须的;另一方面,有些要素是不变的,你说做个好人,与人为善、思路清晰、推理严密,古今一致,变在哪里？当然有时候基本的素养在一个特殊的语境中似乎也站不住,也要变,刚才就说了最大的痛苦就是做人难嘛。但在一个常态的健康的社会,学校教育就应该夯实核心素养的基础,使之具有某种不变的稳定基质,成为人类共通、共有的智慧。要找到这些最重要的元素,在学生成长的过程中聚集、稳定、积淀下来,并成为评价的重要依据。

补充一个例证。现在不是说绿色评价指标吗？这个教育的评价术语来自生态学的理念,现在不仅基础教育界,连高等教育界也在关注学术生态的绿色指标,对企业界、政府部门也提出绿色指标的考核要求了。那么以前呢？我看是红色指标。老丁在这里,你的年龄应该不难理解我的话。当年社会流行"又红又专",我们老丁就是又红又专,不然你不可能有国际航运公司船政委的经历,对不对？今天为什么不做船政委了,估计不那么红了？

我读21世纪教育研究院杨东平院长的文章,他是"文革"时期上海中学的高中毕业生,他前些年的研究成果和批评教育界的文章,因触及时弊,有时行政部门领导的头也比较疼。甚至有些地方的校长说,不要请杨教授去做讲座,此人来了以后麻烦,而且他批判某种教育思想、某个教育政策,到底对还是不对啊,我们也搞不清楚。但是呢,现在杨东平院长是国家教育咨询委员会的委员,主管教育的国务院领导给杨先生授证书,第一期总共有十个国家教育咨询委员,他是十分之一。大家一看,现在可以请杨先生做演讲了,政府都给他颁发证书了,我们还有什么不放心的。这种评价也蛮有趣的。

就说杨先生呢,有篇"从红到绿"的文章,叙述了他自己思想发展的历程。他当年在上海中学读书,走的是又红又专的发展道路,他是干部子弟嘛,理所当然要红啦。当年的红,后来其内涵成了"闹革命";今天的绿呢? 走向做一名绿色环境保护的志愿者。

"绿指标"还是"红指标"? 所以做人不太容易。社会老是变指标,老师痛苦不痛苦啊。做老师最大的幸福,刚才已说了,你已忘了学生,他没齿不忘,对你感恩终身;反之,做老师最大的痛苦,培养了个学生,拿了奖状,做成了模范教师,过了二十年、三十年,学生找到你了,说被你害了一辈子,这可惨了。同学们不要以为我在开玩笑,你去看豆瓣网,有个网名叫"父母皆祸害"的小组,说中小学老师如果是祸害我们的,我们也不怕,祸害个六年、九年,我们毕业了,你就祸害不了了。但最可怕的是,中小学老师又身兼了我们的父母,那就祸害我们一辈子了,因为不可能与父母断绝关系吧?

我看到这个材料真的非常痛心! 一个最好的教师职业,一个最好的人伦亲情,怎么会变成了这般模样? 被网络"炒红"的这个小组创建于2008年1月18日,聚集了一群在两代关系中饱受挫折、苦苦思索出路的年轻人,仅成立两年,组员扩展至近17000人。在讨论组里,长期置顶的一篇帖子是"如何高效地反对父母"。他们热议的,还不是身体上的伤害,更为父母不当的教育方式所带来的精神和心理上的阴影难以释怀。"父母毁掉的你心里最珍贵的东西是什么"一帖就是典型代表。而更多的组员表示,因父母常误认为打击子女可促其奋进,最终导致他们自信心缺失。

中国伦理道德的核心离不开父子、师生、朋友的彼此牵连,父母、老师对孩子、对学生最大的爱和责任,为何演化成如此的误解乃至彼此的伤害? 这个问题真的需要想一想了。现在高考正在改革,出台了新的政策,如分类高考,学德国模式,一面提升学术性大学的办学水平,一面建设应用型的学院,一大批穿靴戴帽上来的本科大学,于是要回归培养应用型技术人才的路。叫好的也有,抱怨的也有,各种议论纷至沓来。教育部领导说,改革是坚定不移的,改革一定是慎重稳健的,我们一定不可发生颠覆性的错误,一定不能走弯路。

不走弯路是理想的期待,谁又敢打包票? 到底走了弯路没有,到底付出了不该付的代价没有? 只能是十年、二十年,甚至更长的历史鉴定说了算。历史真的能评判鉴定吗? 这就是教育之难,百年树人的不容易。但我们不因难而就此却步,或者放弃责任。坚守什么,改变什么？中国有个词语叫"沿革"，近代以来不太流行，其实相当重要。"沿"是继承，"革"是发展，两者彼此依存，相辅而行。西方永恒主义流派为何要研究永恒的、核心的价值？在一个改革和创新高歌猛进的时代，教育界人士也须静下心来，梳理一下百年教育发展史，想一想，确立评估指标时，有哪些稳定的核心要素是学生、是未来，也是社会、是国家少不了的。

（六）评价成本讲求效率

为什么提出这个问题来？我也是苦思冥想。前面也提到，为什么高考不能废除，因为到今天为止，检验、挑选人才时，成本最低、最客观、最公正的方式除了高考，还有什么手段？这就是它的合理性。同样，对学校办学质量的长时段评价，以前也不是都不知道，只是条件不成熟，提出来也没用。当评价成本奇高无比的时候，提出这种评价方式，确实太理想主义了，没法执行的事谈它干什么？五十年、一百年后的事我们不要谈，你做梦去。当然，现在提倡中国梦，谈谈也是可以的吧？

但今天已经不是梦了，云计算时代到来了，全世界的计算机可以联网了。当学生手上都有了移动智能终端设备时，我们做长时段大样本的评价数据库时的资料收集、储存、分析的成本，可以降到无限低。我为这个事情还专门请教过计算机专家，我说做这样的全覆盖的大数据定时采集和分析，技术条件上有无问题？他说绝对没有问题。只是评价标准的设定，技术专家没法做。我说这不是你要担心的问题，是我们要研究的问题。

比如，现在教育部规定，学生一入学就有一个终身绑定的学籍号码，这号码就可以用作学生长期追踪的专用评价邮箱。长时段的评价，可以设定为二十至三十年，分小学、中学、大学、研究生四个大的阶段。相应的阶段，每五年做一次评价反馈；一个阶段做四到五次的评价。每个学生基于自身不断成长的经历反观、再评当年学校教育的长和短、利和弊，这可以作为学校改善未来教育的重要依据；因为是大样本的统计结果，自然有着更可信的说服力。在此基础上，再辅之以经典的案例采集与深度分析，以大数据和经典案例结合的方式，提出更具质量的学校评价和发展的研究报告。至于评价的样表、先期试验的范围及学校等具体细节，还可以进一步调研和讨论，在此不一一展开。

（七）评价主体落实到位

评价主体包括学生、监护人（家长）、教师、校长、管理者、用人单位等，那么，哪个评价主体占的分量最重，评价到底谁说了算？我想，归根结底，是教育的消费者。教育消费者什么时候说了算？也许在求学阶段的评价可以参考，但是由于时间短，还不可靠，这时的权重不宜太大。经过五年、十年、二十年，有了四至五次的累积的大样本评价数据，这个评价的分量就要作为重要的参考依据了。当然，这不是一个人提供的评价数据的分量，当一个大样本的群体都说 yes 或者 no 的时候，评价结果自然就产生了，这是教育消费者经过时间考验后的共同判断。最终的数据分析图和不同等第的集体评判，将作为学校办学历史、办学质量的永久记载，存入评价数据库。人们可以随时查阅，它也是学校档案室的永久性资料，向社会开放，供在校生、历届生及感兴趣的民众观览。

评价的终极目的是什么？我们不是为评价而评价，也不是故意要让一部分学生、教师或校长失败，这样的评价是没有生命力的。评价的终极目标是为了让每一个学生最大限度地发挥自身的积极性和潜力。基于教育对象个体满意度的长时期评价，将促使今天的校长和老师努力提升教育质量，因为教育工作者今天的价值将放到历史的尺度上经受考验，这有助于激发教师的生命能量，真正地实现教育本质的回归，将办学自主权落实到学校的主体，使校长、教师和学生三位一体，共同营造学校这一美好的家园。

六、结语

教育评价的功能是有限度的，它仅仅是个推动学校如何发展的工具，但是它确实是一个非常重要的工具，甚至是抓好学校发展的牛鼻子的工具。怎样去抓好这个牛鼻子，我认为需要教育管理部门也需要学校的各类主体运用平衡的智慧。评价的评，就是以正确的言论（包括数据）确定对象的真实价值和水平。老子哲学以水为最高的智慧，水也是道的载体。水者平也，平者准也，评价的标准反映了评价者的水准和水平。水的象征，中的智慧，启发我们去把握教育动态式的平衡发展。

面对教育评价的异化现象，我们迫切需要纠正当前教育评价的三大偏向，即非主体性评价（忽略了学生这个最重要的主体）、非长时段评价（急功近利的短期和终结性评价）和非多样化的评价（以某一尺度取代了学生生命发展的多向度和学校发展的多维度）。当然，现在教育的管理部门正越来越关注多样化的评价，比如上海的绿色评价指标等，但其操作、落实还面临难题。

在结束讲演时，我还要引用孔子"观器论道"的典故。《韩诗外传》记载，"孔子观于周庙，有欹器焉"，欹器就是侧歪的盛水器，问守庙者，此谓何器？对曰："盖为宥坐之器。"就是放在国君右边,作为警示的器皿。读书人写个座右铭,放在桌子右边,或右侧腰带上佩一块宝玉,都是起警示作用的。当然国君的宥坐之器是一个权势的象征,同时也是一种告诫啊,是分量很重的国宝。"虚则欹",它空的时候是歪的;"中则正",水注到中间部位,器皿就扶正了;"满则覆",灌满了水,它就颠覆了,又回到"虚则欹"的状态。孔子让他的学生子路取水而试之,果然注水到中间的时候,这个歪的欹器就正了;注水至满的时候,它就颠覆了;水被清空后,欹器又呈现了原本歪着的状态。于是孔子喟然叹曰:"呜呼,恶有满而不覆者哉?"哪里有一个事物发展过头以后,不走向它的反面的呢?

教育也是促进学生健康发展的宝器,教育评价则是促进学校教育更好地发展的公正之器。但如果用得不好,教育评价和学校教育都会走向反面。从中央到地方,从行政部门到学校的领导,从老师到学生到家长,大家都在苦恼,也都在为探索更合理、有效、公平的教育评价体系而努力。所以《国家中长期教育规划》指出,让每个学生主动、活泼地发展,尊重教育的发展规律和学生身心发展的规律,给每个学生提供合适的教育,并强调政府、学校、家长、社会各方共同参与教育评价活动,做好学生的成长记录,完善综合评价体系,探索出促进学生发展的多种评价方式。

我的结论:建立分类基础上以教育消费者为主体的长时段大数据评价机制,即长时段的纵向、大样本的横向以及评价的多维度标准,构成一个发展性的评价体系,作为引领学校教育更好的发展的重要抓手。

最后,谢谢大家。

互动环节:

朱益明教授: 金老师说的都是对的吗? 你们有没有不同看法?

同学 A: 首先非常感谢金老师精彩的演讲! 有两个问题想要向金老师请教。您结尾时也提到,评价的主要目标,是要促进老师和学生的发展,李希贵校长也提到,学生进入学校应获得一种幸福感,高等教育可能也是为了让学生有一种获得感。但目前我困惑的是:教育的本质是要追寻幸福,但这一目标和评价指标相关的到底是什么? 就是说幸福的目标应让人具备的才能到底是什么? 这是第一个问题。

第二个问题是我很赞同您说的长时段评价,历史评价是终极评价,但在实际操作过程中,不可避免的是学校或企业的品牌效应,那么它怎么能耐着性子去等待呢? 我们在构建终极评价标准的时候,是不是要基于中西方的传统经典的一些智慧?因为这些智慧是历史长河积淀下来的,可能会远远超越我们的时代局限。

金: 我明白你的意思,我先说你的第二个问题。你补充的一句话我认为非常好,就是说目前的评价标准是否可靠?我们当代人的智慧也许不够,因此可能需要借助古今中外的智慧,需要向教育经典请教,它们毕竟是经过长时间的历史陶冶留下的思想,相对可靠一点。所以美国为什么有永恒主义流派,为什么强调学习伟大的著作,因为这些智慧经过了一定的历史考验,而且你也提到应该用这样的智慧去思考学校教育的稳定的机制,也是我刚才讲的彼此的关联性,你等于自己已回答了这个问题,我同意你的这个分析。

那么第一个问题,你说的幸福感与个体能力的关系,我想个体对幸福的感受是不一样的。举个例子,比如说你现在要吃饭,边上的董洪可能要吃水果,或者要喝水,那么我请你吃饭,因为民以食为天,你说这是幸福,但为什么董洪他不幸福呢?我刚才不是在讲嘛,评价的主导权如果在我的手里,就是不公正、不幸福,当到了你们两位自己手里的时候,你说,很好,我要吃饭,你就让我吃饭,董洪也说,很好,我要吃水果。没有强人所难,你们各得其所嘛。所以说,你们的幸福是不矛盾的,没有一个绝对的能力标准与你们所追求的幸福相关。当幸福不矛盾的时候,你干嘛要让它矛盾呢?我认为不必要。因此这个问题呢,我认为不存在。

第二个问题,你还说到企业、包括学校的品牌意识和急迫心理,我们虽然是强调百年树人,也难免急功近利。今天这个社会的难题就在这里,学校也急功近利了,企业难道不急功近利吗?企业是追求效益最大化,有的不惜坑蒙拐骗。刚才说的长时段评价,就是为了治这毛病。政府该干什么?不要火上浇油,要雪中送炭。企业自然是急功近利,要搞企业的排行榜,你让它去搞嘛,这是市场行为,你也不必干涉。但你要有政府行为,就是设立长时段评价,用两个评价去参照,结果一致的话,很好,你也帮助了企业。如果企业的榜单不对,消费者自有判断,因为还有政府的榜单参照。这就是政府要干的正事。政府有时没有干正事,在干企业的事情,火上浇油,推波助澜,搞得问题更复杂。

同学 B: 金老师,首先非常感谢您的讲座。关于您刚才讲的这个长时段评价,还有企业的问题,我想到西方教育史上的双轨制。它分为上层阶级的教育和下层民众的教育,上层阶级的教育偏重于文法等知识,下层民众的教育偏重于实科职业。

那么下层的这一轨,如果往前考察它的起源,就有劳动起源说,往后追溯的话,就有现代的职业学校,如果对这类学校进行一个长时段的评价,可能不太合适,因为技能的评价与情感以及价值观的评价可能会有些不同,我觉得这个还是比较适合短时段的评价,如果将其与长时段评价相结合的话会相得益彰。

金:孟鑫这个问题很好啊,但你实际上是自问自答,都不用我回答了。我刚才提出的长时段评价,并不是要求学校只采取这个评价方式,前面说到平衡,如果另一个短期评价的维度不存在,哪有平衡可言?现在探讨的重点是,当既有评价方式导致的异化现象太严重的时候,长时段评价这个砝码能够帮助纠偏,你刚才说的两者结合,我完全赞同。在给研究生上课时,我也给大家提过这个问题,即评价标准要相对稳定,还要关注其发展。技术性的内容变化很快,我曾举了王选一生有七个重大选择的例子,他最后一个重大的选择就是看到计算机飞速发展,所以要把科研接力棒更快地交给年轻人。评价的复杂性也要考虑基础性的素养和应用型的技术能力,反映两者的互补性。如果因为针对短期评价弊端而将长时段评价推向另一个极端,就是违背了平衡准则。你解答了自己的问题,不错。

同学 C:您刚才说到评价有三大要素,长期性、主体性、多样性。但我们不能穷尽多样,那么有评价的话就有差别,就拿考试选拔来说,就有选上的和没有选上的,那是不是说评价本身就有一种偏见呢?

金:我帮你把这个问题再澄清一下,评价包括两种,一种是甄别性、终结性、结果性、选拔性的评价,一种是诊断性、改善性、提升性的评价。后一种评价争议不大,问题出在前一种即选拔性评价上。因为某一类优质教育资源是相对有限的,比如刚才朱老师说的,假设北大清华给上海投放的名额是 100 个,上海中学拿了 51 个,二附中就只能拿 49 个,那么这个数据说明二附中失败还是评价的偏见?如果其他学校升入清北的一个也没有,是否意味着都失败了?

既然是选拔,就是两难,不是上就是下的结局。因为碗里的肉就这么两块,你俩吃了我俩就没了。但误区已出在这个前提里了,为什么你非得认为肉是好的,鱼是不好的?因为边上的碗里就有鱼啊。社会有一个流行的符号,北大是好的,清华是好的,其他大学至少是不行的。但这个观念是错的,刚才孟鑫提到技术类院校,应用型人才难道就是失败者的无奈选择吗?学校通过自我评估、社会评估,发现、肯定并发展自己的强项,有什么不好呢。比如你选择上海工业大学未必不好,你上北大了,说不定毕业后也是卖肉的,对不对?

当然我不是说卖肉的不好,北大原校长许智宏都说了,北大毕业生卖肉都比其他学生强,做出了连锁店的品牌。在社会价值多元化的时代,却还是一条路撞到底,那是你自己陷入了误区。有学生说,北大毕业生至少要找月收入8000块的岗位,爸爸知道后斥责孩子无志向,进了北大,是为挣钱的吗? 北大毕业,至少是做省部级干部的。以致北京大学副校长出来声明,批判这种扭曲的职业价值观。北大现在都明白了,今后的职业价值一定日趋多元化。评价本身不存在偏见,或者说高校基于自己的标准也是一种偏见。问题是在多样性的时代,甭管社会或高校的偏见,先打破自己的偏见,你就不困惑了。

你现在华东师大深造,你没有入北大,你困惑吗? 至少你认为华东师大教育专业是强项,也许还胜过北大? 我是不是回答了你的困惑?

同学D: 老师好,我听完以后,您那个长时段评价里面,追求的是学生的学习效果,或是教学质量,您先前说到,高考这个制度目前没有其他的评价方式来替代。您在研究长时段评价的时候,怎么处理它和高考的关系? 能否深入谈一下?

金: 这个问题确实很难,也是一个平衡点的问题,关键还是如何把握"度"。什么是药,什么是毒? 药和毒的区分就是那么一点点,过量和不及都是庸医杀人,恰到好处才是对症下药。高考的应试能力与终身发展的基础能力,你说那个重要? 你自己就有一个短期与远期的结合策略,尽管个人的时间是个常数,有时也难以周全,但聪明的学生呢,一般都能两者兼顾。学生考试好的,能力往往不弱,两者有联系。还有,你要看到高考是在不断改革的。

刚才不是说复旦自主招生吗,它有千分考,先要过关,但过关的学生有2000个,只招收500个。如何进一步选拔呢? 这就不是比书面成绩了。教授就有这个本事,与你对话几分钟,基本能判断是否是可造之材,那是教授的智慧。这能准备吗? 你不知道他与你谈什么问题。比如,他问你饭吃过了没有,你说我水果吃过了,这个答非所问,就让教授觉得你很有意思。然后,你把答非所问的缘由说上个一二三,他可能就喜欢你,这就是创新思维吧?

我与复旦大学的一些教授探讨: 一个有潜力的学生,最重要的素质是哪些? 结果所见略同,即坚定的志向(或正确的价值观)、学习及学科的方法论的把握,再加上对知识或学问的强烈兴趣,这三条是高素质学生的共同点。如果要进一步说明长时段评价与高考的联系,我想不妨循此三点,及早努力吧! 所以你的这个问题既要担心,又不必太担心,关键还是抓"立志、兴趣和方法"。

朱益明教授：还有 5 分钟，我利用这时间讲一下。金老师今天也让我大开眼界，他讲了很多新的评价的术语。他讲的内容你们都没反应，比如现在报纸上在炒李希贵，你们都不关心，李希贵是谁你们也不知道，所以我觉得很奇怪。包括 PISA（国际学生评估项目）上海全球第一名，刚才说的绿色指标、红色指标，曾经说的又红又专，这些你们应该去了解，去关注。

前两天，教信系的学生来采访我，怎么来考教育学系的研究生。我说你把公共教育学课上好了，就行了。公共教育学的课上不好，要考我们的研究生，我觉得很奇怪。回过头来，我对你们的期望是，要关心教育实事的问题，通过中国教育报或网络了解，不要一天到晚看那些八卦，要看些真正的文章。

刚才金老师说为什么要读书，包括选教师职业，老师是跟人打交道的，跟人打交道是有乐趣的，与人奋斗，其乐无穷。当然教师跟同学不是斗，我们是引导和帮助，或者是协助你们成长，帮助你们发展。金老师说得非常好，学生学得不好，总责怪自己没努力，学好了是老师的帮助，这是老师职业的独特乐趣。现在一线的老师总认为，职业总是要跟收入相关联的。这个看法是不对的吧？工作收入跟职业价值是两个不同的概念。

我想提醒诸位，刚才说的评价，你们提了些问题，有空再与金老师讨论讨论。我个人理解评价是当做一种工具在用。去年在台湾开会的时候，有人提出评价是一种研究，应该从研究的角度来做评价的工作，来把握教育的问题。既然是研究，很多是没有可复制性的，评价也是一样的。刚才说的评价方法、程序，这个还是次要的，我认为评价的标准才是最重要的。标准是什么？就是教育的正确的理论。

什么理论是最重要的，用什么理论标准来作为评价的程序呢？刚才说到复旦，我认为它的评价也是不合理的，800 个教授就拥有一致的复旦的理念吗？金老师你下次可以跟丁主任这样说，我们系王伦信老师的儿子很聪明，但是运气不好，未被复旦录取。所以评价永远没有绝对公正、绝对科学的。刚才说的诺贝尔奖也是，它也是拍马屁的，奥巴马都拿和平奖了，还有什么科学可言？不要迷信，我们要正确合理地来看待评价问题。

我们教育学系的研究生也好，老师也好，最终要让我们的教育回归到让人感到幸福、感到快乐，这才是学校的目标。教育评价应该从这些角度出发，拿出大数据的样本。金老师说得非常好，让消费者说了算，但消费者也有说假话的，不能完全相信的。所以我们要怎么样回到合理的轨道上来，帮助我们学生，帮助我们的老师，真正理解教育是什么、学校是什么。

　　刚才提到叶澜老师,她创立了生命教育学派。我是一个活生生的人,不是被劳动改造的学生,这个时候,学校可能就是让人感到幸福的地方了。最终还是要回到教育基本的理论,我希望同学们今后要更多地了解一些。刚才金老师也谈到,我们怎么样来理解教育,如果教育成为了一种工具的话,那么我们所有的东西都变味了,是不是?所以同样的,你们应在研究生阶段,享受三年给你带来的快乐,带来的成长的快乐。

　　就将来的发展,金老师跟你们讲了几句话。你们多跟我们年长的教授、跟同辈的人交流,你们的发展就会更好。谢谢今天各位同学来参加这次活动!谢谢金老师!

　　金: 谢谢各位,谢谢!

师门杂忆

一、张瑞璠先生

我于1984年年底参加华东师大教育史专业的研究生考试,在成绩上线、组织部门做政审时,被张瑞璠先生召去谈话。当时家里还没有电话,是华东师大教育科学研究所办公室的戴敏月老师通过传呼电话告知的。我忐忑不安,在张先生家狭小的客厅入座,先生和师母的慈祥温和很快让我绷紧的心松弛开来。当时的总支书记钱曼倩老师到我当年任教的七宝中学调阅档案时,校领导拿出我手书的一张便签,上面承诺一旦考取研究生,只要原单位工作需要,本人就愿意服从组织安排,继续在中学教书。张先生听了钱老师的反映,大惑不解,就亲自找我了解情况。

我把此事原原本本道明,因研究生报考截止期最后一天,我不做上述表态就无法获得原单位在报名表上的盖章。张先生听后沉吟片刻,说果然如此,与他的推测一致。先生那天聊了很多,谈到他当年家境贫寒,初中未毕业就在小学教书谋生,又如何通过自修考入复旦大学,还说他的经历与我也有些相似处。先生又严肃指出,尽管事出有因,情有可原,但这样做还是不妥,要为自己的行为承担责任,因此要有读与不读的两种准备。

就在我焦虑不安度日如年时,校领导找我谈话,很生气地责问我为何自己写了承若,却又去告状?我莫名其妙,后来才知,张先生时为上海市人大代表,为我此事专门向市府有关部门做了说明,从国家选才的高度,希望考生单位妥善处理。这一建议由市府经县府、县教育局下达学校,自然引起校长的不快。我边说明、边检讨、边请求,校长长叹一声,说学校也是惜才啊,其实我们还是会让你去读的。三十多年的时光转瞬即逝,如今张先生和七宝中学的老校长都已去世了,每每想起往事,我还会为当年的孟浪所造成的麻烦而内疚,更为师长的爱才、护才、惜才的无私胸怀而感铭于心。

我硕士毕业留华东师大工作不久,就考上了张先生的在职博士生。那年教科所教育史专业仅招我一人,我得以有更多时间去先生府上请益。张先生是以课题研究的方式来培养我的,未上多少课,一个人的课程也确实不好开,常常是先生想起什么事,就让我去他家做些交代。冬季的午后斜阳从窗外透进,在张先生的书桌上留下斑驳的树影,我恭坐一旁,听先生或谈学问,或拉家常;如时值夏日,师母会递来盛有冰糕的小碟,让我在清凉的同时,备感温馨惬意。

张先生与我谈话时语气轻缓,循循善诱,但有时对我的固执己见,他也会生气。先生是研究先秦教育史的名家,尤其对孔子的教育思想有精深的研究。他是孔子基金会常务理事,还是《孔子研究》杂志编委,对于儒家教育在中国教育发展史上的主体地位,有独到的阐发。他作为孟宪承校长的助手,对中国高校第一个教育史研究生班特别是华东师大教育史"五虎将"的培育有重要贡献。我却少不更事,又无深厚的学术积淀,凭着对中国文学的喜爱和对庄子美学的浅识,与先生讨论起中国教育思想多元组合的大问题。先生宽容地听我解说,未予评价。有一次,我写了一点东西,自以为有所心得,请先生指教。他在鼓励的同时,也指出若干偏激处,要我再加思考。我因了先生的偏爱,似有些忘乎所以,竟然与先生争辩起来。那次先生狠狠批评了我几句,我不免沮丧地向先生告辞,准备回宿舍反省,看见师母站在门边,也有点尴尬。

想不到下次来先生家,未及检讨,先生先对我表示歉意。说那天我走后,师母批评了他,说小金做过中学教师,也有些年龄了,有理好好地说,干嘛要生气,像对自己孩子似的。这一说,真让我无地自容。先生对我讲,他年轻时,实际上也很喜欢老庄思想,还给我写下一首七言诗,乃先生的少作,富有禅意。他说教育研究者视野要宽,但也不能因喜欢而过于夸张,陷入荀子说的"蔽于一曲",因而还要善于自我"解蔽"。我体悟先生对我爱之深,因而责之切,把我当自家孩子而生气,这不正是先生的真情流露吗。

记得20世纪80年代,我因一篇纪念"五四"的应征论文,而得以参加两个高规格的学术研讨会(分别由北京大学和中国社会科学院主办,另两个高规格的会则由中宣部和团中央主办)。会后,我从北京归来,张先生即布置我一个紧迫的任务,要我写一篇近代中国教育思潮发展的文章,强调这是刘佛年校长重点课题的研究内容之一,且务必在一个月时间里交稿。

撰稿期间,我上先生家谈及研究过程中的困惑,先生在客厅来回踱步,眉宇紧锁,神态凝重。我深知先生的家国情怀、书生忧政,也恍然大悟先生的一番深情、良苦用心。至今翻阅刘校长主编的《实践与探索——论若干教育问题理论》一书,看到当年自己写下的论文,仿佛又见先生来回踱步的神态,使我心潮起伏,久久难以平静。

学校有同仁评价教科所和教育学系的学术风格有所不同,认为教科所推崇创新,教育系学风严谨。我有点信以为然:研究自然贵在创新,育人岂能不重严谨?但自系所合一,人员交处,亲炙前辈的道德文章,我感觉这种说法似有偏颇。就说教科所的张先生、江铭和张慧芬老师,哪个不是治学严谨又富有创建;再看教育学系的瞿葆奎先生、孙培青、陈桂生、叶澜老师,也是学问扎实又新见迭出。其实,华东师大教育专业的良好学风在全国学术界有口皆碑。浸润于诸多前辈学者营造的浓郁治学氛围,耳濡目染、感同身受师长的不言之教,充实而光辉的喜悦亦时时溢满心头。

二、江铭老师

认识江铭老师是在到华东师大教育科学研究所报道之日,当时江老师是副所长,所长还是由老校长刘佛年先生兼任。我入所不久,江老师就接替刘校长成了所长。当时江老师刚届"知天命"之年,英气勃发,身材挺拔,加之一头乌发,眉宇间炯炯有神,初看似四十出头。江老师精力旺盛,除了研究两汉教育史,打理研究所日常行政和统筹各项繁重的科研任务,还开辟了国内高校第一个职业教育研究生专业,为今日华东师大职业教育的龙头地位奠定了最初的基石。

江老师的学问也让我叹服。初读的江老师的两篇大著分别是《汉代文教政策的形成》和《两汉地方官学考论》,发表于华东师大学报教科版,也是中国教育史研究生的必读资料之一。我是偏嗜教育思想史的,对古代的官制、学制涉猎不深,看到各种繁复的称谓不免头疼。江老师却两手硬,治思想史和制度史都游刃有余。有时江老师与我讨论学术,片言只语,就有茅塞顿开之感。我说这么好的见识,稍事展开即妙文一篇。张慧芬老师也在旁边叹息,说江老师的行政工作太忙了,耽误了做学问的宝贵时光。

等到江老师的华东师大副校长任期将满时,他终于有时间回到教育史的本业上,并把他多年思考的研究重点,倾注于山西教育出版社出版的一套中国教育史研究丛书,这套书不仅包括了江老师、张慧芬老师常年积淀的成果,也聚集了一批教育史界的中坚骨干。说来惭愧,最初筹划此套丛书时,承蒙江老师不弃,我也忝列其中,并承担了《中国教育行政史》的撰著任务。但我迟迟不能交稿,可说是辜负了江老师的期待。让我更为不安的是,江老师海量胸怀,不计我的过错,又将国家社科重点课题《中国教育史研究》秦汉魏晋南北朝分卷的主编任务托付。我勉为其难,兢兢业业,在江老师和张慧芬老师的指导下,差强人意地交出了答卷。这一研究成果后来获得了第二届中国政府出版奖图书奖,我也终于稍稍舒了一口气。

前辈的高风亮节,为我树起了为学处世的标杆。记得我写过吕型伟先生的口述文章,后发表于《基础教育》杂志。吕先生号称"中国教育的活化石",见证了当代教育的诸多事件。上世纪七十年代初,他被抽调参加上海写作组,编写所谓的《社会主义教育学》,写作组组长是华东师大刘佛年教授,组员中也有我熟悉的江铭老师、陈桂生老师。《吕型伟教育文集》第四卷《一生与教育有缘》是吕先生的回忆录和口述史,书中有一帧写作组成员的合影,刘佛年校长站在前排右侧第一,吕先生右侧第二,陈桂生老师左侧第二,中间唯一的女士,如果我没有认错,好像是上海师范学院(今上海师大)的谢淑贞老师,但彼时五校合一,统称上海师大(我与谢老师的熟悉,是缘于上海师院陈育辛副院长主持的上海市"六五"重点课题《教育学》的编写,我也参与其中)。照片后排江铭老师站在正中,个子最高而格外引人注目。时值冬季,人人厚袄裹身,谢老师一条深色围巾飘逸胸前,刘校长和江老师都是长长的白色围巾随意披挂肩上。对着这张照片,我仿佛穿过时空,看到"五四"新文化运动初期的热血青年,一袭长衫,脖间的围巾凌空招展,在天安门前激情演讲……不免有时空倒转之感。

听吕先生讲,他们这个写作组是典型的"不识时务",成员都是十分正派的人,因此不赶潮流,不畏权势,采用"磨"和"混"的高招,四年里连本初稿都没写成。中间还闹出个"四人帮"考教授的丑剧,刘佛年一身正气,交上白卷。"交白卷"和"无初稿",今天听来是佳话,殊不知当年身历其境者须有怎样的情操和道德勇气!

江铭老师曾说,退休后要与张慧芬老师合写一本小说,书名是《中国大学风云录》。我建议江老师留下口述史,真实的史料也许更有价值,还斗胆自荐担当口述史的执笔人。江老师含笑不语,不知会否赐我聆听口述的受教机会。

三、张慧芬老师

我进华东师大教育科学研究所攻读硕士学位时,导师组是张瑞璠先生和江铭、张慧芬老师。第二年提交硕士论文选题,我交了三个,分别是:先秦乐教,两汉魏晋教育思潮,明清实学研究,正好对应三位导师各自的教育史研究重点阶段。后来经商议,确定了我的第三个选题,所以做论文期间,张老师给了我更多的关注。但说实在的,我最想做的是乐教,这一方面是兴趣使然,另一方面好像也与我大学本科的中文专业有联系;其次,想做教育思潮研究,感觉比人物研究更能透析历史的脉络;而以"实学"为题,源自我的功利心态,觉得现代化建设需要取得相应的历史借鉴。第一个选题后来成了我的博士论文,第二个选题也化为一篇论文发表,当然这都是后话。

当张老师成为我的论文指导老师后,我马上领略了她的厉害:严格和严谨。在讨论文献阅读范围、研究思路和论文架构时,张老师不厌其烦,帮助我不断推敲;对某条引文存疑时,务必要我找到原始文献核对。记得一年级上学期,专业课主要由张老师负责,除要求阅读教育经典著作,还组织我们整理中国教育史研究资料索引,至今我家里还有一大箱资料索引卡片,就是当时学习的见证。开学第一个月,可能因过度劳累,我身体不适,经医院检查说是上火导致肛旁瘘管,需动手术。虽小手术住院一日,却需卧床一周静养,不得已写请假条请张老师允准。张老师即准休假,又嘱我在家自修,告知学习重点。

研究班的第一次讨论,涉及中国教育史研究的若干重要主题。初出茅庐的我,不知轻重,放言肆论。主持讨论的张老师不以为忤,还时或点头嘉许,令我喜出望外。事后,研究班的伙伴有对我表赞同的,也有指摘我谬误的,倒吓出我一身冷汗。霍益萍老师曾告诉我,张老师对这期研究生评价不错,对我的那次发言尤为欣赏。至今回想,我已记不起当时说了些什么,也许是张老师旨在鼓励青年人敢想敢说的科研勇气,或是看我小病初愈就如此投入学术讨论会,因而稍加抚慰吧。

不久,张老师就郑重其事地约我谈话。原来张老师承接了教育部文科教材《中国教育简史》的撰写课题,她想在研究重点和框架体例上都有所创新,希望我们这届研究生边学习、边参与这项研究,更希望我就某些重点做更深入的思考。在我们提交的撰写重点和相关作业上,留下了张老师的不少批注和创新亮点。有一天,张老师把她积累的材料和研究班的讨论记录都交予我,并提出由我负责整部书稿的古代部分撰写,我大吃一惊。面对我的胆怯和推脱,张老师坚定地说:只要加强准备和学习,相信你能完成这项重要任务!于是,恭敬不如从命的我,只得小心翼翼地背起了这副重担。

若干个月后,我完成了两个样章,呈送张老师审阅。等她审阅完毕再找我谈话时,就更让我吓了一跳。她说:看了你的初稿,感觉是有特点和你的撰述风格的,为了教材体例和风格的统一,也为了减少统稿的麻烦,整本书的初稿都由你来写。因原定的近现代部分是霍益萍老师负责的,我表示这万万不可。但张老师又坚定地说,这是集体的事业,我会对霍老师解释,你的责任是写好初稿。就这样,这部凝聚着集体智慧、倾注了张老师大量心血的教材,由华东师大出版社付梓印行。此书重印十多次,出了修订版,被众多师范大学列为教育专业教材和研究生考试的参考书,还荣获了华东地区大学出版社优秀学术著作一等奖。在欣慰之际,我更为导师的睿智大气和研究团队的和谐风骨所感动。

听说组织部门曾有意让张老师任华东师大的党委副书记,她以重大课题在身而予以婉拒。在当下副教授、教授为竞争膳食科长、总务处长的岗位挤破头的高教界名利场,老一辈学者的选择就恍如隔世的天方夜谭了。我没有向张老师当面求证此事,但以其性格当为可信。张老师的学术论文写得好,讲课更是精彩。我近年有机会在全国各地演讲,有时碰到当年师大毕业受惠于教育学系培育的校友,常会在不经意中提及讲课老师的风采,而张老师是最突出的一位。

张老师在我们读研期间承担的更重大的课题是编撰《教育大辞典》,她负责的是中国教育史上下分册。这项耗时十年出齐所有分册的大工程,无疑占用了张老师最多的时间,而这正是她科研和授业的黄金年段。我也参加了词目整理和词条撰写,深知编词典之不易和诸种苦处,有时一字斟酌,耗时再三。张老师不仅亲撰词条,还要组织协调、审核修订、往复商榷,非身历困境者难体悟也。也就是那几年,张老师的体质急剧下降,期间数度入院治疗,有一次甚至达濒危程度。但她出院后,不暇休息,总是忘情地投入事业。正是编《教育大词典》这一功在当代、利泽千秋的伟业,让张老师无法分心写她钟爱的学术文章;而大学失衡的评价机制,不仅没有公正地确认此类贡献,反而使张老师的学术事业受到若干影响。

师门杂忆

但张老师以大局为重,不谋虚名,不计实利,用行动为后学做了榜样。

华东师大首任校长孟宪承先生留给学术界的大贡献固然是他的道德文章,而他亲自培育的中国教育史"五虎将"更是教育界脍炙人口的佳话。五将中的一将是位女将,即张慧芬老师也。

其中的江铭老师、孙培青老师都长得高大伟岸,唯张老师这位出身浙江仙居的江南弱女子,我怎么也无法将八面威风的虎威名将与之联系。但遥忆当年在老师门下受业,那种不怒自威、不严自肃的名家风范,则"五虎将"之名,诚不虚也!

四、孙培青老师

我未在孙老师名下直接受教,因为孙老师任教于教育学系,我求学于教育科学研究所。到二十世纪末,中国高教界涌动着合校的大变革,上海教育学院、上海第二教育学院、上海高等师范学校等都并入了华东师大,乘此契机,学校的院系专业也经历了一番整合归并,教育学系和教科所就成了两块牌子一套人马,教育史和教育学原理专业的人员也聚到一起了。于是,在院系的相关会议和活动中,有机会见到孙老师。

其时孙老师年届退休,来系里参加活动的次数不多。记得2003年孙老师七十大寿,教育学系系主任杜成宪老师主持了一个小型座谈会,主要是教育史研究室的老师参与,以此方式为孙老师祝寿。座谈会上孙老师言语甚少,谦和温润,笑意盈盈。席间,书光兄回忆了自己受益于孙老师的点滴小事,并深情地说:做学生读书时,见到孙老师有些怕,所谓"望之俨然";毕业留校成为同事,与孙老师朝夕相处,又深切体会"即之也温"。我随之发言,顺接书光兄的话,做了发挥。我说,书光把最高的评价送给了孙老师,因为处世的最高境界就是亲、敬二字,但两者最难兼得。与一个人在情感上很融洽,未必打心眼里尊敬他;反之,对一个人可以很敬重,但会感觉很难亲近他。"既亲且敬"是教师人格的绝好写照。希望今后能经常在丽娃河边看到孙老师健康漫步,为华东师大校园增添最有魅力的风景。这些话不是应景之语,而确是我的肺腑之言。

见到孙老师河边漫步的美景,似乎一次也无,却多次看到他买菜的情景。但每次孙老师或疾步而过,或骑车擦过,连向他请安的片刻时间都抓不住。只见孙老师退休后反而愈加繁忙,有时在系办公室过道上见面,也是匆匆点头。我知道孙老师身兼全国教育史研究会的理事长,要统筹学界的相应重要事务,手上还有若干重大项目,他又喜欢亲力亲为,难怪时间不够用。孙老师的学术贡献在退休之年愈加绚烂,主编的《中国教育史》荣获教育部优秀教材奖,主持的《中国教育大典》又获上海市社科成果一等奖。

前几年承浙江大学田正平教授和肖朗教授之邀,出席博士生答辩会,孙老师作为答辩委员会主席与我同行。火车上终于有了时机亲聆教诲,其实孙老师也很健谈,一路上说说笑笑,丝毫没有旅途的劳顿,孙老师的亲和力于此亦可见一斑。返沪时我打的顺道送孙老师到家,下车时他竟然执意要付车费,说去的时候是我付的车费,回来理所当然由他来付。尽管在我的一再坚辞下,他顺了我的心意,但看到孙老师目送车去似有不安的模样,我真是感动莫名。这种细节上透出的人生涵养,非止一处。我曾从孙老师处领受一项任务,撰写王阳明《传习录》的导读,此乃福建师大高时良先生主编的《教育名著导读》之一,孙老师是华东师大撰写方的总负责人。此书由于出版社原因,交稿数年尚未出版,孙老师每次见我,总要为此解释一番,一旦出版,又以最快的速度将样书亲自送我,还要表示歉意。《中国教育史研究》七卷本出版后,我想孙老师作为唐代卷主编,应有一套,所以未将秦汉魏晋南北朝卷赠送,想不到有一次楼道相遇,孙老师说多次到办公室找我未见,于是急忙取了书来送我。扉页上写着:金忠明博士指正。笔迹楷正遒劲,如刀刻一般,当下使我羞愧万分。同是此书,因获第二届中国政府出版奖图书奖,出版社召开隆重的表彰会,校党委书记和校长都亲临祝贺,合影时我自然往边上靠,孙老师拽住我往中间坐,让我又惊又喜。

孙老师除了增添白发,身体老而弥坚。在做学问之余,是否也放松心情,到校园里信步漫游,让我目睹丽娃河边的魅力一幕呢,我时而这样想。

图书在版编目(CIP)数据

白驹夜话：教育与人生问题对话/金忠明等著.—上海：华东师范大学出版社,2016
ISBN 978-7-5675-5622-5

Ⅰ.①白⋯ Ⅱ.①金⋯ Ⅲ.①教育－中国－文集
Ⅳ.①G52-53

中国版本图书馆 CIP 数据核字(2016)第 198497 号

白驹夜话：教育与人生问题对话

著　者　金忠明　等
策划编辑　金　勇
责任编辑　金　勇
责任校对　张多多
装帧设计　崔　楚

出版发行　华东师范大学出版社
社　　址　上海市中山北路 3663 号　邮编 200062
网　　址　www.ecnupress.com.cn
电　　话　021-60821666　行政传真 021-62572105
客服电话　021-62865537　门市(邮购)电话 021-62869887
地　　址　上海市中山北路 3663 号华东师范大学校内先锋路口
网　　店　http://hdsdcbs.tmall.com

印 刷 者　上海中华商务联合印刷有限公司
开　　本　787×1092　16 开
印　　张　29.25
字　　数　469 千字
版　　次　2016 年 12 月第 1 版
印　　次　2019 年 12 月第 2 次
书　　号　ISBN 978-7-5675-5622-5/G·9770
定　　价　89.00 元

出 版 人　王　焰

(如发现本版图书有印订质量问题,请寄回本社客服中心调换或电话 021-62865537 联系)